우리들의 현대침묵사

우리들의 현대침묵사

|정길화·김환균 외 지음|

한국현대사 미스터리 추적

해냄

책머리에

다시… 이제는 말할 수 있다

　문화방송의 다큐멘터리 〈이제는 말할 수 있다〉는 '우리 현대사를 정직하게 응시하자'는 취지로 기획되어 1999년부터 방송되었다. 첫해에는 '제주 4·3'을 필두로 열세 편이 제작되었는데 다행히 사회적인 반응과 방송계의 평가도 좋아 이후 계속 방송되었다. 이 프로그램은 역사 속 사건의 숨겨져 있던 내막을 심층 추적하여 은폐된 진실을 드러내고, 괴어 있던 증언의 봇물을 터뜨려주었다. 시대적인 억압 속에서 숨죽이고 있던 많은 피해자와 증언자들이 글자 그대로 '이제는 말할 수 있다'며 카메라 앞에 나섰다. 사람들이 쉽사리 볼 수 있는 방송 시간대는 아니었지만 꽤 많은 시청자들이 이 프로그램에 호응했다. 그 덕분에 이 프로그램은 현대사 증언 다큐멘터리라는 새로운 장르를 개척하면서 2005년까지 장장 7년간 모두 100편이 방송되었다.

　돌이켜보면 우리 현대사는 강자와 승자에 의해 장악되었고 언설(言說)의 통로 또한 가로막혀 있었다. 기득권 세력은 도덕적 정당성을 결여한 채 자기 극대화와 영속화를 위해 질주했고 국민은 침묵을 강요당하며 순치되었다. 20세기 한국 현대사는 고스란히 질곡과 기만의 역사다. 언론은 이른바 제도권 매체로서 권력에게 가장 먼저 동원되고 포섭되는 대상이었다. 해방 공간, 분단과 전쟁, 봉건독재와 군사독재가 엄혹하게 이어지면서 권력은 진실을 압박했다. 국민도 언론도 할 말을, 하고 싶은 말을 제때 하지 못했다. 역사는 불구였고 편파였다. 그래서 한국의 대나무밭에는 언제나 혀 짤린 말들로 가득했다. 그것은 시대의 가위눌림이었고 양심의 어혈(瘀血)이었다.

다큐멘터리 〈이제는 말할 수 있다〉는 그렇게 오랜 시간 응축되었다가 비로소 나타났다. 이 프로그램이 있기까지 6월 항쟁과 문민정부 그리고 국민의 정부로 이어지는 장구한 민주화의 도정이 선행되어야만 했다. 그에 비하면 방송사 내부 일선 현업인들의 노력은 미약하고 어중되다. 기회주의, 무임승차 시비는 여전히 뼈아프다. 어떻든 제작진은 때는 늦었지만 이제라도 기회가 왔을 때 할 말은 한다는 자세로 프로그램 제작에 임했고, 이는 사계의 평가와 시청자들의 반응으로 나타났다. 친일파, 보도연맹, 한국전쟁과 포로, 일본의 핵 개발, 북파공작원, 정인숙 사건, 실미도, 10·26, 삼청교육대, 유서대필 사건, 소파(SOFA), 한반도 전쟁 위기 등 이 프로그램에서 다룬 현대사의 뜨거운 논쟁거리들은 적지 않은 반향을 일으켰다. 우여곡절도 있었지만 많은 분들의 성원으로 100편이라는 고지에 도달할 수 있었다.

그 동안 출판계에서의 '러브콜'은 종종 있었다. 하지만 프로그램 방송이 끝나고 담당 PD들이 곧바로 다른 부서로 투입되는 등의 사정으로 성사가 쉽지 않았다. 사실 책을 펴내는 일은 기록 문화 진작과 프로그램 주제를 확대하는 측면에서 매우 필요하다. 이 책은 해냄출판사의 기획으로 세상에 나오게 되었다. 고맙고도 뜻있는 일이다. 특히 젊은이들이 관심을 가지고 현대사를 바로 아는 데에 도움이 되기를 소망한다.

이 책에서는 100편의 방송 프로그램 중에서 한국 현대사에서 뜨거운 감자와 같은, 그러나 꼭 짚어야 할 20개의 역사적 사건을 우선으로 삼았다. 13인의 PD들이 자료를 뒤지고 기억을 더듬어 이 작업에 동참했다. 방송에서 못다 한 이야기, 이후 더 진행된 내용들도 포함했다.

바야흐로 이제 우리 사회에는 말 못하는 사람은 없다고 할 정도로 언론의 자유, 표현의 자유가 만개했다. '이제는 말할 수 있다'며 조심스런 표정으로 억눌린 역사의 진실을 토로하던 것이 불과 얼마 전인 것만 같은데, 지금은 '언제나 누구나 말할 수 있다'의 세상이다. 인터넷에서는 누구나 언제든지 거리낌 없이 말하고 또 줄줄이 댓글이 달린다. 누구나 말의 성찬을 펼치는데, 가히 요설(饒舌)의 지경이다. 지금 세간에 흘러넘치는 '언설의 향연'은 놀랍고 또 미심쩍다. 봇물처럼 터져나온 민주주의와 언론의 자유는 진실로 우리가 꿈꾸던 세상이다. 하지만 이즈음의 난만한 언설들이 제때 할 말을 하는 것인지는 회의적이다. 문제는 진정성에 달려 있다. 훗날 이 시대를 주제로 또다시 〈이제는 말할 수 있다〉가 나온다면 참으로 고약한 일이 될 것이다.

출판에 임하며 드는 생각은 이 책에서 나오는 말들이 지금 세간에 떠다니는 항설(巷說)로, 혹은 후일담이나 자학사관 따위로 치부되면 어쩌나 하는 것이다. 자못 우려스럽다. 2005년 방송 종료 후 바로 나왔어야 할 책인데 출산일이 너무 늦지 않았나 하는 걱정도 든다. 냉소주의가 미만한 가운데 비이성적인 쏠림 현상이 두드러지는 작금의 한국 현실에서 더욱 그렇다. 시청자와 독자 여러분의 질정과 성원을 바랄 뿐이다.

2006년 가을
13인의 저자를 대표하여 정길화

차 례

1 억압과 폭력의 나라

불행했던 도시 빈민의 역사, 무등산 타잔 • 김동철 12

버림받은 인권, 삼청교육대 • 채환규 31

군대 가서 죽은 내 아들아 • 이규정 49

버림받은 애국심, 북파공작원 • 이규정 60

5공의 3S 정책, 스포츠로 지배하라 • 강지웅 72

2 풀리지 않는 역사 속 미스터리

땅에 묻은 스캔들, 정인숙 사건 • 김동철 90

김재규는 왜 박정희를 쏘았는가 • 장형원 109

김형욱은 어디로 사라졌는가 • 이규정 126

친일파, 그들만의 면죄부 • 정길화 139

대한민국에는 강남공화국이 있다 • 유현 172

3 헤어나지 못한 굴레, 레드 콤플렉스

분단의 너울, 연좌제 • 정길화 186

아름다운 민족주의, 조용수 • 김환균 203

잊혀진 대학살, 보도연맹 • 이채훈 224

대한반공청년단의 비밀 • 김환균 241

김일성, 항일 무장투쟁은 진실인가 • 곽동국 267

4 미국과 일본, 당신들의 대한민국

섹스 동맹, 기지촌 정화 운동 • 이모현 286

1994, 불바다 발언과 전쟁 위기 • 최승호 305

소파, 동맹의 초석인가 덫인가 • 이모현 326

맥아더, 영광스런 그의 전쟁 • 김환균 348

감춰진 일본의 음모, 핵 개발 • 박건식 371

〈이제는 말할 수 있다〉 7년의 발자취 • 393

1 억압과 폭력의 나라

불행했던 도시 빈민의 역사, 무등산 타잔 • 김동철
버림받은 인권, 삼청교육대 • 채환규
군대 가서 죽은 내 아들아 • 이규정
버림받은 애국심, 북파공작원 • 이규정
5공의 3S 정책, 스포츠로 지배하라 • 강지웅

불행했던 도시 빈민의 역사,
무등산 타잔

— 김동철

무등산 타잔, 박흥숙

1977년 4월 20일 오후 3시경, 전남 광주시 동구 운림동 산145번지 무등산 중턱 증심사 계곡 덕산골에서 무허가 건물을 철거하러 갔던 당시 광주시 동구청 소속 철거반원 일곱 명 중 네 명이, 자신의 집이 강제로 철거되고 불에 태워지자 격분한 박흥숙(당시 21세)이라는 청년에 의해 쇠망치로 살해당하는데, 이 사건이 바로 세칭 '무등산 타잔 박흥숙' 사건이다. 당시 언론은 사건의 무대인 무등산 무허가 판자촌인 덕산골을 "무당, 점쟁이, 박수 등 미신 집단이 모여 무당촌을 형성한 것은 10년 전 일"(J일보, 4월 21일), "살인극 빚은 50년의 고질 / 사이비종교의 고장 광주 무등산 / 한땐 50여 개 종파 난립 / 계곡서 괴성 푸닥거리"(H일보, 4월 22일), "아무렇게나 그린 불상과 무당촌 방 안 벽에다 붙인 불공방과 방 한 칸, 부엌 한 칸 규모의 무당집"(전남 M신문), "광주 무당촌 무허가 건물 철거하던 구청 직원 주민들 뭇매로……"
(D일보, 4월 21일) 등 '무당촌'
으로 부르며 이곳이 사이비종
교와 범죄의 소굴인 양 보도했
으며, 당시 증언자의 말을 인
용하여 박흥숙을 "이소룡처럼
되겠다고 단봉을 익히며 칼던
지기를 연마했고 낙법, 줄타
기도 연습해 '타잔'으로 불리
었다"(전남 J일보, 4월 23일)고
하여 그에게 '무등산 타잔'이
라는 별명을 붙여주는 등 이
사건이 마치 사이비종교 특유

연행 당시의 박흥숙

의 미신과 무분별한 영웅주의에 사로잡힌 20대 청년의 난동인 듯이, 주로 사건의 엽기성에 초점을 맞추어 사실과 다르게 보도했다. 결국 당시 가난 때문에 중학교 진학도 포기할 수밖에 없었고, 가난 때문에 무등산 산자락에 무허가 건물을 지을 수밖에 없었던 '도시 빈민 박흥숙'의 모습은 가려진 채 1980년 12월 24일 끝내 박흥숙에 대한 사형은 집행되었고, 사건은 서서히 잊혀졌다.

왜 박흥숙에 대해 이야기해야 하는가

독점 재벌 위주, 수출 위주의 경제 정책으로 대변되는 1960~1970년대 한국의 급격한 근대화 과정 속에서 노동자와 농민은 철저히 소외되었다. 수출 경쟁력을 명분으로 한 저임금 정책은 비인간적인 노동 환경을 강요했고 무분별한 외국 농산물의 수입과 저곡가 정책은 일제 강점기부터 허덕거려온 농촌에 치명타를 가한다. 붕괴된 농촌을 버리고 도시로 이주한 농민들은 국가의 무관심 속에 불안정한 취업, 열악한 주거 환경, 교육·의료의 혜택을 전혀 받지 못하는 도시 빈민층을 형성했고 국가의 책임 방기 속에서 잠재적인 사회 불안 계층이 되었다. 이렇듯 도시 빈민은 사회 구조적인 측면에서 필연적으로 발생할 수밖에 없었다.

의식의 부족, 지도자의 부재 등 여러 한계 때문에 일시적이었고 사회의 별 관심도 받지 못했다는 한계가 있지만, 1971년 광주 대단지 사건을 필두로 이들 빈민들은 생존권을 지키기 위한 크고 작은 투쟁과 저항, 충돌을 계속 일으킨다. 그리고 이러한 과정 속에서 빈민들은 자살, 구속, 부상, 벗어날 수 없는 가난으로 계속해서 고통을 받는다.

국가 정책에 의해 사회 구조적으로 양산된 도시 빈민, 그리고 국가 권력에 의해 아무런 생계 대책 없이 생존권을 박탈당하는 과정에서 발생한 박흥숙의 범죄는 과연 개인의 문제, 개인의 책임으로 끝나야 하는 문제인가?

현재도 예전과는 다른 모습으로 도시 빈민은 생겨나고 있다. 강자가 있으면 약자도 있다지만, 사회 구조적인 모순 속에서 생겨날 수밖에 없는 도시 빈민의 역사를 되짚어보고 그들의 아픔과 애환을 '무등산 타잔 박흥숙'을 통해 되새겨보아야 한다.

최후 진술에서 박흥숙은 "사랑하는 부모, 사랑하는 자식, 사랑하는 형제를 잃고 애통해하는 유가족들의 모습이 자나 깨나 눈앞에 어른거려 날이 갈수록 괴롭고 괴롭다. 나의 죄는 백 번 죽어도 사죄할 길이 없다. …… 나 같은 기형아가 다시는 이 땅에 발붙이

1977년 당시 무등산 덕산골의 움막들

지 못하도록 어떤 극형을 주시더라도 달게 받겠다"라며 피해자 가족에게 깊이 사죄하며 죄를 인정했다. 하지만 오갈 데 없는 가난한 자들의 생존권을 무참히 짓밟는 국가 권력에 대해선 다음과 같이 일침을 가했다. "당국에서는 아무런 대책도 없으면서도 그 추운 겨울에 꼬박꼬박 계고장을 내어 이에 응하지 않았다고 마을 사람들을 개 취급했고, 집을 부숴버리는 것까지는 좋았는데 당장 올데 갈데없는 우리들에게 불까지 질러, 돈이며 천장에 꽂아두었던 봄에 뿌릴 씨앗 등이 깡그리 타버리고 말았다. …… 하물며 당국에서까지 이처럼 천대와 멸시를 받아야 하는 우리들에게 누가 달갑게 방 한 칸 내줄 수 있겠는가? …… 옛말에도 있듯이 태산은 한 줌의 흙도 거부하지 않았으며 대하 또한 한 방울의 물도 거부하지 않았다고 하지 않는가? 세상에 돈 많고 부유한 사람만이 이 나라의 국민이고, 죄 없이 가난에 떨어야 하는 사람들은 모두가 이 나라의 국민이 아니란 말인가?"

박흥숙 구명 운동과 어린 시절

키 165센티미터, 60킬로그램의 작은 체구. 스물한 살의 청년 박흥숙. 그의 또 다른 이름은 '무등산 타잔'이었다. 잘 단련된 체력과 총명한 머리와 의지력. 자그마한 체구의 박흥숙은 누구든 칭찬해 마지않는, 촉망받는 청년이었다. 그러나 스물한 살이 되던 1977년 4월 20일, 그의 인생은 낭떠러지로 떨어지고 만다. 성실한 청년이었던 박흥숙은 4명의 철거반원을 흉기로 살해한 시대의 흉악범이 되고 만 것이다.

사건이 발생한 지 얼마 되지 않아 광주에서는 박흥숙에게 사형만은 말아달라는 구명운동이 일었으며 다른 한편으론 "왜 엽기적인 살인범을 동정하느냐"는 비난도 쏟아졌다.

그 후 구명운동은 광주 YWCA를 시작으로 점점 번져나가 서울의 정치인들을 포함한 유력 인사들까지 합세해 갔는데, 이러한 박흥숙 구명운동의 불씨가 된 것은 한 잡지의 르포 기사(월간 《대화》 1977년 8월호, 김현장의 〈무등산 타잔과 인간 박흥숙〉)였다.

당시 조선대 금속학과에 재학 중이었던 26세의 대학생 김현장(1982년 3월 부산 미문화원 방화 사건으로 사형선고를 받았으며, 지금은 광주에서 급식업체 운영 중)은 광주 YWCA이사회를 찾아가서 '무등산 타잔'의 진상을 설명하고 단순 살인 사건이 아니라, 어려운 환경 속에서 홀어머니를 모시고 성실하게 살아온 인간 박흥숙의 우발적인 사건임을 호소하며 그에게 개과천선의 기회를 줘야 한다고 호소했다.

당시 김현장은 박흥숙 살인 사건의 배경에 의문을 품고 곧바로 무등산의 살해 현장을 찾았다. 그리고 언론 보도에 드러나지 않았던 '무등산 타잔'의 진상과 도시 빈민의 현실과 마주했다.

사건 직후 박흥숙네가 4년간 생활하던 움막 터는 폐허나 다름없었다. 작은 터 위에, 방 한 칸, 부엌 한 칸에 박흥숙의 외할머니, 어머니, 남동생 둘, 여동생 등 여섯 식구가 기대어 살던 무허가 움막은 오간 데 없고, 철거 뒤에 남은 것은 불에 타지 않은 가재도구 몇 가지뿐이었다. 새로이 다른 곳에 살 곳을 마련하더라도 보탬이 될 거라곤 없었다.

그때의 목격담을 김현장은 "전쟁 중에 화마가 지나간 마을을 본 기분이었어요. 그걸 보고 나도 피가 솟구치더구먼. 사람이 사는 집을 어떻게 그렇게 철거를 할 수 있는지……. 이부자리까지 다 태워 버리고…… 이해가 안 가요"라고 회상하며 흥분을 감추지 못했다.

대학생 김현장은 박흥숙 가족과 주민들의 목격담을 다섯 개의 녹음테이프에 담고, 박흥숙이 생활하며 틈틈이 써오던 일기를 구해 사건의 전모를 짚어갔다.

1977년 당시 전남 광주시 동구 운림동 산145번지 무등산 중턱 증심사 계곡 덕산골의 무허가 움막집은 20여 채. 1972년 무등산이 도립공원으로 지정되자 광주시에선 무허가 집들을 철거하기 시작했고, 마지막으로 남은 것이 박흥숙네를 포함한 네 채였다.

그들에겐 이미 철거 계고장이 발부되어 있었지만 살 곳을 마련하지 못한 박흥숙네는 차일피일 이사 날짜를 미루던 상태였다. 문제가 된 건 무엇이었을까?

취재팀은 사건 후 30년 가까이 죄인처럼 침묵하며 살던 박흥숙의 가족을 어렵게 만나 당시의 상황을 들을 수 있었다. 박흥숙의 여동생인 박정자는 "철거한다고 엄마가 화를 내서도 오빠는 그러지 말라고 했어요. 저 사람들도 돈 받고 하는 일이지 일부러 그러는 거 아니니까 저 사람들한테 뭐라고 할 필요 없다고요"라며, 오빠 박흥숙이 철거 상황에서도 철거반원의 입장이 되어 가족들을 설득했다고 했다. 남을 배려할 줄 아는 심성의 일단을 볼 수 있는 대목이다.

그의 성격과 생활환경을 가늠해 볼 수 있는 기록은 그의 마지막 학력인 전남 군서초등학교 생활기록부가 전부다. 생활기록부엔 "머리가 비상. 가정 형편으로 고민하나 자립하려고 노력" "마음이 착하고 남에게 동정받지 않으려 혼자 자립" 등의 기록이 남아 있었다. 가정 형편이 어려워 고민하면서도 남에게 동정받지 않고 자립하기 위해 노력했던 어린 시절의 박흥숙의 모습을 엿볼 수 있다. 여동생 박정자 또한 "외할머니 씻겨드리고 손톱 발톱 다 깎아드리고……, 말대꾸라도 하면 엄마가 누구 때문에 고생하는데, 우리들 생각해서 고생하는 거 아니냐!"라고 했다며, 착하고 자립심 강했던 오빠의 모습을 떠올렸다.

1977년 4월 20일, 그날 무등산에선 무슨 일이 있었나

박흥숙의 인생을 뒤바꿔놓은 것은 1977년 4월 20일이었다.

오○환 철거반장(당시 41세, 광주시 동구청 건설과 건축지도계 공무원)은 부하 직원 6명과 함께 동구청을 떠나 무허가 건물을 철거하기 위해 무등산 중턱 덕산골에 도착했다. "지붕 위의 천막이나 상하지 않도록 걷게 해달라"는 박흥숙의 부탁에도 불구하고 철거반원들은 움막에 불을 붙였다.

당시 현장을 목격하고 1심 재판 증인으로 섰던 무속인 오○순은 그때 상황을 떠올리며 "이따만 한 사람들이……, 올라오면서부터 횃불을 댕기더라고요. 나는 횃불이 무엇인지 몰랐어. 뭐 솜 망치같이 해가지고 한 명은 깡통 갖고 다니면서 불을 놓고……. 중턱에 하나, 둘…… 다섯, 여섯인가 보네요. 아래서 한 번 부수더니 불을 던지더만"이라고 사건 초기의 상황을 생생하게 증언했다.

현장에 있었던 박흥숙의 여동생 또한 "그때 날씨도 굉장히 안 좋았어요. 4월인데도 눈 같은 게 있었고요. '살림 덮어놓게 포장만 걷게 해달라' 그렇게 사정을 했는데 그것도 안 들어주고 그냥 불을 질러버렸거든요"라고 말하며 울먹였다.

불길은 삽시간에 번졌다. 그때 박흥숙의 어머니(심금순, 당시 51세, 2002년 사망)가 불길로 뛰어들려 했다. 방 한 칸 마련하겠다고 자식들 몰래 천장에 모아두었던 돈 30만 원을 미처 챙기지 못한 것이다. 목격자 오○순은 당시 상황을 증언했다. "어매가 '아이고! 천장에 내 돈…… 이사할 돈인데……' 그렇게 그놈이 타버리니까 아들이 기가 막히죠. 철거를 하면 다른 데는 때려 부숴서 하드만, 왜 불을 지르냐고요. 불만 안 질렀으면 그 돈이 있을 거 아니에요. 어매가 불타는 돈을 보며 울부짖는데 자식이 그놈 듣고 미치지 않겠어요?"

불타는 30만 원…… 가난에 찌든 여섯 식구들의 유일한 희망이 스러지는 순간이었다. 자신이 손수 지은 토담집이 불타는 것을 지켜보면서 박흥숙은 흥분을 삭이고 있었으나 다음 순간부터 결국 폭발하고 만다. 철거반원들이 당뇨와 폐결핵을 앓고 있는 김복천(당시 75세) 부부가 살고 있던 300미터 위쪽 계곡으로 향한 것이다. 박흥숙은 여동생에게 "저 사람들 저렇게 놔두면…… 저 위에는 진짜 오갈 데 없는 할아버지 할머니들밖에 안 계시는데…… 저 사람들 못 하게 막고 시장한테 데려가서 따질란다"고 말하며 철거반원들을 따라 급히 올라갔다. 박흥숙이 올라간 지 얼마 되지 않아 총성이 울렸다. 총소리에 혼비백산한 철거반원들이 몸을 숨기려는 순간, 박흥숙은 "도망가면 모두 쏴 죽이겠다"고 위협하여 철거반원들을 멈춰 서게 하고 그들끼리 서로 묶게 했다. "누가 우리 집에 불을 지르라고 지시했느냐?"며 함께 광주시장에게 가서 따지겠다는 것이었다. 그가 사용했던 사제 총은 산에서 들짐승을 쫓을 때 사용하려 만든, 쇠파이프로 화약을 터뜨리는 딱총이었다.

그 사이 두 명의 철거반원이 달아나고, 다급해진 동생 박정자가 시장(당시 시장 전석홍)에게 전화를 한다며 산을 내려갔다. 여동생 박정자가 산을 내려가고 30여 분 후 덕산골에는 엄청난 사건이 일어나게 된다. 당시 남은 철거반원은 다섯 명. 그들은 "함께 시장에게 가서 따지자"는 박흥숙의 말에 포박을 풀며 대항했고, 마침내 격분한 박흥숙이 그들을 제압했다. 그 후 박흥숙은 자신의 공부방을 만들기 위해 작업하다 만, 깊이 약 60센티미터, 가로 2.5미터가량의 구덩이에 철거반원들을 꿇어앉히고, 남은 나일론 줄로 철거반원들의 등 부분을 한 바퀴 감았다. 그리고 철거반원들에게 잘못

폐허가 된 박흥숙의 집

했다고 빌라고 했다. 그러나 철거반원들은 반항했고 박흥숙은 집이 불태워진 것에 대한 울분이 일시에 복받쳐 격분한 나머지 작업용 쇠망치를 휘두르고 말았다. 결과는 처참했다. 그 자리에서 오○○ 철거반장과 이○○, 양○○, 윤○○, 네 명이 숨지고 한 사람은 뇌에 중상을 입었다.

훗날 경찰 조사에서 박흥숙은 "주민들의 사후 대책을 생각하지 않고 집을 철거하고 불을 놓은 데 충격을 받았다"고 했다. 불길에 쓰러진 어머니, 포박을 풀고 대항하는 철거반원…… 범행은 순간적이었다고 했다. 그러나 순간의 범행은 용납될 수 없는 살인극의 결과를 낳았다.

우발적으로 보이는 이 사건은 당시의 시대 모순을 그대로 보여주었으며, 강제 철거가 빚어내는 불행한 역사는 1970년대에 들어서면서부터 이미 시작되고 있었다.

이농, 도시 빈민의 양산

대책 없는 철거가 사회문제로 폭발한 것은 1971년, 경기도 광주에서였다. 도로나 배수 시설이 전혀 없던 경기도 광주 황무지에 정부는 청계천 등지의 철거민 20만 명을 강제 이주시킨 것이다. 생계 방편이라곤 아무것도 없는, 일종의 난민촌이었다.

1971년 광주대단지 주민이었던 조연성은 당시 상황에 대해 "산속에 밀어놓은 벌판에 뭘 먹고 살겠다고 우리 같은 사람들이 제 발로 들어가겠습니까? 가라니까 떠밀려 간 거죠"라고 증언했다.

또한 당시 빈민운동에 참여했던 손학규 전 경기도지사도 그곳을 "민둥산 먼지 펄펄 날리고 화장실도 없었죠. 분뇨가 쭉 깔려가지고 냄새가 나고…… 정말, 아! 인간이 이렇게 살 수 있나 하는 느 낌이 들 정도였어요"라고 당시를 회상했다.

도시 빈민! 강제 철거의 수난 속에 살아야 했던 그들은 사실은 '놀라운 경제 성장'의 산물이었다. 수출을 위해선 저임금 정책이 필요했고 저임금을 유지하기 위해 저곡가 정책이 강행됐던 시절, 저곡가로 농촌은 몰락해 갔고 1970년대 중반 이후의 중화학 우선 정책은 결국 도시와 농촌의 격차를 더욱 크게 벌려놓았다. 아이러 니컬하게도 새마을운동 또한 농민들의 큰 짐이 됐다. 환경 개선 등 외형적인 성과에도 불구하고, 새마을운동 10년간 농가 부채는 21배 나 늘었다.

도시 빈민 박흥숙. 그 또한 절대 빈곤에 시달리던 농촌의 아들이 었다. 박흥숙네는 전남 영광군 군서면에서 땅 한 평 갖지 못한 채 허름한 구멍가게를 하고 있었다. 그러나 박흥숙이 초등학교 5학년 때 아버지가 세상을 뜨자 그 또한 여의치 않아 가족은 먹고살 길을 찾아 뿔뿔이 흩어졌다.

1971년 박흥숙이 열다섯 살이 되던 해, 그 역시 고향을 떠나 광 주로 향했다. 당시 중학교에 수석으로 합격했지만 그는 교과서를 팔아 광주행 여비를 마련해야 했다. 그때 당시 박흥숙의 일기를 보 면, "합격자 발표 날 가보았더니 정말로 꿈에 그리던 1등 합격이었 다. 실력이 나만 못한 애들도 교복을 맞추고 야단인데 우리 집안은 가난하여 그야말로 풍전등화다"라고 씌어 있다. 박흥숙은 한때 절 에 들어가면 돈 없이도 공부할 수 있으리란 생각에 여러 절을 찾아 다니기도 했다. 그러나 그는 결국 생계를 위해 철공소 점원이나 열 쇠 수리공 등으로 전전해야 했다.

박흥숙네처럼 고향을 떠나온 이농 행렬로 도시는 만원이 되어갔

현장검증 때 사제 총을 들고 있는 박흥숙

다. 그들로 인해 만들어진 광범위한 도시 빈민층은 도시에 값싼 노동력을 제공하는 커다란 인력 시장이었다. 무작정 상경한 이농인들. 그들에게 우선 필요한 것은 일자리였다. 서울에선 청계천 변이나 이촌동 등 일자리를 구하기 쉬운 하천 주변과 야산 지대에 집단적인 판자촌이 형성되어 갔다.

흔히 주소에 '산 몇 번지'라고 붙여진 판자촌은 삶을 위한 또 하나의 전쟁터였다. 무허가촌 또는 불량 주거촌 주민이라는 이유로, 그들은 나라의 관심과 보호 밖에 있었다. 빈민운동가였던 김혜경 전 민주노동당 대표도 "새벽 4시면 벌써 초롱소리가 달랑달랑 나면서 공동 수도에 대기해 물 받아먹고 살았다. 공중 화장실에다, 한 2만 명이 넘게 사는 산동네에 공동 수도가 20여 개 정도밖에 안 될 정도로 굉장히 열악한 조건이었다"고 당시를 회상한다. 경제성장이 내뿜는 도시의 불빛 속에서 도시의 그늘이 되어 살았던 이들. 그러나 그들은 날품 등을 팔며 도시의 성장에 가장 밑받침이 된 이들이었다.

광주의 도시 빈민과 대책 없는 철거

1971년, 박흥숙네 여섯 식구가 자리 잡은 곳은 광주 무등산. 계곡 입구에서 30여 분을 걸어 올라가야 닿는 덕산골 산등성이였다. 광주천 변의 판자촌마저 구할 수 없던 이들이 마지막으로 자리 잡은 곳이지만, 시내가 멀어 먹고살기엔 막막한 곳이었다.

열다섯 살의 박흥숙은 그곳에 흙과 돌과 헌 양철 조각으로 부엌 한 칸, 방 한 칸의 집을 지었다. 벽은 밀가루 포대나 신문 등을 주워다가 발랐다. 집을 짓다 쓰러져 지나던 이웃에 발견됐을 만큼 그에겐 절박한 일이었다. 호롱불을 켜야 하는 움막집이었지만, 비로소 안착한 박흥숙은 자신이 공부한 것을 녹음해 테이프가 닳도록 무섭게 공부했고, 집을 지은 해에 중학교 검정고시에 합격하고 사법고시 준비에 들어갔다. 그러나 박흥숙의 무허가 움막집이 오래 지켜질 순 없었다.

한국 사회가 청계천 변의 무허가 판자촌 철거를 시작으로 대대적인 도심부 불량 주택 철거에 돌입한 것이다. 도시 미관을 해친다는 것이 집단 철거의 이유였다. 그러나 당시까지 이주 대책이 마련된 철거는 없었다.

광주 무등산에 변화의 바람이 불어 닥친 것은 1972년, 무등산이 도립공원으로 지정되면서부터다. 더욱이 케이블카 설치 계획이 세워지면서 케이블카에서 가시거리에 있던 덕산골의 무허가 움막들은 철거의 1순위였다. 그러나 그들은 이주 대책 없이는 떠날 수 없던, 광주 도시 빈민 중에서도 가장 막다른 길에 섰던 사람들이었다. 실제로 박흥숙의 구명 운동에 참여한 광주 무진교회 강신석 목사도 당시 상황에 대해 "그 사람들이 갈 데가 없으니까 산으로 올라온 겁니다. 보이지 않는 곳으로 올라가서 거기서 그나마 나무뿌리 캐 먹고, 칡뿌리 캐 먹고. 그러다 가끔 한 번씩 내려와서 일 있으면 일해 주고…… 그런데 그것조차도 못하게 한 거죠"라고 말한다.

식모살이를 하던 어린 여동생, 절간에서 끼니를 해결하던 어머니, 친척집에 맡겨진 동생들……. 여섯 식구가 함께 살 집이 절실했던 그들에게 무허가 움막은 '집' 그 이상의 의미였다. 그 당시 박흥숙의 일기에는 "60일 동안 굶주려가면서 무등산에 집을 지었다. 흩어져 살았던 가족들과 함께 살고 싶었고, 나는 이 집을 어머님께 선물로 바쳤다"고 적혀 있다.

보잘것없는 움막이었지만 그들에게는 그야말로 보금자리였고 행복한 안식처였다. 그것이 어느 순간, 그것도 강제로 허물렸을 때 느꼈을 감정을 상상하기란 그리 어렵지 않을 것이다.

문제의 원인을 철저히 외면한 언론

강제 철거가 낳은 '박흥숙 사건'의 불행은 철거반원 네 사람의 죽음만을 의미하는 것은 아니었다. 그러나 당시 언론은 사건의 진정한 원인을 외면했다. 당시의 신문 기사를 보면 "평소 뒤틀린 영웅심리 잠재해 있었을 것" "이소룡에 지지 않는다, 범인 자랑" "무등산 와장창" "독기 품은 얼굴에 잔인한 미소가" "무등산 타잔 칼 던지기 등 18기 능숙"이라며 일제히 이를 단지 뒤틀린 영웅주의에 사로잡힌 잔인한 한 청년의 난동으로 몰아붙였다. 아무런 대책이 없던 철거와, 불까지 지르며 강행됐던 철거 현실은 외면했다. 공부하는 데 도움이 되는 체력 단련에 열심이었던 박흥숙은 일시에 엽기적인 무등산 타잔으로 둔갑했다.

당시 언론에 보도된 박흥숙의 사진

박흥숙이 공부방을 만들려고 파놓았던 60센티미터 깊이의 구덩이는 철거반원들을 생매장하기 위한 치밀한 준비의 일환으로 보도됐다. 심지어는 있지도 않은 '낫'이 흉기로 등장하고, 시신을 암매장했다는 기사까지 나왔다.

당시는 미신 타파를 부르짖던, 새마을운동이 한창이던 때였다. 산세가 좋아 무속 굿거리가 펼쳐지곤 하던 여느 산처럼 무등산 덕산골은 아예 '무당촌'이라는 이름으로 보도됐다. "사이비 종교의 고장 광주 무등산" "무당골" "무등산 무당촌을 벗긴다" "한때 50여 개의 종파 난립, 계곡서 푸닥거리" "비대해지는 사교 정체" 등 수십 년간, 수십 개 사이비 종교가 고질적으로 난립했다는 추측과 과장 보도는 박흥숙을 사이비 종교의 세례를 받은 기형적인 인물로 만들어 갔다.

박흥숙이 왜 살인에까지 이르렀는지 언론은 사실을 외면한 채 흥미 위주의 과장과 왜곡으로 기사를 써 내려갔다. 당시 전남매일 기자이며 전 한겨레신문 편집국 사회부 국장이었던 박화강은 "(기관에서) 계속 찾아와서 '불'이라는 단어를 쓰는 팔목까지 잡고 못 쓰게 할 정도였다. 특히 시청에서 편집국으로 떼로 몰려왔다"고 증언했는데, 이처럼 말 못할 외압도 있었다.

아무도 책임지지 않는 시대의 또 다른 희생자들

결국 네 명의 철거반원이 목숨을 잃은 이 사건은 박흥숙이라는 한 인물과 철거반원들 사이에서 빚어진 우발적인 사고로만 남았다. 그러나 28년이 지난 현재, 당시 철거반원이었던 생존자 한 사람이 사건의 책임에 대한 단서를 제공했다. 당시 두 명의 생존 철거반원 중 한 사람인 김○옥은 "철거하고 소각하고, 잔재물을 정리하라는 것까지 다 상부의 지시가 있었어요. 시·군청에서 이렇게 철거하고 소각한 뒤 보고하라는 공문이 내려왔어요"라고 증언했다. 또한 당시 철거반원 유가족인 김○○도 "국립공원이 됐으니까 대통령께서 시찰을 오신다는 것 같았어요. 그러니까 아랫사람은 거길 철거해야 되지 않냐 해서 명령이 떨어진 것 같아요"라고 증언했다.

삼일고가 위에서 청계천 판자촌이 보인다며 대대적인 강제 철거를 단행했던 암울했던 시대. 그러나 무등산에 철거 공문을 내렸던 당시의 광주시장을 포함한 관련자들은 지금까지 입을 굳게 다물고 있다. 누구도 1977년 무등산에서 벌어진 폭력적인 철거의 책임을 나누어 진 사람은 없었다.

난데없는 사고로 가장을 잃어야 했던 피해자의 유족들……. 그들의 분노는 28년이 지나도록 깊이 응어리진 채, 또 다른 피해자로 남아 있다. 강제 철거의 또 다른 희생양, 철거반원들. 그들은 철거 현장에 불을 지르는 등 박흥숙의 격분을 샀지만, 그들 또한 상부의 지시대로 움직여야 했던 박봉의 일용직들이었다. 그들은 늘 철거민들의 원성 속에 살다, 철거 과정에서 목숨까지 잃었다. 공문과 지시대로 움직여야 했다는 그들의 행동이 과잉 철거로 이어졌다고 해도, 그들의 죽음은 엄연한 현실로 남아 박흥숙의 죄를 말하고 있다. 그들 앞에 박흥숙은 "나의 죄는 백번 죽어도 사죄할 길이

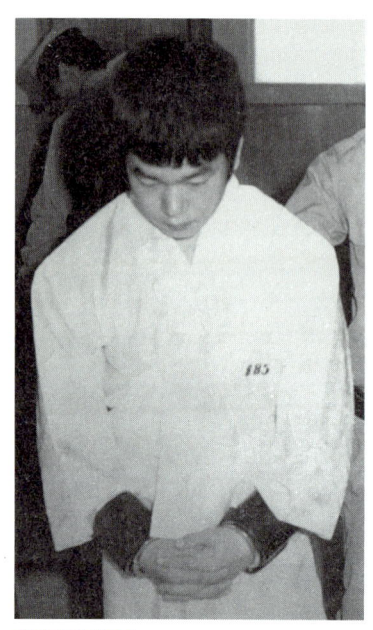
재판 때의 박흥숙

없다" "나 같은 기형아가 다시는 이 땅에 발붙이지 못하도록 어떤 극형을 주시더라도 달게 받겠습니다"라며 진심으로 참회했다. 그리고 자수와 구명 운동에도 불구하고, 박흥숙은 1980년 12월 24일 크리스마스 이브에 조용히 처형되었다.

수감 생활 3년 동안, 박흥숙은 늘 괴로워했다. 씻기 힘든 중한 죄를 스스로 질타하는 가혹한 3년이었다. 박흥숙 사건의 2심 재판 변호를 맡았던 이기홍 변호사는 "박흥숙은 자기 잘못을 뉘우치고 '여러 사람을 희생을 시켰으니 마땅히 나는 죽어야 됩니다' 하고 사형을 선고해 달라는 식으로 진술했어요. 진실로 참회한 것이거든요"라고 당시를 회상했다. 박흥숙의 여동생 또한 "항상 죄인이죠. 그분들한테……. 지금 28년이 지났지만…… 근데도 마음 놓고 한번 웃어본 적 없었고요. 노래방 가면 춤도 추고 노래도 부르고 그러잖아요. 저는 그게 죄악같이 생각돼 그런 거 안 하거든요"라며 항상 죄인으로 살았던 시간을 이야기한다.

절대 빈곤에 시달리던 도시 빈민 박흥숙, 그의 단칸 움막집이 불태워지던 1977년 그해 12월 22일. 대한민국은 수출 100억 달러 달성의 화려한 팡파르를 울렸다. 그리고 그해에만도 69만 명이 농촌을 등지고 도시로 떠나왔다. 다시금 또 다른 박흥숙과 또 다른 철거반원들이 만들어지던 시간이었다. 1970년대를 넘겨 호황을 누렸던 1980년대에도 강제 철거의 굉음은 멈추지 않았으며 삶터에서 내몰려야 하는 도시 빈민의 아픔은 되풀이되었다.

'무등산 타잔'은 우리의 역사 속에 강제 철거의 한 시대를 상징하는 비극적인 이름으로 남아 있다. 꿈 많던 도시 빈민 박흥숙은 철거를 앞두고 몇 줄의 상념을 남겼다.

"정들었던 나의 보금자리, 정들었던 나의 움막. 약자에겐 한없이 강하고 강한 자에겐 한없이 약한 것이 우리 인생임을 깨닫는다."(박흥숙의 일기 중에서)

아직도 답을 얻지 못한 질문들

지난 2005년 초에 〈무등산 타잔과 인간 박흥숙〉이라는 다큐멘터리 프로그램을 준비하면서 필자는 심한 자괴감에 빠져들었다. 어찌되었든 박흥숙은 네 명을 죽인 살인자가 아니던가? 자료를 준비하면 할수록 '살인자 박흥숙 개인에 대한 미화가 되지 않을까?' 하는 생각이 머리를 떠나지 않았다. 이런 생각을 한 건 프로그램을 같이 준비하던 문예원 작가도 마찬가지였다. 그런 고민 속에서 우리는 이전의 다른 PD와 작가가 그래왔듯이 아이템을 포기하려고도 했다. 그러나 그럴수록 순진한 모습으로, 이소룡을 닮은 모습으로 두 팔을 벌린 채 나를 응시하는 사진 속의 박흥숙이 계속 생각났다. 수많은 날을 고민하다 문 작가와 필자는 박흥숙 관련 프로그램 방향에 대해 합의를 보았다. 첫째, 무등산 타잔 박흥숙 개인의 문제 부각보다는 도시 빈민 문제에 중점을 두고 박흥숙 사건을 파헤쳐본다. 둘째, 박흥숙 사건을 통해서 본 1970년대 박정희 시대의 도시 빈민 문제를 다룬다. 이런 대전제를 설정하고 '살인자 박흥숙'의 모습을 있는 그대로 보여주고, 어떻게 해서 그런 엽기적인 살인 사건이 벌어졌는지를 박정희 개발 독재 시절의 도시 빈민 실상 혹은 문제점들과 연계해 보여주면 도시 빈민 박흥숙의 인간적인 모습이 드러나게 될 것이라는 생각이 들었다. 그러나 당시의 기획 의도를 얼마나 달성했느냐고 자문해 보면 부끄러움만이 가득하다.

　필자의 책상 앞에는 이소룡을 닮은 모습으로 두 팔을 벌린 채 필자를 응시하는 '무등산 타잔 박흥숙'의 사진이 걸려 있다. 그 사진을 보면서 나는 반문하곤 했다. '살인자 박흥숙?' 아니면 '불쌍한 박흥숙?' '왜? 저 사람은 살인자가 되어 짧은 생을 마감할 수밖에 없었나?' 사진 속의 박흥숙은 나에게 쉽게 답을 주질 않았다.

　프로그램이 끝난 지금 사진을 다시 본다. 그 속엔 내가 늘 보아 오던 '무등산 타잔 박흥숙' '살인자 박흥숙' '불쌍한 박흥숙'도 아닌 '도시 빈민 박흥숙'의 모습만이 보일 뿐이다.

버림받은 인권,
삼청교육대

— 채환규

쿠데타 세력의 프로그램

삼청교육대는 철저히 역사의 변방에 있다. 1980년 쿠데타 군부에 의해 이른바 '사회 정화'의 일환으로 기획된 삼청교육대는 군 병력과 경찰 병력을 포함한 국가 공권력이 총동원된 대규모의 작전이자, 그 결과 면에서도 가공할 만큼 많은 사망자와 희생자를 냈다는 점에서도 6·25 전쟁 이후 단일 사건으로는 최대의 사건이다. 하지만 삼청교육대는 가공할 그 사건의 실체와 성격에 비해 지금까지 역사에서 철저히 지워지고 가려져 있다. 도대체 왜일까? 우리 역사는 이 '왜'라는 질문조차 던지지 않았다.

1980년 광주의 가해자와 피해자는 분명했다. 역사의 진실이라는 이름으로 그 관계는 여전히 불완전하기는 하지만 상당한 실체적 진실을 드러냈다. 하지만 유독 삼청교육대만은 달랐다. 무려 6만 755명의 시민이 총검을 앞세운 군경에 검거되었고 그 중 3만

9742명이 그 악명 높은 '삼청순화교육(三淸順化敎育)'을 받았고, 교육 기간 중 공식 사망자 54명, 1989년 신고된 후유증 사망자 397명이라는 미증유의 피해를 낳았지만, 지금까지 그 수치는 어떤 의미도 갖지 못했다. 54명의 사망자의 대다수는 명백히 구타와 폭력에 의한 사망자였는데도 그들 대부분(36명)은 병사자로 처리되었으며, 단 10명만이 구타에 의한 사망자로 기록되어 있을 뿐이다. 사망 원인의 은폐는 지극히 사소한 문제일지도 모른다. 정확한 수를 파악할 수조차 없는 추가 사망자와 관련한 문제는 삼청교육대의 핵심 쟁점이다. 하지만 25년이 넘는 세월이 흐르고 있는 지금까지 이 문제는 견고히 봉인되어 그 누구의 방문도 받지 못하고 있다. 이 문제는 2002년 방송에서 군 관계자들의 생생한 증언을 통해 구체적으로 제시되었다. 삼청순화교육을 실시했던 한 전방 사단의 1개 연대에서만 11명의 사망자를 냈다는 관련 조교의 증언이나, 후방 사단에서 순화교육을 직접 담당했던 삼청교육대 교관이 증언한 세 명의 자살자에 대한 구체적이고도 생생한 증언, 심지어 수백 명의 사망자 명단을 직접 확인했다는 당시 합동수사본부 수사관의 증언에 대해서도, 우리는 아무런 관심도 반응도 보이지 않았다. 우리는 철저히 무관심했고, 철저히 외면했다. 도대체 왜일까?

그것은 삼청교육대가 철저히 우리 역사가 버린 사람들의 문제이자 고통이기 때문이었다. 그것은 지금도 그러하고, 1980년에도 그러했다. 그들은 범죄자이고 불량배이며, 사회의 공적(公敵)인 이른바 사회악이었다. 그들의 신체가 구금되고, 인권이 유린되고, 생명이 파괴되고 박탈되어도 누구도 동정하고 문제 삼지 않았다. 국민 대중은 철저히 속았고, 때로는 환호하기까지 했다. 그것은 전두환 정권의 가장 성공한 프로그램이었다.

국민 개조 프로젝트 '삼청순화교육'

1980년 5월의 광주는 전두환 정권의 위기이자 기회였다. 하지만 총칼은 그들만의 힘이자 승리의 밑바탕임이 금방 입증되었다. 5월 31일 국가보위비상대책위원회(이하 국보위)가 설치되었고, 정부의 모든 권력은 실질적으로 장악되었다. 그 목표는 불안한 권력의 안정적 확보였다. 국보위가 내세운 네 가지 과제 중, 네 번째가 '사회악 일소(社會惡 一掃)에 의한 국가 규율의 확립'이었고, 그들은 사회악을 '국가의 안전 보장과 사회 안정을 저해하고, 국민의 혐오와 원성의 대상인 고질적이고 만성적인 조직·상습 폭력, 치기배, 기타 퇴폐적인 행위자, 그리고 재범의 우려가 있는 자'로 규정하였다. 정의와 불의, 선과 악의 이분법적인 대립 관계를 설정하고, 불의와 악의 세력을 가차 없이 제거하겠다는 것이 쿠데타 정권의 명분이었고 지향이었다. 그리고 그 '악의 세력'엔 자신들의 권력에 반대하는 모든 개인과 집단이 포함되었다. 그들은 박정희 군사정권의 탄생

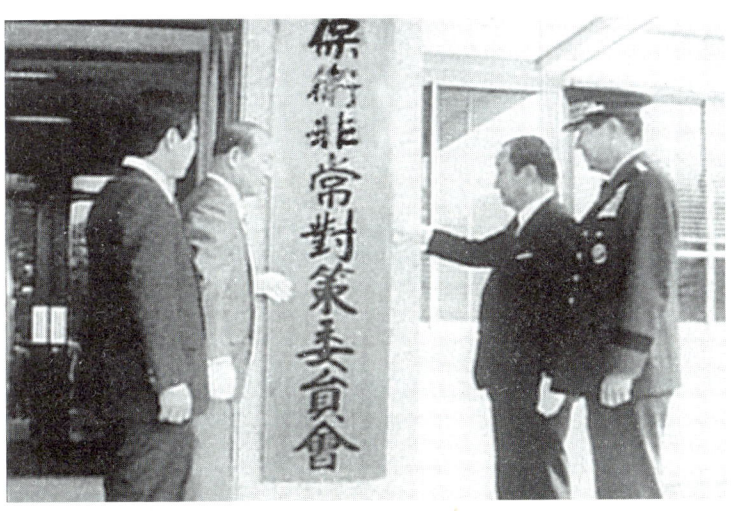

1980년 5월 31일 국보위 현판식 모습. 국보위의 출범은 삼청교육대를 잉태하고 있었다.

과정을 철저히 모방했다. 1961년 5·16 군사쿠데타로 권력을 장악한 박정희는 정치 깡패를 제거한다는 명분과 함께 1만 5800명의 폭력배를 검거하였고, 이들 폭력배를 국토건설단(國土建設團)이라는 이름으로 전국의 국토 건설 사업에 강제 동원하였다. 공공질서와 사회를 파괴하는 불량배를 제거함으로써 일반 국민들의 환심을 사고, 이들을 근로 생산 현장에 투입함으로써 대중적 관심을 돌렸던 것이다. 이는 전형적인 대중조작 수법이었다. 그 효과는 컸다.

사회악적 세력인 폭력배에 대한 무력적 조치는 대중들의 직접적인 관심과 지지를 이끌어냈다. 삼청교육 대상자들의 검거에만 연인원 80만 명의 군·경이 동원되었고, 일선 행정 조직뿐만 아니라 검찰, 문교부 등 국가의 주요 공권력이 모두 동원되었다. 1980년 8월 4일 발표된 계엄포고령 13호에 근거해 시작된 대규모 검거는 국민적 공포감을 불러일으키기에 충분했다. 삼청순화교육은 11공수, 13공수 등 특전사를 중심으로, 전국 25개 사단에서 실시되었다. 이들을 수용하기 위한 숙소와 훈련장은 이미 두세 달 전부터 준비되었으며, 교육을 담당할 조교들은 미리 차출되어 강도 높은 유격훈련을 받기도 했다.

당시 1사단에서 교육 조교를 맡았던 정○○는 석 달 전부터 유격훈련을 받고, 참나무를 깎아 수련생들을 제압할 몽둥이를 준비했다고 했다. 이른바 삼청교육대라고 부르는 군부대의 '순화교육'을 받은 사람은 모두 3만 9742명이다. 그 대상에는 폭력배 외에도 13세 소년에서 70대 노인, 군 장성, 언론인, 노조원, 대학생, 심지어 여자들과 고등학생들까지 포함되어 있었다. 이러한 국보위의 '사회개혁' 작업을 그들 스스로 '삼청계획(三淸計劃)' 사업으로 칭했고, 삼청계획 1호는 권력형 부정 축재자 척결, 2호는 정치 비리자 척결, 3호는 고위 공무원 숙정, 4호는 3급 이하 공무원 숙정, 5호가 바로 삼청교육대로 알려진 불량배 소탕 작업이다. 이를 위해 설치한 것이 '사회정화위원회(社會淨化委員會)'이다. 삼청교육대는 대규모 '국민 개조 프로젝트'였다.

폭력 정화의 진실

대규모의 수련생을 수용하고 관리하는 것은 쉬운 일이 아니었다. 이들은 모두 군부대에 수용되었다. 그러나 군대식 통제와 관리에 따른 엄청난 부작용으로, 무차별 폭력과 가혹 행위는 많은 사망자와 부상자를 낳았다. 공식적으로 보고된 대부분의 사망 사건은 4주일간 실시된 순화교육 과정에서 발생했다. 말이 교육이지 구타와 가혹 행위로 시작된 교육은 야만적 폭력의 연속이었다. 젊은 군인들은 대상자 전부를 범법자와 동일시했다. 그들에게는 처음부터 조직 폭력배, 깡패를 다룬다는 지침이 내려졌고, 기선 제압을 위한 선제 폭력이 허용되었다. 조교들에게는 제압하지 못하면 오히려 당할 수 있다는 불안감과 두려움을 끊임없이 주입했다. 젊은 군인들은 처음부터 필요 이상의 폭력을 사용했고, 그 결과 엄청난 희생자를 낳을 수밖에 없었다. 당시 젊은 조교들의 증언은 이들이 겪은 두려움과 사태 인식의 혼돈, 또한 어떻게 젊은 군인들이 폭력화되는지 그 과정을 잘 드러내주고 있다.

조교들이 맞이한 사람들은 자신보다 한참 나이 많은 형뻘, 심지어 아버지뻘 되는 사람들이었다. 그들에게 처음에는 말조차 쉽게 놓지 못했다는 한 조교는 반말을 하지 않는다는 이유로 고참에게 두들겨 맞아 척추 뼈를 심하게 다쳤다고 했다. 그리고 그때부터 조교들은 삼청교육대 수련생들을 '개, 돼지'처럼 다루었다. 잔혹한 신체 폭력과 가혹 행위는 모든 삼청교육대 공통의 일상이었다. 1사단에서 교육을 맡았던 이 조교는 자신의 수련생들을 넓고 깊은 군대 화장실 분뇨 속에 집어넣어, 그 분뇨가 다 닦일 때까지 집어넣기를 반복했다고 했다. 인간이 인간에게 가한 가학적이고도 잔인한 폭력의 실상은 삼청교육대를 경험했던 사람들의 증언에서도 그대로 드러난다.

"죽으라면 죽는 시늉을 해야 해요. 안 그러면 죽으니까. 내가 오죽하면 구두를 핥으라고 해서 구두를 핥았어요, 살려고……. 내가 그놈 명찰을 다 봐놓고도, 찾았더니 없어……." (최상월 증언, 3사단 순화교육)

"눈이 쌓인 연병장 위에 소주병을 깨 유리 조각을 뿌리고는 팬티 바람으로 눈 위에서 구르게 하는데, 단순한 포복이 아니에요. 낫으로 가지를 5센티 정도 쳐낸 참나무 몽둥이로, 알몸으로 기는 우리의 가슴이나 잔등, 허벅지를 사정없이 내리치는 거예요. 그러면 꽁꽁 언 몸이 마치 장작 빠개지듯이 빠개져요. 서너 시간 지나면 연병장은 완전히 피바다로 변해버리는 거죠." (유영근 증언, 27사단 근로봉사)

"이 박달봉은 전두환 대통령께서 우리에게 하사하신 봉이다. 이 봉으로 너희들을 때려서 1~2년 안에 골병들어서 죽게 하라 했다." (이연수 증언)

젊은 군인들에게 허용된 폭력은 합법화된 폭력이었다. 이미 많은 책자와 잡지를 통해 소개된 잔혹한 폭력 체험담은 폭력을 행사한 군인들의 증언과도 일치한다. 혈기왕성한 젊은 군인들에게 이들은 폭력성을 마음껏 실험할 수 있는 대상이었다. 선량한 시민에게 피해를 주고 악행을 일삼은 불량배인 사회악에 대해 관용과 자비는 필요 없었다. 처음에는 겁에 질린 채 이들을 맞았던 군인들,

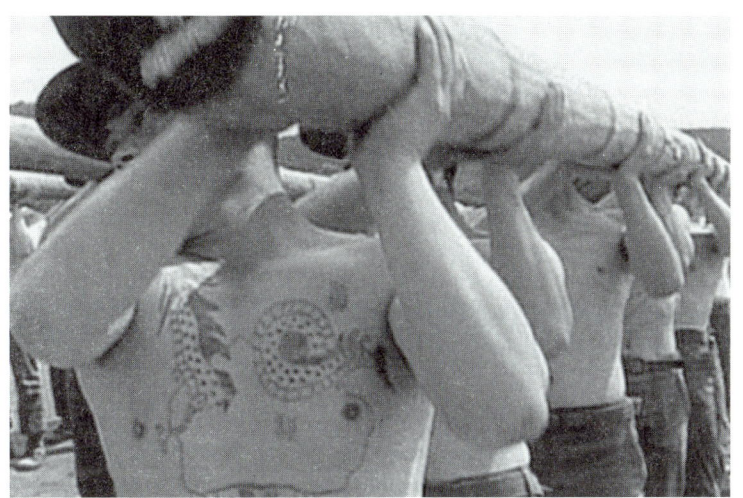
삼청교육대 훈련 모습. 폭력배들 중에서 몸에 칼자국이 있거나 문신이 있는 자들을 앞에 내세웠다. 여론 조작의 전형이다.

그 두려움은 무차별 선제 폭력으로 행사되었고, 그에 대한 어떤 제지나 처벌도 없었다. 몇몇 예외적 사건의 경우에만 군인들의 폭력이 문제되어 처벌받았을 뿐이다. 그리고 그 폭력의 희생자들은 대부분 약한 사람들이었다.

1980년 12월 15일 28사단에서 사망한 임근실(당시 31세)은 신체적으로 매우 허약한 사람이었다. 그는 배고픔을 참지 못해 땅에 떨어진 밥알을 주워 먹었다는 이유로 조교들한테서 가혹한 구타를 당해 사망했다(이적 증언, 입소 당시 신문기자). 그의 죽음은 은폐되었다가 1988년 열린 청문회 과정의 증언을 통해 드러났다. 삼청교육대 교육을 담당했던 조교 역시 가족이 없고 때려도 문제가 되지 않는 사람들을 골라서 집중적으로 구타했다고 했다.

요즈음의 이른바 노숙자들이 당시의 주된 연행 대상이기도 했다. 뉴스 화면과 신문을 통해 연일 홍보된 흉측한 문신을 한 건장한 조직

폭력배들의 모습은 대중 선전을 통해 전달된 조작된 이미지였다. 문신을 한 폭력배들은 봉체조 대열의 앞 열에 세워졌고, 모든 카메라와 사진은 그들의 모습을 클로즈업해 내보냈다. 그 대가로 한 개비의 담배가 주어지기도 했다(유영근, 노병주 등 증언). 자신보다 강한 폭력 앞에 인간은 무기력했다. 절대 복종만이 강요되었다. 폭력의 주체들이 만들어서 강요한 당시의 '수련생 선언문'에는 '때리면 때리는 대로 맞을 것'을 강요하고 있다. "나는 삼청교육대의 수련생으로서 명령과 지시에 절대 복종하며, …… 하나, 나는 명령과 지시에 절대 복종한다. …… 여덟, 나는 상기 선서 내용을 위반할 때 여하한 처벌도 감수한다."(삼청교육대 수련서 선언문, 『계엄사(戒嚴史)』 중) 이 선언문은 악랄하게 변형돼 적용되기도 했다. "하나, 나는 때리면 때리는 대로 맞는다. 둘, 나는 주면 주는 대로 먹는다. 셋, ……."(이적의 증언)

자신들의 업적을 남기기 위해 편찬한 『계엄사(戒嚴史)』(1981년 1월 출간)에 소개된 한 삼청교육 실시 부대의 식사 구호는 그 한 단면을 잘 드러내주고 있다.

- 일하기 싫으면 먹지도 말자!
- 알맞게 먹고 헛되게 버리지 말자!
- 돼지보다 못하면 돼지고기를 먹지 말고, 소보다 못하면 쇠고기를 먹지도 말자!

죽음의 진실, 과연 몇 명이나 죽었나

부산 2관구에서 근무했던 한 교관은 자신이 행사했던 폭력담과 휴가 때의 체험담을 들려주었다. "수련생들이 들어왔을 때, 때리는 것에 처음에는 양심의 가책이 좀 느껴졌지만 한두 시간이 지나고 나서는 사람을 패는 게 아니고 개를 패듯이, 점점 심해졌지요……"

폭력에 대한 제지는 전혀 없었다. "국보위, 보안부대, 헌병대, 부대 참모들이 다 쳐다보고 있는데, 내가 두들겨 패면 그쪽에서는 희희낙락하고 있어요. 시간이 지나면서 죄책감이라는 것은 없어지거든요."(양○○ 증언, 부산 2관구 교관)

이 교관은 죽여도 책임을 묻지 않겠다는 것이 자신이 조교들에게 내린 공공연한 지침이었다고 했다. 자신도 직접 장갑까지 끼고 물리도록 사람을 때렸다는 이 교관은 그 후 외출을 했다가 삼청교육대 출신자들에게 집단 구타를 당했다는 체험담을 들려주기까지 했다. 이러한 사례는 많았다. 심지어 군인이 맞아서 살해당했다는 소문도 나돌았다. 이 때문에 조교들의 외출과 휴가가 통제되기도 했다. 그러나 삼청교육을 직접 담당했던 군인들에게서 나온 가장 충격적인 증언은 은폐된 사망자 수였다. 앞서 언급한 것처럼 국방부가 공식 인정한 사망자 수는 54명이다. 이는 그나마 1989년 삼청교육대 청문회 과정에서 추가 사망자가 나와 늘어난 숫자이다. 많은 피해자들은 이 사망자 수보다 훨씬 더 많은 사람이 죽었을 것이라는 주장을 하고 있다. 문제는 이들의 주장을 확인할 수 없다는 점에 있다. 실제 취재 과정에서 피해자들로부터 확인된 사망자 이외의 추가 사망자를 목격했다는 주장이 많이 나왔지만, 확인할 수 없는 주장들이었다. 그리고 54명 외의 추가 사망자는 지금까지 드러나지 않고 있다.

그러나 관련 군인들의 증언을 들으면 문제가 달라진다. 그들은 구체적인 추가 사망자 수뿐만 아니라, 사망 정황, 인물에 대해서까지 세세하게 증언했다. 부산에 있는 2관구에서 교관으로 삼청교육을 담당했던 양○○는 1980년 7월에 실시했던 삼청교육 과정에서 자신의 부대에서만 세 명의 자살자가 있었다고 했다. 한 사람은 21개의 못을 삼켜서 죽었고, 또 한 사람은 군대에 지급된 바르는 모기약을 다량 삼키고 후송 도중 사망했으며, 또 다른 한 명은 유리 조각으로 자신의 혀를 난자해서 과다 출혈로 사망했다고 했다. 하지만 이 세 명의 자살자는 국방부의 공식 자살자 수에 포함되지 않았다. 국방부가 발표한 공식 자살자는 두 명, 한 부대에서만 세 명이나 자살했다는 교관의 증언은 무엇을 의미하는 것일까? 더군다나 부산의 2관구는 1980년 7월의 1차 삼청순화교육만 실시한 부대였다.

경기도 파주의 1사단에서 삼청교육을 담당했던 한 조교의 증언 내용은 충격 그 자체였다. 자신이 속한 연대에서만 11명의 수련생이 사망했다는 것이다. 그는 이들이 모두 구타로 인해서 사망했으며, 사망자는 암매장했고, 사망자들의 인사 기록 카드는 모두 뽑아서 소각했다고 증언했다. 그리고 사망자 대부분은 가족이나 연고자가 없는 노숙인이나 부랑자라고 했다(정○○ 증언, 1사단 조교). 이것은 무엇을 의미하는 것일까? 조교들은 수련생이 행여 사망하더라도 가족들의 문제 제기가 없을 사람들을 골라 때렸다고 했다. 국방부가 발표한 1사단 사망자는 세 명뿐이다. 그러나 1개 연대에서만 11명의 사망자가 발생했다는 조교의 증언이 사실이라면 삼청교육대 전체 사망자는 수백 명을 상회할 수도 있다.

그렇다면 진실은 무엇일까? 그 당시 군부대에 수용되었던 4만여 명의 삼청교육 이수자 명단은 지금 어디에도 존재하지 않는다. 그들을 죽였던 가해자의 양심 고백만이 진실을 밝힐 수 있는 유일한 단서일 뿐인 현실에서, 과연 그때의 진실을 어떻게 밝혀낼 수 있을까?

1사단 조교가 해준 또 하나의 충격적 증언은 삼청교육대와 관련한 기존의 역사적 진실을 뒤흔드는 내용이었다. 1사단에 수용되었던 수련생들은 북파공작원 교육을 받았으며, 그래서 더욱 혹독한 가혹 행위가 있었다고 했다. 이는 지금까지 전혀 알려지지 않은 사실이다. 1980년대 후반까지 존재했다고 알려지고 있는 북파공작원. 삼청교육대 수련생들을 북파공작원으로 훈련시켰다는 증언은 충분한 개연성이 있어 보이는 진술이다. 피해자 단체가 보관하고 있는, 1989년 국회 청문회 후 신고 접수를 받은 3221명의 피해자 신고 명단을 일일이 확인했지만, 이 중에는 단 한 명만이 1사단 출신 피해자였다. 전국 25개 사단에서 삼청교육을 받은 4만 명의 피해자들 가운데 자발적으로 신고한 3221명의 피해자 중에, 1사단 출신은 왜 단 한 명뿐인 것일까?

1989년에 신고된 397명의 후유증 사망자 문제도 제대로 다루어진 적이 없다. 어떤 사망자는 낯선 사람들에 의해 집으로 들려온 뒤, 3일 만에 사망했다(충남 천세석). 이미 살아날 가망이 없는 상태에서 군인들은 자신들의 책임을 회피하기 위해 시신이나 다름없는 피해자를 집에 데려다놓은 것이다. 삼청교육을 받고 퇴소 후 1년도 안 돼 자살한 청년도 있었다. 열아홉 살의 이 청년이 끌려간 이유는 외상 맥주를 먹고 돈 몇천 원을 안 냈다는 것이었다. 그는 외아들이었다(전남 김순호, 20세에 자살). 그리고 부산 광안리 해수욕장에서 호객 아르바이트를 하다 잡혀가 삼청교육을 받고 와서는 20년이 넘게 정신병원을 드나드는 한 피해자(부산 김창오)와, 사람이 무서워 사회공포증과 피해망상장애로 20년이 넘게 방 안에서만 생활하는 피해자(수원 윤병열) 등 여러 사례를 보며, 우리는 과연 그들에게 무어라고 설명하고, 변명해야 할 것인가? 우리의 지나간 25년의 세월은 여기에 대해 지금까지 그 어떤 보답도 해주지 않고 있다.

권력, 영원한 감옥을 꿈꾸다

권력은 강압과 폭력으로 인간이 정화되고 순화될 수 있을 것이라 믿었던 것일까? 그것은 교만에서였을까, 무지에서였을까?

지은 죄도 없이 잡혀갔던 사람들, 정말 억울할 수밖에 없었던 사람들의 피눈물 나는 하소연에도 아무도 관심을 기울이지 않는다. 심지어 당시 보안사령관을 지냈다가 전두환과의 구원(舊怨)으로 삼청교육을 받았던 강창성이나, 학생운동을 하던 많은 대학생과 노조운동을 하던 노조원들, 정부 정책에 비협조적인 언론인들과 광주항쟁에 참여했던 수백 명의 젊은이들이 끌려가고, 열세 살 먹은 어린 소년이 끌려갔다고 해도, 사람들은 심각한 문제라고 생각하지 않는다. 전면에 내세운 사회 불량배 소탕이라는 명분에 이 모두는 묻혀 버렸다. 삼청교육대는 폭력배들이 주된 대상이었다고 많은 사람들이 지금도 믿고 있다. 계엄 정권이 자체 분류한 통계에서 전과자 비율은 64.1퍼센트, 전과가 없는 사람이 35.9퍼센트이다(『계엄사』). 이른바 전과자들이 주된 대상이었다. 하지만 그 '전과'의 의미는 무엇인가? 이미 법적인 처분을 받은 사람들이다. 이들 대다수는 삼청교육 이수 후 전과를 말소해 주겠다는 공공연한 약속을 받기까지 했다. 경찰관들에게는 검거 인원이 배당되었고, 출소하면서 교도소 앞에서 바로 연행된 피해자가 있었는가 하면, 심지어는 출소 대기를 하면서 유치장 안에서 바로 삼청교육대로 연행된 사람도 있었다(인천 김병준). 삼청교육은 전국의 모든 교도소 안에서도 함께 실시되었다. 현행범으로 삼청교육 대상 A급으로 분류된 사람들이 간 곳은 재판과 함께 교도소행이었다. 나머지 B, C급이 이른바 삼청순화교육 대상이었는데, 사망자와 후유증 피해자는 모두 군부대 삼청교육 과정에서 발생한 것이었다.

계엄포고령은 계엄이 해제되면 그 효력을 상실하게 되어 있었다. 하지만 전두환 쿠데타 정권은 계엄 해제 후에도 이들을 계속 구금할 명분이 필요했다. 철로 부설과 제주도 5·16 순환도로 건설 등 국토 건설 사업에 폭력배들을 동원했던 박정희 정권과는 또 다른 차원이었다. 순화교육을 마친 수련생들을 근로봉사라는 명목으로 최전방 부대에 격리했다. 말이 근로봉사지 이들은 전방 부대에 철저히 격리 수용되었고, 전방 부대의 도로 준설과 진지 작업 등 군인들의 일에 투입되었다. 근로는 명분이었고, 감금과 격리가 주된 목적이었다. 12·12와 5·18 광주 학살에 대한 국민적 감정과 저항은 전두환 정권에게 가장 두려운 요소였다. 게다가 가혹한 삼청순화교육 이수자들이 사회 불만 세력화되는 것도 쿠데타 정권에게는 잠재적 불안 요소였다.

계엄 해제를 한 달여 앞두고 1980년 12월 18일에 공포된 사회보호법은 법적인 근거를 동원해 삼청교육대 수련생들을 영구히 감금하는 장치였다. 사회보호법을 입안한 사람들은 당시의 현직 검사들이었다. 취재 과정에서 확인된 입안 실무 책임자는 당시 법무부 소속 검사들이었던 김수장, 최연희, 김진환, 유창종 등이었다. 이들이 따온 법은 서구 몇몇 나라에서 극히 제한적으로 실시하고 있던 일종의 '보안처분제(保安處分制)'였다. 정상적인 재판 과정은 전혀 없었다. 삼청교육대 수련생들에게 주어진 것은 최고 5년까지의 보호감호 처분이었다. 그들에게는 사회보호법 부칙의 경과 규정이 적용되었고, 이는 명백한 소급 적용이었다. 삼청교육대 수련생의 신분은 한순간에 감호생으로 바뀌었다. 계엄이 해제되어 집으로 돌아갈 것이라는 꿈에 부풀었던 그들의 기대는 여지없이 무너졌다. 1년에서 5년까지의 감호 형량에 따라 그들의 신분은 재분류되었다. 순화교육에서 근로봉사로, 또 근로봉사는 보호감호로 이어진 것이었다. 일반 징역과는 다른 '보호감호', 하지만 그것은 일반 교도소와는 다른 새로운 감옥의 탄생을 알리는 전주곡이었다. 그리고 그 감옥에서 그들은 영원히 나오지 못할 것이라는 소문도 들려왔다. 지상에서 완전히 유폐된 감옥, 과연 어떤 감옥이 그들을 맞을 것인지 아무도 알지 못했다. 그들은 두려웠고 절망했다. 하지만 그 감옥은 이미 차근차근 준비되고 있었다.

빠삐용의 해상 감옥

1980년 여름, 삼청교육이 실시되면서 이들을 구금할 시설의 준비 명령을 받은 기관은 법무부 교정국이었다. 이 시설은 일반 감옥이 아니었다. 처음부터 이 시설은 초중구금(超重拘禁) 시설로 준비되었다. 국보위는 감호소 시설 장소로 육지에서 완전히 격리된 섬을 지정했다. 검토된 장소는 서남해상의 섬이었다. 육지에서 완전히 격리된 섬은 실질적인 격리의 효과가 있었고, 대국민 선전 효과도 컸다. 이를 위해 관계자들이 서남해상의 섬들을 헬기로 답사했고, 최종적으로 선정되어 검토 대상이 된 곳은 서해상의 섬 안마도(鞍馬島)였다. 영광 법성포에서 39킬로미터 떨어진 면적 6.77제곱킬로미터의 작은 섬인 안마도, 하지만 현장 실사 과정에서 여러 가지 현실적인 문제에 부딪혔다. 안마도는 인구 400명이 넘지 않는 섬으로, 대규모 교정 시설이 들어설 경우 수천 명의 감호자뿐만 아니라 직원들과 경비 군인 등 1만 명 이상의 상주인구가 거주하기에 심각한 물 부족 문제가 발생할 수밖에 없었고, 배를 이용한 접근 문제도 기상 상황에 따라서는 심각할 수밖에 없었다. 뿐만 아니라 서

전남 영광군 낙월면 안마도. 전두환 쿠데타 정권은 당초 이 섬에 거대한 요새 감옥을 계획했다.

해상의 섬인 관계로 북한과의 대치 상황에서 심각한 안보상의 문제가 발생할 수 있을 것이라는 우려도 제기되었다. 또 유엔이나 해외 인권 단체 등에서 제기될 수 있는 인권 탄압 문제도 부담이었다. 가뜩이나 수많은 양민을 학살하고 권력을 잡은 전두환 정권에게 이는 심각한 부담이 될 수 있는 사안이었다. 시설을 해상에 세우려던 계획은 수정되었다.(정갑섭 증언, 당시 법무부 교정국 관리과장)

그래서 눈을 돌린 곳이 내륙의 오지로, 최종적으로 결정된 곳은 현재 청송교도소가 있는 경상북도 청송군 진보면 광덕리 산3번지였다. 이곳은 반변천이 굽이쳐 흐르면서 앞으로는 광덕산 줄기가 험한 단애(斷崖)를 이루며 가로막고 있고, 뒤로는 높지 않은 야산이 에워싸고 있는 지형으로 요새(要塞)와도 같은 곳이었다. 사회보호법이 공포된 12월에는 이미 터를 선정하는 작업이 끝나가고 있었다. 시공은 민간 건설업체인 L건설이 맡았다. 4월부터 밤낮 없이 공사가 진행되어, 1981년 12월 2일 제1감호소가 완공되었다.

시설이 지어지지 않은 상태에서 감호생 신분의 삼청교육대 수련생들이 구금된 곳은 근로봉사를 담당했던 전방의 군부대였다. 하지만 폭력적이고 강제적인 구금은 필연적으로 감호생들의 저항을 불러왔다. 1981년 5월 경기도 연천의 5사단에서는 군인들이 감호생들을 구타한 것이 빌미가 되어 집단 시위가 일어났고, 끝내는 부대 밖으로 나가려고 하는 감호생들을 무력 진압하기에 이르렀다. 이 과정에서 기관총과 소총이 발포되었고, 감호생 전정배가 총에 맞아 숨졌다. 한 명의 사망자와 네 명의 부상자를 낸 것으로 보고된 이 사건에 대해서도 당시 현장에 있었던 감호생들은 추가 사망자가 있었다는 증언을 하고 있다. 감호생 전○○는 50대 노인이 철조망을 넘다가 옆구리에 기관총을 맞아 사망했다고 증언했다. 5공 청문회 과정에서도 다루어진 이 사건에서, 당시 대대장이었던 윤창중 중령은 기관총 발포 사실조차 전면 부인했다.

1980년 10월에는 감호생 두 명과 현역 군인이 숨지는 사건까지 발생했다. 강원도 화천에 있는 27사단 예하 부대에 수용되어 있던 감호생들이 장교들의 감호생 구타에 반발해 폭동을 일으켰고, 진압 과정에서의 발포로 17세의 남일홍을 포함한 두 명의 감호생이 사망했고, 흥분한 감호생들에게 맞아 현역 군인이었던 장시재 중사가 사망했다. 그러나 재판은 감호생들에게만 가혹했다. 25명의 감호생이 구속되었고, 군사 법정에서 주동자급들에게는 사형과 무기형이, 나머지 주요 가담자들에게도 5년에서 20년의 중형이 선고되었다. 1989년까지 복역하였던 이들은 삼청교육대 출신 최후의 감호생이 되었다.

전방 부대에 수용되어 있던 감호생들이 처음 청송감호소에 수용된 것은 1981년 12월 2일이었다. 청송 역사의 시작이었다. 감옥이

청송감호소의 모습. 앞산이 광덕산이고 흐르는 내가 반변천이다. 험준한 지세에 갇힌 청송보호감호소의 모습은 그 자체가 거대한 요새를 연상시킨다.

아니면서도 감옥보다 더한 곳, 그 어떤 교도소보다도 더 삼엄한 시설에, 엄중한 처우를 하고, 교도관들마저 기피하는 청송보호감호소. 우리 역사 속에서 이곳은 숱한 인권유린 시비를 낳으며 24년 동안이나 유지되어 왔다. 영원한 격리를 꿈꾸며 그 감호소를 만든 권력자는 자신의 희망보다 빨리 권좌에서 물러났지만, 그가 남긴 유산은 오랜 세월을 버텨냈다.

사회 안정인가, 쿠데타 정권의 안정인가

어쩌면 10년 뒤나, 빠르면 5년 뒤쯤엔 청송에 있는 보호감호소 시설이 관광지가 되어 있을지도 모를 일이다. 조세형이 탈주를 시도했다 감금되었던 이른바 엄정독거(嚴正獨居, 폐쇄 독방이라고도 부름)라 부르는 독방은 어쩌면 더욱더 유명한 관광 명소가 되어 있지 않을까? 그 어두운 0.9평의 공간에 누워보는 관광객이 있을지도 모르겠다. 하지만 기억하자. 1980년 이곳에 처음 갇힌 사람들은 범죄자가 아니었다. 엄밀히 말하자면 과거에 죄를 지었던 사람들도 있었지만, 그 당시에 죄를 지어서 그 대가를 치른 사람들이 전혀 아니라는 점을 말이다. 그리고 개중에는 전과도 없는 무고한 사람이 많았다. 그들은 앞으로 죄를 지을 가능성이 있다는 자의적 판단에 따라 잡혀가 온갖 가혹 행위와 함께 세상의 끝에 와서 갇혔던 사람들이었다. 자의적으로 범죄자를, 사회악을 싹쓸이하겠다며 총칼을 들이댔던 권력과 그 권력에 동조하고 묵인하며, 때로는 찬양하기까지 했던 우리의 역사에 우리는 무어라고 변명할 것인가?

2005년 9월, 청송에 갇힌 감호자와 재소자들의 거듭된 단식투쟁 끝에 결국 사회보호법은 폐지되었다. 하지만 폐지에 가장 반발했던 사람들은 법무부 검사들이었다. 청송감호소 덕분에 보호국이 신설되었고, 더 많은 범죄자를 가둘 수 있었던 그들 권력이 내심으로 품었던 생각은 무엇이었을까? 전두환 정권이 내세운 것은 '사회 안정'이었다. 5공화국 시절 내내 청송감호소는 보호감호 처분을 받은 범죄자들로 넘쳐났다. 감호소가 넘치면서 교도소에서 형기를 마친 감호 대상자들이 교도소에 그대로 수용되기도 했다. 실제로 교도소와 감호소의 차이는 전혀 없었다. 영원한 격리의 대상, 하지만 이들 중 80퍼센트는 절도 범죄자였다. 그 중에는 돈 몇천 원을 훔친 사람들도 있었다. 그 높은 담장 밖에선 권력형 비리와 경제 사범이 더욱 기승을 부렸고, 강력 범죄 또한 줄지 않았다. 청송보호감호소, 쿠데타 권력이 아주 특별한 이 감옥을 세운 이유는 무엇일까? 국민의 안전을 위해서일까? 그들의 안전을 위해서일까? 1980년 탄생한 거대한 감옥의 도시 청송이 여전히 역사에 묻고 있다.

군대 가서 죽은 내 아들아

— 이규정

녹화사업의 실체

빨간 민둥산을 푸르게 가꾼다는 취지의 녹화사업. 그러나 1980년대 군부에 의한 녹화사업은 반체제 활동을 하는 학생들을 대상으로 한 것이었다. 대한민국 아들이라면 누구나 마쳐야 하는 신성한 병역 의무를 이용해 '인간을 개조한다'는 목적으로 운동권 출신 입영자들을 대상으로 '특별 순화교육'을 실시하고 있었으니, 그것이 이른바 녹화사업이었다.

녹화사업은 강제 징집자와 운동권 학생 입영자가 자기 행동에 대한 자술서를 작성하는 것부터 시작된다. 그 후 대상자의 등급을 분류하고, 그 등급에 따라 책과 글을 이용하여 순화 작업에 들어간다. 즉 의식 개조 작업을 하는 것이다. 그리고 강제 징집자들의 정신이 순화되었다고 판단되면 반성문과 서약서를 쓰게 하는데, 그간의 일들을 외부에 발설하지 않겠다는 서약과 보안사에 적극적으로 협조해 동참한다는 데 동의를 하게 된다. 그 후 '순화'된 학생들에게는 정보 수집의 임무가 부여된다. 이른바 관제 프락치 활동이 녹화사업의 실체였던 것이다.

돌아오지 못한 젊은이들

대한민국 젊은이들에게 군대란 누구나 한 번은 갔다 오는 통과의례와 같은 것이다. 그러나 끝내 돌아오지 못한 젊은이들이 있었다. 1980년대 초, 사병 여섯 명의 죽음을 군 당국은 자살이라 발표했지만 유가족들은 이러한 사실을 받아들일 수가 없었다. 강요된 침묵 속에 묻혀버린 여섯 병사들(이윤성, 정성희, 최온순, 한영현, 한희철, 김두황)은 바로 녹화사업의 대상자들이었다. 누가 그들을 죽였는가?

1982년 11월 4일 동대문 경찰서에 연행된 성균관대학교 학생 이윤성은 시위 주동자로 재판에 회부되면 1년 6개월 정도의 실형을 살 수밖에 없는 처지에 있었다. 다만 군대에 가면 모든 것을 불문에 부칠 것이라는 당국의 태도에 가족들로서는 그 길을 선택할 수밖에 없었다. 당시 이윤성은 아버지가 60세가 넘은 고령이고 3대 독자였다. 게다가 시력까지 나빠서 정상적인 경우라면 현역 입영 대상이 될 수 없었다. 강제 징집은 결격 사유의 유무와 관계없이 초법적으로 이루어졌다. 수많은 학생들이 신체검사 통지서와 입영 영장도 없이 어느 날 갑자기 최전방 소총수로 배치되었던 것이다. '자랑스런 조국의 수호자'였던 군은 '반체제·반정부 분자들'을 수용하는 수용소로 전락하게 된 셈이다.

군 당국은 무엇을 조작했는가

이윤성의 가족들은 이렇게 강제 징집된 이윤성이 제대 일주일을 남기고 자살했다는 통보를 받게 된다. 당시 상황을 이윤성의 매형 박정관은 이렇게 말한다. "사고가 난 1983년 5월 4일에 회사에 출근했다가 난데없이 윤성이가 죽었다는 소식을 들었어요. 월북 기도 혐의로 조사를 받다가 처벌이 두려워 자살했다는 것이었죠."

성균관대 재학 시절의 고 이윤성

월북 기도라는 혐의에 가족들은 17년간 침묵할 수밖에 없었다. 이윤성의 아버지는 당시 상황을 이렇게 회고한다. "내 아들은 죽었지만 살아 있는 우리 딸과 사위들이 나중에 어떤 일을 또 당할지……. 저놈들이 코에 걸면 코걸이가 되고 귀에 걸면 귀걸이가 되니까 아무 말도 할 수 없었죠."

그러나 이윤성의 월북 기도 혐의는 조작된 것으로 밝혀졌다. 당시 이윤성의 소대장 이동수는 월북 기도 사실을 단호히 부인했고, 헌병대 수사관 ㅇㅇㅇ는 "관물대에서 삐라도 나오고 월북을 시도했다고 말하면 유족들이 더 이상 항의도 하지 못할 것 같아서 거짓으로 조서를 꾸민 것 같다"고 증언했다. 취재 결과, 헌병대에서 작성한 '이윤성 자살에 관한 조서의 기록'은 여러 가지 면에서 조작됐음이 증명되었다. 이윤성의 주검을 처음 발견한 205보안부대 위병 김재철은 시신의 발견 시간이 조서에 기록된 '6시 10분'이 아닌 '3시경'이라고 확신한다. 그리고 조서에서 '군복을 착용했다'는 것과 달리 '추리닝을 입고 운동화를 신었다'고 증언했다. 특히 체육

복의 색깔이 오렌지색임을 지금도 생생히 기억하고 있었다. 그런데 조서에서는 '사망자의 신발이 군화였다'고 기록되어 있으며, 군화 끈으로 목을 매서 자살했다는 것이었다.

더욱이 당시 헌병대에서 조사받은 사실이 없으며, 보안사령부 감찰실에서 나와 진술서를 받아 갔다고 한다. 그리고 김재철은 조사받고 있을 당시의 이윤성을 다음과 같이 기억했다. "내무반에서 바둑 두는 것을 몇 번 목격했습니다. 그런 사람이 어떻게 월북 기도라는 혐의의 피의자일 수 있겠습니까? 어떻게 한가하게 바둑을 둘 수가 있었겠어요?"

또한 이윤성의 아버지 이명률은 3월 말 마지막 면회 때, 아들이 이전부터 보안 부대에 불려 다니고 있음을 알았다. "얼굴도 조금 이상하고 영 기가 죽어 보여서 물어보니, 오늘도 거기에서 오라고 해서 나왔다는 거예요. 거기서 오라고 한다는 게 뭐냐고 물으니, 보안사에서 오늘 여기 오라, 내일 저리 가라, 매일 왔다 갔다 하는 게 일이라는 거예요. 그때 서로 헤어질 때, 나도 모르게 눈물이 자꾸 나오는데…… 걔는 어디에서 불러도 겁난다는 거죠. 아이가 완전히 떨었어요. 뒤에 가서도 벌벌 떨면서 이야길 해요."

동국대 재학 시절의 고 최온순(왼쪽)과 그의 비석(대전 국립묘지)

한편 이윤성과 같은 시기, 같은 사단에 강제 징집됐다는 김승진은 포천에 있는 6군단 보안사령부에서 조사를 받던 중, 이윤성이 이곳에서 목매달아 죽었다는 이야기를 들었다고 진술했다. "제가 조사받던 곳은 포천에 있는 6군단 보안사령부 지하로 알고 있습니다. 조사받는 과정에서 최 중위라는 분이 윤성이가 죽은 사실을 아느냐고 물어보더군요. 그래서 휴가 나가서 들어서 알고 있다고 했습니다. 그랬더니 최 중위가 '윤성이가 이 방에서 목매달아 죽었어' 하고 알려주었습니다."

과연 이윤성은 205보안부대에서 목매달아 자살한 것일까? 타살 가능성에 대한 의문을 갖고 취재를 계속했다.

그때 이윤성의 시신을 부검한 K의대 박○○ 교수는 진술을 거부했으며, 다만 당시 상황에서는 제대로 부검을 할 수 없는 현실이라는 사실을 시인했다. 그리고 제작진이 가장 역점을 두고 취재한 부분(과연 이윤성이 스스로 목을 맨 것인가, 아니면 타살 후 타인에 의해 목이 매어진 것인가를 확인하는 작업)의 진실을 밝히기 위해서는 현장 증인의 확인이 필요했다. 그러나 부족한 자료와 흑백 사진만으로는 진위 여부를 확실히 파악할 수 없다는 전문가의 의견을 수용할 수밖에 없었다. 제대 후 유학을 간다고 부모와 약속했던 그가 제대 일자 6일을 남기고 자살했다는 사실(?)은 아직도 가슴 아픈 의문으로 남아 있다.

한편 동국대생 최온순은 사망자 여섯 명 중에서 유일하게 '타살'로 공식 발표됐다. 그리고 1983년 8월, 대전 국립묘지에 묻혔다. 최온순의 경우에도 처음에는 유족들에게 '자살'로 통보되었다. 그러나 시신을 본 가족들이 어떻게 자살했다는 사람이 온몸에 멍투성이냐고 강렬하게 항의한 이후에 사인이 고참병의 총에 맞은 것으로 변경되었다. 이와 같이 사인이 바뀌고, 조서가 가짜로 꾸며지는 상황에서 군 당국의 발표는 신뢰성을 의심받을 수밖에 없다.

보안사 고문의 실체

사망자 여섯 명 중 유일한 자원 입대자인 서울대생 한희철은 학생운동으로 도피 중인 친구를 도우려다 보안사의 녹화사업을 받게 된 경우다. 총기 자살로 발표된 그의 사례는 보안사의 행위가 어떤 방식으로 이루어졌는지를 적나라하게 보여준다. 한희철의 아버지는 아들과 같은 부대에서 근무했던 동료들의 진술서를 받았다. 두 동료의 증언의 핵심 내용은 '한희철이 보안사에 끌려 다니며 엄청난 고문을 당했다'는 것이었다.

이러한 사실은 당시 헌병대 조사관에 의해 확인됐다. 조사관 손○○의 진술에 따르면 "내가 솔직하게 한희철 부모님을 만나면 얘기하고 싶은 게 있어요. 애 엉덩이에 멍이 시퍼렇게 들었더라고요. 몽둥이로 때린 것은 아니고 전기방석을 탄 것 같아요. 우리 헌병대에는 없어서 모르겠는데, 전기 고문하는 의자가 있대요. 보안사에 있다고 그러더군요. 앉으면 전기로 찌릿찌릿해 찔린다고요."

한희철이 죽기 전 부대 동료 이장수에게 맡긴 한 통의 편지에는 보안사의 정보 요구 사항이 적나라하게 드러나 있다. 그 과정은 차라리 자살을 기도할

서울대 재학 시절의 고 한희철

만큼 실로 고통스러운 것이었다. 한편 한희철의 아버지는 한희철 시신에서 보이는 총상 흔적과 관련해 지금까지도 타살의 의문을 지울 수가 없다고 취재진에게 토로했다.

한양대생 한영현 역시 보안사의 혹독한 고문과 프락치 활동 강요로 엄청난 고통을 받았다는 동료의 진술을 확보했다. 친구 현정길은 형사에게서 직접 한영현이 고문받은 이야기를 들었다. "형사가 고

한양대생이었던 한영현의 추모비

문받는 대목을 잠깐 얘기해 주었습니다. 몸 전체를 묶고 빙빙 돌린다고 하더라고요. 그것을 칠성판이라고 했던 것 같은데, 속에 있는 것들을 다 토해내고 심지어는 똥물까지 토해내는데 자기도 정말 못 보겠더라더군요."

휴가 때 한영현을 만났다는 고향 친구 김인서는 당시 한영현의 모습을 다음과 같이 회고했다. "내일 귀대해서 자기가 이제까지 본 선배나 친구, 후배의 동향 보고를 해야 하는데 어떻게 해야 할지 걱정된다. 분명히 얘길 하긴 해야 되는데, 그렇지 않으면 뺑뺑이를 돌아도 한참 돌아야 할 텐데 하면서 굉장히 두려움에 떠는 모습을 보였어요. 예전에 내가 알고 있던 독기 서린 눈 같은 투쟁적인 기질보다는, 진짜 폭력 앞에 완전히 찌그러진 모습, 폭력 앞에 두려워서 잠 못 드는 모습, 이런 모습으로 비칠 정도였으니까요."

누가 녹화사업을 조정했는가

1980년대 녹화사업은 최근 밝혀진 것과 같이, 을지로, 과천 아파트를 보안사 분실로 사용하며 강제 징집자나 운동권 입대자를 대상으로 실시되었다. 당시 며칠간 서울의 중심가 아파트에서 교육받은 양창욱(1983년 강제 징집)은 "당시에는 이 임무를 수행하지 않고 들어가면 쥐도 새도 모르게 죽을 것 같다는 죽음에 대한 두려움이 있었고요, 또 하나는 내가 그렇게 한다면 동지와 후배와 친구들을 배신하고 평생을 살아야 하는데 그렇게 구차하게 살아야겠는가 하는 두 가지, 삶과 죽음에 대한 갈등이 굉장히 많았습니다"라고 회고했다. 이처럼 군 당국은 강제 순화 교육을 받은 학생들에게 평생 동안 씻을 수 없는 도덕적 부담감과 죄의식을 갖게 했다. 그리고 병역 의무를 악용하여 학생들의 인간성을 망가뜨리고 민주화운동을 원천 봉쇄하려고 시도했다.

녹화사업은 전두환 정권 당시 보안사의 작품으로, 5공 청문회에서 이해찬 의원이 박준병 보안사령관을 통해서 밝혀낸 것처럼 서의남 중령의 입안으로 시작됐다. 서울 소재 주요 대학의 대상자들은 보안사 심사과에서 심사하고, 나머지는 예하 보안대에서 담당했다. 1983년부터, 고시 출신이나 사회학 전공 장교를 수십 명 차출하여 심사 업무를 맡게 하기도 했다. 당시 보안사에서 직접 녹화사업을 담당했던 석○○ 장교는 이렇게 상황을 회고했다. "전두환 대통령이 지시한 것 같습니다. 학생들이 우리나라의 분단 현실을 모르기 때문에 그런 좌경 이념에 물들게 됐다, 그러니까 이 사람들을 최전방 철책 사단에 배치해 분단의 현실을 절감하게 하면 뭔가 생각이 바뀌지 않겠는가, 이런 측면에서 녹화사업이 시작됐고 그런 목적을 달성하는 데서 여러 가지 행위를 하지 않았나, 그렇게 생각합니다."

또한 한○○ 장교는 "여섯 명인가 몇 명 죽었는데, 처음에 하난가 둘인가 죽어서 사령부에서 문제가 생겼는데 박준병 씨가 그냥 밀고 나갔던 것으로 기억해요. 교육만 했더라면 죽겠어요? 앞에서 떠들면 '예예' 하고 앉아 있으면 되는데 왜 죽겠습니까? 그보다 더 한 것을 했으니까 죽었겠죠"라고 당시 상황을 진술했다.

1987년 6월 항쟁이후 의문사 진상 규명을 요구하는 투쟁이 전개되면서, 1988년에 처음 국방부가 공식적으로 녹화사업을 시인했다. 녹화사업은 1981년 11월부터 강제 입영 조치된 대상자 429명 중 265명의 교육을 끝으로 1984년 11월에 폐지됐다는 것이다. 그러나 최근 과거사진상규명위원회에서 확인한 것처럼 이러한 발표가 사실이 아님을 쉽게 알 수 있다. 지난 2005년 12월 19일 국방부 과거사진상규명위원회(위원장 이해동)는 1980년대 '특별 정훈 교육'이라는 미명 아래 운동권 대학생들을 강제 징집해 가혹 행위를 한 것은 전두환 대통령의 지시에 따른 것이라고 밝혔다. 당시 전두환 대통령은 소요에 관련된 학생들을 전방 부대에 입영 조치하라는 구두 지시를 국방부 장관에게 하달했고, 당시 국방 차관은 장○○ 소장을 통해 병무청장에게 전달했다. 또 당시 강제 징집된 병사 가운데 265명이 프락치로 활동했다는 정부 발표와 달리 1200여 명이 프락치 대상 인원이었으며, 이 가운데 상당수가 프락치로 정보 수집에 활용됐다는 사실을 확인했다.

아직도 밝히지 못한 죽음의 진실

젊은 청춘의 죽음은 가족 모두를 고통 속으로 몰아넣었다. 이윤성의 어머니는 아들이 죽은 후로 정신을 놓았고 평생을 환자로 지내고 있다. 가끔 헛소리처럼 "윤성이를 다시 낳아야 한다"고 중얼거리기도 한다. 고려대생 김두황의 형은 "처음에 강제 징집을 당할 때만 해도 군대는 누구나 다 가는 군대니까 잘 갔다 오겠지 생각했어요. 갔다가 못 오니까 아버지 어머니께서 그 다음해에 다 돌아가시더라고요" 하며 가족의 고통을 전했다. 한편 연세대생 정성희의 가족은 모든 것을 잊고 살고 있으니 절대 찾아오지 말라고 당부했다.

이윤성의 가족은 잊어버리자고, 흔적조차 남기지 말자고 이윤성의 무덤을 없애버렸다. 한줌의 뼛가루를 매형 혼자 강물에 뿌렸다. 이윤성의 아버지는 말한다. "술 한잔 먹고 집에 와서 텔레비전을 보더라도 혹 젊은 사람이라도 나오면 아이가 너무 보고 싶어 눈물이 나오고 해서 텔레비전을 꺼버리는 그 심정은 누구도 모를 겁니다. 나 혼자서 울고 항상 그렇게 살아왔죠." 이분도 몇 해 전 세상을 떠났다.

지난 세월 동안 군부 독재 세력과 결부된 특수 상황 때문에 어느 누구도 짓밟힌 인권에 대한 진실조차 밝힐 수 없었던 '녹화사업'. 그 과정에서 의문의 죽음이 생겨났음에도 그 진실은 '자살'이라는 이름으로 묻히고 말았다. 1980년대 보안사의 녹화사업은 대한민국 군대가 스스로 정치 도구화함으로써 군의 명예를 스스로 저버린 사건이었다. 강제 징집에서 의문사로 이어지는 과정에서 사실을 은폐하거나 왜곡했고 그 누구도 책임을 지지 않았다. 스물에서 스물세 살까지 가장 순결한 영혼을 지닌 젊은 청춘들이 녹화사업의 희생자가 되었다. 목숨보다 더 소중한 가치를 믿었던 젊음들이기에 희생자가 되었다. 살아 있는 우리는 오늘날 그들의 죽음에 빚지고 있지만 아직도 그 죽음의 진실을 말하지 못했다.

이 프로그램이 방영되고 나서 의문사진상규명위원회로부터 자

2000년 6월 18일 고려대에서 치러진 강제 징집자 합동 추모제

료 협조 요청을 받았다. 그래서 후일 녹화사업의 희생자들의 명예를 회복하게 되는 데 일조할 수 있었음을 다행으로 여긴다. 일부 희생자는 국립묘지에 묻히게 되었고, 국가의 배상도 받게 되었다. 그동안 한 번도 소개되거나 알려지지 않았던 1980년대 보안사 녹화사업을 방송사상 최초로 소개하면서 다시 한 번 인권의 소중함과 잘못된 과거를 청산해야 할 필요성을 알렸다는 데에서 의미를 찾는다. 억울하게 죽어간 젊은 영혼들의 넋을, 조금이나마 달래줄 수 있었던 게 아닐까.

버림받은 애국심, 북파공작원

— 이규정

또 하나의 왜곡된 역사

넘을 수 없는 분단의 선을 넘나든 사람들, 오로지 조국을 위해서 목숨을 바친 사람들, 그리고 살아서는 죽음보다 가혹한 세월을 보낸 사람들……. 바로 북파공작원들이다. 취재 과정에서 만난 그 사람들은 대부분 정상적인 사회생활을 하지 못하고 있었다. 그들은 사회로 복귀한 이후, 국가의 감시와 사회 부적응으로 인한 생활고, 가정 파탄, 심지어 정신질환자로 평생을 살아가야 했다. 이런 고통 속에 있는 사람들은 당시 국가와 한 약속으로, 아직도 자신의 과거 행적을 말하는 것이 큰 죄가 된다고 생각하고 있었다. 또한 잘못 말하면 자신과 가족들이 큰 해를 입을 것이라고 믿고 있었다. 결국 깊은 신뢰와 믿음을 준 후에야 비로소 그들을 만날 수 있었다.

제작 초기에는 기획 의도대로 '숨겨진 전쟁' 속에서 비밀에 부쳐져 북으로 파견된 특수공작원들의 희생을 중점적으로 밝히고자 했다. 그러나 취재가 진행되는 동안 수백 명의 북파공작원들을 만나 그들의 피맺힌 절규를 통해, 북파공작원에 대한 왜곡된 인식과 국가에 의해 저질러진 인권 유린, 버림받은 그들의 혹독한 사회생활상, 그리고 북파공작원 모집과 양성에서 미국의 역할 등 새로운 사실들을 정리해 나갔다.

축소 은폐된 사망·실종자 수

북파공작이 공식적으로 시작된 것은 1951년. 육군첩보부대 HID는 한국전쟁 중 정규전을 지원하기 위해 창설됐다. 전쟁 중에만 400여 명의 요원이 정보 수집과 적진 교란을 위해 투입됐다. 전쟁이 끝나고도 북파공작은 계속됐다. 요원들은 비무장지대의 장애물을 무서운 속도로 뚫고, 문서 탈취와 시설물 폭파, 요인 납치 및 살상 등 음지 속의 전쟁을 치러냈다. 1955년엔 해군 첩보부대 UDU가

훈련 중인 해군첩보부대

출범해 해상을 통한 먼 거리 침투 공작도 펼쳤다. 북파공작은 1968년, 김신조 일당의 침투를 계기로 활성화됐다. 지옥의 훈련대 '설악개발단'이 창설되고, 대대적인 북파공작원 모집과 훈련에 들어갔다. 1980년대 이후에도 북파공작원은 계속해서 모집됐다. 그러나 이후 많은 것이 달라졌다. 그들에겐 실제적인 공작이 거의 없었다. 대신 3년에서 5년에 걸쳐 비인간적인 훈련만이 반복되면서 사망자와 자살자가 급증했다.

지금까지 정보사가 발표한 사망·실종자 수는 7726명. 이들에 대한 기록은 정보사령부가 공작원 한 사람 한 사람에 대해서 계약 일시, 해고 일시, 고향, 가족, 근무 일지, 작전 성과 등 모든 사항을 마이크로필름 형태로 보관해 오고 있는 것으로 알려져 있다. 하지만 우이동 망월사 충렬각, 봉은사, 영혈사 등 세 곳에 봉안된 위패 숫자뿐 아니라 희생된 미국 CIA 소속 공작원들까지 합하면 희생된 북파공작원은 훨씬 많을 것이라는 게 살아남은 북파공작원들의 주장이다. 그리고 1980년대 이후에도 비명에 간 젊은 요원들이 현재 파악된 인원만도 200명이 넘는다. 설악개발단의 구홍회는 요원의 수가 1968년 이후 2000여 명 정도 되었는데, 연락되는 사람은 1200명 정도고, 동기별로 거의 10퍼센트 이상이 행방불명이라고 진술했다. 1980년도 초에 활동한 서정묵은 동기 34명 중 16명만 생사를 확인할 수 있다고 말한다. 이처럼 북파요원들은 구타로 사망했거나 훈련 중 행방불명되는 경우가 많았다고 증언했다.

지켜지지 않은 국가의 약속

1968년 당시 교도소에 위장 잠입해 북파공작원을 물색한 현역 군인 신분이었던 오○○에 따르면 국가를 위해 일하는 대가로 전과 기록 말소와 억대의 보상을 약속했었다고 한다. 물론 목숨을 대가로 하는 만큼, 또 국가를 상대로 하는 약속이니만큼 북파공작원들은 그 약속을 믿었다고 한다. 하지만 약속은 지켜지지 않았고 이들 가운데는 사회 복귀 후 군대 기피자로 몰려 거듭 군 생활을 한 공작원들도 있다.

1980년대엔 북파공작원의 모집 과정도 달랐다. 이전엔 부랑자나 형편이 어려운 이들을 중심으로 개별적으로 물색됐지만, 1980년대 이후엔 병무청의 특수요원 모집 공고를 통해 정식 모집됐다. 달라지지 않은 건 파격적인 조건. 10대 고교생도 대상이었다. 당시 설악개발단 요원이었던 김규철은 꾐에 빠졌다고 말한다. "고3 휴학계를 내고 여름에 서울 병무청에 전화해서 바로 가게 된 거죠. 달콤한 유혹이랄까요…… 어렸으니까요. 돈도 많이 주고, 사복 입고 권총 차고 다닐 수 있게 해준다고 했어요."

UDU 요원 신상균 역시 물색관이 제시한 조건이 매우 좋았다고 회고한다. "대통령 경호, VIP 경호, 아시안게임과 88경기 특수임무요원으로 들어간다고 했고요. 금전적으로도 국가 9급 이상 공무원 대우에다 월수입 300만~500만 원 정도 된다고 했으니까요."

죽음의 설악개발단

설악산 어느 산등성이에서 대원들은 자신의 스무 살을 회고했다. 당시 얼마나 고통스럽고 두려운 상황을 겪어야 했는지, 그들이 털어놓는 끔찍한 북파 임무와 가혹한 훈련에 대한 고백과 증언을 들어봤다. 1980년대 설악산에서 훈련받던 차준호는 동료 이효종의 죽음 현장을 생생하게 기억했다. "앞에 보이는 능선이 있지 않습니까? 저 능선을 타고 올라가면 길이 가팔라 서서는 못 가요. 40킬로 군장을 메고 네 발로 기어 올라가요. 그러는데 '아 떨어졌다' 이러는 거예요. 갈가리 찢겨 형체를 알아볼 수 없을 정도였어요. 그런데도 '죽은 놈은 죽은 놈이니 너희들은 뛰어라' 하더군요."

눈앞에서 동료가 투신했지만 달려야 했고, 시신은 수습되지 못했다. 그때 자살은 조국에 대한 배반이었다. 그러나 배반하지 않고 살아남은 사람들은 늘 자살에 대한 유혹에 시달려야만 했다. UDU 요원인 신상균은 당시를 이렇게 회고한다. "그냥 자결하고 싶은 마음이 한두 번이 아니었죠. 압박감이 있는데도 그 와중에서도 참아나간 것은, 조국을 위해서 이 목숨이 있는 것이고, 우리가 동지로서 특명을 받았을 때는 적지에 가서 같이 한 몸이 돼서 같이 싸워야 하는데 이래선 안 된다, 자제를 하는 거였죠."

그들의 훈련은 죽음보다도 가혹했고 훈련 과정을 견디지 못한

육군첩보부대의 훈련 과정

대원들은 자살을 선택하기도 했다. 한편 사소한 일로 구타를 당해 사망하는 일도 많았다. 고 전영재는 배식 도중에 국물을 흘렸다는 이유로 무자비한 몽둥이질을 당해 결국 사망했다고 한다. 현장에 함께 있던 동기 서정묵은 "그 당시엔 무서웠다, 현실 자체가. 영재가 죽어가는 걸 보면서도 아무 표정도 지을 수 없었고 내색할 수도 없었다"고 말한다. 또한 훈련을 견디다 못해 탈영한 임종호는 나흘 뒤 잡혀와 쇠사슬에 묶여 온몸에 피멍이 들도록 맞았고, 그 후 집으로 보내졌다. 동료 노세현은 당시에 목격한 상황을 이렇게 진술했다. "목에다가 '나는 배신자'라고 쓰인 팻말을 걸고는…… 사람이 아니에요. 눈은 뒤집히고 온몸에 멍인데, 피멍이 아니라 온몸이 갈라진 멍이었죠."

임종호는 피투성이인 상태로 거적때기에 말린 채 집 앞에 버려졌다. 처음 임종호를 집 대문 앞에서 발견한 어머니는 "동네 사람이 뭘 갖다 버린 줄 알고 헤쳐보니까 피가 묻고, 이렇게 보니까 아들 얼굴이에요. 그래서 난 그 자리에서 기절하고 말았지"라고 당시의 끔찍한 상황을 회고했다. 임종호는 구타의 충격으로 심한 간질까지 생겼고 7년이 넘게 병원 신세를 졌다. 그리고 그 후 아내와 헤어지는 등 가정 파탄을 겪어야 했다.

감춰진 대북 특수부대의 실상

북파공작원들은 짧게는 하루에서 길게는 몇 년까지 북한에 거주하며 지하망 구축이나 정보 수집 등의 공작 임무를 수행했다. 그들은 단독으로 침투하거나 팀을 이뤄 침투했는데 팀을 이룬 임무일 경우 동지가 부상을 당하면 증거 인멸을 위해 사살해야 했다고 한다. 북에 파견되었던 한 북파공작원은 이렇게 증언했다. "북방한 계선, 삼팔선을 내 집이라고 생각하고 드나들어야 하는데, 낮이면 지뢰가 보여. 야, 내가 어떻게 저기를 지나왔나, 이런 생각을 하면 감사가 절로 나오지. 그런데 거의 다 죽었어. 살아 돌아올 수가 없어요. 한두 명이 임무 완수했으면 그쳐야 되는데 목숨이 붙어 있는 그날까지 시키는 거야."

그러나 7·4 공동성명 이후 대북 활동은 점차 줄어들고, 비인간적인 훈련만이 지속되면서, '실미도'와 '월미도'에서 일어난 것처럼 수많은 비극적인 사건을 초래하게 되었다. 또한 훈련 기간 동안 받은 살인, 폭파, 요인 납치 등의 인간성 말살 세뇌 교육은 이들이 사회로 복귀한 후 제대로 사회생활을 할 수 없게 했다. 결국 이런 생활로 인해 북파공작원들은 가정 파탄, 자살, 정신 질환 등을 겪으며 오늘을 살아가고 있다.

살아남은 자들의 바람과 노력

지구상에 마지막 남은 분단국가에서 공작원이라는 존재는 부인할 수 없는 현실이었는지 모른다. 하지만 국가는 이들을 교육하고 훈련시켜 북파하는 데만 신경을 썼을 뿐 그들의 인생에 대해선 어떤 책임도 지지 않았다. 버려진 북파공작원들은 외친다. 군 당국이 아무런 법적 근거도 없이 마구잡이로 북파공작요원으로 선발하고 훈련시켜 인간 병기와 같은 소모품으로 사용하고는 폐품처럼 버린 자신들의 인생을 보상해야 한다고. 밀실과 같은 훈련소에서 3년에서 5년 가까이 갇혀 생활해야 했던 자신들의 젊은 날을 보상해야 한다고. 또 아들과 남편을 사지로 보내고 생사조차 확인하지 못해

정보사 앞에서 시위 중인 북파공작원 유가족

애끓는 세월을 보낸 유가족들의 한 맺힌 오열은 오늘도 끊이지 않고 있다.

미국과 북파공작원

북파공작원 이야기는 1950년대부터 1970년대 초에 해당하는 부분을 다루었다. 그러나 그동안 알려지지 않은 사실을 부각하려다 보니 1960~1970년대 사건이 주가 되었다. 따라서 1950년대의 중요한 사건이 많이 누락되었다. 그 중의 하나가 미국과의 관계다. 미 CIA는 한국전쟁 중 외견상 두 개의 독립적인 첩보 조직을 갖고 있었는데, 조지 오렐이 지휘한 OSO(Office of Special Operation)와 한스 토프트가 이끄는 OPC(Office of Policy Coordination)가 그것이다. OSO가 스파이에 의한 첩보 활동을 주로 담당하였고, OPC는 비밀공작 활동을 주로 담당했다. 이 두 조직은 이후 JACK(Joint

Advisory Commisson In Korea)로 통합되었다. 북파공작원들은 이 JACK를 한미합동 고문첩보부대라고 이야기하고 있다. OSO는 정보를 수집하기 위해 한국인 공작원을 모집했는데, OSO팀은 남과 북에 모두 존재했었다. 토프트는 그 당시 부산 영도에 있는 CIA OPC 캠프를 지휘하기 위해 '한철민'을 기용했는데 이 영도 부대의 주 임무는 적진 후방에서 적을 교란하는 유격대 역할을 하는 것이었다. 그는 이를 위해 주로 이북 출신 피난민들을 공작원으로 양성하게 된다. 그러나 이러한 공작원들은 임무 수행 중 90퍼센트 이상 사망했다.

한편 한철민 소령은 그 사건으로 고소를 당하게 되고, 재판 결과 무죄로 풀려나, 희생된 공작원들의 위패를 봉선사에 모시며 10여 년간 극락왕생을 빌다가 생을 마감했다. 또한 미군 내에 제6004 항공정보대 문관이었던 도널드 니콜스는 한국 내에서 정보 활동에 깊숙이 관여해 수많은 한국 사람을 희생시킨 장본인으로 악명이 높았다.

미국 총사령부 지휘하에 있던 켈로 부대(KLO, 8240부대)는 한국전쟁 중에 '인천상륙작전' '팔미도 등대 점령작전' 등 혁혁한 전과를 올렸다. 그러나 미군 소속이라는 이유로 지난번 북파특수공작요원을 위한 보상 법률 적용 대상에서 제외되어, 미국에 거주하고 있는 KLO부대 출신 일부 생존자들이 미국을 상대로 소송 중에 있다. 한편 이 KLO부대에는 여성 첩보원도 있었는데, 남녀 대원의 성비는 8대 2 정도였다고 한다. 여성들은 주로 이북 출신으로 북한군에 의해 가족을 잃은 사람이 대부분이었으며, 적지에서 의심을 덜 받았기 때문에 생존율도 매우 높았다. 이 여성 첩보원들은 때로 남성 대원과 부부로 가장해 침투하기도 했다. 그리고 KLO부대 소속뿐 아니라 한국 군부대 소속인 많은 여성들이 북파공작원으로 활동한 사실도 취재 과정에서 밝혀졌다.

한국전쟁 당시 혁혁한 공을 세웠던 여성 공작원들은 당시 대통령 부인이었던 프란체스카에 의해 모집되었다고 한다. 이들은 대부분 프란체스카와 친분이 있는 여배우거나 이북 출신 여성들이었다. 최고의 후원자인 영부인의 지원으로 여성 공작원들은 적지에 침투해 여성성을 무기로 적의 정보를 빼내는 역할을 해냈다. 그들의 존재는 한국전쟁 당시 미 공군 특수부대 출신인 아더홀트 준장의 증언을 통해 확인할 수 있었다. "그들은 누구보다도 용감했고 남자 대원들에 비해 성공 귀환율도 높았다."

조국이 우리를 버렸을지라도 우리는 조국을 버린 적이 없다

이 프로그램을 제작하면서 남다른 고충이 있었다. 프로그램에서 최초로 공개되는 사실들이 정부가 추진하는 대북 햇볕정책과 맞물려 국익에 크게 반하며, 특히 정전협정 위반 문제로 비밀시했던 북파공작원의 존재가 수면 위로 드러나면 국가에 엄청난 손해를 가져온다는 모 당국의 회유와 협박에 매우 곤혹스러웠다. 결국 취재된 많은 부분이 처음부터 프로그램에서 배제될 수밖에 없었다.

프로그램을 제작하는 과정에서 만난 사람은 어림잡아 200여 명이 넘는 것 같다. 그 중 몇몇 사람은 취재 후 필자를 며칠 동안 잠 못 이루게 만들었다. 처음에는 가족을 위해 인생을 걸었고, 임무를 수행하기 위해 북으로 향했을 때는 조국을 위해 목숨을 바쳤다는 김○○. 그는 지금도 살아 있다는 게 원망스럽다고 한다. 북파공작 임무의 성공 대가는 이중간첩이라는 누명뿐이고, 결국 생을 포기하며 가족과 40년간 헤어져 살아야만 했다고 한다.

영등포 정신요양원에서 만난 정○○는 20년 전 딸이 태어나던 날 병원 갈 돈이 없어서 직접 탯줄을 입으로 잘랐다고 한다. 그렇게 낳은 딸과도 이제는 헤어져 살 수밖에 없다고 울분을 토했다. 사회에 복귀해서 막일을 마다 않고 닥치는 대로 했지만, 결국 사회에 적응하지 못하고 정신병원을 전전하는 신세가 되었다고 한다.

주로 장기 공작 임무를 맡아 북에서 1년여 체류했다는 박○○는 동료들과 함께 인민군에게 총살에 처해졌다가 천운으로 혼자 살아와 지금도 먼저 간 동료들에게 부끄럽고 삶이 후회스럽다고 말했다.

오직 조국과 민족을 위한 사명감으로 특수 임무를 수행했건만 보상이나 명예 회복이 전혀 이루어지지 못한 채, 협박과 감시, 생존의 위협까지 받으면서 인권의 사각지대에서 반세기를 울분과 신음으로 연명해 왔다는 북파공작원들. 그들은 말한다. 이름 없는 산하에서 숨져간 수많은 공작원 그리고 공작에 실패해 포로가 되었

2002년 9월 영등포에서 있었던 생존 북파공작원들의 시위

거나 중상을 입고도 치료조차 못 받고 버려진 전우들의 실체를 하루속히 파악하고, 북한에 생존하고 있는 자는 송환하고 죽은 자는 유해라도 넘겨받아야 할 것이며, 생존 당사자와 유가족에게는 적절한 보상을 하고 명예를 회복해 주는 것이 국가의 도리라고……. 만약 국가가 그렇게 못 하면 유사시 국민 가운데 어느 누구도 국가와 민족을 위해 목숨을 바치지 않을 것이라고…….

이러한 북파공작원들의 가슴에 사무친 절규를 듣고, 서글픈 현실 속에서 PD로서 의무와 언론의 참 역할에 대해 다시 한 번 생각해 볼 수 있었다. 그리고 이제는 우리 모두가 그늘 속에 외면해 왔던 북파공작원들의 한을 풀어주어야 할 때라고 생각한다. 어느 북파공작원의 말이 아직도 귓전에 맴돈다.

"지금도 사실은 우리 구호가 그렇습니다. 조국이 우리를 버렸을지라도 우리는 조국을 버린 적이 없다." (북파공작원 김영대)

5공의 3S 정책,
스포츠로 지배하라

— 강지웅

채찍과 당근

1980년 5월의 봄이 암울하게 막을 내린 후, 이 땅엔 전혀 새로운 형태의 '봄'이 찾아왔다. 억압과 규제 일변도였던 박정희 치하의 1970년대와는 달리 국민을 옥죄던 규제들이 하나 둘 풀리고 전에는 볼 수 없었던 형형색색의 컬러들이 우리 사회를 지배하기 시작한 것이었다. 1981년 5월. 서울 여의도 광장에서는 '국풍 81'이라는 전대미문의 대축제가 벌어졌다. 같은 시각 광주에서는 소리 없이 숨어서 광주민주화운동 1주기를 추모하고 있었다. 그리고 그 해 가을에 독일 바덴바덴에서 극적인 올림픽 유치 소식이 전해져 온다. 1980년대 내내 전두환 정권의 '전가(傳家)의 보도(寶刀)'처럼 사용된 88올림픽이 유치된 것이었다. 1982년엔 야간통행금지가 풀리고 프로야구가 출범했다. 극장에는 에로 영화들이 넘쳐났고, 안방엔 본격적인 컬러TV 시대가 막을 올렸다. 국민들은 스포츠로 울분을 토하고, 스크린을 통해 위로받았으며, 향락과 퇴폐 문화에 길들여지기 시작했다. 대한민국이 바야흐로 스포츠의 왕국, 에로 영화의 천국, 섹스 산업의 메카로 성장해 간 1980년대. 그 뒤엔 5공 신군부의 '우민화'와 '국민 순치'라는 고도의 정치적 음모, 이른바 '3S 정책'이 있었다.

치밀한 집권 시나리오를 통해 역사상 가장 긴 기간의 쿠데타로 정권을 잡았지만, 5공 신군부에게 '피로 세워진' 정권이라는 오명은 가장 큰 부담이었다. 권력의 정당성을 확보하기 위해서는 '채찍' 말고 '당근'도 필요했다. 정권을 잡자마자 대대적인 정치인·공무원 숙청과 삼청교육대 등의 공포 정치를 펴는 한편, 약한 통치 명분을 보완하기 위해 신군부가 주력했던 것이 바로 '문화를 정책화'하는 것이었다. 금지곡으로 대표되듯 1970년대가 무조건적인 규제와 억압 위주의 문화 정책을 편 시기였다면, 1980년대는 더 적극적으로 국민들이 대중문화를 향유할 수 있도록 장려하던 시기였다. 물론 그렇다고 대중문화를 완전히 열어놓았다고는 볼 수 없다. 예를 들어 영화의 경우, 성적(性的) 표현에 대해선 다소 관대해졌지만 반공(反共)과 체제 유지를 위한 검열은 여전히 완강했다. 그리고 정권에서 조장하는 상업적인 대중문화에 반기를 들고 다른 대안(저항 문화)을 모색하는 사람들은 정권의 탄압을 피할 수 없었다.

3S 정책의 극치가 바로 스포츠였다. 프로야구를 필두로 프로축구, 프로씨름 등 스포츠의 프로화가 1980년대 초반에 촉진됐다. 특히 지역 연고를 기반으로 한 프로야구는 지역주의를 고착화시키면서 정치에 대한 불만의 배수구(排水口) 역할을 충실히 수행했다.

그리고 올림픽. 5공 정권의 시작에 '광주민주화운동'이 있었다면 그 끝에는 '서울올림픽'이 있었다. 서울올림픽은 5공 정권의 취약한 정통성을 보완해 주는 최고의 수단이었다. 때마침 3저(저달러, 저금리, 저유가) 호황에 힘입은 경제 상황은 국민들의 관심을 쉽게 오락과 여가 문화로 돌려놓았고, 정치적 관심과 저항 의식은 희석됐다. '88올림픽'은 마치 주문과도 같이 국민들의 의식을 마비시켜 갔다.

5공 정권 유지의 강력한 수단이 됐던 이른바 3S 정책. 이 전대미문의 통치 기술은 누가, 어떤 과정을 통해 만들어갔을까? 과연 이 정책의 입안자들은 자신들의 정책 효과를 충분히 예측했을까?

무관심한 대중 양산 정책

일반적으로 3S 정책이란, 거대한 대중 소비 문화가 엄청나게 많은 사람들의 관심을 비정치적 영역에 집중시킨다는 경험적 가설을 토대로 하여 대중의 관심을 스포츠(Sports), 영화(Screen), 성(Sex)에 집중시켜 정치적으로 무관심한 대중을 양산하려는 정책을 말한다.

1970년대 중반에서 1980년대 중반 사이에 대학을 다녔던 사람들에게 '3S'란 말은 무척 낯익은 단어이다. 전두환 정권의 서슬 퍼런 강압 통치 한편에서 젊은이들은 대중문화를 만끽할 수 있었다. 1982년 야간통행금지가 해제된 이후 서울의 극장가에선 앞 다투어 심야 영화를 상영했다. 자정이 넘은 시간까지 사람들은 극장 앞에 길게 줄을 섰고, 극장 안에서나마 은밀한 자유를 누릴 수 있었다. 31만 명의 관객을 동원해서 당시 국내 영화 최고의 히트작이 된 〈애마부인〉이 나온 것도 바로 그 해였다. 그 당시 대학 생활을 회고하는 한 문화계 인사의 글을 보면 "낮에는 거리에서 돌과 화염병을 던지고, 밤에는 심야 영화관에서 에로 영화에 푹 빠져 있는" 모순적인 삶의 모습이 전혀 이상하지 않을 정도였다. 은밀하게 대량 복사 유통되던 포르노테이프, 향락 산업이라는 신조어를 낳을 정도로 팽창하던 강남의 룸살롱들. 사람들은 정권이 3S를 방조한다고 욕하면서도 거기에 빠져 들어갔다.

이 모든 현상의 배후에는 전두환 정권의 은밀한 작용이 숨어 있을 거라는 게 당시 사람들이 흔히 하던 생각이었다. 필자 또한 그러리라는 확신을 품고 취재에 들어갔다. 일단 '에로 영화의 범람'과 '향락 산업의 팽창'이 주된 타깃이었다.

에로 영화의 범람

1970년대 리얼리즘 계열의 한국 영화들이 높은 수준의 성취를 보여줬을 때 박정희 정권은 검열이라는 잣대로 그 숨통을 조이고 싹을 짓밟았다. 하길종 감독의 〈병태와 영자〉〈바보들의 행진〉 같은 영화가 대표적이다. 그 당시에는 다만 일련의 호스티스 영화들만 명맥을 이어갈 수 있었다. 한국 영화로서는 최악의 시기였다. 하지만 1980년대에 들어서면서 상황이 바뀌기 시작했다. 일단 사전 검열이 '형식적'으론 폐지됐다. 영화 제작 시 시나리오만 사전에 제출하면 됐다. 그리고 파격적인 관용이 베풀어졌다. 1982년 '본격적인 에로물'을 표방한 〈애마부인〉이 검열을 통과한 것이다. 물론 약간의 규제는 가해졌다. 본래의 제목 '애마부인(愛馬婦人)'이 '애마부인(愛麻婦人)'으로 개작된 것이다.

이후 에로 영화가 봇물처럼 쏟아져 나오기 시작한다. 1982년 한 해에만 개봉 영화 56개 중 35개(63퍼센트)가 에로 영화로 만들어

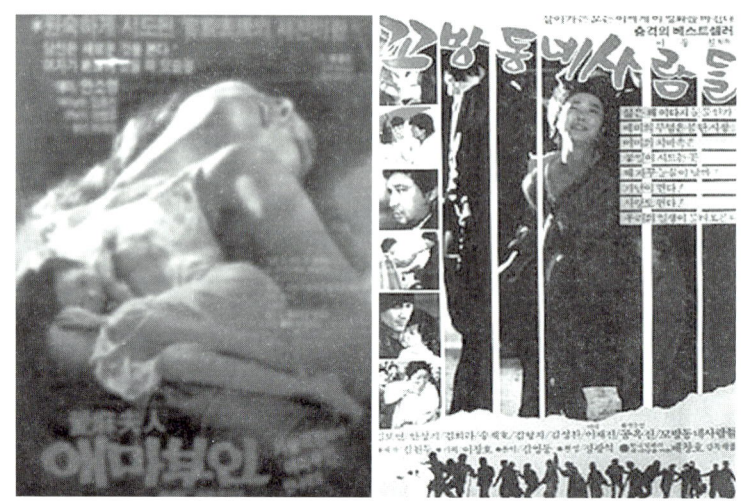

검열 통과 이후 봇물처럼 쏟아져 나온 에로 영화의 대표작인 〈애마부인〉(왼쪽)과 사전 심의에서 67곳이나 지적을 받고 수정해야만 했던 〈꼬방동네 사람들〉

졌다. 영화인들에게 〈애마부인〉의 검열 통과는 일종의 '신호'로 받아들여졌다. '그쪽으로 가는 것은 봐준다'는. 물론 검열관들을 불편하게 만드는 영화들은 약간의 개명(改名)이 이루어졌다. '밤마다 천국'이 '밤의 천국'(박승훈 감독, 1982년)으로 바뀌는 식이었다.

하지만 체제를 위협하는 메시지를 담은 영화에 대해선 가혹한 검열이 행해졌다. 1982년 〈꼬방동네 사람들〉(배창호 감독)의 경우는 사전 심의에서 67곳을 지적받고 수정해야만 했다. '가난한 사람들을 다룬 소설의 원제목을 쓰지 말라' '방안에 요강을 두지 말라'는 것이 지적 사항이었다. 배창호 감독은 이 영화를 서유럽의 어느 영화제에 출품하려다 정권의 제지로 뜻을 이루지 못하기도 했다. 제지 이유는 역시 가난을 지나치게 드러냈다는 것이었다. 섹스는 환영이었지만, 가난은 금기였던 것이다.

5공 정권의 유화적인 영화 정책은 이면에 큰 틀의 문화 정책의 변화를 깔고 있었다. 5공 문화 정책의 출발점을 논할 때 대표적인 사건으로 거론되는 것이 바로 1980년 11월 '언론기본법' 제정과 뒤 이은 '언론 통폐합'이다. 언론 통폐합은 언론 기관에 대한 정부의 통제를 확립하고 이를 토대로 정권이 생각하는 국가 발전의 목표에 부합하는 문화를 이식하려는 시도였다. 이 모든 것이 정통성 부족으로 시달렸던 5공 정권의 고육지책이었다.

잘 알려지지 않은 사실 중의 하나가 5공화국 헌법이 '문화'를 헌법 조항에 삽입한 최초의 헌법이라는 것이다. 5공 헌법에는 "국가는 전통문화의 계승 발전과 민족문화의 창달에 노력하여야 한다"(제8조)고 되어 있으며, 이를 대통령의 취임 선서에까지 다짐하도록 규정했다(제44조). 또한 5공화국 4대 국정 지표의 하나로 '교육 혁신과 문화 창달'이 지정됐다. '전통문화의 계승'과 '민족문화의 창달'이라는 목표는 1960~1970년대 박정희 정권의 문화 정책과 크게 다르지는 않다. 5공 정권이 1980년대의 문화 정책을 '새 문화 정책'이라고 불렀지만, 새로운 정책은 목표와 집행 양면에서 1970년대의 연장이었다.

하지만 1980년대의 문화 정책은 1970년대와 몇 가지 점에서 '새로운' 면을 보인다. 일단 문화 정책의 '대상'이 변한다. 1970년대의 문화 정책이 주로 전문 예술인을 대상으로 한 것이었다면, 1980년대는 정책의 대상을 '국민 전체'로 확대했다. 즉, 국민의 일상생활과 밀접하게 관련된 대중문화의 형식에 관심을 기울이기 시작한 것이었다. 1970년대에 '퇴폐적, 향락적, 외래적'이라고 간주된 대중문화에 대한 규제가 '육성(育成)'은 아니더라도 적어도 '완화(緩和)'의 대상이 되었음을 의미한다. 이는 대중문화를 억압 일변도로 다스릴 수는 없다는 현실 인식이 자리 잡았음을 뜻한다.

5공 출범 이후 나오기 시작한 '컬러 TV의 조기 방영' '통행금지 해제' '중고생 교복 자율화' '프로야구 출범' 등의 조치가 비록 좁은 의미의 문화에는 포함되지 않지만 1980년대 문화적 지형이 1970년대와 크게 달라지게 하는 데 영향을 미쳤다. 한마디로 1980년대의 문화 정책은 대중문화를 대상으로 삼았으며, 그 방향은 대체로 '규제 완화'의 방향을 취한 것이었다.

문제는 이런 규제 완화가 어떤 성격이었는가 하는 점이다. 3S 정책과 관련해서 먼저 지적돼야 할 점은 대중문화에 대한 규제 완화가 매우 선별적이었다는 것이다. 앞에서 얘기한 것처럼 영화 검열 완화의 경우, 주로 '저급한' 영화만을 대상으로 선별적으로 이뤄졌을 뿐이다. 즉, 체제를 위협하는 '불온한' 문화에 대한 검열과 금지는 여전했고, 오히려 더 강화됐다고 말할 수 있다.

5공 정권은 '향락적 대중문화'에 대한 선별적 해금을 실시하면서, 이런 조치가 체제 유지에 저해가 되지 않는 방향으로 관리하는 모습을 보였다. '퇴폐적'이지만 '위협적'이지 않은 대중문화는 방치한다는 입장이었다. 이런 배경에서 '문화를 통해 탈정치화를 조장'한다는 3S 정책의 이데올로기적 효과가 야기됐다.

향락 산업의 팽창

1980년대 초반 룸살롱, 안마시술소, 사우나와 같은 유흥 향락 산업은 날이 갈수록 팽창해 갔다. 혹자는 러브호텔이 1980년대 초반 이래로 정권의 방조로 창궐하기 시작했다는 주장을 하기도 했다(손정목). '인신매매'란 말이 나온 것도 그 당시였다. 향락 산업이 번창하면서 '공급'이 모자라자 유부녀들을 닥치는 대로 납치하기 시작했다는 것이다. 당시 대규모 인신매매단을 검거했던 함승희 전 검사의 회고다. "1980년대 초에 급속히 번창하는 향락 산업 속에서, 유흥업소에 종사하는 여성이 엄청나게 필요한데 공급은 잘 안 되니까 강제로 납치나 유인을 해서 업소에 넘기는 거죠. 이렇게 범죄 집단이 동원돼서 수십에서 수백 명의 부녀자를 납치해 팔아먹는 일은 이 사건이 처음이었죠."

향락 산업의 번창은 여기에 기생하는 폭력배들을 대규모로 조직화했다. 조직폭력배, 일명 '조폭'이라는 말이 생긴 것도 이때였다. 향락 산업의 번창은 통계 자료로도 확인할 수 있다. 현대사회연구소 조사에 의하면 1983년도 매춘 여성의 수는 87만 명에 달한다. 1985년 보사부 통계로도 100만 명이 넘었다. 이 수치는 1986년도 총 경제활동인구 1500만 명 중 여성을 600만 명으로, 또 이 가운데 14세에서 30세 사이의 연령대를 잡으면, 결국 경제활동을 하는 여성 네 명 가운데 한 명은 매춘 여성이라는 충격적인 결과가 나온다. 향락업소의 수도 1983년 24만 6000여 개이던 것이 1985년 국세청 조사에 의하면 31만 4000여 개로 해마다 3만 개의 업소가 증가했던 셈이다(현대사회연구소 통계). 자고 일어나면 강남에 룸살롱이 하나씩 는다는 말이 거짓이 아님을 보여주는 통계이다.

프로야구의 출범과 올림픽 유치

지금까지 열거한 것처럼 1980년대 초반의 분위기를 살펴보면 기가 막히게 3S의 고전적 법칙에 잘 들어맞는다. 취약한 정권의 기반, 국민의 탈정치화를 유도하기 위한 유화적인 대중문화 정책. 하지만 5공 정권은 3S의 가장 강력한 무기를 발견해 냈다. 바로 스포츠였다.

문화 정책은 효과가 장기적이고 꾸준한 인내를 필요로 하지만 스포츠는 그럴 필요가 없었다. 멀리는 로마의 원형 경기장에서 검투사들이 벌인 피비린내 나는 혈투가 로마 시민들의 정치의식을 마비시켰고, 가까이는 나치 히틀러 정권의 베를린 올림픽이 독일 시민들의 비판의식을 마비시켰다. 독재 정권이 국민을 동원하고, 국가가 정한 목표에 집중케 하는 데 스포츠만큼 효과가 큰 것도 없었다. 1981년 중반 취약한 정통성에 고민하던 전두환이 두 가지 과제를 부여했던 것도 이 때문이었다. 전두환이 부과한 두 가지 과제 중 하나는 프로야구의 출범이었고, 다른 하나는 88올림픽 유치였다.

프로야구 출범에 실무적인 역할을 한 당시 청와대 교육문화수석 이상주는 취재팀과의 인터뷰에서, 프로야구에 숨은 정치적 목적에 대한 세간의 의혹에 곤혹스러워 했다. "어떤 사람들은 광주사태에 대한, 광주민주화운동에 대한 국민의 감정을 없애기 위해서, 마음을 탈정치화하기 위해서 프로야구를 했다, 5공 정부에선 3S, 이걸 한다고 비판하는 소리가 그 후에 많이 나왔어요. 그러나 탈정치화, 즉 국민들의 관심을 정치에서 돌리게 한다, 그런 건 아니었어요. 국민들은 국회의원은 누가 되느냐, 장관은 누가 되느냐 등의 정치적인 관심이 굉장히 많았어요. 그래서 일종의 정치적인 관심이 과잉됐다고 볼 수도 있고 해서, 그러면 스포츠 같은 것을 프로화하면 앞으로 국민들 화제도 건실해지고 또 우리나라 문화도 건전하게 바뀔 거 아니냐, 이런 생각으로 한 거예요."

프로야구 출범은 소위 '최고통치권자의 결심'에서 비롯됐다는 것은 알 만한 사람은 다 아는 얘기다. 프로야구 창립 이야기가 나온 것은 1981년 6월. 프로야구 출범은 1982년 3월. 불과 9개월 만

프로야구 개막전에서
시구를 던지는 전두환
전 대통령

에 프로야구가 출범하게 된 데는 대통령인 전두환의 의지가 강하게 작용했다. 야구인 이용일의 증언이다. "(청와대) 수석회의에서 전두환 대통령이, 국민 정서, 국민의 여가 선용 문제와 관련해 '여보 당신들 그러지 말고 프로 스포츠 해보시오' 그랬어요. 이상주를 비롯한 수석들이 몇 개월 지났는데 뭔가 보고해야 되잖아요. 제왕인 대통령이 수석회의에서 말을 던졌는데."

전두환이 프로야구에 대한 말을 꺼내자마자 청와대가 직접 나서서 프로야구 구단을 맡을 기업을 선정했다. 당시 프로야구 창립에 관여했던 이용일이 작성한 '프로야구 창립 계획서'에 따르면, 각 지역별로 구단을 맡을 기업 후보 명단까지 사전에 결정했다. 예를 들어, 서울은 롯데, 인천은 현대, 광주는 삼양사 이런 식이었다. 전체 여섯 개 지역 중 다섯 개 지역의 구단이 확정된 건 청와대가 나선 지 두 달 만의 일이었다. 문제는 광주·전남 지역이었다. 호남 지역의 경제적 기반이 워낙 열악해서 프로야구 구단을 맡을 기업을 선정하기가 힘들었다. 삼양사와 금호 같은 대표적인 호남 기업들이 재정난을 이유로 모두 못 한다고 나가떨어졌다. 청와대는 서울로 눈을 돌렸다. 당시 프로야구 해태 구단 창설 멤버인 손희광의 증언에 따르면 해태 박건배 회장이 청와대로 가서 결정을 보았다고 한다.

일사천리로 진행된 프로야구 출범. 역사적인 개막식 시구의 주인공은 전두환이었다. 학살의 원흉이라 불리던 그가 난데없이 스포츠를 좋아하고 장려하는 친근한 모습으로 국민들에게 다가가기 시작한 것이다. 언론은 그에게 '스포츠 대통령'이라는 호칭을 달아주었다. 당시 경향신문 체육 기자였던 이방원의 증언이다. "전두환 씨가 드디어 국민들의 정치적인 관심을 스포츠로 돌리고 있다는 것을 안 거죠. 그래서 경향신문의 한 페이지에 스포츠 대통령이라고 썼어요. 그랬더니 당장 청와대에서 연락이 왔더라고요. 고맙다고."

무엇보다도 사람들을 놀라게 한 건 올림픽의 유치였다. 1981년 9월 30일 한밤중에 독일 바덴바덴에서 날아온 낭보는 전 국민을

1981년 10월 6일에 있었던 88올림픽 유치단 귀국 기자회견

들뜨게 했다. 올림픽 유치는 우리나라가 금방이라도 선진국에 진입할 것처럼 사람들에게 장밋빛 환상을 심어주었다. 올림픽 유치 과정은 간간이 에피소드가 소개되긴 했지만 그 전모가 밝혀진 적은 없었다. 올림픽 유치야말로 전두환 정권이 정권의 사활을 걸고 시도한 한 판의 대역전극이었다.

사실 올림픽 유치는 1970년대 말 박정희 정권 때부터 시도됐다. 당시 대한체육회장 박종규는 1979년 10월 올림픽 유치 의사를 밝히고 올림픽 유치를 위한 준비 작업을 시작했다. 하지만 불과 2주 후 닥친 10·26사태로 유야무야되고 만다. 꺼져가던 올림픽의 불씨를 되살린 것이 바로 전두환이었다. 당시 전두환 측근 인사들의 증언을 들어보면 올림픽 유치에 대한 전두환의 의지는 상상을 초월한다.

"여러 국무위원들하고 만난 자리에서 올림픽은 꼭 유치하라고 지시를 했어요. 그러면서 이번에 유치하지 못하면 대한체육회장의 사표를 받으라고 했지요."(이상주, 당시 청와대 교육문화 수석)

"(대한올림픽위원회 회의에서) 88올림픽을 우리가 유치하는 결의를 하려고 한다고 하니까 전부 너무 놀라서, 한마디로 말도 안 되는 얘기를 한다고 막 웃었다고요. 너무 어처구니가 없어서……. 그런데 위원장이 품속에서 두 장의 편지를 꺼내 읽어 내려가기 시작했지요. 듣다 보니까 그게 바로 전두환 대통령의 친필 편지예요. 올림픽을 유치해야 하는 일곱 가지 당위성을 읽어 내리고는 몇 월 며칠 대통령 전두환, 이러고 나서 '자 반대할 사람 있습니까?'라고 하는데 거기서 반대할 사람이 누가 있겠어요?"(김영기, 당시 대한올림픽위원회 위원)

올림픽 유치단이 떠나기 전날 환송식장에서 당시 안기부장 유학성은 대통령의 의중을 대변해 그들에게 한마디를 던진다. "여러분들이 올림픽을 유치하지 못하면 지중해 푸른 물이 기다리고 있을 겁니다."(이방원, 당시 경향신문 체육 기자의 증언)

그리고 다음 날 독일 바덴바덴으로 떠나는 비행기에 의외의 인물이 탑승한다. 전 청와대 경호실장 박종규. 당시 신군부에 의해 부정 축재자로 몰려 가택 연금 상태에 있던 인물이었다. 대한체육회장과 사격연맹회장을 역임하면서 올림픽 유치의 물꼬를 텄던 박종규는 국제 스포츠계에 대단한 인맥을 지니고 있었다. 전두환은 올림픽 유치를 위해 특단의 조치까지 취한 것이었다.

왜 전두환은 이렇게까지 올림픽 유치에 열을 올렸을까? 발단은 1980년 8월로 올라간다. 광주민주화운동을 피로 진압한 후 국보위 상임위원장으로 권력의 정점에 섰던 전두환은 취약한 정권의 정통성을 덮어줄 뭔가가 필요했다. 이때 구원의 손길을 내밀었던 것이 바로 '현해탄의 밀사'라 불리던 일본의 책사 세지마 류조(瀨島龍三)였다.

세지마 류조와 전두환의 만남에 대해선 세지마 류조의 자서전에 자세한 내용이 소개돼 있다. 전두환은 국민들을 적극적으로 결집할 수 있는 아이디어를 구했고, 거기에 대해 세지마 류조는 '올림픽 유치'나 '만국박람회 개최'를 권했다. 이미 일본은 패전으로 인한 국민적 자존심의 실추를 1964년 도쿄 올림픽으로 회복한 경험이 있었다. 5공 출범 과정에서 보여준 폭력으로 국내외에 들끓던 분노를 누그러뜨리고 '광주'로부터 국민의 시선을 돌려놓기 위해선 장밋빛 찬란한 미래가 필요했다. 전두환은 올림픽 유치에 사활을 걸기로 결심했던 것이다.

올림픽 유치에 극적으로 성공한 후 바로 다음 달에 있었던 전국

체전에서 전두환은 다음과 같은 연설을 했다. "지나친 국가주의의 추구를 엄격히 자제함으로써 우리 자신부터가 이 대회를 정치적 목적과 결부시키지 않는다는 모범을 보여야 할 것입니다." 하지만 이후의 행보는 철저히 올림픽을 정치에 이용하는 것이었다.

스포츠의 정치적 이용, 그 역설적인 결과

처음에 5공의 3S 정책 전반에 대한 검토로 시작했던 프로그램이 결국 스포츠로 집중될 수밖에 없었던 것은 결국 그 효과의 '파괴력'에 집중했기 때문이었다. 3S의 다른 2S, 영화(Screen)와 성(Sex)도 탈정치화를 위한 훌륭한 수단이었지만, 스포츠(Sports)의 파괴력에는 미칠 수 없었던 것이다.

5공 집권 초기, 집권 세력은 다양한 통치 수단을 강구했다. '통금 해제' '두발·교복 자율화' '프로 스포츠의 출범' 등등. 개중에는 1980년대 들어 경제가 고도로 성장하면서 분출하기 시작한 국민적 욕구에 부응하는 것도 있었다. 예를 들어 향락적 대중문화와 향락 산업의 번창은 정권의 방조 혐의도 있지만 그 당시 외적 경제성장에 부합하기도 한다. 사람들은 퇴폐 문화를 즐기면서 동시에 퇴폐 문화를 조장하는 정권을 비난하는 이중적인 모습을 보이기도 했다.

하지만 대중문화가 향락화·퇴폐화하면서도 한편에서는 저항적인 대안 문화가 태동하기 시작했다. 대중문화를 입에 맞는 데로 끌고 가고 싶은 게 정권의 숨은 욕심이었겠지만 뜻대로 되지는 않았다. 영화와 출판에서 나타난 검열의 이중 잣대는 끊임없는 저항을 낳았다. 정권의 빤한 속셈은 진일보한 국민들의 정치의식에 영향을 미치기 어려웠다. 냉소의 대상만 될 뿐이었다.

그런데 스포츠는 달랐다. 스포츠가 국민의 정치의식에 미치는 영향은 막강했다. 1980년대 5공 집권 전반부에도 마찬가지였다. 5공의 취약한 정통성을 보완해 주는 데 올림픽은 막강한 이데올로기적 효과를 가져왔다.

올림픽을 유치한 직후인 1982년에 문교부 산하 체육국이 '체육부'로 승격해 독립했다. '체육입국'이라는 1970년대 이래의 구호는 상향 조정됐다. '체력이 국력'이라는 현실 인식으로, '스포츠 강국'을 지향하며, 마침내 체육을 통해 선진국을 이루자는 전대미문의 국가적 목표가 세워졌다. 더 많은 메달을 따기 위해 체육계는 속속 재계 인사들로 채워졌다. 대한체육회 산하 33개 단체 중 25개의 단체장이 재벌 총수로 교체됐다. 신문과 방송에선 88올림픽을 날마다 떠들어댔다. 올림픽이 개최되는 1988년까지는 어떤 정치적 혼란도 이견(異見)도 용납될 수 없는 것이었다. 전 국민의 합의가 이뤄진 것 같았다.

1984년 9월의 여론조사를 보면, '88올림픽의 서울 유치는 잘한 일이다, 86.1퍼센트' '88올림픽에 관심 있다, 85퍼센트' '올림픽 경기를 직접 보고 싶다, 91퍼센트'(한국갤럽, 스포츠와 올림픽에 관한 전 국민 여론조사 보고서)라는 결과가 나왔다. 88올림픽의 성공적 개최를 위해서는 살인적인 철거도 용납됐고, 노동자들의 파업을 무자비하게 진압하는 것도 감수해야 했다. 1984년 5공 정권의 체육진흥정책은 LA 올림픽에서 큰 성과를 거둔다. 무려 여섯 개의 금메달을 따낸 것이다. LA 올림픽 선수단의 개선 환영식은 MBC와 KBS가 세 시간 동안 동시 생중계했다. '국민개선축제'라 명명된 생방송의 주인공은 전두환이었다. 20만 명의 인파가 연도에 도열했고, 선수단이 도착한 서울시청 앞 광장에서 전두환은 선수 한 명

88올림픽 개막식. 5공의 취약한 정통성을 보완해 주는 데 올림픽은 막강한 이데올로기적 효과를 가져왔다.

한 명과 모두 악수하며 그들의 노고를 치하했다. 가슴을 벅차게 하는 애국가와 태극기의 물결, 그것은 선수들에 대한 국민들의 환호와 열광을 정권에 대한 지지로 포장하는 효과적인 상징 조작 방법이었다.

LA 올림픽의 성공은 5공 정권 초기의 분위기를 일거에 바꿔놓는 대반전의 계기였다. 88올림픽 유치에 비판적이던 이들까지 지지로 돌려놓았고, 절대 다수의 국민들에게 올림픽은 꼭 성공할 것이라는 확신을 심어주었다. 올림픽에 대한 국민들의 관심과 지지는 집권 초 정권을 위태롭게 했던 정치적 사건들에도 불구하고 전두환이 정치적 안정을 이루는 발판이 됐다. 대외적으로도 광주민주화운동을 유혈 진압한 전두환의 이미지를 바꾸는 효과를 낳았다. LA 올림픽 한 달 후, 전두환은 "하면 된다(Can Do)는 정신의 나라, 한국의 대통령"으로《타임》지의 표지를 장식한 것이었다. 하지만 역설적이게도 전두환은 자기가 마련해 놓은 잔치에 참석하지는 못했다. 1988년 서울 올림픽의 개막식장에 초대받지 못한 것이다. 해피엔딩(happy ending)이랄까, 이런 역설적인 결과 때문에 사실 88올림픽 이면의 순수하지 못한 '정치적인 저의'에 대해 많은 사람들이 관대한 것이 사실이다. "그래도 결과적으로 올림픽 유치는 잘한 거 아니냐?"고 말하곤 한다. 5공을 비판하는 것은 좋지만 올림픽까지 매도하는 것은 좀 심하다는 반응이었다. 취재 과정에 만난 많은 인사들이 하나같이 그런 입장이었다. 올림픽으로 수혜를 받은 체육계 인사뿐만 아니라 당시 반대 진영에 서 있던 사람들도 올림픽에 대해서만은 비판의 날이 무딘 것이 사실이었다. 1987년의 6월 항쟁을 예로 들며 전두환 정권의 올림픽을 통한 상징 조작이 결코 대중들에게 먹혀들지 않았음을 역설하는 사람도 있었다. 오히려 올림픽이 전두환 정권의 행보를 제약하는 측면이 있었음을 강조하는 사람도 있었다.

그렇지만 1987년 6월 항쟁의 결과물이 노태우의 대통령 당선으로 변질된 상황에서, '올림픽을 잘 치러내야 한다'는 당위적 요구가 6공 초기 거센 민주화 요구를 잠재우는 데 크게 기여한 것은 부인할 수 없을 것이다. 프로그램에서는 여기까지 논의를 확대하진 않았다. 단지 5공의 3S 정책 중 올림픽으로 대표되는 스포츠가 5공 집권 전반기 정권 안정화에 얼마나 기여했는가에만 초점을 맞추었을 뿐이다.

2 풀리지 않는 역사 속 미스터리

땅에 묻은 스캔들, 정인숙 사건 ● 김동철
김재규는 왜 박정희를 쏘았는가 ● 장형원
김형욱은 어디로 사라졌는가 ● 이규정
친일파, 그들만의 면죄부 ● 정길화
대한민국에는 강남공화국이 있다 ● 유현

땅에 묻은 스캔들, 정인숙 사건

— 김동철

밀실 정치와 의문의 죽음

1970년 박정희 정권 시절 밀실 정치가 기승을 부리던 때, 한 여인의 의문의 죽음이 있었다. 정인숙. 당시 26세였던 이 여인은 자신의 차(코로나 승용차) 안에서, 친오빠인 정종욱이 쏜 총에 맞아 살해된 것으로 세상에 알려졌다. 당시 수사를 맡았던 검찰은 여동생의 무분별한 남자 관계를 꾸짖던 정종욱이 이를 무시하는 정인숙을 홧김에 총을 쏘아 죽였다고 발표했으나, 당시 세간에선 그녀의 죽음을 둘러싼 여러 소문과 의혹이 끊이지 않았다.

이를 뒷받침하듯 1970년 5월 19일 국회에서 당시 조윤형 국회의원은 "요즘 대학 축제 때, 대학생들이 〈눈물의 씨앗〉이라는 노래를 개사해서 '아빠가 누구냐고 물으신다면 청와대의 미스터 정이라고 말하겠어요. 언젠가 그대가 나를 죽이지 않았다면 영원히 우리만이 알았을 것을. 죽고 보니 억울한 마음 한이 없소'라고 부르고 있다"고 꼬집었다.

단순한 살인 사건이라는 검찰의 발표에도 불구하고 의혹은 수그러들지 않았고, 국회의원들이 요청하지 않았음에도 불구하고 급기야 국회에서 법무장관이 이 사건을 상세히 보고하게 되었으며 정인숙과 고위층의 관계를 꼬집으며 배후를 추궁하는 의원들의 비난성 질의가 잇따르는 등 사회적인 문제로 대두되었다.

그러한 사건이 있고 나서 동생을 살인한 죄로 19년 20일 동안 장기 복역한 정종욱은 출소하자마자, "너무나 억울하다 이거예요. 그나마 내가 누명이라도 벗고 죽고 싶다는 생각에서 그러는 거지, 다른 생각은 없어요"라며 자신의 억울함을 하소연했다.

1970년 3월 17일의 강변로

1970년 3월 17일 밤 11시가 넘은 시각, 당시 택시기사 노삼룡은 손님을 태우고 강변로를 달리다 사고 현장을 목격했다. 현장에는 차 문이 열린 코로나 승용차와 먼저 도착한 아리랑 택시가 서 있었다. 다친 사람이 있는 듯했다. 노삼룡이 안을 들여다보니, 운전석에서 한 남자가 다리에 피를 흘리며 살려달라고 호소하고 있었다. 그를 끌어내리는 동안, "뒤에 동생도 타고 있으니 살려달라"고 말했다. 이어 노삼룡이 뒷좌석을 보니, 거기엔 미모의 한 젊은 여인이 쓰러져 있었다. 그녀는 이미 숨진 상태였다.

후일 '정인숙 피살 사건'이라 불리게 된 살인 사건은 이렇게 세상에 처음 알려졌다. 이 사건은 우리나라에서는 드문 권총 살인이라는 점에서 처음부터 세간의 주목을 끌었다. 뒷좌석의 여인은 가슴과 머리에 치명적 총상을 입었으며, 운전을 했던 오빠는 대퇴부에 총상을 입고 택시기사에 의해 병원으로 옮겨졌다.

수사 당국은 처음부터 이 사건을 단순 강도 살인 사건으로 보았고, 당시 운전을 했던 정종욱에게 강력한 혐의를 두었다. 그러나 죽은 여인의 주변이 알려지기 시작하면서, 이 사건은 의혹의 표적이 되었다. 무엇보다 여인의 신분에 관심이 집중되었다. 그녀는 고위층 인사들과 잘 알고 지냈고, 일반인이 소지할 수 없었던 거액의 외화와 회수여권 등을 가지고 있었다. 천의 얼굴이라 지목되었던 정인숙은 당시 세 살 난 아들 하나를 둔 스물여섯 살의 미혼모였다.

김상현 전 의원은 인터뷰에서 "정인숙은 보통 여자가 아니죠. 우선 그녀는 당시에 회수여권을 가지고 있었어요. 회수여권이라면 일반인은 가질 수 없는 여권이었습니다. 우리 국회의원도 회수여권을 갖지 못했으니까. 그러니까 적어도 장관급 이상, 특수한 신분 사람들이 가진 여권인데, 이 여성이 정부의 중요한 직책을 가지고 있는 것도 아니고……"라며 의문을 제기했다.

정인숙의 수첩에 기재된 고위 인사 명단과 증폭되는 의혹

무엇보다 놀라운 것은 정인숙이 갖고 있던 수첩이었다. 고위 인사 26명의 이름이 담겨 있었다는 이 수첩은 수사당국으로 넘어간 이후 행방불명(명단이 적혀 있던 수첩은 당시 치안국 손○○ 과장이 가져간 이후 행방불명이 되었다)이 되고 말았다.

26명의 명단에 대해, 김상현 전 의원은 "그 수첩은 당시 수사기관에서 확보를 하고, 공개를 안 한 것이죠. 그때 다 파악이 안 됐어요. 대체로 얘기 나온 사람이 박정희 대통령, 정일권 총리, 이후락

실장, 그리고 박종규 경호실장 등 고위층 인사들이 거명됐던 거죠"라고 말했다.

사건 현장은 두 시간 만에 치워졌다. 당시 이 사건을 대하는 수사 당국의 태도 또한 의혹을 더욱 부채질했다. 경찰은 정종욱이 입원한 병실 옆방을 비우고, 복도에 바리케이드까지 치는 등 전에 없이 삼엄한 경계를 펼쳐 정종욱과 외부와의 접근을 철저히 차단했던 것이다. 공안 사건이 아님에도 서울지검 공안부가 이 사건을 담당하게 된 것 역시 이례적인 일이었다.

사건 발생 후 엿새 만인 1970년 3월 23일, 검찰은 정종욱의 자백을 받아냈고, 그의 단독 범행으로 결론지었다. 하지만 결정적인 증거물인 범행에 쓰였던 총은 결국 발견되지 않았고 정황 증거와 자백만으로 모든 수사가 종결되고 정종욱은 사건 발생 34일 만인 4월 20일 구속 기소되었다.

검찰의 발표에 따르면, "3월 17일 밤 10시 55분경, 정인숙은 오빠 정종욱이 운전하는 외제차 코로나의 뒷좌석에 기대어 타워 호텔을 떠났다. 평소 동생의 난잡한 남자 관계를 충고해 온 오빠 종욱은 동생이 말을 듣기는커녕 오빠인 자신을 고용 기사 취급하며 멸시하는 것에 분노하고 있던 터였다. 밤 11시 20분경, 서교동 주택가 정인숙의 집 쪽 골목길로 접어들자, 정종욱은 운전석 옆 방석 아래에 감춘 권총을 꺼냈고, 뒷좌석 오른쪽에 앉아 있던 동생을 향해 총을 발사했다. 총소리에 정인숙은 경악했고, 정인숙이 "오빠!" 하고 불렀으나, 정종욱은 이에 다시 한 발을 더 쏘아 명중시켰다. 이어 정종욱이 총을 자신의 옆구리에 갖다 대고 눈을 감은 채 총을 쏘았으나 불발하자 순간적인 심경의 변화를 일으켜 살아야겠다는 일념으로 차를 몰아 현장을 떠났던 것이다. 강변도로를 달려가던

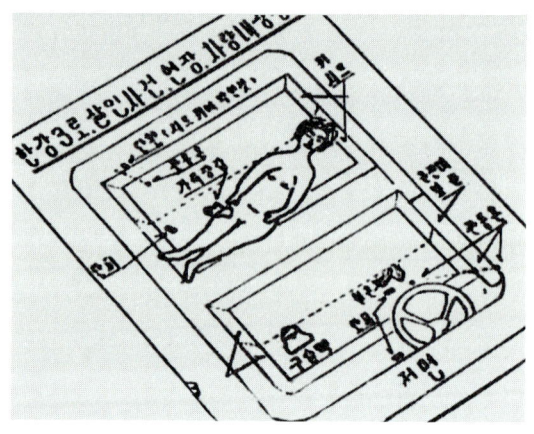

경찰이 처음 작성했던 차량 내부도. 탄피가 뒷좌석에 한 개, 앞좌석에 두 개 그려져 있다.

정종욱은 강도 살인으로 위장할 것을 결심하고, 당인리 발전소 전방 15미터 지점에서 자신의 오른쪽 허벅지에 스스로 총을 쏴 관통상을 입힌 후, 정인숙의 손에서 다이아 반지를 빼내 주머니에 넣고, 롤렉스 손목시계를 빼내 시트 아래에 감추었다. 그러고는 차를 돌려 집 쪽으로 10미터쯤 가다가, 발전소 철책 너머로 권총을 던져버렸다"는 것이다.

그러나 이러한 검찰의 발표에도 불구하고 의혹은 사라지지 않았다. 정작 사건의 장본인인 정종욱은 그해 6월 공판에서 공소 사실을 모두 시인했고, 이로써 사법부는 이 사건을 정종욱의 단독 범행인 단순 살인 사건으로 확정하고, 1심 사형, 항소심 무기징역을 언도했다.

그런데 그로부터 19년이 지난 1989년 5월 11일, 가석방으로 풀려난 정종욱은 과거 자신의 자백을 백팔십도 뒤집었다. 취재진과 만난 그는 "살인 누명을 쓰고 20년이나 살고 나온 뒤 30년 긴 세월이 지나 또다시 이런 얘기를 하려니까 괴롭다"며 울먹였다.

1970년 3월 17일 밤의 진상은 무엇인가

이 사건의 진실은 과연 무엇인가? 정종욱이 주장하는 사건의 전말은 다음과 같다.

그날 밤 10시 55분경 타워 호텔에서 나온 정종욱은 시청 앞, 서소문, 신촌 로터리를 거쳐 서교동으로 향했다고 한다. 그런데 집 앞 골목길에 닿을 무렵, 작업복과 바바리코트 차림의 괴한 두 명이 서 있었다는 것이다. "한 사람은 운전석 쪽으로 오고, 한 사람은 조수석 쪽으로 와서 차창을 두드리기에 내가 창문을 조금 열었어요. 뭐냐고 물으니까, 국무총리실에서 심부름을 왔다는 거예요. 이어 문을 조금 여니까 갑자기 쑥 하고 손이 들어오더니만 내 머리 뒤에서 총소리가 꽝꽝 하고 울려버렸어요." 정종욱은 뒤를 돌아볼 엄두도 내지 못했다고 증언했다. 이어 "옆구리, 바로 내 옆구리에다 총을 가져다 댔어요. 꾹 찌르는데 총이었습니다. 반항할 수도 없고, 시키는 대로 차를 돌리고 갔습니다"라고 말했다.

그 자신은 가해자가 아니라 피해자라는 정종욱의 주장은 믿을 수 있는 것일까? 만일 지금의 그 주장이 맞다면, 30여년 전 재판정에서는 왜 자신의 범행이라고 시인했단 말인가?

박정희, 정일권, 박종규, 김형욱 등 당시 정치권의 실세들과 친분 관계를 가져오던 정인숙. 결국 당시 국무총리였던 정일권의 아이까지 잉태했다. 서슬 퍼렇던 당시 상황에서 정종욱은 오로지 이러한 사실에 대해 함구하고 특히 아이의 아버지인 정일권을 보호하는 것만이 자신과 가족들을 살릴 수 있는 길이라 판단했다고 이야기한다. '조용히 있자. 그러면 이곳 교도소에서도 곧 나갈 수 있을 것이다.' 물론 가족과 주위의 실세와 당시 검사, 변호사까지도 조용히 있으라는 권고했다고 한다.

실제로 사건 당시 정인숙에게는 세 살 난 아들 성일이 있었는데, 문제는 이 아이의 존재였다. "정인숙 여사에게 아들이 하나 있었지요. 그런데 이 아들이 누구의 아들이냐 하는 것이 그 당시 화제의 초점이 됐습니다. 그래서 '박정희 대통령의 아들이다' '정일권 씨의 아들이다' '박종규 경호실장의 아들이다' '이후락 실장의 아들이다' 라는 여러 가지 루머가 많이 나왔죠." 김상현 당시 신민당 국회의원의 설명이다.

사건 이후, 성일은 미국으로 보내졌으나 1991년에 귀국했고, 정일권 전 국무총리를 대상으로 친자 확인 소송을 제기한 바 있다. 중도에 취하했으나 정종욱은 조카 성일의 아버지가 정일권 총리가 틀림없음을 확인했다.

이와 관련해 정종욱은 말했다. "내가 가족도 가족이지만 정일권 씨를 특히 많이 생각했어요. 성일이 아버지인 정일권 그 사람을 살려야만 우리도 살고 나도 산다, 만약 여기서 그 사람을 죽이면 우리 가족 다 죽는다, 생각했죠." 즉 조카의 아버지이며 현직 국무총리였던 정일권의 정치 생명을 보호하기 위해 죄를 뒤집어썼다는 주장이다.

그 무렵, 정인숙과 관련된 모든 사람은 침묵을 요구받았다.《워싱턴 포스트》의 1970년 정인숙 관련 사건 기사는 송고 후 해를 넘겨 6개월 후에야 게재됐는데, 그것은 애 아버지로 지목됐던 정일권이 총리직에서 해임된 이후였다.

《워싱턴 포스트》지 동북아시아 책임자였던 셀리그 해리슨의 증언에 의하면, "중앙정보부 국장은 이 사건이 세상에 알려진 바로 다음 날, 29명의 각 언론사 발행인들에게 한 저명한 한국인의 명예를 실추시키고, 또한 국가 안전에 해가 되므로 더 이상 이 일에

1971년 2월 14일 '한국의 기생 스캔들'이라는 제목으로 《워싱턴 포스트》지에 실린 정인숙

관해 보도하지 말 것을 요청했다. 나는 이것을 한 언론인을 통해 알게 되었는데, 더욱이 중정이 이 일에 개입한다는 사실이 알려지자 사람들의 관심은 더 커질 수밖에 없었다"는 것이다.

단순 살인 사건이라 발표했으나, 정인숙 사건은 실은 중정이 개입할 정도로 국가적인 사건이었던 것이다. 그것은 정권 보호 차원의 개입이었다. 중정의 역할은 사건 이후까지 계속되었다고 정종욱은 믿고 있다.

과연 정종욱의 주장이 사실인지 중정의 후신인 국가정보원에 질의해 보았다. 그러나 문서상으로 아무것도 남아 있지 않고, 알 수 없다는 답변이 돌아왔을 뿐이다.

다시 제기되는 의혹과 밝혀지는 진실

정인숙 사건의 취재를 위해서 오빠인 정종욱의 증언 외에 취재진이 확보한 것은 당시 신문 자료와 『김형욱 회고록』 외에는 자료다운 자료가 없었다. 30년 전 검찰의 수사 자료와 법원의 판결문 등을 구하고자 노구의 정종욱을 앞세우고 무더운 여름날에 발품을 팔았다. 오랜 시간이 지난 뒤에야 "사건 당사자인 정종욱 씨의 사건 기록 직접 열람 및 본인 관련 사건 조서에 한하여 정종욱 씨가 직접 신청할 시 일부 자료를 제공해 주겠다"는 검찰과 경찰의 까다로운 조건부 협조로 30년간 묻혀 있던 사건 기록의 일부를 접할 수 있게 되었다. 그 결과로 사건 현장을 비교적 상세하게 그린 '경찰의 최초 감식 그림' '국과수의 차내 발사 각도 추정 결과 및 시신 부검 결과', 당시의 '심문조서' '판결문' 등을 확보할 수 있었다.

수사관의 입장에서 사건이 일어났던 30년 전의 그날에서 취재는 다시 시작됐다. 정종욱은 과연 억울한 희생양인가? 정인숙의 죽음에는 과연 정치적 배후가 있는 것인가? 그러나 문제는 사건 당시 정종욱이 실제로 권총을 가지고 있었다는 사실이다. 이 사건 최대의 미스터리는 바로 권총인 것이다.

총기 소지에 대해 정종욱은 "동생이 오래전부터 총이 하나 있어야겠다고 했어요. 아마 이런 운명이 오리라는 예감을 느껴 자꾸 불안하고 초조해지는 건지, '오빠! 총이라도 하나 있으면 좋겠다'고 해서 내가 백방으로 총을 알아봤죠"라고 말했다.

문제의 권총은 정종욱이 세 든 집 주인인 예비역 육군 중령 신○○가 군에서 갖고 나온 것이었다. 3년형을 받은 신○○는 1993년 작고할 때까지 이 일에 대해 함구했다. 당시 정종욱은 미군 피엑스를 터는 데 필요하다는 이유로 그에게 총을 빌렸고, 범행에 사용한 후엔 그 총을 발전소 철책 너머로 던졌다고 진술했다.

취재진의 추적 결과 신씨의 부인한테서 "권총이 실제로 집에 있

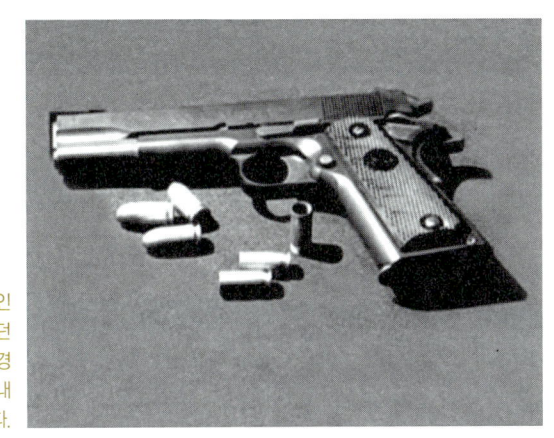

당시 정종욱의 집 주인 신씨에게서 빌렸던 총과 같은 콜트 45구경 권총 모형. 이 총은 끝내 찾지 못했다.

었고, 남편이 분명히 군을 제대했는데 그 이후에도 총이 있어서 이상하다고 생각을 했고, 한동안 군에서 월급도 계속 나왔다"는 몇 가지 사실을 확인할 수 있었다. 이렇듯 신씨의 행적에 의심이 갈 만한 내용(재미있는 사실은 정종욱이 세 들어 살았던 집 주인인 신씨는 중앙정보부 소속이었고, 총을 너무 쉽게 정종욱에게 빌려주었다는 점이다. 물론 집주인인 신씨는 재판을 받고 채 2년도 안 되어 조용히 감옥에서 출소했다)을 발견했으나 부인인 김씨가 자식들의 앞날을 위해 어떠한 경우로도 방송에서 언급되는 것을 원치 않았고, 초상권에 대한 문제도 있고 해서 방송에서는 다루지 못했다.

정종욱은 총과 관련된 조서 기록 전체를 부인한다. 권총은 자동차 글로브 박스에 넣어두었을 뿐인데, 사건 후 사라졌다는 것이다. 경찰은 자동차 안, 발전소 철책 부근, 심지어 한강 바닥까지 샅샅이 뒤졌으나 권총은 끝내 발견되지 않았다. 그렇다면, 직접 증거인 권총이 발견되지 않았는데, 재판부는 어떻게 정종욱의 유죄를 확정했을까?

정종욱의 자백을 뒷받침하는 가장 유력한 정황은 국립과학연구소의 차내 화약흔 감정 결과였다. 조수석보다 운전석에서 더 많은 화약흔이 검출되었고, 정종욱의 옷과 장갑에서도 왼쪽보다 오른쪽에서 더 많은 화약흔이 검출되었던 것이다. 그러나 정종욱의 입장에서 보자면, 이 화약흔이 그의 유죄를 결정적으로 입증할 수 있는 것은 아니다.

이용택 전 중정 수사국장은 인터뷰에서 "운전석에 앉아서 차창을 열고 '누구요? 왜요?' 그러는데 거기 서서 쐈으면, 운전석에서 쏜 것과 거의 같은 현상이 나타난다. 정황 증거는 되지만 결정적인 증거는 될 수 없다. 만약에 정종욱이 상식 있는 사람으로서 기술적으로 피하려고 그랬으면 설명하기 어려운 것"이라고 증언했다.

가장 유력한 두 번째 정황은 탄환이 발사된 사각이다. 국립과학수사연구소의 감정서는 그 사각이 내각 30도 내지 35도임을 밝혀내고 있다. 탄환은 정인숙의 왼쪽 젖가슴으로 들어가 오른쪽 견갑골 아래로 나왔고, 동일한 각도로 정인숙이 기대고 있던 자동차 뒤쪽 시트까지 뚫고 들어갔던 것이다.

시트에 남은 탄환 자국을 측정해 볼 때, 정인숙의 가슴을 쏜 총알은 비스듬한 앞쪽, 즉 운전대 쪽에서 날아온 것으로 추정된다. 그러나 추정되는 발사 위치는 상당히 포괄적이다.

서울대 법의학과 이정빈 교수는 "조수석에서는 35도 각도가 안 나오고 운전석 또는 운전석의 창문 쪽에서 쐈어야 30도에서 35도 각이 나온다"고 했다. 그리고 정인숙의 왼쪽 두개골을 맞힌 탄환의 발사각은 더욱 모호하다. 검찰은 먼저 한 발을 가슴에 맞은 후, 고개가 돌아가면서 다시 또 한 발을 머리에 맞은 것으로 추정했다.

이어 이정빈 교수는 "운전석 창문 쪽과 뒷문 쪽에서 각각 쏘았을 두 가지 가능성은 다 있다고 본다. 가능성으로 보면, 뒤에서 일차로 머리를 쏘았다는 것도 가능하고, 꼭 운전석으로 주장할 순 없다"며 두 가지 가능성을 밝혔다.

사건 현장은 말한다

사건 당시에는 검증될 수 없었던 정종욱 주장의 진실을 알아보기 위해서 실제로 당시 수사 기록대로 당시와 동일한 조건에서 현장검증을 해보기로 했다. 사건 차량과 똑같은 1968년식 코로나 승용차를 동원했다. 차체는 가로축이 115센티미터, 세로축이 165센티미터로 국과수가 감정한 사건 차량의 차체 제원과 동일하다는 것을 확인할 수 있었다.

취재팀은 국과수의 감정서에 의거해 뒷좌석의 탄흔 위치로부터 내각 30도에서 35도의 각도를 잡았다. 그리고 그 각도의 연장선이 지나는 곳 각각을 표시했다. 이 선이 곧 탄환의 궤적이 될 것이었다. 상황 재연을 위해 정종욱과 정인숙 두 사람과 신체 조건이 비슷한 대역을 활용하기로 했다. 당시 검찰의 수사 기록, 현장검증 사진과 같은 자세로 대역자가 사고 당시의 코로나 승용차의 운전석에서 오른팔을 뒤로 돌려 권총을 들이대었을 때에 권총은 (정인숙을 관통한 탄환의 궤적선상에 위치한) 정인숙의 대역자 가슴에 거의 닿을 정도로 가까웠다. 결국 국과수 김한영 법의학 과장이 당시 정인숙의 부검 사진을 보고 "정인숙이 맞은 가슴과 머리의 두 발의 탄환 흔적은 30센티미터 이상의 거리에서 총을 쏜, 원사의 흔적"이라고 증언했던 대로 운전석에서 정인숙을 향해 총을 발사하

당시 실제 사고 차량인
1968년식 코로나 자동차

면 당연히 접사(30센티미터 이내에서 총을 맞게 되면 총알이 들어간 사입구 주변에 탄흔이 나타나게 됨)의 흔적이 나올 수밖에 없게 되며, 운전석에서 발사할 경우 원사가 될 가능성은 없게 되는 것이다. 심문 조서 내용대로 운전석에서 총을 쏜다면, 발사각은 일치할 수 있지만 총상은 접사가 될 수밖에 없는 것이다. 결국 국과수의 감식 기록은, 정인숙을 쏜 것이 운전석(정종욱)에서는 아니라는 결과가 나오게 되는 것이다.

운전석 창 밖에서 총을 쏘았을 경우에도 발사각은 일치한다는 것을 알 수 있다. 이때 총은 적어도 30센티 이상 먼 거리에서 발사될 수밖에 없다. 괴한이 뒷문으로 옮겨가 다시 정인숙의 머리를 쐈다고 해도 거리는 마찬가지다.

또한 이정빈 교수는 당시 국과수 감식 기록에 대한 진단으로, "가슴에 맞은 총알은 운전석의 창문 쪽이 유력하며, 머리에 맞은 총알은 뒷좌석 옆에서 쐈을 가능성도 있다"고 증언을 했다. 이는 정종욱의 말대로 두 명의 괴한이 접근했다면 총이 두 자루일 가능성도 배제할 수 없다는 뜻이 될 수 있다. 당시 차 안에서 발견된 세 개의 탄피에 대하여 과연 한 자루의 총에서 발견된 동일 탄피인지, 아니면 두 자루의 총에서 발사된 다른 탄피인지를 검사했어야 함에도 당시 국과수 기록 어디에도 그러한 검사를 한 기록을 볼 수가 없었다(실제로 필자가 1970년 당시 국과수 기록을 확인한 바에 따르면, 다른 사건의 경우에는 동일한 총에서 발사된 탄피인지 두 자루 이상의 총에서 발사된 다른 탄피인지에 대한 검사 기록이 있었다. 또한 국과수의 어느 연구원은 취재진의 탄흔에 대한 의구심에 대하여 "의뢰받지 않은 사실에 대하여 굳이 추가로 탄피 검사를 할 이유가 있었겠는가?"라고 오히려 반문했다).

정종욱의 다리를 관통한 탄환은 7센티미터 거리에서 쏜 접사였다. 과연 자해인가, 피격인가? 오른쪽 허벅지 바깥쪽에서 안쪽으로 뚫린 관통상. 뼈는 다치지 않고 그 아래쪽으로 총알이 빠져나갔다.

이정빈 교수는 이에 대해, "옆에서 사람이 총을 대고 있는데 밀치고 나가려고 하면서 딱 밑으로 치니까 총구는 아래로 내려가고, 사람이 일어나면서 허벅지 밑 살이 두꺼워지고, 그 상태에서 총을 맞았다면 가능하다고 봅니다. 문짝까지 나간 것을 보면요. 반면에 이걸 자기가 대고 앉아서 쐈다고 하면 조금 부자연스럽죠. 문제가 뭐냐 하면, 앉아 있을 때는 뼈하고 살하고 밑에서 딱 달라붙습니다. 많이 눌리지요. 그래서 오른쪽에서 쏜다 하면 거의 뼈를 지나가게 되어 있죠"라고 했다.

물론 정종욱이 범인일 수도 있다. 그러나 지금까지 제시된 증거를 재검토해 볼 때, 정종욱이 범인이 아닐 가능성도 분명히 있는 것이다.

한편, 강력한 증거물인 권총에 대한 문제로, 강물에 총을 던져 빠뜨렸다는 정종욱의 자백에 대한 당시 수사 기록과 관련해 수사

전문가인 이용택 전 중앙정보부 수사국장도 "도저히 납득할 수가 없다. 왜 총을 못 찾는가? 총에 발이 달린 것도 아닌데……. 그리고 운전석에서 총을 쐈다고 하는데 어째서 탄피가 자동차 뒷좌석에 있는지 이해가 안 되는 부분이 너무 많다"며 의문을 제기했다.

이처럼 당시 수사 기록을 토대로 한 과학적인 재 현장 검증과 컴퓨터 그래픽을 통해 그동안 구체적인 물증이 없었던 정인숙 오빠인 정종욱의 증언을 어느 정도 입증했다고 볼 수 있다.

정인숙은 왜 제거되어야 했나

정인숙의 죽음을 필요로 한 것은 누구였을까? 그녀는 고등학교 시절까지 평범한 여학생에 지나지 않았다. 그러나 당시 초급 대학이던 문리사대로 진학하던 시기부터 그녀의 행보는 결코 평범하지 않았다. 학교를 1년 만에 그만두고 당시 인기 방송 작가 장사공과의 동거를 거쳐 1965년경부터 비밀 요정에 출입하기 시작한 것이다.

선운각은 한국 최고의 요정이라 불리던 곳이다. 지금은 음식점이 되었지만 과거에 이곳은 제3공화국 정치 실세들이 아지트처럼 사용하던 곳이기도 했다. 원래 선운각은 한일 회담을 위해 건립된 것으로 1965년 격렬한 반대 데모 속에서 조인된 한일협정은 바로 이곳 밀실에서 태어났던 것이다.

밀실 정치의 무대였던 선운각은 정인숙의 무대이기도 했다. 그녀는 권력 실세들의 부름을 받아 선운각의 이 방 저 방을 드나들었다. 수첩 속의 인물 26명도 이 무렵에 알게 되었을 것이다. 그 중엔 실로 놀랄 만한 인물도 있었다.

이 시대의 정치 풍속도를 세간에서는 이른바 '요정 정치'라 불렀고, 요정 정치에 필연적으로 수반된 것이 여자였다. 여자를 향응의 수단이나 접대의 도구로 사용하면서 정보를 캐내는 정보원으로 활용했던 것이다.

당시는 박정희 정권에게 가장 중요한 시기였다. 당내외의 저항을 무릅쓰고 삼선 개헌안을 변칙 통과시켰으나, 국내외로는 정인숙과 아이에 관련된 소문이 파다하게 퍼져나가고 있었다.

전 민주당 의원이며 『김형욱 회고록』을 집필한 김경재는 다음과 같이 증언했다. "그때 정치적 상황은 이랬습니다. 1971년 대통령 선거가 그 직후에 있었죠. 그러니까 박 대통령이 그동안 야당 지도자하고 대결하면서 가장 많은 위기를 느끼고 있을 때였어요. 여당 후보인 박정희 대통령이 도덕성에 문제가 있다면, 선거에서 결정적인 피해를 볼 수밖에 없었죠. 더더구나 대통령뿐만 아니라 정일권 국무총리도 그랬죠. 그래서 이것을 1971년 대통령 선거의 승

선운각 비선대. 당시 박정희 군사정권 시절 요정 정치의 본산인 요정 선운각은 정인숙이 주로 활동하던 주무대였다.

리, 그리고 그 다음에 오는 유신 발표 이런 것을 수행하는 데 암적인 존재라고 판단하는 게 무리가 아니었습니다."

정인숙은 1969년 일본으로 나가 몇 개월을 머물렀다. 그것은 그녀 개인의 의사라기보다 당시 정치권의 종용이었던 것으로 보인다. 그녀의 외국 여행을 주선한 면면들은 대통령 경호실, 국무총리 비서실, 중앙정보부장 비서실의 인물들이었다. 그래서 일본에서 돌아온 정인숙은 그해 10월 떠밀리듯 다시 미국으로 떠났다. 이번에는 영구 체류가 목적이었다. 워싱턴 매사추세츠 16번가 우드너 호텔에 거처를 마련했던 정인숙은 1970년 1월 22일 재산 정리를 위해 일시 귀국했다. 3월 말경 되돌아갈 예정이었으나 결국 돌아가지 못했다.

"그러니까 적어도 정인숙의 피살에는 정인숙이 떳떳하게 대한민국을, 그것도 점점 배가 불러가는 상태로 돌아다니는 것을 대단히 불편해했던 세력들이 관련돼 있다"고 김경재 전 의원은 증언했다.

정인숙의 무덤 앞에 선 정종욱

1936년생 정종욱은 이제 고희를 넘긴 노인이 되었다. 현재 그에게 남은 것은 아무것도 없다. 남겨진 재산도 없고, 사랑하던 아내는 그의 출소를 기다리다 결국 미국으로 이민을 가버린 후 소식까지 끊어진 상태다. 더욱 안타까운 것은 구속된 지 몇 달 후에 태어나 얼굴 한 번 보지 못한 딸에 대한 마음이다. 이름 한 번 불러보지 못하고, 따뜻이 보듬어보지 못한 딸은 30여 년 전의 단 한 장의 사진으로만 남아 있을 뿐이다. 그 세월 동안 가슴이 갑갑할 때마다 그는 누이의 무덤을 찾았다. 정인숙의 존재가 사라짐으로 이득을 본

누군가가 분명 있었을 것이다. 하지만 그는 동생의 죽음으로 얻은 것이 없었다. 누이의 무덤 앞에서 오열하는 그에게 남은 것은 동생을 죽인 패륜아라는 오명뿐…….

오만한 권력은 스스로 도덕 감각을 상실한다. 한 시대의 권력은 은밀한 밀실에서 그녀

정인숙의 오빠 정종욱. 그는 정인숙의 아들과 가족을 살리기 위해 죄를 뒤집어썼다고 주장한다.

를 소비했고, 그녀는 그 권력에 기생했으며, 이러한 그녀의 부도덕성은 곧 '권력의 부도덕성'이었다. 그리고 누군가에 의해서 그녀는 고작 스물여섯의 꽃다운 나이로 생을 마감하고 말았다.

제3공화국 최대의 섹스 스캔들이었던 '정인숙 피살 사건'은 결국 최대의 미스터리로 남겨졌다. 사건에 연루된 사람들은 모두 죽었거나 거짓말을 하거나 입을 다물고 있다. 그러나 침묵이 그 모든 의혹을 다 가릴 수는 없다. 진실은 반드시 밝혀지게 마련이기 때문이다.

아직도 여전히 말하지 못하는 이야기들

이 프로그램을 통해서 필자와 김옥영 작가는 당시 사건의 당사자와 주변 인물들의 증언, 다각도의 사실 확인 작업을 통해 아직도 의문에 싸여 있는 정인숙 사건을 과학적이고 실체적인 방법을 동원해 파헤쳐서 1970년대 소위 혁명 주체 세력들의 도덕 불감증 문제를 당시 정치·사회상과 연관지어 짚어보고, 우리 사회 지도층의 굴절된 도덕의식의 문제점과 과거 역사의 밀실 정치, 요정 정치의

폐해를 지적함으로써 더 나은 정치 풍토 실현을 지향하고자 했다.

  제작 기간 동안 무엇보다 어려웠던 것은 우리 사회에는 아직도 여전히 말하지 못하는 이야기들이 존재한다는 것이다(실제로 정인숙을 데리고 있었던 선운각의 마담 장씨도 "아직 JP가 살아 있는데……"라며 말하기를 강력하게 거절했으며, 그 외 많은 사람이 "아직 때가 아니다"라는 이유로 입을 다물었다). 또한 사회 안정이라는 허울 좋은 이름으로 일반 국민들은 몰라야 할 것이 있다고 생각하는 사람들이 여전히 이 나라의 권력층에 자리 잡고 있다는 것이다. 과연 우리는 언제쯤 이 모든 이야기들을 공개된 자리에서 할 수 있을지…….

  이번 취재를 통해 가장 고민한 것은 정인숙 사건에 대한 30여 년 만의 재평가 작업이 훗날 역사의 기록으로 남았을 때, 그리고 그것이 또 한 번 재평가됐을 때, 한 점의 오점도 없어야 한다는 PD로서의 굳은 책임감이었다.

김재규는 왜 박정희를 쏘았는가

— 장형원

풀리지 않는 의문

10·26이 일어난 지 27년이 흘렀지만, 아직도 풀리지 않는 의문들이 너무도 많다. 10·26이 많은 사람들의 뇌리에서 지워지지 않는 데에는 몇 가지 이유가 있는 듯하다. 박정희 전 대통령에 대한 향수, 우리나라에서 보기 드문 밀실 살인이란 점, 절대 권력자가 최측근 중 한 명에게 살해됐다는 드라마틱함, 그 살해 동기가 아직도 명확하게 규명되고 있지 않다는 점 등.

그간 10·26과 김재규에 대한 역사적 평가는 박정희에 대한 평가에 따라 달라져 왔다. '국부(國父)'를 죽인 패륜아라고 보거나, 장기 독재를 무너뜨린 민주 열사라고 평가하는 것 모두 김재규를 독립 변수로 놓고 파악한 것이 아니라 평가자가 박정희에 대해 어떤 입장이냐에 따라 결정된 것이다. 이런 상반된 의견들이 가진 한계를 극복하기 위해서는 김재규를 있는 그대로, 제자리에 놓고 이해해 보는 노력이 필요하다. 아직까지 한국 사회에 깊은 그림자를 드리우고 있는 박정희 신화를 옹호하기 위해 김재규를 폄하하는 것이나 박정희 신화를 무너뜨리기 위해 김재규를 높게 평가하는 것 모두 온당한 역사 평가 자세는 아니다.

박정희와 김재규, 그 애증 관계

박정희는 왜 김재규를 끝까지 곁에 두었는가? 김재규는 박정희가 미워서 총을 쐈을까?

김재규가 은인을 살해한 패륜아라는 입장에는 나름대로 근거가 있다. 5·16 군사쿠데타로 집권한 박정희는 집권 과정에서 별 공이 없었던 김재규를 중용했고, 김재규는 그런 박정희를 마지막에 총으로 살해했으니 말이다. 김재규가 6사단장, 보안사령관, 3군사령관, 중앙정보부 차장, 건설부 장관, 중앙정보부장 등 요직에 기용된 것은 전적으로 박정희의 후광 덕분이었다.

박정희(1917년생)와 김재규(1926년생)는 아홉 살이나 나이 차가 있지만 비슷한 점이 많다. 박정희와 김재규는 경상북도 동향(박정희는 구미, 김재규는 선산)이고, 두 사람은 일제 시대 만주군 시절 같이 생활한 육사 2기 동기로 일본 군사 학교 경험(박정희는 일본 육사, 김재규는 일본군 소년항공병)이 있으며, 군인 생활을 하다가 각각 불미스런 이유로 한때 교직(박정희는 문경소학교, 김재규는 대구 대륜중)에 몸담은 적이 있었다는 등 상당히 비슷한 점이 많다. 어쩌면 박정희가 동향 후배로 군대 동기인 김재규를 마치 동생처럼 여기며 그 뒤를 봐준 것은 당연한 일인지도 모른다. 하지만 김재규를 보안사령관, 중앙정보부 차장과 부장 등 권력 핵심 중 핵심에 기용한 데에는 집권 의지가 희박한 고향 동생 같은 김재규를 통해 김형욱, 이후락, 윤필용 등 미래의 도전자들을 견제하기 위한 박정희의 용인술(用人術)도 작용했을 것이다.

김재규도 박정희를 생각하는 마음이 남달랐다고 한다. 김재규를 최측근에서 보좌한 김학호 전 중앙정보부 감찰실장과 운전 담당 사무관 유석문의 증언대로 "박정희에게 충성하겠다는 마음에 변함이 없었고, 청와대를 들어갈 때마다 머리와 옷매무시를 다시 했다"고 할 정도로 박정희를 각별하게 대했다. 하지만 박정희에게 충성하는 방식이 달랐다. 김형욱, 이후락, 차지철의 경우는 탈법적인 정치 공작과 인권 유린을 서슴지 않으며 박정희 정권에 맹목적인 충성을 바친 반면, 김재규는 중앙정보부 차장과 부장으로서 잘 이해되지 않는 행보를 보였다고 한다.

김수환 추기경의 증언에 따르면, 1974년 민청학련 사건으로 처음 추기경을 찾아온 당시 중앙정보부 차장 김재규는 "처음부터 환자에게 굳은 음식을 줄 수 없고 죽을 준다든지 하는" 노력이 필요하다고 설득했는데, 이렇듯 당시로선 파격적으로 박정희를 환자에 비유한 것은 김재규가 유신체제에 대해 근본적으로 이러면 안 된다는 인식을 가지고 있는 것처럼 보였다고 한다. 이후 만남에서도 김재규는 김수환 추기경에게 대통령을 직접 만나 조언해 줄 것을 부탁하면서 "대통령과 추기경이 만나 제3의 안이 나오길 기대한다"며 유신체제를 서서히 바꾸는 노력이 필요함을 암시했다고 한다.

김재규가 구상한 제3의 안은 무엇일까? 김재규의 손위 동서이며 전 주일공사였던 최세현 박사가 1979년 김재규의 지시로 작성한 메모에서 어렴풋이 그 윤곽을 짐작할 수 있는데, 박 대통령의

1973년 보안사령관에서 3군 사령관으로 부임한 김재규가 자신이 쓴 〈통일송(統一頌)〉을 보고 있다. 김재규는 10·26 이후 〈통일송〉을 〈장부한(丈夫恨)〉으로 제목을 바꿔 지인들에게 보여주기도 했다.

국내 통치권을 제한하고 야당 세력도 포함하는 거국 내각을 구성하는 일종의 이원집정부제로 유신체제를 개혁하는 방안이었다.

강신옥 변호사(김재규, 박선호 변호)의 증언에 따르면, 1978년 중앙정보부 부장이었던 김재규는 진주교도소에 수감 중이던 야당 지도자 김대중을 서울대 병원으로 이감 조치하고 가족들에게 "내가 한 사람을 살렸다"며 기뻐했다고 한다. 1973년 김대중 납치 사건으로 거의 죽었다 살아났던 김대중은 당시 반유신 투쟁의 상징으로서 1976년 3·1 민주구국선언(일명 명동사건)으로 진주교도소에 수감되어 있었는데, 고문의 후유증으로 위독한 상황이었다. 당시 진주교도소를 왕래하던 인권 변호사 김광일에 의하면, 김대중 면회는 중앙정보부가 통제했으며 김대중에 대한 박정희의 반감을 감안하면 서울대 병원으로 이감하는 조치는 중앙정보부장의 허가 없이는 불가능한 사안이었다고 한다.

한편, 김재규는 1979년에도 김영삼 신민당 총재 제명과 구속을 주장하는 차지철의 강경론에 맞서 정권 내 온건 노선을 추구했다. 김광일(김영삼 대통령 당시 비서실장)에 의하면, 당시 김영삼을 몰래 방문한 김재규는 총재 제명과 구속을 막기 위해 타협안을 제시한 적이 있었다고 하고, 이만섭(전 국회의장) 당시 공화당 의원은 김영삼의 정치 생명을 끊어야 한다는 차지철의 강경 노선과 비교해 볼 때 김재규가 나름대로 합리적인 정국 운영을 꾀했다고 술회했다.

이상의 증언과 정황을 정리하면, 김재규는 박정희의 후광으로 정권 내 요직에 기용되었지만 박정희에게 맹목적으로 충성하려는 입장과는 달리, 정권 내 중도 세력으로 노력한 흔적이 보인다고 하겠다. 김재규가 박정희에게 총을 들이댄 이면에는, 자신을 끌어준 고마운 고향 선배이자 형처럼 생각한 권력자가 점차 정도에서 벗어나 서서히 추락하는 걸 곁에서 안타깝게 지켜보며 '이러다가 오래 못 가겠다'는 마음이 있지 않았을까? 박정희에 대한 김재규의 애증(愛憎), 그 변주를 이해해야 패륜아 대 민주 열사라는 이분법적 평가의 틀에서 벗어날 수 있을 것이다.

박정희와 미국, 그리고 김재규

미국은 박정희 암살에 어느 정도 개입했는가? 박정희와 미국 사이에서 김재규는 어떤 역할을 했는가?

10·26과 관련한 쟁점 중 아직도 논란이 되고 있는 것이 미국의 역할이다. 박정희와 미국, 그리고 김재규의 함수관계는 10·26 발발을 이해하는 데 필수적이고, 미국의 역할을 어떻게 규정하는가에 따라 10·26에 대한 평가도 천차만별이다.

해방 이래 지금까지 미국의 대한반도 정책 기조는 미국에 우호적이지 않은 세력이 한반도를 장악하는 상황을 막는다는 것이다. 동북아의 화약고라는 한반도 정세를 위험에 빠뜨릴 정도로 남한 체제가 불안정해지는 것을 원하지 않았기 때문에, 박정희의 5·16 군사쿠데타나 전두환의 12·12 쿠데타, 광주민주화운동 과정에서 권위주의 정권이 수립되더라도 미국에 적대적이지 않다면 용인하는 정책을 견지해 왔다.

미국은 황태성 사건(1962년 박정희의 형 박상희의 친구인 황태성이 북한의 밀사로 박정희에게 접촉하려고 밀파된 사건. 이후 박정희가 공산주의자라는 논란 발생)에서 알 수 있듯이 박정희 정권 초기부터 박정희의 사상을 의심하고 있었고, 만주군과 일본 육사 출신인 박정희도 개인적으로 미국을 썩 좋아하는 것은 아니어서 미국과 박정희 양자는 그렇게 '코드'가 맞는 사이가 아니었다. 단지 미국은 남북 대치 상황에서 강력한 권위를 구축한 박정희가 '필요악과 같은 존재'였다.

서로 불편하지만 참고 살자는 입장에서 한미 관계가 급격하게 악화된 것은 카터가 미국 대통령으로 취임하고부터이다. 베트남전 패퇴 이후 도덕 정치와 인권을 표방한 카터가 1977년에 대통령에 당선되면서 동아시아의 독재자로 여겨졌던 박정희와 관계가 좋을 수 없었다. 이미 주한 미군 철수, 한국의 핵개발 위협, 인권 유린 등을 놓고 미국은 한국 정부를 계속 압박했고, 1979년 6월 카터 방한 전후 미 국무부와 CIA 문서를 보면 카터가 방한하기 위해서 한국의 야당과 재야 탄압 중지, 인권 개선이 선행되어야 한다고 강력하게 주문하고 있다. 박정희는 이런 미국의 요구 사항에 대해 내정간섭이라고 반발했고, 카터 방한 직후 YH 여공 농성, 김영삼 신민당 총재 제명과 구속 문제를 놓고 한미 관계는 급속히 냉각되었다.

그렇다면 워싱턴에서 미국에 순응적인 정권으로 교체하기 위해 박정희 제거를 명령했을까? 지금까지 공개된 미 국무부, CIA, 주한 미 대사관 문서를 보면 그런 지시가 구체적인 문구로 드러난 것은 아직 없다. 당시 워싱턴 정치 분위기나 백악관과 별개로 작동하는 정책 실무선의 분위기를 감안하면 그런 지시가 가능한 것도 아니었다. 카터 행정부는 워터게이트로 하야한 닉슨 대통령 이후 도덕 정치와 인권을 표방해 미 국무부에 전에 없던 인권 관련 부서를 설치한 상황에서 박정희 암살 지시를 내리는 비도덕적인 조치를 취하기 힘들었고, 당시 미국 정보기관들은 처치위원회(The Church Committee, 1975년과 1976년 워터게이트로 닉슨 대통령 사임 후 도청과 비밀공작, 그리고 제3세계 지도자 암살에 연루되었다고 의심받던 FBI, CIA, NSA 등에 행해진 청문회)가 가동되어 제3세계 정치 공작에 대한 대대적인 조사를 마친 직후라 미 정보기관에서도 박정희 암살을 수행할 형편이 아니었다.

게다가 카터 대통령과 안보 보좌관 브레진스키 외에 밴스 국무장관, 브라운 국방장관, 특히 스틸웰 대장을 필두로 한 미 군부는 한반도 정세상 박정희를 너무 압박하지 말라는 현실론을 주장해 카터의 도덕 정치와 대립하였다. 아무리 박정희가 맘에 들지 않더라도 암살 지시를 용인할 수 있는 입장이 아니었던 카터 행정부와 현실 정치를 중시하는 미 국무부, 국방부 실무선에서 미국에 순응적인 정권을 세우기 위해 박정희를 제거한다는 것은 위험한 도박이었던 것이다.

단지 미국 측에서 1970년대 말에 이르면 '평화적' 정권 이양, 즉 선거와 같은 합법적인 경로를 통해 유신체제를 완화하고 좀 더 순

1979년 10월 27일 육군과학수사연구소 현장검증 팀이 찍은 총격 장소 궁정동 안가 나동 외경. 당시로선 파격적인 형식의 건축물로 10·26이 일어나기 약 한 달 전에 완공됐다.

응적인 정권으로 이양하는 것을 고려하고 있었던 것은 사실이다. 미국과 박정희, 그리고 김재규 간의 함수관계는 바로 이 지점에서 출발한다. 김재규는 중앙정보부장으로서 당시 한미 관계나 국내 정치 상황에 대해 가장 많이 알 수 있는 자리에 있던 사람이다. 업무상 평소 일주일에 두세 차례 이상 주한 미 대사관과 주한 미군 사령관, 한국 CIA 지부와 접촉했기 때문에 미국이 박정희를 어떻게 생각하고 있는지 아주 잘 알고 있었다. 윌리엄 클락(1977~1980년 주한 미 대사관 정무참사)의 퇴임 후 인터뷰에 의하면, 미국 측은 김재규를 '특이한 중앙정보부장(a unique chief)'이라 보고 있었다. 박정희 정권 보위의 첨병인 중앙정보부장이면서도 미국 측의 말을 잘 알아듣고, 민주주의에 대해 많이 이야기하면서 관심을 나타낸, 기존의 중앙정보부장들과는 다른 '특이한' 부장이라는 것이다. 주한 미 대사관 측이 워싱턴에 보낸 문서에서도, 미국 측의 요구를 잘 이해하는 김재규를 통해 박정희에게 미국의 요구를 전달했으며, 10·26 발발 한 달 전쯤엔 글라이스틴 주한 미 대사가 김재규와 만난 자리에서 '평화적 정권 이양'이 필요하다고 언급한 대목이 나오기도 한다.

요컨대 김재규는 완고한 유신정권 내에서 미국의 말을 가장 잘 알아듣고 박정희에게 미국의 의사를 전달해 줄 수 있는 창구였고 미국이 유신체제를 완화하고 박정희 정권보다 순응적인 정권을 원한다는 사실을 잘 알고 있었다는 것이다. 문제는 글라이스틴 주한 미 대사가 10·26 발발 이후 토로한 것과 같이, 미국이 평화적 정권 교체를 언급했을 때 김재규가 이를 어떻게 받아들였는가 하는 부분이다. 글라이스틴이 우려한 것처럼, 미국 측은 단순히 미국의 희망 사항을 말했을 뿐인데 이 말을 김재규가 '오해' '오역'해서 미국 측이 자신에게 박정희 제거를 암시한 것으로 받아들인 것인가?

아직 미국의 개입과 책임 소재를 규명할 수 있는 어떤 문서도, 증언도 없는 상태다. 하지만 박정희 제거를 미국 측이 명시적으로 지시하지는 않았어도, 김재규 입장에서 거사를 감행하면 최소한 미국이 반대하지는 않을 것이라는 공감대를 가지고 있었을 것으로 추측된다. 박정희와 미국, 그리고 김재규의 함수관계는 아직 공개되지 않고 있는 1979년 미 국무부 문서가 2009년에 세상에 나와야 좀 더 명확한 그림이 그려질 것이다.

10월 26일, 왜 궁정동이었는가

왜 하필 10월 26일, 다른 곳도 아닌 궁정동 밀실에서 총을 쏘았을까? 과연 김재규는 10월 26일에 구체적인 거사 계획을 가지고 있었는가?

결론부터 말하자면, 김재규는 10월 26일 궁정동에서 구체적인 계획을 가지고 거사한 것은 아닌 듯하다. 국내외 난국을 돌파하기 위해 강경 일변도의 태도를 굽히지 않는 박정희와 차지철을 막기 위해 '총을 쏠 수도 있지만, 막상 결행하기는 맘에 걸리는' 상황이었다고 할까?

10월 26일이라는 날짜는, 10·26이 일어나기 열흘 전 부마항쟁이 시작된 것과 밀접한 관련이 있다. 1979년 가을의 한국은 한마디로 폭풍전야와 같았다. 1979년 10월 4일 김영삼 신민당 총재가 제명되고 미국은 강력한 항의 표시로 10월 6일 글라이스틴 주한미 대사를 워싱턴으로 소환했다. 1958년 이승만 전 대통령 시절 국회보안법 파동으로 월터 다우닝 대사가 소환된 이래 21년 만에 사상 두 번째로 주한 미 대사가 본국으로 소환된 것일 정도로 한미

1979년 10월 27일 육군과학수사연구소 현장검증 팀이 찍은 나동 내부 사진. 왼쪽에 총격 장소인 연회실이 있고 오른쪽엔 양어장이 있었다. 그리고 나선형 계단으로 올라가면 2층에 부장 사무실이 있다.

관계는 일촉즉발의 상태였다. 10월 16일 글라이스틴 대사가 다시 한국으로 돌아온 날, 부산대에서 시작된 부마항쟁은 유신 정권 몰락을 알리는 전주였다. 학생 시위는 시민항쟁으로 이어져 18일 부산 지역에는 부분 계엄하에 계엄군이 진주하고, 시위가 마산 지역으로 확산되면서 부마항쟁은 정권 대 시민 간 전면전 양상으로 치닫고 있었다.

문제는 이러한 국가 위기 상황을 박정희 정권에서 어떻게 보고 대처하는가였다. 17일 새벽 부산으로 내려간 김재규는 부산 시위가 단순한 학생 시위가 아니라 장차 5대 도시로 확산될 민란과 같다고 보고 온건한 대처를 주장한 반면에, 차지철은 불량배나 사회불만 세력이 일으킨 폭동이라고 보고하면서 강경 진압을 주장했다. 유신 체제 붕괴 조짐이 감지될수록 박정희는 온건 대처를 주장하는 중앙정보부장 김재규의 무능을 질타하면서 차지철 경호실장의 강경 노선에 일방적으로 힘을 실어주었다.

실제로 10·26이 일어나자 범인이 누군지 모르는 상태에서 이 소식을 들은 사람들은 모두 차지철이 쿠데타를 일으켰다고 의심할 정도로 당시 차지철 경호실장은 막강한 권력을 과시해 왔다. 전두환, 노태우와 같은 하나회 군부 인사를 청와대 경호실 차장보로 영입하고, 유사시 수도경비사령부(현 수도방위사령부)를 청와대 경호실이 지휘하도록 하는 등 군부를 확실하게 장악하고 있었으며 경호실 내에 정보 조직을 운영하면서 박정희에게 보고되는 정보도 독점하기 시작했다. 박정희가 '각하가 곧 국가'라며 맹목적 충성을 바치던 차지철에게 의존할수록 김재규와 김계원 등 정권 내 온건 세력의 입지가 점점 좁아졌고, 이는 김재규가 10·26을 결심하는 데 중요한 요인으로 작용한다.

다른 장소도 아니고 하필 궁정동 밀실에서 거사를 했는가에 대한 의문을 풀기 위해서는 10·26의 무대가 되었던 궁정동 안가에 대한 이해가 필요하다. 김재규는 재판 과정에서 자신이 1979년 4월에도 궁정동에서 거사하려고 했던 적이 있었다고 진술한 바 있다. 당시 3군 참모총장들을 궁정동 안가에 있던 부장 집무실(일명 본관)에서 기다리라고 하고, 정작 자신은 박정희를 모시는 연회 때문에 참석하지 못하고 김학호 중앙정보부 감찰실장에게 대신 대접하도록 했다고 한다. 김재규는 당시에도 10·26과 비슷한 방식으로 거사를 결행하려다 미처 하지 못했다고 한다.

이렇게 김재규가 거사 장소를 궁정동 안가로 계속 지목한 것은 궁정동 안가의 특수성 때문이다. 평소 박정희는 차지철 경호실장이 철통같이 지키며 그 누구도 접근하지 못하도록 통제했다. 심지어 중앙정보부장인 김재규조차 차지철 경호실장의 허가하에 박정희를 접견하곤 했으니, 김재규가 박정희에게 접근해서 총을 쏜다는 것 자체가 어려운 상황이었다.

청와대에서 차로 5분 거리에 있었던 궁정동 안가는 박정희의 연회를 위해 중앙정보부가 마련한 건물로 경호실 소관이 아니라 중앙정보부에서 관리하는 건물이었다. 그래서 박정희가 대행사(비서실장, 경호실장, 중앙정보부장이 참여하는 술자리)나 소행사(박정희 혼자만 하는 술자리)를 위해 궁정동 안가 대문을 들어서는 순간부터 경호 주체가 청와대 경호실이 아닌 중앙정보부의 경비원들로 바뀐다. 궁정동 안가는 차지철이 이끄는 청와대 경호실이 무장 해제되는 대한민국에서 유일한 곳이고, 김재규의 홈그라운드인 셈이었다.

10월 26일 박정희는 삽교천 제방 행사로 기분이 좋은 상태로 대

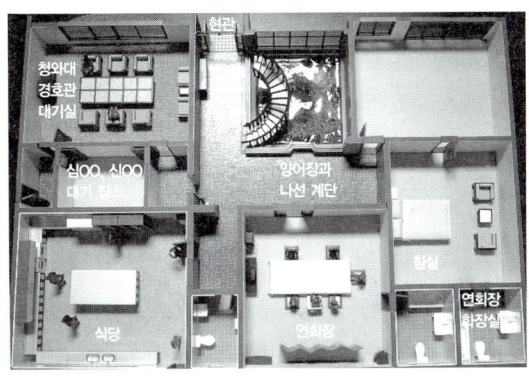

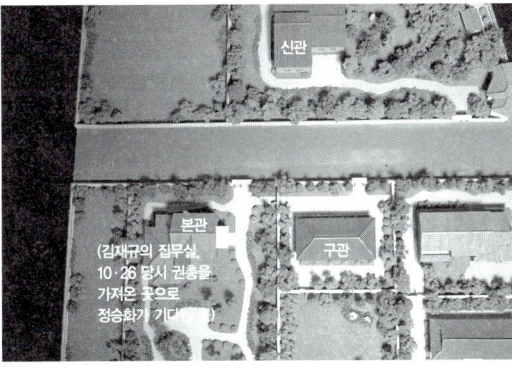

궁정동 안가 나동 내부 (위쪽)와 안가 전체 모습. 이 미니어처는 합동수사부에서 조사받은 궁정동 안가 경비원들의 진술과 당시의 보도 사진 등을 종합해서 (주)기흥성에 의뢰해 제작한 것이다.

행사를 열 것을 지시했고, 차지철은 오후 4시경 김재규에게 이 사실을 알렸다. 차지철에게 통보를 받은 직후 김재규는 정승화 육군 참모총장에게 전화해서 궁정동 정보부장 집무실에서 만날 것을 약속하고, 김정섭 중앙정보부 2차장보에게 연락해 정승화를 대접할 것을 지시했다. 26일 연회는 사전에 예정되어 있었던 것이 아니라 갑자기 결정되었던 것이다. 궁정동 안가는 본관(김재규 집무실), 신관, 구관, 한옥(일명 가동), 양옥(일명 나동, 총격 장소) 등 다섯 채로 이뤄져 있었고, 이 밖에도 외부에 세검동 등 다른 안가들이 존재하는 상황에서 언제, 어느 장소에서 대행사 혹은 소행사가 있을지 예측하기 힘든 상황이었다. 따라서 정확한 시간과 장소를 염두에 둔

1979년 10월 27일 육군과학수사연구소 현장검증 팀이 찍은 나동 연회 장소. 가운데 등받이 의자가 박정희 전 대통령의 자리이고, 오른쪽에는 차지철 전 경호실장이 쓰러져 있다.

거사를 미리 계획하기가 불가능한 상황이었다.

김재규 혼자만의 막연한 생각이 26일 궁정동 안가에서 현실화된 데는, 연회 도중 김영삼, 미국, 부마항쟁과 그 대응을 놓고 김재규가 박정희와 차지철로부터 계속 면박을 당하는 분위기와 밀접한 관련이 있었을 것으로 추측된다. 당시 연회에 참석한 김계원 비서실장은 26일 당시 연회 분위기를 "중앙정보부가 무능한 것을 질책하는 분위기에서 화제가 바뀌면 차지철이 다시 그 얘기를 끄집어냈고, 박정희가 김재규를 계속 질책하니 점점 김재규의 얼굴이 굳어지고 말이 없어졌다"고 술회했다. 김재규가 최종적으로 살의를 굳힌 건 얼굴이 굳어지고 점점 말이 없어졌던 그 시점이 아니었을까?

10·26에 대한 구체적인 계획이 없었을 가능성이 높다고 해서 그것이 일부에서 주장하듯이 "김재규가 욱하는 성질을 참지 못하고 총을 쐈다"는 것을 의미하지는 않는다. 살해 장소인 궁정동 안가

나동(일명 양옥)에서 김재규가 권총을 가지러 간 본관은 50미터쯤 떨어져 있다. 박정희에게 질책을 받다가 순간적으로 욱해서 살해할 요량이었다면, 아마도 그렇게 멀리까지 가서 권총을 가져오지는 않았을 것이다. 살해 장소인 나동의 2층에도 부장 사무실이 있었고, 10·26 후 살해 현장을 최초로 현장 검증한 육군과학수사연구소 총기 팀에 의하면, 이 나동 2층 부장 사무실의 캐비닛에도 권총이 있었다고 한다. 욱하는 성질을 참지 못한 사람이 같은 건물 2층에 있는 권총을 놔두고 50미터 밖에 있는 건물로 권총을 가지러 가서, 그 건물에서 기다리고 있던 정승화를 만나고, 구관 앞에서 부하들에게 거사 지시를 하고, 다시 살해 장소로 돌아와 총을 쏘는 아주 이성적인 행동을 했다는 건 이해되지 않는 일이다. 게다가 김재규가 욱해서 총을 쏜 것이라는 주장은, 김재규가 사전에 정승화와 김정섭을 본관에 대기시킨 것도 설명할 수 없다.

결국, 10·26은 이후 재판에서 신군부 측이 주장한 바와 같이 김재규가 집권하기 위해서 일으킨 계획 거사나 재야에서 말하는 것처럼 민주주의 회복을 위해 미리 준비한 거사라고 보기 어렵다. 그렇다고 일각에서 주장하듯이 김재규가 박정희한테서 질책받다가 욱하는 성미를 참지 못하고 우발적으로 총을 쏜 단순 살해 사건도 아니라고 할 수 있다.

총과 사무라이

10·26과 김재규를 접하면서 필자를 포함한 현 세대들이 이해하기 어려운, 이미 한국 사회에서 사라져버린 시대 분위기가 있다. 바로 총에 대한 의식과 사무라이 정신이다.

많이 알려져 있듯이, 김재규는 재야 운동가 장준하와 일정 정도 관계를 유지하고 있었다. 박정희 측근 중 한 사람인 김재규와, 박정희와 불구대천의 관계인 재야 운동가 장준하가 만남을 유지하고 있었다는 건 뜻밖이다. 장준하는 평소 주변 사람들에게 유신 체제를 무너뜨리기 위해서는 무력이 필요하고 애국적 군인과 결합해 박정희 정권과 맞설 것을 이야기하곤 했다고 한다. 당시 재야 운동에 동참한 이해학 목사에 따르면, 1975년 당시 교

다른 궁정동 안가 건물들은 전두환·김영삼 정권 때 거의 철거되었지만, 김재규 부장 집무실로 사용되었던 본관 건물은 철거되지 않고 아직도 그 자리에 남아 있다.

도소에서 장준하가 신문을 보다가 "그 녀석, 장관 자리가 그렇게 좋아?"라며 개탄했다고 하는데 그 신문에는 김재규가 건설부 장관에 기용된 기사가 실려 있었다고 한다. 총을 통한 무력 혁명을 생각한 장준하와 '야수의 심정으로 유신의 심장을 쏜' 김재규……. 그 접점이 무엇인지 궁금한 대목이다.

박정희와 김재규는 둘 다 일본 군사학교를 다닌 적이 있어서 그런지 사무라이 정신에 심취한 사람들이었다. 김재규는 평소 일본에서 사무라이 영화 비디오를 수입해서 많이 봤다고 한다. 이미 작고한 김재규의 동생 김항규의 주장에 따르면, 10·26이 일어나기 한두 달 전쯤 일본에서 수입한 〈나라가 탄다〉라는 비디오를 같이

봤다고 하는데, 이는 일본 전국시대 말 천하통일을 눈앞에 둔 오다 노부나가(織田信長)가 혼노사(本能寺)에서 부하인 아케치 미쓰히데(明智光秀)에게 암살당하고, 주군을 죽인 아케치 미쓰히데를 도요토미 히데요시(豊臣秀吉)가 응징하며 천하를 평정한다는 내용이다. 이 비디오를 보고 난 뒤 김재규는 대권을 잡기 위해 주군을 암살한 아케치 미쓰히데를 평하면서 "나는 박정희 대통령을 제거하는 것이 목적이지, 내가 박 대통령을 제거한 후 대권을 잡는다는 것은 생각할 수 없다"고 말했다고 전해진다.(오성현, 『비운의 장군 김재규』, 낙원사, 1995)

역사는 반복되는 것일까? 대권을 위해 주군을 살해한 아케치 미쓰히데와는 다르지만 박정희를 암살한 김재규, 이후 김재규를 제압하며 집권에 성공한 전두환……. 10·26 이후 역사적 과정은 묘하게도 일본 전국시대 말과 닮았다. 비록 주군으로 모신 박정희를 무너뜨렸지만, 김재규는 스스로를 '집권하기 위해 박정희의 무덤 위로 밟고 올라서지는 않겠다'는 자세를 가진 사무라이라고 생각했을지도 모른다.

김형욱은 어디로 사라졌는가

— 이규정

실종의 미스터리

5·16 쿠데타의 주체 세력, '나는 새도 떨어뜨린다'고 할 정도로 악명 높은 중앙정보부 부장을 7년이나 지내며 막강한 권력과 힘을 자랑했던 김형욱. 불가능해 보였던 3선 개헌을 성공시켜 유신 정권의 막을 여는 데 결정적인 영향을 끼쳤던 그는 돌연 중앙정보부 부장에서 해임되고 미국으로 망명한다. 이후 유신 철폐와 반(反)박정희를 부르짖으며 미 의회에서 박정희 정권의 비리를 폭로하고, 5·16 쿠데타 이후의 자신과 박정희에 관한 회고록 집필에 열중한다.

1979년 10월 7일, 김형욱은 파리에서 실종된다. 그의 실종에 대해 온갖 추측이 난무했지만 20여 년이 지난 지금까지도 그의 실종은 미스터리로 남겨진 채 세인들의 기억에서 희미해져 가고 있다. 아무도 그에 대해 말하려 하지 않고 기억하려 들지 않는다. 과연 그는 왜, 어디서, 누구에 의해 사라졌는가?

김형욱, 그는 누구인가

김형욱은 5·16 때 처음 정권에 발을 내딛는다. 육사 8기생인 김형욱은 박정희를 도와 쿠데타 주동자로 나섰고, 이후 출세 가도를 달리게 된다. 김형욱이 중앙정보부장으로 임명이 된 1963년, 이때부터 그는 박정희 정권을 옹호하기 위한 각종 사건을 공작한다. 그 대표적인 것이 동백림 사건으로 유럽 지역에 유학 중이던 수십 명의 학생들을 연행해 와 간첩 혐의를 씌웠다. 그리고 1969년에 협박과 폭력을 동원해 모두들 불가능하다고 했던 3선 개헌을 성사시켜 박정희 유신 체제의 발판을 만들어주었다. 당시 김형욱은 박정희가 권력을 유지할 수 있도록 도와주는 파수꾼이었다. 육사 동기인 김상년은 김형욱에 대해 이렇게 평가했다. "대통령에 대한 자기 책임 완수를 해야 되니까 부하 통솔도 강하게 하고, 또 남 보기에 불가능한 일도 해내야겠다는 의협심도 강하고…… 이런 게 합쳐져서, 비하해서 얘기하면 저돌적이고 좋게 이야기하면 책임감이

김형욱과 박정희. 오른쪽 끝이 김형욱

강한 사람으로 봐야 되죠."

한편 당시 신민당 국회의원이었던 김상현은 김형욱에 대하여 이렇게 말한다. "그 당시 정보부장이라 하면 여자를 남자로 못 만들고, 남자를 여자로 못 만드는 것 빼고는 뭐든지 할 수 있는 그런 위치에 있었다 할 수 있죠. 한다면 무엇이든 하는 사람이었고, 박정희 대통령을 위해 모든 충성심을 바치는 그런 사람이라고 이해를 했죠."

김형욱은 스스로 대통령 다음가는 제2인자였다고 말할 정도로 막강한 권력을 행사했다. 그러나 1970년대에 접어들면서 김형욱은 3선 개헌 직후 정권에서 완전히 밀려난다. 3선 개헌을 성사시키고 단 3일 만에 중앙정보부장 직에서 해임됐다는 통보를 받은 것이다.

김상현 전 의원은 당시 상황을 이렇게 설명한다. "어느 날 대통령이 불렀죠. 김형욱 부장은 세수하고 이도 닦고, 아 이번 주 골프를 치려고 부르는구나라고 생각하면서 갔다는 거예요. 갔더니 대통령이 차를 한잔하면서 '자네가 정보부장 몇 년째가?' 물어서 '한 6년 몇 개월 됩니다' 하니까, '그동안 고생 많이 했지. 좀 쉬게!' 하더래요. 그날로 그만두라 이런 이야기였지요. 이에 김형욱 부장이 충격을 받아가지고 청와대에서 나오면서 이게 꿈이냐 생시냐 해서 자기 허벅지를 얼마나 뜯었던지 멍이 다 들었다고 그래요. 그리고 나서 남산에 가보니까, 자기가 청와대에 간 사이에 사무실은 백지장 하나 없이 전부 철거해 버렸대요."

이후 김형욱은 국회의원을 한 번 했을 뿐 유신정권에서 완전히 소외됐다. 그러던 김형욱이 갑자기 미국으로 망명을 하게 된다. 대만에 가서 박사학위를 받은 뒤, 귀국하지 않고 곧바로 미국행 비행기에 몸을 실었다. 그 후 김형욱은 박정희에 대한 배신감에 젖어 본격적으로 반박정희 활동을 하게 된다. 그리고 미국 청문회에 나가 한국 정부의 비리를 폭로하겠다고 선언하기에 이른다. 당시 한국 정부로서는 그를 그대로 보고 있을 수만은 없었다. 따라서 국회의장 정일권을 비롯해서 김종필, 당시 유엔 주재 부대사인 한병기, 무임소 장관 민병권을 특사로 파견했다. 그러나 김형욱의 결심은 흔들리지 않았다. 협상 중재자인 유영수는 당시 상황을 이렇게 회고한다. "처음에 온 분은 정일권 총리였어요. 정일권 씨, 김종필 씨, 한병기 씨, 그 다음에 여러 장군들도 있었는데, 그분들이 와서 김형욱 씨를 설득하는 데 실패한 걸로 알고 있었습니다. 내심으로는 그래도 박정희 대통령한테서 뭔가 오기를 기다리고 있었는데, 안 온 것을 끝끝내 아주 섭섭하게 생각하고 있었습니다."

결국 김형욱은 미국 청문회에 모습을 드러냈다. 미국에 망명한 지 4년 2개월 만에 처음으로 공식 석상에 나타난 것이다. 6시간

1977년 6월 미국 하원 프레이저 청문회에서의 김형욱

20분에 걸친 청문회에서 김형욱은 김대중 납치 사건을 비롯해서 박 정권과 관련된 감춰진 모든 사실까지 낱낱이 공개했다. 그러나 한국 정부의 마지막 요구였던 박정희의 사생활은 이야기하지 않았다. 그 후 김형욱은 회고록을 써서 박정희 정권에 타격을 가하겠다는 입장을 세웠다. 『김형욱 회고록』을 집필했던 김경재 전 의원은 "그 과정에는 복합적인 이유가 있죠. 그리고 그 중에는 자기네들이 잘못했던 것을 되돌리겠다는 명분도 있었겠지만 박정희 정권에게 '내가 만만치 않은 사람이다'라는 파워를 보여주고 싶은 그런 것도 있었을 거라 생각합니다"라고 당시 김형욱의 심정을 말한다.

2년 3개월 만에 완성된 회고록은 원고지 5000매의 방대한 양이었다. 정인숙 피살 사건에서부터 김대중 납치 사건까지 박정희 정권에겐 치명적인 사건이 모두 다뤄졌다. 원고가 완성되자 한국 정부에선 김형욱의 회고록 출판을 저지하기 위한 회유책에 나섰다. 특사로 윤일균이 파견됐고, 회고록 출판을 막기 위한 협상이 여러 차례 벌어졌다. 결국 박정희 정권은 김형욱의 요구를 받아들였고, 김형욱은 돈을 받기 위해 파리에 가게 된다.

김형욱은 어떻게 실종되었는가

김형욱은 1979년 10월 1일 에어 프랑스 편으로 미국에서 프랑스로 갔다. 그리고 곧바로 파리 시내에 있는 리츠 호텔로 향했다. 그곳에서 그는 6일간 머물렀다. 리츠 호텔은 세계적인 부호나 유명 배우들이 이용하는 최고급 호텔이다. 그런데 10월 7일 김형욱은 갑자기 프랑스에서는 이류 호텔인 웨스트엔드 호텔 405호로 짐을 옮겼다. 실종 당일 예약도 하지 않고 웨스트엔드 호텔로 옮긴 것이다. 웨스트엔드 호텔은 리츠 호텔과 비교하면 내부 시설이 좋지 않을 뿐만 아니라 경호 문제에서도 안전하지 못한 곳이었다. 김형욱이 실종된 것은 바로 이날이다. 방을 예약하고 나간 김형욱이 다시는 돌아오지 않은 것이다. 당시 파리 경찰청의 수사 결과에서는 '김형욱은 호텔에서 나와 카지노인 르 그랑 세르클에 나타나서 저녁 7시까지 도박을 했다'고 한다. 그러나 그 후 김형욱의 행적은 전혀 알 수가 없었다. 파리 경찰청에서는 곧바로 수사에 들어갔다. 그러나 어떠한 단서도 찾지 못했다. 당시 중앙일보 파리 특파원 주섭일은 당시 수사 진행 상황에 대해 다음과 같이 말했다. "그때 파리 경찰청에 수사본부가 설치되어 있었습니다. 카르타 콜미스에 형사부장이 본부장을 맡고 있었는데, 요즘 말로 영양가 있는 뉴스가 없어요. 그냥 수사 중이라고만 했어요. 그리고 시체 발견 신고가 들어오면 동양인인지 아닌지, 그것이 김형욱 씨인지 아닌지, 그런 것들을 확인하는 중이라는 이야기만 했습니다."

파리에서 가장 번화한 샹젤리제 대로에 위치한 르 그랑 세르클 카지노는 과거나 지금이나 아랍 왕자나 부호들이 와서 게임을 즐기는 안전한 곳이다. 결국 파리 경찰청은 아무런 단서도 찾지 못하고 수사를 종결했다.

당시 동아일보 파리 특파원 박중길은 "웨스트엔드 호텔은 한국 대사관에서, 서울서 오는 VIP가 못 되는 정도의 사람들을 투숙시키는 호텔이었습니다. 이류 정도 되는 호텔인데요, 거기에 김형욱 씨가 투숙했다는 것은 이 사건과 전혀 관계가 없다고 할 수 없어요. 왜냐하면 리츠 호텔에서는 사람을 납치하거나 할 수가 없거든요. 웨스트엔드 호텔 같은 경우에는 수위도 없는 데라서 사람을 데리고 나오고 하는 게 쉽습니다"라고 말했다.

김형욱이 묵었던 파리 리츠 호텔(왼쪽)과 사라지기 전 마지막으로 머물렀던 웨스트엔드 호텔의 방

웨스트엔드 호텔은 한국 대사관이 주로 이용하던 곳이다. 이것은 단지 우연의 일치일까? 의혹은 수사 과정에도 있었다. 파리 경찰청 담당 형사는 한국 특파원들에게 의미심장한 말을 남겼다. 현장에 있던 박중길은 "카르타라는 형사에게 김형욱 씨 사건을 아느냐고 물으니까, 접수를 받아서 자신이 담당하고 있대요. 그래서 자세히 물어보니까 '왜 나한테 와서 묻지요? 당신네 공관에 아는 사람이 있을 텐데요'라고 하더군요"라고 말했다. 그리고 당시에 사건 담당 형사를 취재한 중앙일보 파리 특파원 주섭일은 "그 형사가 '파리는 지나가는 길목이었을 뿐이지 사실상 사건의 핵심 지역은 아닌 것 같다'는 이야기를 하면서 '한국 특파원들이 여러 가지로 김형욱 씨에 대해서는 더 잘 아는 거 아니냐?' 이런 반문을 했었습니다"라고 했다.

누가 김형욱을 살해했는가

1981년 1월 《르 몽드》에는 김형욱 실종 사건이 서울의 중앙정보부에 의해 계획된 제거 공작이라는 기사가 실렸다. 그 내용은 매우 구체적이었다. 마취된 김형욱은 대한항공의 화물칸에 실려 세관을 통과했으며, 청와대 지하실로 인도된 김형욱에게 박정희가 총 두 발을 쏘았다는 것이다. 당시 기사의 근거에 대해서 《르 몽드》 편집국장 에르와 플라넬은 "기사를 작성했던 기자들은 거의 퇴직해서 어떻게 작성된 것인지 알 수 없다. 당시 국제 면의 아시아 담당 기자가 망명자들과 접촉해 정보를 얻은 것 같다"고 설명했다. 또한 당시 중앙일보 파리 특파원 주섭일은 《르 몽드》가 어느 정도 이 문제를 확인하고 썼다는 생각에 앙드렝 퐁탱 편집국장에게 전화를 해서 근거가 있느냐고 물었더니 어느 정도 신빙성이 있어서 다뤘다는 식으로 답변한 것으로 기억한다고 했다.

같은 내용의 기사는 일본 신문과 잡지에도 소개됐다. 일본 잡지 《문예춘추》에는 〈오작교 작전, 김형욱은 박 대통령에게 사살되다〉라는 기사가 실렸다. 그 기사의 내용은 《르 몽드》보다도 더 자세했다. 파리에 있는 한국인들 사이에서 비밀리에 유포되어 있는 내용의 사본을 입수해서 기사를 작성했다는 것이다. 오작교 작전은 해외로 망명한 유력 인사들의 반국가적 활동을 막기 위해 만들어졌고, 김형욱은 KCIA의 아지트에서 마취되어 대한항공 화물 편으로 운반되었다는 것이다. 그리고 '박 대통령이 마구 소리를 지르는 김형욱을 1미터의 근거리에서 사살했다'는 내용이다. 날짜와 장소, 관련자 이름까지 정확히 기록되어 있었다. 당시 일본 취재 기자는 "최종적인 확인은 할 수 없지만 90퍼센트 이상 맞다는 확신이 없으면 기사를 쓸 수 없다"고 했다. 그러나 기사를 썼던 기자는 끝내 그 출처를 밝히지 않았다.

한편 취재진은 미국에서 김형욱 사건의 내막을 알고 있다는 사람을 만날 수 있었다. 미국으로 망명한 전 중앙정보부 감찰실장 방준모. 그는 중앙정보부에서 김형욱 암살 팀에 있었던 한 사람을 만

나서 들은 이야기를 이렇게 말한다. "이름은 밝힐 수 없습니다만 해병대 출신이었어요. 김대중 납치 사건 때에 상황장교도 지냈고. 나중에 알고 보니까 이 사람이 암살 조를 조직해서 훈련을 시켰던 훈련 대장이었다는 겁니다. 그런데 하루는 위에서 중지 명령이 내려왔다는 겁니다. 그래서 웬일이냐고 물으니, 부장이 사진을 던져주면서 보라고 했대요. 보니까 김형욱이 꽁꽁 묶여 있는데 누가 이마에 권총을 대고 있고, 그 다음에 피를 흘리고 쓰러진 사진을 봤다 이겁니다. 그래서 어떻게 된 거냐고 물으니, '끝났어, 상황 끝! 비디오 한번 볼래?' 하더래요. 그래서 비디오를 봤는데 김형욱이 묶인 채로 '야! 이 개새끼야, 죽여라' 하니까 김○○ 공군 대위가 부장을 향해 쏘고, 욱하고 쓰러지더랍니다. 틀림없냐고 하니까 '내가 왜 거짓말을 하겠습니까? 그만두고 나왔는데'라고 하더군요."

그런데 취재진은 방준모와 비슷한 주장을 하는 또 한 사람을 만날 수 있었다. 1979년 당시 민주화운동을 하던 송진섭은 10·26 직후 교도소에서 당시 중앙정보부 의전 과장이던 박선호를 만나 사건의 내막을 들었다고 한다. 바깥에서는 지금 김형욱 전 중앙정보부장이 프랑스 파리에서 실종돼서 이 문제를 둘러싸고 많은 말들이 생기고 있는데 그 문제는 어떻게 생긴 거냐고 묻자 박선호 과장은 조금도 망설임 없이 "중앙정보부 내에 과거 김대중 씨를 일본에서 납치해 왔던 바로 해외 특수 작전단에서 해치운 일"이라고 대답했다는 것이다.

방준모와 박선호의 주장을 종합해 보면 김형욱 실종 사건에 가담한 부서는 중앙정보부이며, 파리 가까운 곳에서 김형욱을 살해했다는 것이다. 전 동아일보 파리 특파원 박중길은 그 가능성에 대해 이렇게 말한다. "그럴 가능성이 더 많을 겁니다. 그 몇 년 전에 만나보았는데 김형욱은 체구가 작아요. 조그만 사람이에요. 그렇기 때문에 이성을 잃었으면 저항할 능력도 없었을 겁니다."

취재진이 만난 한 일본 기자도 김형욱이 해외에서 죽었다고 주장하고 있다. 놀라운 사실은 김형욱의 시체를 비행기 화물칸에 실어 한국으로 들여왔다는 것이다. 취재진과의 인터뷰에서 기자는 다음과 같이 진술했다. "살해된 곳은 제네바 근교이고, 자동차로 파리로 옮긴 후 특별기 편으로 서울로 옮겼다. 특별기가 서울에 도착한 것은 밤 12시가 넘은 한밤중이었다고 들었다." 그 말을 누구한테 들었냐고 물으니 그 기자는 "그것을 말하면 안 된다는 것을 알지 않는가? 그러나 그런 사실을 충분히 증명해 줄 수 있는 것은 분명하다. 이 사건의 관련자다. 일단은 제네바에 묻었다고 들었다. 그 후 그곳에 방치하면 문제가 생기리라 예상해 차로 시체를 다시 파리로 옮기고 항공편 외교 화물로 가장했다. 그래야 세관을 통과할 수 있기 때문에, 그 시체만을 싣고 서울로 옮겼다고 들었다"고 했다. 또 그 관련자는 어떤 사람이냐고 물으니 지위가 높은 사람이라고 했다. 아직도 그러냐고 물으니 그렇다고 했다. 일본 기자는 자신의 취재 내용에 대해 확신하고 있었다.

한편 김형욱을 비행기 편으로 서울로 데려왔다는 주장은 오작교 작전 내용과 문명자의 회고록에서도 보인다. 일본 기자의 주장과 다른 점은 서울에 와서 살해했다는 것이다. 당시 미 백악관 출입 기자인 문명자는 "그것은 차지철이 했다고 그럽디다. 박정희가 차지철한테 이야기해서 김형욱을 대령했습니다. 김형욱은 '살려주십시오' 하고 살살 빌었다는 거예요. 아마도 그때 저세상에 간 것 같아요."

여기서 취재진은 과연 영하 50도가 넘는 비행기 화물칸에 사람을 싣고 오는 것이 가능한 일인지에 대해 의문이 들었다. 이에 대한 해답은 당시 대한항공 파리 지사에 근무했던 김도업의 증언으로 증명됐다. "가능합니다. 그 당시 대한항공의 경우 3분의 2는 여객 좌석을 놓고, 3분의 1은 화물칸으로 사용했기 때문에 벨리의 짐칸에 들어가지 않고 여객의 화물칸에 실려 갔다면 공수가 가능했다고 봅니다."

진실을 알고 있는 핵심 인물은 누구인가

지금 김형욱 실종 사건의 중심에 있던 인물들은 대부분 고인이 되었다. 그러나 사건의 진실을 알 수 있는 단서가 있다. 전 동아일보 파리 특파원 박중길은 김형욱이 죽기 며칠 전에 갔던 개선문 근처 카지노의 지배인에게 그의 행방을 물었다. 그러자 지배인이 화를 내면서 "당신네들이 뭘 알려고 하느냐? 우리는 미스터 김을 모른다. 미스터 김하고 같이 왔던 사람들이 있는데, 그 사람한테 가서 물어봐라"라고 했다고 한다. 이는 그가 혼자 다니지 않았다는 사실을 말해주는데, 웨스트엔드 호텔 주인도 그가 혼자 오지 않고 함께 온 사람이 많았다고 했다. 이 사건과 관련한 중요한 진술이다.

취재 결과, 사건의 핵심에 있는 한 사람으로, 김형욱과 평소 친분이 두터웠던 중앙정보부 파리 책임자인 이상렬 공사를 지목할 수 있다. 박중길 역시 사건 진실의 중앙에 그가 있다고 말했다. "그 사람은 당시 파리 대사관에 근무했는데, 김형욱이 중앙정보부장이던 시절에 그의 부하였어요. 파리에서 김형욱을 안내하고, 카지노에 가거나 술 마시러 갈 때 같이 가고, 또 돈도 빌려주었죠. 그 사람이 열쇠를 쥐고 있다는 것을 알고 그를 찾았더니 이미 파리를 떠나고 없었어요."

전 중앙정보부 감찰실장이었던 방준모는 이상렬 파리 공사에게 이제 진실을 밝히라는 내용의 편지를 보내기도 했다고 한다. "그 사람에게 그러지 말고 어디다가 파묻었는지 아는 대로만 얘기해 다오, 이런 내용으로 편지를 썼어요. 그때가 이란에 있을 땐가 그래요. 그런 일을 하지 않았다면 그런 적 없다, 방 선배 미쳤소? 왜 생사람 잡으려고 그러오? 나 같으면 동료 입장에서 그렇게 얘기할 거예요."

취재진은 당시의 주불 공사였던 이상렬과 3개월 간 접촉을 시도했지만 실패했다. 그는 왜 자신의 입장을 밝히지 않는 것일까? 20년이 훨씬 지난 지금도 침묵하고 있는 이유는 무엇인가?

실종 이후 김형욱은 박정희 정권이 권력을 유지하는 데 방해가 되는 인물들을 처벌하기 위해 급조한 반국가 행위자 처벌에 관한 특별법에 의해 재산을 몰수당했다. 권력을 유지하기 위한 각종 공작이 자행되던 시대, 어쩌면 김형욱의 실종도 그 연장선상에 있는지 모른다.

과거의 전철을 밟지 않는 길

최근 김형욱 실종 사건에 관한 기사가 여러 언론을 통해 보도되었다. 파리 외곽 양계장에서 살해되었다는 보도와 함께, 김형욱을 직접 살해했다는 사람까지 등장했다. 한편에서는 여러 가지 증거를 들어 사실이 아니라는 반박 보도를 하기도 했다. 그리고 국정원 과거사진상규명위원회에서는 그동안 〈이제는 말할 수 있다〉 프로그램에서 밝혀진 사실과 유사한 내용의 사건 전말을 발표했다. 결국 우리는 김형욱 실종 사건이 당시 박정희 정권의 공권력에 의해 자행된 것임을 알 수 있다. 또한 이 사건은 부패한 권력이 어떻게 권력을 유지했는지를 적나라하게 보여주는 사례라고 할 수 있다. 그 다음 정권들이 사건의 실체를 속속들이 밝히지 않는 이유는, 비슷한 방식이 계속 활용됐고 당사자들이 계속 권력의 일부를 쥐고 있었기 때문이다.

지난 20여 년 동안 김형욱 실종 사건은 철저히 외면당해 왔다. 사건의 진실을 알고 있는 사람들도 입을 굳게 다물었다. 그것은 박정희 정권 이후 계속되는 군사 정권들이 결코 공작 정치에서 자유롭지 못했음을 의미한다. 이제 우리가 해야 할 일은 그 진실을 밝혀내 더 이상 과거의 전철을 밟지 않는 것이다.

친일파,
그들만의 면죄부

— 정길화

'일경의 호랑이' 노덕술

2002년 2월 28일, 국회의 '민족정기를 세우는 국회의원 모임'은 친일반민족행위자 708명의 명단을 전격 공개했다. 이것은 이후 2004년 오마이뉴스의 친일인명사전 모금 운동, 2005년 민족문제연구소의 친일인명사전 수록 예정자 3090명 발표로 이어지면서 우리 사회에 많은 논란을 촉발시켰다. 이 같은 흐름 속에서 특별법에 의해 친일반민족행위진상규명위원회(위원장 강만길)가 만들어져 현재 활동 중이다. 그런데 국회 '민족정기를 세우는 국회의원 모임'이나 민족문제연구소 등 그 어떤 단체가 발표하는 명단에 빠지지 않는 이름이 여럿 있는데 그 중 한 무리가 이른바 '일제 친일 경찰'이다. 이들은 잔혹했던 일제의 충복으로서 동족을 앞장서서 탄압했다.

여기 어김없이 등장하는 이름, 노덕술(盧德述). 반민법 제3조(일본 치하 독립운동자나 그 가족을 악의로 살상 박해한 자 또는 이를 지휘한 자는 사형, 무기 또는 5년 이상의 징역에 처하고 그 재산의 전부 혹은 일부를 몰수한다)에 의거, 애국지사 살상 혐의로 지목된 그의 일본명은 마쓰우라 히로(松浦 鴻). 그는 과연 어떤 인물이었을까?

말단 순사로 경찰에 발을 들여놓은 그는 해방 전 지금의 총경인 경시(警視) 직에까지 오르는데, 그는 '일경(日警)의 호랑이'로 불리며, 일제 고문 경찰의 대명사로 악명을 떨쳤다. 반민특위의 총무과장 겸 조사관이었던 이원용(2002년 작고)의 말이다. "애국지사라고 하는 사람들은 몽땅 잡아들인다고 자기 부하들을 다 풀어가지고 정말 악행을 많이 했어요. 반역자이고 매국노이지요."

그런데 일본 제국주의가 물러난 해방 이후에도 노덕술은 여전히 건재함을 과시한다. 미군정과 이승만 정권의 친위대로 말을 갈아타고 이른바 빨갱이를 잡는 반공 경찰로 화려한 변신을 하게 된 것이다. 강원룡 목사는 "해방 이후에도 나쁜 짓을 얼마나 했는지 몰라요. 정치 모략에는 항상 이 사람이 개입했지요"라고 말했다.

1949년 반민특위에 의해 그를 심판할 기회가 있었지만 실패로 돌아갔다. 그리고 53년 후인 2002년 〈이제는 말할 수 있다〉에서 비로소 그를 역사의 법정에 불러 세웠다.

친일 경찰 노덕술의 족적

1948년 1월, 서울 중부서 2층 조사실에서 20대 청년 한 명이 혹독한 문초를 받고 있었다. 이름은 임화, 본명은 박성근. 그 며칠 전 수도경찰청장 장택상이 출근길에 괴한에게서 저격을 당했는데 임화는 그때 현장에서 체포된 범인이었다. 당시 수도청 수사과장이었던 노덕술은 자기가 속한 조직의 수장을 저격한 범인을 직접 문초하면서 물고문 등 혹독한 고문을 지시하고 집행한다. 그런데 고문 도중 뜻하지 않은 사고가 발생했다. 고문받던 임화가 죽은 것이다. 말할 수 없이 혹독한 고문으로 사람이 죽자 이를 보고받은 노덕술이 나타나 시체를 빨리 치우라고 독촉했는데, 결국 한강의 얼음 구멍에 시체를 밀어 넣어버렸다고 한다(황향주, 해방 후 수도청 근무). 그렇게 한강 얼음 구멍에 사체를 유기한 이들은 가증스럽게도 마치 범인이 창문을 통해 도주한 것처럼 꾸미기까지 한다.(여기서 "'탁' 치니 '억' 하고 죽었다"는 박종철 사건의 전형을 발견할 수도 있다.—『한홍구의 역사 이야기 대한민국사』) 그로부터 6개월 후, 날씨가 풀리자 한강에 수장됐던 이 시체가 물 위로 떠오르면서 이 고문치사 사건 또한 수면 위로 떠올랐다. 당시 국민들은 이 경악할 만한 사건의 처리를 주목하게 되는데, 경무부가 노덕술을 전격 구속하자 수도청은 그를 조직적으로 빼돌린 후 그가 도주한 것처럼 발표한다. 세간에는 그 일이 조병옥 경무부장과 장택상 수도청장 간의 알력으로 비치기도 했다. 여하간 이 사건은 노덕술의 술수와 냉혹함을 적나라하게 보여주는 사례 중의 하나다.

노덕술은 1899년에 울산 장생포에서 태어났다. 기록에 따르면 울산보통학교 2년을 중퇴하고 13세에 일본인 잡화점에서 고용인으로 일했다. 이후 장생포 지서의 급사로 일하던 중 문득 뜻한 바가 있었는지 경남 순사교습소에 들어간다. 필경 급사로 있으니 순사 노릇 한번 제대로 해보겠다고 마음먹었던 것이라 추정된다. 노덕술은 1920년 교습소를 마치고 경남 경찰부 보안과에서 순사를 시작했다. 이것이 친일 경찰 노덕술의 출발이다. 그는 말단 순사로 출발, 해방 당시에 경시(警視) 직급까지 올랐던 조선인 경찰 여덟

일제 강점기에 애국지사를
잡아들이는 고문 경찰로
악명 높았던 노덕술

명 가운데 한 명이었다. 해방 직전까지 조선인으로 경시가 된 자는 총 21명뿐이었다. 해방 당시 일제 경찰의 경시를 지낸 인물은 최경진, 최연, 전봉덕, 이익흥, 윤우경, 노덕술, 손석도, 노주봉 등 여덟 명이다. 노덕술은 일제시대 조선인으로서는 드물게 경찰의 고위직에 승진한 극소수 인물 가운데 한 사람이다(안진, 민족문제연구소 연구원). 소학교 2년 중퇴 후 순사교습소 수료가 전부였던 그가 일제에 중용된 이유는 어디 있었을까? 알고 보면 비결은 간단하고 당연한 데에 있다. 작고한 이원용 반민특위 총무과장은 "그 당시에 조선 사람으로서 경시라고 하는 것은 굉장한 겁니다. 지금의 경정, 총경 정도가 아니지요. 일본인 중에 힘 있는 사람도 올라가기 힘든 그 자리에 조선 사람을 배치했을 때는 그만한 이유가 다 있는 겁니다. 그 사람이 예뻐서가 아니라 수완 있는 사람 갖다가 앉혀놓고 격려하고 '너를 그 자리에 앉혀놓았으니 독립운동, 애국지사라 칭하는 사람들 더 많이 잡아들여라' 이거 아닙니까. 이게 낚싯밥이에요"라고 말했다.

해방 후 발간된 『반민자죄상기(反民者罪狀記)』는 노덕술이 일제의 그런 기대를 저버리지 않았음을 보여준다. "1928년 부산 동래 경찰서 사법 주임이던 노덕술은, 당시 부산 제2상업고에서 비밀 독서회를 조직해 반일 잡지를 내던 애국 학생 아홉 명을 색출해 검거한다. 그리고 일반 수사 업무를 맡은 사법계의 주임이었던 노덕술은 그 사건이 고등계 사무임에도 직접 담당하여 이 모임의 회장인 김규직 등 두 명을 잔혹한 고문으로 끝내 사망하게 한다." 이것이 바로 이른바 '혁조회(革潮會) 사건'이다.

경찰사를 연구하는 동국대 김창수 교수도 이 사건에 등장하는 노덕술을 잘 알고 있었다. 김 교수는 당시 노덕술이 "젊은 학생들을 고문을 하는데, 혀를 다 뺐다"며 "아주 악질적인 고문을 자행한 사람이 노덕술"이라고 했다.

이때 노덕술한테서 모진 고문을 당했던 김규직은 결국 이듬해 2월 스무 살 나이에 부산 형무소에서 생을 마감하게 된다.

노덕술은 이후 통영서로 소속을 옮기게 된다. 통영에서도 그가 한 일은 애국지사들을 색출해 고문하는 것이었다. 당시 경남 통영은 일찍 개항이 돼 일본인들의 왕래도 잦고 그만큼 일경의 활동도 삼엄했던 곳이다. 1932년, 통영서 사법 주임이던 노덕술은 반일단체 ML당원인 김재학(金載學)을 검거한다. 김재학은 나중에 해방 후 제헌의원이 된 데서도 알 수 있듯 통영의 애국지사였다. 노덕술의 고문은 일본인 경찰보다 더 잔혹했다. 김문환(김재학의 조카)은 "하여간 통영에서 우국 청년을 잡다 제일 많이 고문한 사람이 허기엽, 노덕술 같은 조선 형사로서, 조선 사람으로서 우리나라 청년들을 몹시 괴롭혔습니다. 잡혀 들어가면 물고문, 전기고문에 반쯤 죽여버렸지요"라고 말했다.

노덕술은 애국지사를 탄압한 대가로 승승장구한다. 1937년에 나온 '조선인 총독부 직원록'을 보면 통영을 거쳐 양주경찰서에 있던 그가 이미 지금의 경감(警監)에 해당하는 경부(警部)의 자리에 있었음을 알 수 있다. 이후 1940년에 마쓰우라 히로로 창씨개명까지 한 노덕술은 1941년에는 종로경찰서로 발령이 났다. 드디어 경성으로 진출한 것이다. 이때 '관등 5, 공훈 훈 8'로 직급이 올랐다. 노덕술은 종로서, 김영호·이구범은 서대문서에 있었는데 이 세 명이 조선인 경찰 중 악질 3총사로 불렸다고 한다. 일제 때 경찰로 있다가 해방 후 반민특위의 피체자(被逮者)였던 하판락(河判洛)은 노덕술의 여러 '활약상'을 생생히 기억하고 증언했다. "노덕술 씨가 재주가 있어 가지고요, 일본 노래 같은 거 그런 걸 잘합니다. 술자리 같은 데서도 잘 어울렸습니다. 더더구나 일본 사람들한테 참 인기가 있었지요."

2002년 2월 '민족정기를 세우는 국회의원 모임'에서 친일반민족행위자 708인의 명단을 발표했을 때 유일한 생존자였던 하판락은 노덕술과 같은 시기인 1949년 1월에 부산에서 반민특위에 체포돼 서울로 압송됐던 인물이다. 취재진은 2001년 〈반민특위〉 프로그램 제작 때에 당시 오마이뉴스 편집장이던 친일 문제 연구가 정운현(현 친일반민족행위진상규명위원회 사무처장)의 도움으로 그를 어렵사리 찾아내 만났고, 노덕술에 관한 증언을 듣기 위해 이듬해 다시 그를 찾아갔다. 첫 번째 취재 때는 몰래카메라를 사용했는데 두 번째에는 아예 카메라를 내놓고 인터뷰를 할 수 있었다. 자신의 친일 행각에 대해서는 변명과 부인으로 일관하던 그도 노덕술의 얘기를 해달라니까 부담이 없었던 것일까? 그는 그 당시에 노덕술이 반민특위에 체포됐다는 이야기를 들었느냐고 묻자 같은 형무소에 있었다고 했다. "그 양반이 사법계에 있었는데 고문이 있었고 무리한 짓도 있었던 것이 사실입니다. 사법계는 사건도 많이 터지지요. 또 그 사람들 그것(고문)의 명수들 아닙니까? 그러니까 우리 고등계하고 사법계하고는 전혀 딴판입니다."

체포되는 하판락(왼쪽 끝)

부산의 독립투사 이광우(李光雨)를 고문한 일제 경찰이 바로 하판락이다. 그러나 그는 "나라를 팔아먹은 매국노 이완용 같은 사람이나 친일파지, 자기처럼 먹고살려고 또는 억눌려서 하는 수 없이 심부름이나 한 사람은 친일파가 아니다"라고 주장했다. 그 와중에도 고문 같은 짓은 자기가 아니라 사법계 소속인 노덕술이 한 것이라고 변명하기도 했다. 친일파들의 능수능란한 기회주의적 단면을 보여준 것인지도 모르겠다.

노덕술은 1943년에 평남 보안과장으로 부임했다. 일제의 식민지 지배가 막바지로 치닫던 그 시절. 제1경부 총감부 관방장을 겸임하면서 그는 경의선 열차를 무대로 다시 한 번 일제의 충복으로서 그의 진면목을 보여준다. 만주와 조선을 오가며 활동하던 독립운동가들을 색출하는 선봉에 나선 것이다.

"이전에 독립운동하던 분들이 대개 서울에서 신의주를 거쳐서 중국으로 가지 않았습니까? 그러니까 평양에서 정주, 정주에서 신의주, 이 구간을 많이 왕래했지요. 거기서 그걸 색출했던 거지요. 노덕술이 그때도 악명이 높았어요."(김우전, 광복군 출신. 인터뷰 이후 15대 광복회장 역임)

해방 이후의 노덕술

조국이 가장 암울했던 시절, 동족의 피를 제물로 삼아 입신양명을 꾀한 고문 경찰 노덕술. 그는 해방을 맞은 조국에서 당연히 가장 먼저 심판을 받아야 할 사람 중 하나였다. 일제가 패망하자 이들 친일파들은 일순간 숨을 죽였다. 그리고 식민 통치에서 벗어난 민중들의 보복도 잇따랐다. 그들이 쏜 분노의 화살은 일본인보다 같은 동족으로 자신들을 괴롭힌 조선인 경찰 등을 향했다. 그러나 그것도 잠시, 일제가 물러난 이 땅에 미군정이 들어서면서 상황은 반전되고 만다. 맥아더는 포고령을 통해 일제하 관리들의 현직 복귀를 천명하며 친일파들의 숨통을 열어주고 만다. 국민들 사이엔 친일파 청산에 대한 열망이 높았지만 새로운 점령지를 안정적으로 확보해야 하는 그들에게 그것은 문제가 아니었다. 오히려 이들에겐 국내 보수 기득권 세력과의 연대가 절실했다. 미군정의 하지 중장은 효율적인 행정을 위해 일제하의 관리, 경찰들을 여과 없이 등용한다. 당시 동신일보 기자였던 시인 이기형은 이렇게 증언한다. "미국이 우리나라에 들어올 적에 우리나라가 36년 동안 독립 투쟁했다는 사실을 거의 몰랐어요. 미개 민족이 힘이 센 일본한테 당해서 꼼짝 못하고 굴복하고 살았다, 이렇게 알았거든요."

또 하나, 친일 경찰 등용의 빌미를 제공한 것은 해방 공간에서 횡행했던 좌우익의 테러와 혼란이었다. 38선 이남에 친미 반공 국가를 세우려던 미군정에겐 무엇보다 치안을 유지하고 좌익을 척결해 줄 숙련된 기술자들이 필요했다.

미군정은 친일 경찰 등용에 대한 국민들의 정서를 몰랐을까? 이에 대해 증언해 줄 인물로 미군정 고문을 지낸 장석윤이 있다. 1904년 출생인 그는 6·25 때 내무부 장관을 지내는 등 이승만 정

1945년 9월 9일, 서울에 진주한 미 7사단 32보병 연대가 총독부 광장에서 일장기를 끌어내리고 있다.

권 당시 고위직에 있었다. 그의 말이다. "새로 구한 사람도 있었고, 일제시대부터 경찰이나 여기서 일한 사람들도 썼어요. 사람이 없으니까 경험이 있는 사람들에게 경찰서를 맡긴 거예요. 왜 일본인 밑에서 일하던 사람을 다시 쓰느냐는 비난이 있었지만, 정부와 나라를 운영하자면 그 사람들 없으면 안 되지. 노덕술 같은 사람 말이에요. 경험 많고 고등경찰까지 했던 사람인데……. 그 사람 친일을 해가지고 말들이 있었지만, 문제는 그런 사람들은 기술을 가지고 있고, 공산당을 잡는다든지 강도를 잡는다든지 경험이 있었다는 거죠. 언제 새로운 사람을 훈련시켜 그 사람들의 기술을 배워요? 할 수가 없어요. 그러니 나라를 위해서 그 사람들을 썼었지. 그 개인이 친일파라도……."

새로운 주군(主君)을 찾던 친일 경찰들에게 면죄부를 준 것은 이승만이었다. 오랜 미국 생활로 국내에 정치 기반이 없던 이승만은 보호막이 필요했던 그들의 구애를 기꺼이 받아들인다. 강원룡 목사의 말이다. "이승만 박사가 돌아와서 정치를 하려고 보니까 이미 국내에 민족주의자 이런 사람들은 주욱 다 김구 선생 밑에 가 있고, 그 다음에 약간 좌익적인 사람들은 여운형 씨 밑에 다 들어가 있고, 그러니까 자기 기반이 없거든, 그래서 한국민주당하고 손잡았는데, 한민당만 가지고는 안 되니까 소위 친일파, 민족 반역자를 그냥 다 끌어들여다가 정치 기반, 정치 세력으로 만든 거지."

일제가 패망하고 새로운 시대가 왔지만 결국 미군정하의 경찰은 이들 친일 경찰들로 채워졌다. 치안의 두 축인 경무부장 조병옥, 수도경찰청장 장택상. 이들은 수사 기술자가 필요하다며 노덕술을 비롯한 일경 출신들을 대거 중용한다. '직업적 친일이 아닌 생계를 위한 친일은 문제될 게 없다'는 것이 경무부장 조병옥의 주장이었다. 이때 조병옥에 맞서 친일 경찰의 등용을 반대했던 이는 경무부 수사국장 최능진이었다.

"당시에 새로운 나라가 수립되었기 때문에 '새로운 경찰, 깨끗한 경찰, 친일의 흠이 없는 경찰로 새로 출발해야 하지 않느냐, 인재가 모자라면 새로 인재를 뽑자, 경험이 필요한 게 아니고 양심이 필요하고, 민족정기가 필요한 거 아니냐' 하는 것이 항상 아버님이 강조하시던 이야기죠." 최능진의 아들인 최필립의 말이다.

독립운동가 출신인 최능진은 '국립 경찰이 친일 경찰의 피난처가 되었다'며 조병옥과 맞선다. 그러자 1946년 12월 조병옥은 그에게 사퇴를 종용하고, 최능진은 결국 자리에서 물러나고 만다.

실제로 1946년 11월 미군정하 경찰 간부의 비율을 보면, 관구장의 63퍼센트, 총경의 83퍼센트 등, 경사 이상 간부의 80퍼센트가 일제 경찰 출신이다. 일제 패망 후 1년 남짓 만에 그들이 고스란히 부활했음을 알 수 있다. 이런 상황에서 민족 경찰이 설 자리는 없었다. 당시 일제 경찰 출신들을 미군정과 경찰 수뇌부에 천거한 이는 '친일 경찰의 대부'로 불렸던 최연(崔燕)으로 알려져 있다.

1947년에 발간된『수도경찰 발달사』를 보면 장택상 수도청장 휘하의 서울시 10개 경찰서장 자리를 모두 일제 경찰 출신들이 차지했음을 알 수 있다. 이 시기에 노덕술도 등용된다. 명분은 좌익을 척결할 수사진의 강화였다. 당시 경찰은 그의 등용을 놓고 '화룡점정의 격'이라며 그에 대한 기대감을 나타냈다.

일제 고문 경찰 노덕술은 수도청의 수사과장으로 옷을 바꿔 입은 것이다. 그는 1946년 4월 6일 송진우 암살범 한현우를 검거해 수사 베테랑으로 인정을 받게 된다. 그는 반공 경찰로 맹위를 떨치며 출세 가도를 달렸고, 1946년 전평이 주도한 철도 파업을 진두 진압한다. 이때 장택상이 한 말은 그의 중용 배경을 짐작케 한다. 당시 수도청에서 근무하던 경찰은 "노덕술 씨가 현장 지휘하는데 수도청장으로 있던 장택상 씨가 말을 타고 오더니 들어오자마자 노덕술 씨를 보고 손가락질을 하면서 '뭐 하는 거냐? 일제시대에 한국 사람들 잡아다가 취조하던 게 얼마나 지났다고 그걸 못하고……. 그 식으로 해라. 빨갱이 공산당을 그 식으로 좀 다뤄서 밝혀내라'며 손가락으로 지시하더라고요"(강찬기, 전직 경찰. 수도청 근무) 했다.

1947년 트루먼 대통령 특사로 왔던 웨드마이어의 보고서는 당시 민심을 잘 말해준다.

"한국 국립 경찰의 활동은 한국에서 미국이 추구하는 목표들에 장애가 되고 있다. 한국 경찰의 활동은 극우주의자를 제외한 모든 한국인들에게 비난을 받는 주요인이다. 극우주의자들과 그들의 젊은 사조직은 경찰과 유착돼 있다. 비난은 일본 경찰 출신이 거의 80퍼센트에 달하는 한국 경찰이 행사하는 영향과 통제의 노정에 주로 집중되었다. 한국인들의 분노는 그들의 해방이 일본의 압제라는 증오스런 상징으로부터, 폭력과 고문이라는 일본식 방법으로부터, 강압적으로 빈번하게 자행되는 무고한 한국인에 대한 야만적인 구속으로부터 벗어나지 못했다는 것을 느끼면서 촉발되고 있다. 이 분노는 종종 미군정으로 전이되고 결과적으로 미국의 권위가 대가를 치른다. 현재와 같은 한국 경찰의 폭력성과 맹목성이 개혁 없이 지속되는 한, 이 정부가 남한에서 한국인에 의해 전적으로 자유롭게 표현되는 의지의 대표로 실현될 가능성은 거의 없다."
(「웨드마이어 보고서」, 1947)

그럼에도 불구하고 당시에 친일 경찰의 등용은 무엇 때문이었을까? "명목이 반공이지, 실질적으로는 그 사람들 살려준 거지, 살려준 거야. 살려주는 명목은 이 사람들이 있어야 공산당을 잡는다는 거였고. 그러니까 반공의 명목으로 그 사람들이 살아남은 거지." 이항녕(일제 때 군수, 이후 홍익대 총장 등 역임)의 말이다.

반민특위와 노덕술, 친일파는 살아 있다

1948년 친일파 청산을 위한 반민특위가 결성되면서 노덕술 등 친일 경찰들은 최대의 위기를 맞게 된다. 반민법은 독립운동자 가족을 살상한 일제 경찰에게는 사형, 무기 또는 5년 이상의 징역을, 독립운동을 방해하거나 군·경찰의 관리로서 악질적인 행위로 민족에게 해를 가한 자들에 대해서는 10년 이하의 징역에 처하는 등 형벌을 중하게 규정하고 있었다. 임화 고문치사 사건 이후 노덕술은 잠적했다. 알고 보니 후원자가 마련해 준 거처에서 총애하는 기생과 도피하고 있었다. 그러나 1949년 초 그는 마침내 반민특위에 의해 체포된다. 반민특위 조사관이 특경대와 함께 은신 중인 노덕술을 전격 검거한 것이다. 반민특위 특경대 부대장으로 직접 체포에 나섰던 이병창은 당시의 상황을 생생하게 기억했다. 노덕술을 검거한 곳은 장충동의 한 주택가. 1949년 1월 25일 아침의 일이었다. 이병창은 취재진을 손수 현장까지 데리고 가 당시 정황을 생생하게 설명해 주었다. 그런데 다른 자료에 따르면 노덕술은 관훈동 29번지(현재 인사동 경인화랑 근처), 당시 동화백화점 사장인 이두철의 집에서 기생 김해옥과 있다가 검거되었다고도 한다. 당시 반민특위의 추적 이전에 이미 고문치사 사건 주모자로 수배 중이던 노덕술은 어처구니없게도 현직 경찰들의 호위를 받고 있었고 권총까지 소지하고 있었다고 한다. "집 근처 공터에 지프차가 하나 서 있더라고. 수도청 소속 현직 형사들이 탄 차였어. 그리고 우리가 먼저 거기 권총을 압수했어요. 그 권총을 내가 뺏었고, 다음에는 붙들어서 수갑은 안 채우고 그대로 밧줄을 묶어서 왔어요."(이병창, 당시 반민특위 특경대 부대장)

노덕술의 검거. 그것은 반민특위를 못마땅하게 여겼던 이승만을 더욱 불편하게 했다. 노덕술이 체포되고 이틀 뒤인 1월 26일, 이승만은 반민특위 위원들을 불러서 그의 석방을 요청했다. 이승만은 2월 2일 등 두 차례에 걸쳐 친일 경찰 기술자들을 옹호하는 담화문을 발표하는가 하면 심지어 국무회의에서 노덕술을 체포한 조사관과 지휘자를 도리어 체포하라는 지시까지 내린다. "법무부장관은 노덕술을 반민특위 조사관 2명이 반민특위 사무실 내 금고에 2일간 수감하였다는 보고가 유하고, 대통령 각하께서는 이 불법 조사관 2명 및 그 지휘자를 체포하여 의법 처리하며 계속 감시하라 지령하시다."(1949년 2월 12일 국무회의 기록)

그런데 노덕술이 검거된 그 무렵 그가 주도한 또 다른 경악할 만

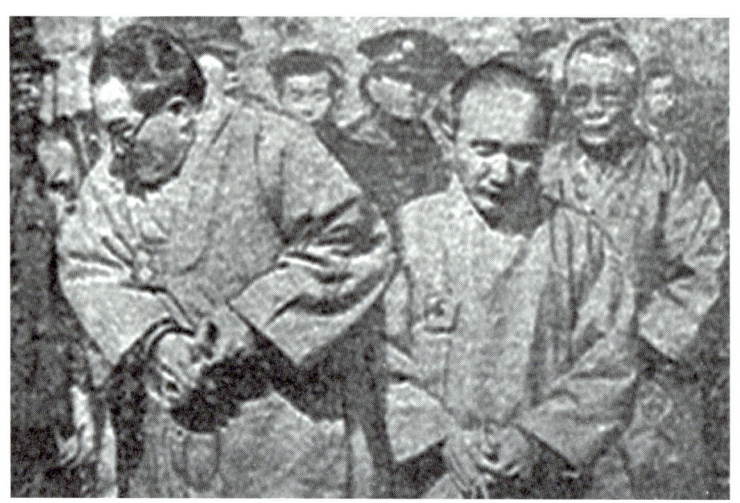

반민특위에 의해 검거되는 노덕술(왼쪽)

한 사건이 터져 나온다. 반민특위의 친일파 수사 압박으로 위기에 몰리자 친일 세력과 친일 경찰들이 주동이 돼 우익 테러리스트 백민태(본명 정상오)를 시켜 특별검찰관 노일환과 김웅진, 특별재판관 김장렬 등 반민특위 간부를 암살하려 했던 것이다. 이 사건은 암살 청부를 맡은 백민태가 자수함으로써 세상에 드러났다. 사건을 접수한 검찰은 수도청 수사과장 최난수와 부과장 홍택희, 그리고 노덕술, 중부서장 박경림 등을 공동 모의자로 기소했다. 이 사건과 관련된 노덕술의 죄명은 '살인 예비, 폭발물 취급 규칙 위반'이다. 그러나 사건 기록에 따르면 노덕술은 전쟁 기간 중인 1952년에 공소 기각된 것으로 되어 있다(서울지방법원 형사사건 번호 833호 498번). 이때에는 반민특위가 이미 와해되었고 공산군과 격돌하는 전쟁 기간 중에 노덕술을 징죄해야 할 이유란 전혀 없었을 것이다.

일제의 대표적인 고문 경찰로 해방 이후 각종 정치 공작을 주도했던 노덕술의 반민 법정 공판은 세간의 이목을 집중시켰다. 재판장에 서순영, 검찰관은 서성달. 그러나 공판정에 선 그는 노련한 수사관답게 모든 혐의를 부인했다. 유감스럽게 노덕술의 재판 기록은 남아 있지 않다. 노회한 그가 반민 재판관의 추상같은 추궁에 어떻게 대거리했을지 참으로 궁금한데, 기록의 산일(散逸)이 아쉽기만 하다.

이후 기세가 오른 반민특위의 수사는 활기를 띤다. 노덕술에 이어 사찰과장 최운하까지 체포되기에 이르렀다. 그러자 경찰은 특경대 해체를 요구하며 집단 사표로 맞선다. "반민특위가 일제 경찰들, 간부들을 전부 잡아들이니까. 그래서 나온 게 지금으로 말하면 파업이에요. 쉽게 말하자면, 그걸 유도한 거죠. 그러니까 그때 내가 경무계에 들어가니까 회의실에서 전부 용지를 내주는데, 공식 양식 같은 게 있었어요. 무슨 사유로 사직한다는 표준 문장도 있었고요."
(황향주, 전직 경찰. 해방 후 수도청 근무)

마침내 1949년 6월 6일 새벽. 친일 경찰 출신 시경국장 김태선과 종로경찰서장 윤기병은 내무 차관 장경근과 이승만의 승인을 얻어 반민특위를 무력으로 습격한다. 바로 6·6 사태다.

"긴급명령이라며 들어왔는데, '반민특위 깃발을 달고 다니는 차는 무조건 정차시켜라. 안 서면 실탄 사격을 해서라도 정차시켜 전부 잡아들여라' 하고…… 그때 반민특위라고 하면 대단했습니다. 반민특위 깃발만 달면, 위세가 당당하고 그랬지요. 그랬는데 별안간 일주일 만에 그게 뒤집힌 거야. 쿠데타가 난 것처럼……."
(황향주)

"지금의 롯데호텔 건너편에 반민특위 사무실이 있었는데 그쪽에 경찰이 새까맣게 모여 있더라고요."(선우진, 당시 백범 비서)

"6월 6일 그날 아침에 멋도 모르고 출근하면서 보니까 앞에 입초를 섰던 경찰관이 보이지를 않아요. 안으로 들어가니까 시커먼 옷을 입은 경찰관들이 한 20~30명 쭉 몰려오더니 '손들어!' 그러더라고요."(이원용, 당시 반민특위 총무과장)

"어떤 특경대원은 밥 먹다 말고 붙들려서 바로 고문을 당했어요. 거꾸로 묶어 가지고 수돗물로 물고문을 하기도 했죠. 어떤 대원은 피똥을……."(이병창, 당시 반민특위 특경대 부대장)

헌법기관인 반민특위가 경찰 조직에 의해 무장해제당한 이 사건은 배후에 권력이 없었다면 불가능한 일이었다. 경찰의 전격적인 작전은 반민특위를 단시간에 무력화했다. 이는 일제하 조선인 경찰관들이 승부수를 날려 단번에 전세를 뒤집은 것을 말한다. 친일파를 청산할 수 있었던 단 한 번의 기회는 친일 경찰의 준동으로 이렇게 실패로 끝났다. 6월 6일 그날로 최운하는 석방된다. 그리고 얼마 지나지 않아 마포형무소에 수감돼 있던 노덕술도 6월 23일 만성기관지염을 이유로 병보석 출감하게 되고 곧 공소 기각으로 처리된다. 이후 그는 어떤 경로를 통했는지 헌병 소령으로 변신한다.

반민법 공포 이후 343일, 총 취급 건수는 682건에 408건의 영장이 발부되었다. 그러나 실형을 받은 숫자는 일곱 명에 불과했다. 그리고 이들 역시 재심 청구로 감형되거나 형집행 정지 등으로 풀려나 친일파 숙청 작업은 실효를 거두지 못했다. 반민특위는 그렇게 끝났다.(정운현, 『잊어버린 기억의 보고서 – 증언 반민특위』 참조)

명동 입구의 반민특위가 있던 자리 표석

노덕술과 전봉덕

　노덕술이 출감한 지 3일째인 1949년 6월 26일. 이번에는 민족 지도자로 추앙받던 백범이 안두희의 총에 운명하는 비극적인 사건이 발생한다. 백범 암살 사건은 알려진 바와 같이 안두희의 단독 범행으로 수사가 종결됐다. 그런데 지난 1992년, 안두희가 43년 만에 입을 열면서 또 한 번 세상은 경악한다. 과연 희대의 역사 미스터리인 이 사건의 배후에는 어떤 인물들이 있었을까? 여기에도 노덕술이 등장한다. "장택상 씨, 최운하, 노덕술, …… 김창룡…… 좌우간 이 정보원들은요, 말로 안 하고 눈으로 말합니다. 눈으로 몇 번 말해보게 되면, 이 사람들 나하고 같은 생각을 하고 있구나, 그거 다 알게 되어 있습니다." (안두희, 1992년 〈뉴스데스크〉)

　총격 현장에서 체포된 안두희는 헌병대로 인계돼 융숭한 대접까지 받았다고 하는데, 어떻게 이런 일이 가능했을까? 당시 헌병 사령관으로 백범 암살 사건의 수사를 맡았던 이가 전봉덕이다. 앞서 말했듯 그 또한 일제 때 고등문관시험 양 과에 합격해 경시까지 올랐던 최고의 엘리트 친일 경찰이었다.

　"그날 바로 이승만 대통령이 전봉덕 헌병 부사령관을 사령관으로 올리고, 장흥 씨를 헌병 사령관에서 직위 해제시켰다고. 그거 자체가 의심스러운 거 아냐? 왜 그때, 적어도 대한민국에서 2인자라고 볼 수 있는 훌륭한 분이 암살당했는데, 그 사람을 조사해야 할 헌병 사령부 직제 사령관으로 있는, 중국에서 독립운동을 한 장흥 사령관을 해임시키고, 어떻게 친일파 전봉덕 같은 사람을 사령관에 임명했는가……. 그 당시 분위기로 봐서 전봉덕 씨 역시 암살에 관계되어 있지 않은가라는 의심이 생겨났지요." 1992년 당시 국회 김구 암살 진상조사위원회 위원으로 활동했던 강신옥 변호사의 말이다.

1949년 6월 26일 안두희에게 저격당한 백범 김구의 국민장

　미국으로 이민한 것으로 알려졌던 전봉덕은 1992년에 한국에 머무르고 있었는데, 김구 암살의 배후설이 나오자 급히 미국으로 재출국한 적이 있다. "그래서 내가 전봉덕 씨를 만나러 LA로 갔습니다. 뭔가 상당한 이야기를 들을까 싶었는데, 자기는 '형무소 소장 비슷한 위치에서 헌병 사령관으로서 그 사람의 신병을 사령부로 인계해 보호하다가 조사받는 데까지 관리해 준 것밖에 없다' 그러는 거예요. 아무 관련이 없다는 이야기인데, 그럼 왜 특별한 대접을 했느냐 했더니 '자기는 그런 적 없다'는 겁니다."(강신옥)

　법조계의 명망가로 변신했던 전봉덕의 인명사전에는 무슨 이유에서인지 1940년대 일제하에서 경찰을 지낸 행적만 빠져 있다(이유를 짐작하기란 어렵지 않다). 1981년 한국 법사학회에서는 70세를 맞이한 전봉덕의 업적을 기리기 위해 『법사학연구』 6호를 고희기념논문집으로 발간했지만 여기도 해방 후의 경력만이 비교적 자세하게 적혀 있을 뿐, 일제 시기 친일 경찰 경력은 빼놓았다. 그런

다고 하늘을 가릴 수 있으랴. 여러 연구자들에 의해 그의 기록을 얼마든지 찾아볼 수 있다.

그가 유명한 것은 경성제대 학력에 고등문관시험 양 과 합격의 '신화' 덕분이다. 전봉덕은 일제하에 치러졌던 고등문관시험 사법·행정 양 과에 합격하는 등 어려운 관문을 통과하고 고위직에 오른 엘리트형 친일파라고 할 수 있다. 그는 고등관 수습 후 바로 평안북도 보안과장으로 임명되는 등 파격적인 승진 가도를 달리기 시작한다. 이어서 경기도 경찰부 수송보안과장을 맡아 보안 업무 외에 화물 자동차 등 운송 수단을 통제하고 감독하면서 일제의 효율적인 전쟁 수행을 지원하다 해방을 맞았다.

미군정 때에는 경무부 공안과장으로 '발탁'되었고 이후 육군사관학교 제1기 고급 장교반에 입학해 소령으로 임명되었다. 1949년 3월에 헌병 부사령관으로 임명되었고 국회 프락치 사건 때에는 특별수사본부 본부장을 맡기도 했다. 앞에 나온 것처럼 백범 피격 이후 헌병 사령관으로 등용된 것이다. 1950년 예편 이후에는 국무총리 비서실장을 거쳐 1960년대에는 변호사로서 대한변호사협회 회장을 지내는 등 화려한 경력의 소유자다.

이런 점에서 노덕술과 전봉덕은 여러 의미로 대조된다. 한쪽은 보통학교 중퇴의 학력으로 현장에서 몸으로 때워 일제에 충성했다면 다른 쪽은 영리한 두뇌형일 것이다. 그런데 사실 세간에 악명은 노덕술 쪽이 더 높다. 그것은 아마도 노덕술이 실제로 일제의 폭압적 지배를 실현하는 최일선에서 직접적인 악행을 했고 그 피해자가 뚜렷이 있기 때문일 것이다. 반면에 전봉덕 쪽은 아마도 그 뛰어난 머리로 친일을 했을 것인데, 이런 경우는 일의 성격상 직접적인 피해자가 잘 드러나지 않는다. 또한 전봉덕은 헌병대 예편 이후 친일 경찰 경력을 세탁하고 다양한 사회 활동을 하면서 경력을 쌓아, 아마도 학벌을 바탕으로 우리 사회의 기득권층에 폭넓게 인맥을 형성해 놓은 덕을 보았을 것이다. 고문 기술과 공작의 악행적 역량만을 가졌던 노덕술과는 차원이 다른 셈이다. 친일의 해악성 면에서 어느 쪽이 더 심한지는 짚어볼 일이다. 그런 점에서 전봉덕의 삶과 멘탈리티를 추적하는 또 한 편의 다큐멘터리가 필요할지도 모른다.

친일, 반공, 독재의 주구(走狗) 그리고 몰락

1952년, 이승만과 그의 친위대였던 친일 세력들은 전쟁의 포화 속에서도 정권 연장을 위한 가공할 사건들을 획책한다. 당시 국회는 임시 수도인 부산에 있었다. 그런데 재선을 앞둔 이승만은 국회 내에서 장면 총리를 지지하는 세력이 다수를 차지하자 당시 대통령 선출 방식인 간접 선거로는 재선에 실패할지도 모른다는 두려움에 휩싸인다.

위기를 느낀 이승만은 특무대장 김창룡, 헌병대장 원용덕 등을 앞세워 부산의 기지 창고가 간첩들에게 습격당하는 게릴라 침투 사건을 조작하고 이를 빌미로 부산 일원에 계엄령을 선포한다. 이른바 '부산정치파동'이 시작된 것이다. 그들은 국제구락부에서 있었던 야당의 반정부 집회를 관제(官製) 테러로 덮친 후 야당 인사들을 줄줄이 연행했다. 국회의원들이 탄 출근버스를 통째로 헌병사령부로 끌고 가는 전대미문의 사태가 벌어지기도 했다.

이승만의 재집권을 위해 조작된 이 사건은 김창룡, 원용덕, 노덕술 등 일헌(日憲) 출신과 일경(日警) 출신들이 벌인 정치 공작의 종합판이었다. 이승만은 이렇게 국회의원들을 협박해 이른바 발췌개헌안을 통과시켜 대통령 직선제로 바꾸어 1952년 8월 재집권에 성공하게 된다. 한쪽에서 전쟁을 치르며 고귀한 젊은이들의 선혈이 강물처럼 흐르는 와중에 이 같은 사태가 벌어진 것이다. "한국에 민주주의가 피어나는 것은 쓰레기통에서 장미꽃이 피기를 기대

부산정치파동 때 통근버스에 탄 채 연행되고 있는 국회의원들

하는 것과 같다"는 영국 기자의 유명한 말이 나온 것도 이 무렵의 일이다.

부산정치파동의 불똥은 당시 장면 총리의 비서실장인 선우종원에게까지 미치게 된다. 세상이 다 아는 천하의 반공 검사 선우종원을 장면 총리의 측근이라는 이유로 빨갱이로 모는 국제공산당 사건이 조작된 것이다. 선우종원은 음모를 피해 일본으로 망명하는데 그가 고국으로 돌아온 것은 4·19가 일어나고 이승만 정권이 붕괴된 1960년 9월 이후의 일이었다.

그런데 귀국 직후 선우종원을 찾아온 이는 뜻밖에도 노덕술이었다고 한다. 이때 노덕술의 나이는 61세. 초라한 행색에 약간 다리를 절뚝거리며 나타난 그는 보자기를 풀어 주섬주섬 서류 뭉치를 꺼내놓는데, 그것은 다름 아닌 국제공산당 관련 문건이었다. 선우종원으로 하여금 8년간의 일본 망명 생활을 하게 한 문제의 정치공작 사건의 문건이었다. 그런데 여기서 노덕술은 보통 사람은 전

혀 상상도 할 수 없는 행각을 보인다.

"그 사건을 조작할 때는 노덕술이 필경 한 역할을 했을 겁니다. 안 했겠어요? 부산에서 그만한 책임 있는 자리에 있었고, 또 헌병대 내부에서 이루어진 일이잖아요. 그런데 그 사람이 그건 제쳐놓고 나한테 '홍택희라고 하는 사람이 이렇게 나쁜 짓을 했다. 그러니까 그 사람을 잡아 없애는 것이 선우 선생이 제일 먼저 해야 할 일이요.' 이러는 겁니다."(선우종원, 변호사. 장면 총리 비서관을 지냄)

노덕술은 바로 이 홍택희 카드로 선우종원의 신임을 사려 했던 것으로 보인다. 시국은 바야흐로 4·19 직후. 어린 학생과 시민들이 피 흘린 희생 덕택으로 정권은 민주당으로 넘어갔다. 노덕술은 장면의 비서실장을 했던 선우종원이 새로운 정권의 실세가 될 것임을 예측하고 선수를 친 것이다. 선우종원이 일본에 망명해 있던 때 그는 서울 방첩대장으로 있다가 1955년 독직(瀆職) 사건으로 구속되어 헌병 중령을 마지막으로 군복을 벗었다. 세상이 바뀐 뒤 그는 시쳇말로 끈이 떨어진 신세였고 새로운 배경이 필요했던 것이다. 선거에 나갔다가 떨어진 직후의 시점이기도 하다. 선우종원은 그때 노덕술이 자기를 이용하려 한다는 것을, 말하자면 공작을 한다는 것을 알았다. '말려들면 안 된다.' 그는 노덕술의 기대와는 달리 의연한 반응을 보였다. 그러자 노덕술은 몹시 당황했다고 한다. 선우종원은 "내가 '이렇게 돌아온 것만 해도 천우신조인데, 누굴 죽이고 어쩌고 한단 말이냐. 이것도 하나의 인연이니까 그러지 말고 홍택희 씨를 만나면 손잡고 같이 일하자고 해라' 이렇게 말하니까 그 자리에서 노덕술이 땀을 쫙 흘려요. 나도 깜짝 놀랐어요. 사람이 땀을 그렇게 흘리다니. 아마도 뜻밖의 내 답변을 들은 모양이야"라고 말했다.

일제의 고문 경찰로, 독재 정권의 친위대로 언제나 권력을 좇았던 노덕술. 정말 눈치 하나는 비상하다. 앞에 나온 1955년의 독직 사건에 관해 좀 더 알아보자. 당시 죄명은 '장물 운반, 정치 관여죄'로 군법회의에서 '파면, 전 급료 몰수, 징역 6개월, 집행유예 1년'을 선고받았다(재판 기록은 육군고등검찰 기록실 소재). 김창룡에 의해 제거되었다는 설이 있는데 일세를 풍미하며 권세를 부리던 이의 말로치고는 허망하다. 이후 그의 행적은 알려진 것이 별로 없다. 전직 경찰 변창선의 증언에 따르면 1962년경에는 서울경찰청 유치장에서 사식(私食) 넣어주는 일을 했다는 말이 있다.

궤적이 끊어지면 출발점으로 돌아가야 한다. 노덕술의 고향 울산시 장생포를 찾는다. 그가 태어난 생가에는 친척뻘 되는 이가 살고 있었다. 정작 그들은 노덕술을 제대로 알고 있지 못한 듯했다. "우리 아버지가 하는 말이, 삼촌이 수사를 너무 잘해 가지고 자꾸 계급이 올라갔다고 해. 얼굴만 보면 딱 알아내고……. 그만큼 수사를 잘 하더란다"고 말하는 이 집의 부인은 친정아버지가 시댁이 좋은 집안이라고 혼사를 서두르는 바람에 졸지에 시집을 오게 됐다고 한다.

노덕술의 생가는 근동에서는 큰 인물이 난 터로 알려졌다고 한다. 더욱 놀라운 것은 그가 고향인 울산에서 국회의원 출마까지 했었다는 사실이다. 울산시 선거관리위원회 기록을 확인해 본 결과, 그는 4·19 직후에 있었던 1960년 7·29 선거 때 울산 을구에서 무소속으로 출마했던 것으로 밝혀졌다. 총 1744표를 얻어 여덟 명 후보 중 6등으로 낙마했다(당선자는 무소속 정해영 후보로 나중에 국회부의장까지 지냈다). 그는 반공 투사 경력을 내세웠으나 친일 전력 때문인지 고향 마을에서조차 많은 표를 얻지 못했다고 한다.

시기로 보아 국회의원 선거에서 낙선한 뒤 마지막으로 선우종원 변호사의 힘을 빌려보려 했던 것으로 보인다. 권력을 향한 야심을 끝내 접지 않았던 노덕술은 결국 1968년 4월 1일 서울대병원에서 지병으로 눈을 감았다. 그가 죽기 직전까지 거주했던 궁정동 집은 지금의 청와대 무궁화동산 자리다. 지번을 확인해 보니 공교롭게도 바로 만주군 장교 출신으로 독재 권력을 누렸던 박정희가 시해된 10·26 사태의 궁정동 안가가 있던 곳이기도 하다.

프랑스의 나치 협력자 처단

2001년 〈반민특위-승자와 패자〉 프로그램을 제작할 때 필자는 민족 반역자 처리의 본보기를 보여준 프랑스의 나치 협력자 처리 사례를 취재하기 위하여 프랑스 현지를 다녀온 바 있다.

프랑스는 연합국의 일원으로 대독 항전을 치르고 제2차 세계대전에서 승리를 거둔 엄연한 승전국이었다. 그리고 드골을 필두로 한 항독 세력이 전후(戰後)의 프랑스를 주도했다. 다시 말해 4년 동안 나치하에서 적들에게 협력한 부역자(collaborateur, 나치협력자)를 처단할 수 있는 현실적인 중심 세력이 존재하고 있었던 것이다. 한국의 친일파 청산이 실패로 돌아간 것과 프랑스의 그것이 다른 가장 큰 이유는 바로 여기서 기인한다.

그렇다면 우리가 본보기로 꼽고 있는 프랑스의 숙청은 어떠했는가? 나치 패전 직후 곳곳에서 우선 레지스탕스가 주도한 숙청이 무수히 자행되었다. 전쟁의 열기가 사그라지지 않은 그 시점에 재판 없이 즉결 처분한 사람만도 1만여 명이 넘는다고 한다. 나치에 협력한 여성은 머리를 삭발당하고 모욕을 받는 등 사적인 감정에 의한 보복도 많았다. 그러다가 드골에 의해 전담 재판소와 비국민제도라는 법적 절차가 확립되면서 새로운 국면을 맞는다. 이미 그는 망명정부 시절인 1943년에 "국가가 애국적 국민에게는 상을 주고, 배반자나 범죄자에게는 벌을 주어야만 국민들을 단결시킬 수 있다"고 공언한 터였다. '정의의 법정'으로 명명된 드

전후 법적 절차를 통해 나치 협력자들을 처단한 프랑스의 드골 동상

골의 기본 구도는 임시정부 법무장관 망통 교수가 기안한 것으로 알려졌다. 이에 따르면 파리의 최고재판소는 각료나 고위 공직자를, 지방의 숙청재판소는 게슈타포 앞잡이나 고문 경관, 민병대원 등을, 시민법정은 비교적 가벼운 나치 협력자를 처리하는 방식이었다.

이후 최고재판소는 비시 내각의 세 요인을 법정에 세웠다. 민병대의 창설자로 히틀러에게 충성한 프랑스인 1호로 꼽히는 조세프 다르낭, 그리고 친나치 파시스트 총리 피에르 라발과 비시 정권의 파리 주재 대사를 지냈던 페르낭 드 브리농 등에게 모두 사형이 언도되고 그대로 집행되었다. 언론계에도 대숙청이 이루어졌다. 친나치 신문에 히틀러를 찬양하는 기사를 쓰며 징용을 찬성하고 "레지스탕스는 테러범이니 엄벌해야 한다"고 주장했던 브리지야크, 점령기 친비시 정권 일간지 《오늘(Aujourd'hui)》의 정치부장 조르주 쉬아레스 등 언론인과 작가 등 지식인들이 사형됐고, 나치에 협

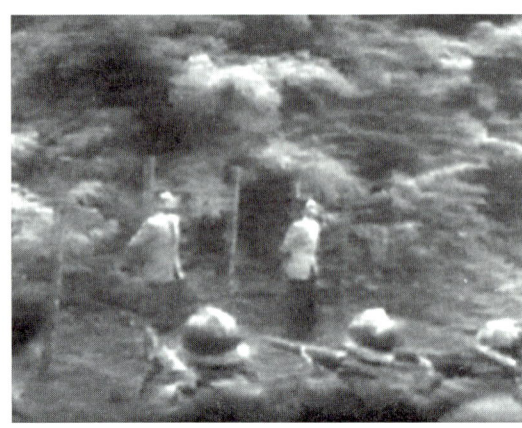

프랑스에서는 나치에 협력한 사람들 중 재판 없이 즉결 처분당한 사람만도 1만 명이 넘는다.

력한 신문들은 폐간됐다. 언론인이 수난을 당한 것은 반역 행위의 증거 수집이 용이했기 때문이었다고 한다. 그리고 전쟁 전에 친나치 입장을 보인 경우보다 독일 점령 후 나치의 선전원으로 전락한 부류들에게 가혹한 처리가 가해졌다.

통계를 보면 나치에 협력한 공직자 12만여 명에게 공민권 박탈 등의 행정처분이 내려졌고, 유기징역 이상은 4만여 명이 넘는다. 최고재판소를 통해 사형 집행된 것만 767건(1951년 프랑스 정부의 의회 공식 보고)이다. 이 수치에 대해서는 여전히 논란이 있다. 인민재판이나 즉결처분에 의한 것은 빠져 있기 때문이다. 1948년 재향군인담당관인 미테랑(전 대통령)은 의회 보고에서 9만 7000여 명이라고 주장한 바 있다. 드골은 회고록에서 즉결처분을 포함해 1만 842명이라고 밝혔고, 1970년대 중반에 프랑스 현대사연구소 제2차 세계대전 전사편찬위원회는 정부의 기밀 자료들을 검토해 9901명이라는 수치를 제시했다(주섭일, 『프랑스의 대숙청』 참조).

프랑스가 단행한 나치 협력자에 대한 '청산'과 '처단'은 한국의 입장에서 보면 부럽기도 한 대목이다. 그런데 2001년 당시 필자가 프랑스 현지에서 받은 인상 중의 하나는 일부 프랑스인은 당시의 숙청이 너무 감정적이고 과했다면서 매우 진지하게 자성하는 분위기였다는 점이다. 특히 전담 재판소 설치 이전에 이루어진 즉결 처분에 대해서 그러했다. 그에 대한 필자의 심정은, 프랑스니까 당시에 그렇게 숙청을 할 수 있었고, 프랑스니까 이제 반세기 이상 세월이 지나게 되니 그런 반성도 가능한 것 아닌가 하는 것이었다.

중국의 민족 반역자 처단

그렇다면 우리와 마찬가지로 일본 제국주의의 피해자라고 할 수 있는 중국은 어떠했는가? 한국처럼 좌우 대립과 내전을 치른 나라는 어떠했는지를 살펴볼 순서다.

일제가 중국 땅을 공략하면서 중국에서도 일본에 협력하는 무리들이 나타난다. 그 대표적인 인물은 '마지막 황제'로 알려진 만주국의 푸이(溥儀)다. 그는 청나라 마지막 황제 선통제(宣統帝)로 있다가 신해혁명과 함께 폐위되었다. 그러나 일제는 1932년 동북 지역에 괴뢰 국가 만주국을 만들면서 그를 데려다 집정관이니 황제니 하며 내세웠다. 일본 관동군은 그를 앞세우고 만주국을 철저히 유린했다. 그의 본의야 어쨌든 푸이는 결과적으로 상당한 친일 행위를 한 것이다. 그리고 또 한 사람은 난징 괴뢰 정부의 주석 왕징웨이(汪精衛, 일명 汪兆銘)였다. 원래 왕징웨이는 장제스의 국민당 정부에서 존경받는 인물이었으나 이후 변절했다. 그는 1940년 추종자들을 이끌고, 일제에 협력하는 괴뢰 정부인 난징의 국민정부를 세운다. 일제는 그를 도쿄에 초청해 대대적으로 환영하기도 했다. 이처럼 만주국과 난징 정부는 일제가 중국을 분할 통치하면서 내세운 대표적인 친일 세력들이다. 당시 중국에서는 이 두 개의 괴뢰 정부를 온상으로 수많은 친일파들이 양산됐던 것이다. 그런데 중국에서는 이들을 친일파라고 하지 않고 '한간(漢奸 : 한족의 간신, 배반자)'이라고 불렀는데, 이 한간은 단순한 친일이 아니라 일제에 적극 협력한 배신자, 즉 민족 반역자와 매국노들을 가리킨다 (그런 점에서 한국에서 사용하는 '친일파'란 용어는 사안의 본질을 드러내기에는 적확하지 않다).

일본 제국주의가 물러나자 중국은 우리와는 사뭇 다른 선택을 한다. 물론 그들에게도 국공내전이 있었다. 주지하다시피 장제스의 국민당과 마오쩌둥의 공산당이 1945년 일제 패퇴 후부터 4년간 극심한 내전을 치렀다. 그러나 민족 반역자, 한간을 처단하는 일만은 국민당과 공산당이 크게 다르지 않았다. 국민당 정부의 한간 처리는 그들의 점령지에서 사법적 절차를 통해 이루어졌다. 국민당 정부는 1946년 11월에 '처리한간안건조례'를 발표했다. 이에

일제 당시 만주국 수도 신경으로 불렸던 장춘. 만주국 푸이 황제가 살던 궁

따르면 1) 난징 정부 조직의 간임직(簡任職 : 2등급 문관) 이상 공무원 또는 천임직(薦任職 : 3등 문관) 기관의 우두머리 2) 특임직(特任職 : 1등 문관) 공무원 3) 위 두 조항 이외 문무직 공무원 중 적의 세력을 믿고 인민에게 피해를 가져다준 자 중 고소 고발을 거쳐서 4) 군사, 정치, 특무 기관 공작자 5) 전문대 이상 학교의 교장과 중요 책임자 6) 금융기관의 중요 책임자 등 7) 난징 정부 관할 범위 내에서의 신문사, 통신사, 잡지사, 출판사의 사장, 편집, 주필 8) 영화, 방송, 문화 단체를 주도한 자 9) 신민회, 협화회, 참의회 등 친일 단체에 참여한 자 10) 난징 정부 관할의 문화, 금융, 실업, 자유, 자치 및 사회단체 인원으로 적의 세력을 믿고 인민에게 피해를 가져다준 자 중 고소 고발을 거쳐서…… 검거한다고 되어 있다. 단, 한간이지만 항전(여기서의 항전은 공산당과의 전쟁을 의미)을 위해 협조하고 인민에게 유리한 행동을 하는 자는 감형 처리하는 것으로 했다. 민족을 배반한 이들 한간들에게는 재산 몰수에서 최고 사형까지 중형이 선고되었다(마스이 야스이치 저, 정운현 역, 『중국대만친일파 재판사』 참조).

상하이 푸단대 쓰위엔화 교수에 따르면, "해방전쟁시기에(국공내전을 말함) 한간 숙청은 두 곳에서 진행되었다. 공산당 해방구에서 엄정한 한간 심판이 있었으며, 국민당 지역에서는 주로 왕징웨이 괴뢰 정부 때의 한간에 대한 심판을 진행했다. 국민당의 사법 기관이 한간들을 재판했고, 일부는 군사 법정에서 재판했다"고 한다.

난징 괴뢰 정부의 수장 왕징웨이는 일제가 패망하기 직전인 1944년에 사망해 한간 재판을 피했다. 하지만 저우포하이(周佛海) 등 주요 인사들은 구속되어 줄줄이 재판정으로 끌려나왔다. 저우포하이는 행정원 부원장을 지낸 난징 정부의 거물이었다. 그의 재판이 있던 날, 수도 고등법원 앞은 민족 반역자에 대한 심판을 지켜보려는 인민들로 인산인해를 이루었다. 4000여 장의 방청권이 바닥났다고 하니 당시 이 재판에 대한 중국인들의 관심도를 짐작할 수 있다.

중국의 한간 재판은 일제 패퇴 이후 3년 동안이나 계속되는데 국민당 점령지의 처리 건수만 4만 5000건, 형이 확정된 수가 1만 5000건에 달했고, 사형 집행도 350건이 넘었다. 일제에 협력하고 권세를 누렸던 인물들은 국가와 인민의 이름으로 처단되었다. 흔히 한국은 해방과 동시에 좌우 대립을 하느라 친일 청산의 기회를 놓쳤다는 식의 변명을 하곤 한다. 그러나 국공내전 시기에 국민당 정부가 자신의 지배 지역에서 집행했던 일련의 한간 처단 과정을 보면 이는 핑계에 불과하다는 것을 알 수 있다.

이번에는 공산당 지역을 알아보자. 만주국이 있었던 동북 지방에서는 이 지역을 점령한 공산당에 의해 대대적인 한간 처단이 이루어졌다. 만주는 1930년대 동북항일연군이 활동하던 무대로 중국공산당의 항일 투쟁의 근거지가 됐던 곳이었다. 공산당은 이미 1940년부터 '목전시정강령(目前施政綱領)'을 통해 한간들을 다스렸다. '쌍십강령'으로 유명한 이 강령을 보면 "한간을 엄중하게 진압한다. …… 중죄를 지은 한간의 토지 재산에 대해서 각급 정부는 지방 민중의 요구가 있으면 법에 비추어서 몰수할 수 있다"는 등의 조항이 눈에 띈다. 국공내전 시기에는 국민당의 '처리한간안건조례'에 덧붙여 더 엄정한 기준을 만들어 집행했다. 이들의 한간 처리는 국민당에 비해 엄격했고 일관되었다. 상식적으로 생각할 때도 공산당이 국민당보다는 한간들에게 훨씬 더 엄중했을 것으로 보인다. 공산당은 한간을 '인민의 적'으로 삼았고 한간 재판의 목적은 봉건주의 세력의 제거와 혁명의 기반 굳히기 공작 차원이었다고 한다. 재판 과정도 국민당 정부와 달리 '인민의 낮은 지식수준을 감안하여' 인민재판 방식을 택했다.

"일본의 앞잡이 노릇을 하고, 대역죄를 저지른 이들을 처벌하지 않으면 민심은 동요된다. 그들은 일본 통치 시기에 권세와 부를 누렸던 자들이다. 항일전쟁이 끝난 뒤엔 마땅히 그들이 영화를 누리지 못하게 해야 하며, 인민과 국가의 힘을 보여주어야 한다." 헤이룽장성 동북문화사연구회 저우아이민(周愛民) 회장의 말이다.

1949년 5월 장제스는 결국 타이완으로 패주하고 그해 10월 1일 마오쩌둥은 베이징 천안문에서 중화인민공화국을 선언했다. 그리고 공산당은 '전범, 한간, 관료 자본가와 반혁명 분자의 재산 몰수에 관한 지시'를 발표했다.

종합적으로 판단할 때 국민당과 공산당의 한간 처단은 1945년

중국의 민족 반역자 재판. 민족 반역자를 일컫는 '한간'을 처단하는 일에서 중국 국민당과 공산당은 크게 다르지 않았다. 재산 몰수에서 최고 사형까지 중형이 선고되었다.

이후 시간이 지날수록 국공내전이 격화되면서 숙청보다는 자파 세력 확보를 위한 포섭과 순치 쪽으로 흐른 측면이 없지 않다. 그럴 수밖에 없었을 것이다. 그러나 국가적인 차원에서 어떠한 친일파도 단죄하지 않은 한국에 비해, 중국은 한간 처단에 대한 인민의 공감대를 바탕으로 국공 모두 나름대로 법과 원칙을 가지고 민족 반역자를 처리했다는 점에서 우리와는 달랐다.

역사의 심판은 아직 끝나지 않았다

친일파 청산을 제때에 하지 못한 우리는 반세기가 넘도록 오늘도 그 역사적 멍에에서 자유롭지 못하다. 독일과의 전쟁을 승리로 이끌고 파리에 입성한 드골이 가장 먼저 한 일은 나치 협력자에 대한 처단이었다. 프랑스인들은 잘못된 역사와의 단절을 통해서만이 그들이 열망하는 전후 프랑스 사회의 정의를 세울 수 있다는 것을 알고 있었다.

중국에서의 한간 처벌은 인민들이 국가의 정통성을 평가하는 척도로 작용할 만큼 중대사였다. 장제스의 국민당 정부가 마오쩌둥에 밀려 대만까지 퇴각하게 된 것도 국공 내전 말기에 들어 한간 처리 과정에서 부패가 발생하는 등 엄정하지 못했던 점이 작용했다고 한다. 그런데 이 땅에서는 친일파 청산은 고사하고 60년이 지난 뒤에야 이루어지는 반민족 행위자 인명사전 편찬을 놓고도 저항이 만만치 않다. 그럼에도 불구하고 그러한 역사적 작업이 필요한 것은 무엇 때문인가? "우리가 친일파를 그냥 두고 그 사람들의 매국 행위를 이제껏 평가도 안 하고, 또 그 사람들 처벌도 못 하고 그렇게 그냥 넘어가서는 우리 민족의 자존이 지켜지지가 않습니다. 이 다음에 다시 우리 민족에게 위기가 닥쳤을 때 누가 독립운동을 하겠어요? 나라를 위해서 목숨을 바칠 사람이 어디 있겠어요?" 14대 광복회장 윤경빈의 말이다.

시대에 영합했고 권력을 좇았던 이들은 이제 역사의 무대에서 사라졌다. 그러나 그들이 남긴 잘못된 역사와의 단절을 위해서 친일파, 그들에 대한 역사의 심판은 아직 유효하다고 생각한다. 노덕술에 대한 역사적 평가와 단죄는 우리 국민들에게 '자기 안에 있는 노덕술'을 죽이고 거듭나기 위한 씻김굿이 될 수 있다. 그것이 우리의 비굴과 위선을 광정하는 일이 될 것이다.

그러나 친일파들이 득세하고 독립운동가의 후예들이 몰락해 있는 우리 사회의 이 가치 전도를 생각하면 여전히 마음이 무겁다. 그러면 어떻게 할 것인가? 2005년 5월 대통령 직속 친일반민족행위진상규명위원회의 발족은 그나마 위안이 된다. 하지만 이제 와서 연좌제도 소급제도 안 되니 역사에 대한 냉소주의만 불러오지 않을까 걱정도 된다. 현실에서는 이미 늦어 이제 학문과 다큐멘터리의 영역으로만 남은 건 아닐까?

다큐멘터리스트로서 필자의 남은 꿈이 있다면 2001년에 방송된 〈반민특위 – 승자와 패자〉 편 말미에 너무 짧게 다룬 경남 통영의 반민특위 조사관 김철호 선생의 의문스런 죽음에 대해 천착하는 작품을 다시 제작하는 것이다.

대한민국에는
강남공화국이 있다

— 유현

왜 투기의 뿌리를 찾아야 하는가

16년 만에 가격이 1000배 이상 오른 상품의 이름은 무엇일까? 해마다 수많은 사람들의 목숨을 끊게 하는 사회적인 범죄인데도 언론에서는 가장 효율적인 재테크 수단이라고 홍보하는 것은 무엇일까? 정권이 들어설 때마다 '반드시' 잡겠다고 주장했지만 '반드시' 실패하고 만 것은 무엇일까? 그 답은 바로 '강남의 땅값' '부동산 투기' '부동산 정책'이다.

이제 서울의 '강남'은 단순히 한 지역을 가리키는 말이 아니라 자본과 권력의 집중이 만들어낸 특별 구역의 경계 표시가 되었다. 면적이 전 국토의 0.1퍼센트에 불과하지만 공시 지가 100조 원에 달하는 가격으로, 전라남북도와 강원도 전체를 살 수 있는 교환가치를 지닌 땅. 부동산 정책이 발표될 때마다 오히려 불패(不敗)의 신화가 더욱 공고해지는 곳. 그런데 강남의 역사는 바로 대한민국 부동산 투기의 역사와 일치한다. 부동산 투기라는 현상이 시작된 곳이며 조직적인 투기 세력들이 그 기술과 자본의 원천으로 삼은 것이 바로 이 지역의 부동산 열풍이었다.

'투기는 어떻게 시작되었나'라는 질문은 '강남은 어떻게 이루어졌나'라는 질문과 같다. 이 둘은 개발 독재 성장주의가 낳은 쌍생아로 박정희 시대가 남긴 부정적인 유산 중에서도 가장 긴 생명력을 지녔다. 거의 전 국민에게 투기라는 경제 범죄에 대한 도덕적 불감증을 가지게 한 힘은 무엇인가? 묘한 공범 의식으로 중산층을 묶어내어, 매우 미흡한 형태의 부동산 정책에도 사회주의적이라느니 경기 침체를 부추긴다느니 하는 보수 언론의 선동에 쉽게 공감하도록 하는 이유는 어디에 있는가? 선진 자본주의 국가 거의 대부분에서 그 공공적인 성격으로 말미암아 소유와 매매에 적절한 제한을 가하는 공공재인 부동산이, 우리나라에서만 유독 잘나가는 투자 상품이 된 경위는 무엇일까? 그리고 이는 현대사에서 벌어진 고문과 학살 같은 범죄행위에 대해서는 같이 분노를 느끼면서도, 서민 대다수의 기본권인 주거권을 위협하는 부동산 투기에 대해서만은 아무 의식이 없거나 오히려 그 대열에 끼지 못함을 아쉬워하는 대중 정서의 기원을 찾아보고자 하는 노력이기도 하다.

불패 신화의 땅, 강남의 시작

2004년 봄, 재건축을 앞두고 있던 강남구 대치동의 도곡 주공 2차 아파트. 공인중개사가 내건 거래 가격은 평당 6500만 원이었다. 아파트 한 평 값이 일반 기업 과장의 2년치 연봉에 해당하는 현실. 같은 해 3월에 분양한 용산 시티파크라는 주상복합 건물에

강북강변로에서 본 강남
압구정동 방면

는 분양 개시 이틀 만에 7조 원의 자금이 몰렸다. 보건복지부 1년 예산 규모의 자금이 한 주거용 건물에 몰리는 기현상이 벌어진 것이다. 이제 대한민국에서는 더 이상 신기하지도 않은 현상이 된 부동산 투기. 그 뿌리는 분양 현장에 늘어선 긴 줄 만큼이나 오래되었고, 비슷한 모습은 30년도 더 된 옛날 뉴스 화면에서도 찾을 수 있었다. 허허벌판에 모래 바람뿐이던 강남의 개발 초기, 분양을 받기 위해 사람들이 담요를 두른 채 밤을 새우는 모습이 심심치 않게 보도되었고, 그 당시를 회상하는 부동산 업자들은 자고 나면 값이 오르는 투전판 자본주의의 실상을 증언하면서 투기라는 말 자체가 강남 개발과 함께 시작된 것이라는 데 모두 동의한다.

1960년대 초까지 서울은 지금의 강북 지역 일부에 해당하는 규모였다. 전후 월남과 이농 등으로 급격히 증가한 서울 인구는 이미 300만을 넘어서고 있었고『서울은 만원이다』라는 세태 소설이 등장할 정도였다. 더구나 1960년대의 10년간 그 수는 두 배로 증가, 1970년대 초에는 600만을 돌파하는 기하급수적인 증가를 보이고 있었다. 이에 따라 교통난, 주택난 등 서울의 주거 환경은 갈수록 악화되었고 인구 분산을 위한 획기적인 대안이 요구되기 시작했다. 1963년 서울시 경계가 확장되면서 한강 이남 지역이 서울로 편입되었고, 논과 밭이 대부분이었던 강남 지역은 개발 가능성을 지닌 미개척지로 등장한다. 당시 서울시 도시계획국에 근무하면서 강남 지역 측량에 직접 참여했던 한정섭은 농가 몇 채만 보이고 사람이 별로 없는 '그 지역'을 향해 뚝섬에서 나룻배를 타고 건너던 상황을 회고한다. 1965년 일반에 공개된 '서울도시기본계획'은 남서울개발계획이라는 청사진을 통해, 비록 그것이 지금의 강남 지역을 목표로 삼지는 않았지만 1970년대에 본격화되는 강남 개발의 미래를 미리 보여주는 것이었다.

또 다른 강남 개발의 필요성은 안보상의 이유에서 제기되었다. 전쟁과 한강 인도교 폭파의 기억이 가시지 않은 시절, 반공 반북을 체제 이념으로 내세운 박정희 군사정권은 안보를 정책 수립의 제1화두로 생각할 수밖에 없었다. 군사 전략상으로도 강남 정책이 필요해진 것이다. 거기에 1960년대 말 푸에블로호 사건, 1·21 사태 등으로 더욱 격화된 남북 간의 긴장 상황은 강남 개발의 명분을 더욱 명확하게 제시한다. 박경석 전 육군본부 기획처장은 "한강 이북에만 수도 기능이 집중되어 있어 전쟁이 나면 참상을 피할 수 없었습니다. 서울의 기능을 강남에까지 확대해야 방어 전략상 유리하지 않겠느냐는 문제가 대두된 거예요. 강남 지역에 대한 전략적 효용성과 대비책을 기획하고 참여했지요"라고 말했다.

서울 도시 개발에서 군사 전략의 깊숙한 개입의 증거는 한강에 건설된 다리를 보면 알 수 있다. 건설 당시 별칭이 '안보교'였던 잠수교는 전시 물자 수송용으로 설계되었고, 두꺼운 상판과 촘촘한 교각 간격은 폭격에 대비한 것이었다.

김의원 전 건설부 국토계획국장은 "북에서 서울을 공격할 때 제일 먼저 노리는 것이 한강 다리죠. 각각의 한강 다리에는 파괴 시 복구 건설업체가 지정되어 있고 복구 자재까지도 비축하고 있습니다"라고 말했다.

이후 강남에 건설된 아파트에는 옥상에 방공포가 설치되고 각 동마다 대피호가 마련되었다는 사실은 공공연한 비밀이었다.

열풍의 시대, 유신 드라마의 제2막

1972년 10월 '유신'이라는 전대미문의 조치가 발표된다. 비상계엄령 아래 국회가 해산되고 모든 정치 활동이 금지된 상황에서 박정희는 체육관 선거를 통해 유신 대통령으로 재집권, 삼선을 지나 영구 집권의 길로 나아가게 된다. 이후 1979년 말까지 지속된 유신시대는 역사상 유례없는 폭압 정치의 시대로 기록된다. '한국적 민주주의'와 '총력안보'라는 기치 아래 영장 없는 체포와 구금, 고문과 살인이 횡행하던 시대. 긴급조치의 이름으로 어떤 정치적인 표현도 집회도 제대로 된 언론도 사라져버린 시대. 어둠과 겨울로 상징되는 공포의 드라마가 드라마 '유신시대'의 제1막이라면 동시에 벌어진 제2막의 드라마는 고속 성장과 개발이라는 건설 드라마였다. 유신이라는 드라마의 특징은 1막과 2막이 동시에 한 무대에서 진행되며 그 주인공들도 거의 일치한다는 점이다. 세월이 흐른 뒤, 관객들은 2막만 선택적으로 기억한다는 점도 특이하다. 이 드라마의 특징을 '군사적 성장주의'라고 정리하는 홍성태 교수(상지대)는 정치적 정당성을 갖지 못하는 군사독재 정권이 정당성을 획득하기 위해 경제성장을 활용하는 전략으로 설명한다. 즉, 대통령

강남이 개발되면서 우후죽순으로 생겨난 부동산 중개업소

을 총지휘관으로 하는 군사 작전처럼 수행된 경제개발의 결과, 단기간에 고도성장이 이루어졌고 그 과정에서 지지 기반이 되는 중산층이 형성되었다는 것이다.

유신의 폭압과 성장의 달콤한 과실이 동전의 양면으로 작용했음을 상징적으로 보여주는 사실이 '영동주택단지 조성 사업'이다. 1972년 12월, 박정희 유신 대통령의 취임식이 있기 며칠 전 대통령 부인 육영수는 서울시장과 함께 영동 허허벌판에 조성된 신주택단지 준공식의 테이프를 끊는다. 강남으로 이주가 시작되는 신호탄이었다. 투기라는 광풍의 전주곡이기도 했다. 1970년대 동부이촌동, 여의도에 이어 강남의 아파트 건설이 본격화되면서 아파트 분양 경쟁률은 매번 최고치를 경신했다. 1970년대 후반 세간의 화제를 모았던 한 아파트의 경우 분양권 프리미엄이 150~250만 원이었다. 분양권 전매와 대리 계약이 자유로웠던 시절임을 감안할 때, 하루아침에 봉급의 몇 배가 손쉽게 생기는 현장에 사람들이 몰리는 것은 어쩌면 당연한 일이었는지도 모른다(당시 9급 공무원 월급은 6만 원이었다). 결국 분양 현장은 유리창이 깨지고 경찰이 출동하는 대혼잡을 빚었다.

오전 10시에 분양을 시작한다는 공고가 나가면 이틀 전부터 모포 쓰고 텐트를 치고 줄을 서서 기다렸다가 분양을 받았고, 1년 피땀 흘려 버는 것보다 아파트 투기 소득이 더 컸다.

유신 드라마의 2막은 이렇게 뜨거운 바람과 함께 시작되었다. 현재의 로또 열풍에까지 이어지는 불로소득을 향한 대한민국 광풍의 원조가 된 바람, 바로 이때 시작되어 지금까지 계속되는 강남+아파트 바람이었다.

강남 신화가 가능했던 배경

강남 개발의 시동이 걸린 것은 한남대교가 착공된 1967년이었다. 강남과 강북 도심을 연결하는 최초의 다리, 한남대교는 완공과 함께 경부고속도로의 시발점이 되었고 경부고속도로의 건설은 강남 개발에 가속도를 붙이는 직접적인 원인이 된다.

당시 비용이 확보되지 못한 상황에서 박정희 대통령의 강력한 의지로 강행된 경부고속도로 건설은 구획정리 사업이라는 방식을 통해 용지를 확보하고 비용을 조달해야만 했다. 구획정리 사업이란 땅 주인이 토지의 일부를 공공용지로 제공하면 개발자인 정부는 공공시설을 건설해 땅의 부가가치를 높이고 대신 남은 땅을 소유하게 되는 것을 말한다. 이렇게 정부가 무상으로 소유하게 된 땅, 체비지를 팔아 개발 비용을 충당하게 된다. 구획정리는 재원이 없는 상태에서 불가피한 선택이라고 할 수 있지만, 강남 개발의 초기 비용을 체비지 매각을 통해 확보함으로써 구획정리는 강남 지가 상승의 단초를 마련한다. 즉, 정부 주도형 개발 사업이면서도 오히려 땅값이 올라야 개발 비용이 나오는 방식이라 정부가 땅값 상승을 원할 수밖에 없었고 개발지상주의하의 이 선택은 필연적으로 투기를 불러왔다. 초창기 투기의 주인공은 바로 유신 정권이었던 것이다. 정부 주도의 고속도로 건설과 대대적인 홍보로 경부고속도로 주변부터 땅값이 들썩이기 시작한다. 땅값 상승의 가장 극적인 예가 바로 말죽거리였다. 서울의 끝으로, 말을 먹이고 쉬어가던 곳이라던 말죽거리(현재의 양재동 지역). 1960년대까지만 해도 허허벌판에 말이나 소를 키우는 목장들만 있던 곳에 부동산 중개소가 줄줄이 들어서고 평당 100~200원 하던 땅이 1년 만에 2000~3000원으로 뛰기 시작한다. 투기 붐을 타고 땅값이 200배 상승한 이 지역의 현상은 한국 부동산 투기의 원조로 불리면서 '말죽거리 신화'로 이름 지어진다.

경부고속도로 건설 확정 이후 강남 일대에 지정된 토지 구획정

정부 주도의 고속도로 건설과 대대적인 홍보로 경부고속도로 주변부터 땅값이 들썩였고 강남 개발에 가속도가 붙었다.

리 지구는 총 900만 평. 전 세계 도시계획사상 유례없는 거대한 구획정리 사업이 시작되었지만 초기에는 시민의 이주 자체가 소극적이어서 정부 차원의 적극적인 유인책이 발표된다. 이 또한 강남 개발 비용 마련을 위한 정부 주도형 부동산 붐 조성의 일환이었다. 먼저 영동지구개발촉진법이 제정되고, 서울의 중심이 되는 시청, 상공부 등 관청의 강남 이전이 공표된다. 반대로 강북에는 강력한 개발 억제책이 시행되면서 유흥업소의 신축과 허가가 금지되고 강남은 허용되어 이후 1980년대 강남 룸살롱, 카바레 창궐의 단초가 된다. 또한 1980년대 중반 개통 예정으로 추진되던 지하철 2호선의 노선 결정에서 수요가 많은 강북 중심의 1자형 노선을 버리고 강남 개발을 강력히 추진하던 당시 서울시장의 주장에 따라 강남을 통과하는 순환선으로 결정된다. 이에 반대했던 한 도시계획위원은 이 일로 해임된다.

마지막으로 결정적인 유인책이 된 것은 명문 고등학교들의 강남 이전이었다. 도심에 몰려 있던 전통 명문고들이 강북을 떠났고, 강남에는 신흥 명문 학군이라는 이른바 8학군이 형성됐다. 이로써 10차선의 강남대로를 포함하는 도시 인프라 구축으로 최상의 주거 여건을 갖춘, 훗날 '강남특별시'가 되는 골격이 이루어진다.

한편 투기 붐 형성이 가능했던 경제적 배경에는 달러 유입으로 인한 통화 팽창이 있었다. 강남 개발이 한창이던 1970년대 한국은 국내외적으로 고도성장을 구가할 호재를 맞이하는데, 그 첫째가 베트남 참전이었다. 이어서 중동 특수까지 겹쳐 400억 달러가 넘는 외화가 대량 유입되었고 대내적으로는 1인당 국민소득이 1000달러를 돌파한다. 단기간에 이루어진 고속성장으로 투자 여력이 생긴 계층이 형성되고 이들은 소유하고 있던 부동산 가격의 급등으로 새로운 계급인 부동산 중산층이 된다. 이들을 심정적 지지 기반으로 하는 개발 독재는 이를 근거로 스스로를 정당화한다. 이 과정에서 개발 위주의 성장주의는 돈만 벌면 된다는 사회 분위기를 조장했다. 유신시대가 남긴 또 다른 유산은 물신숭배, 황금만능주의였다.

청와대 개입설과 '건설 마피아'

강남 투기에 당시 청와대 비자금이 직접 투입되었다는 주장도 제기되고 있다. 1970년대 초 서울시 도시계획국장을 지낸 손정목 교수(시립대)는 자신의 저서(『서울 도시계획 이야기』, 한울, 2004)를 통하여 충격적인 사실을 폭로하고 있는데, 그의 글에 따르면 강남 개발이 본격화되기 전인 1969년 당시의 서울시 도시계획국장이 청와대 비서실로 불려가서 당시 비서실장인 박종규로부터 은밀하게 강남 땅을 매입하라는 지시를 받았으며, 총 23만 평의 땅을 매입해 그 시세 차익으로 20억 원의 자금을 조성했고 그것은 1971년 박정희 대선 자금으로 유용되었을 것이라는 추측까지 포함하고 있다. 책에서 토지 거래의 구체적인 내역까지 밝혀놓았던 손 교수는 방송 인터뷰는 끝내 거절했다. 또한 저서에서 실명으로 거론된 관련자는 이미 사망하였거나 인터뷰를 거절하여 그 사실 여부에 대한 확인은 불가능했다. 그렇지만 손 교수는 방송 인터뷰를 거절하면서도 자신이 밝힌 사실에 법적인 책임까지도 질 용의가 있음을 밝히며 확신을 보였고, 인터뷰를 거절했던 당사자들은 방송이 나간 이후 방송 내용이나 인용했던 저서의 내용에 대한 어떤 반박이나 항의도 하지 않았다. 대선 자금 활용설이나 당시 대통령의 직접 개입 여부 등은 증거 제시가 어려운 추론에 해당되지만 적어도 개발 정보 접근에 용의한 고위층이나 정책 관련 관료들의 투기 개입 가능성은 많은 사람들의 증언을 통해 확인할 수 있었다.

이후 건설과 관련된 정보를 주고받던 관료와 건설 재벌, 언론과 전문가 집단은 공동의 이해관계로 뭉쳐 한국 부동산 투기의 견인차가 된다. 1970년대 동아일보 기자였던 이부영 전 의원은, 재벌들은 물론 언론인들도 강남으로 땅을 사러 다니는 게 유행이었다고 회고한다. 언론사 고위층 부인이 신문사 취재 차량을 타고 강남을 한 바퀴 돌면 강남 땅값이 춤을 추고, 언론사 사주들은 기자들을 부동산 업자들과 접촉시키며 더 많은 정보를 얻기 위해 노력했던 시절이었다. 또 언론 보도를 통해 더 많은 수요를 끌어 모으고 싶어 했던 건설업체와 부동산 업자들은 광고 수익으로 운영하는 신문과 좀 더 밀접한 관계를 맺기 원했고, 그 결과 각종 분양 광고와 부동산 관련 기사를 주고받는 거래 관계가 성립되었다. 경실련 등 시민단체들은 현재까지도 강고하게 유지되는 이러한 유착 관계를 일컬어 '건설 마피아'라고 한다.

투기 본격화의 신호탄, 현대아파트 사건

이러한 투기 집단의 실체가 극명하게 드러났던 사건이 바로 압구정동 현대아파트 특혜 분양 사건이다. 강남 개발의 요지, 압구정동에 건설되며 대형 평수 위주의 최고급 아파트를 표방했던 현대아파트는 분양 전부터 세간의 인기를 모았다. 그런데 사전 특혜 분양 사실이 알려지면서 특권층의 부동산 비리를 수면 위로 떠오르게 하는 상징적인 건물이 되었다. 사원용으로 지어진 600여 세대의 분양권이 사회 유력 인사들에게 사전에 따로 분양되었다는 이 사건은 관련 혐의자만 900명에 이르렀고 1970년대 말 유신 정권의 최대 스캔들이 된다. 그러면 특혜 분양을 받은 사람들은 누구인가? 청와대 비서실, 경호실, 여야 국회의원, 행정부처 고위직, 은행 간부, 서울시 관료, 언론인, 법조인, 군 장성 등 당시 권력의 중심부가 거의 총망라된, 당시 건설사가 개발의 이익을 상납해야 하는 권력층이 어디에 포진되어 있는가를 선명하게 보여주는 사건이었다. 여론은 들끓었지만 역설적으로 강남의 지위를 확고하게 하고, 타오르기 시작하던 투기의 불씨에 기름을 붓는 격이 되었다. 강남은 일부 투기꾼들의 관심 지역에서 전 국민의 관심 집중 지역이 되었고, '도대체 현대아파트가 뭐기에' 하는 궁금증으로 현대아파트의 일반 분양 경쟁률은 폭증하는 양상을 보였다. 돈만 벌면 된다는 사회 분위기 속에서 특권층의 비리가 오히려 투기에 기름을 붓는 역할을 한 것이다. 이후 강남은 30년이 지난 현재까지 투기의 진원지이자 서민들은 진입할 수 없는 특별한 거주지로 자리 잡게 된다. 2006년 현재 강남 지역 아파트 가격은 평당 평균 3000만 원을 넘어서 같은 서울에서도 다른 지역과는 심각한 격차를 보이고, 교육·보건·금융 등 주거 환경 측면에서도 '서울 속의 또 다른 특별시' '신상류층의 성채 도시'가 되었다.

거품 위의 성채, 투기가 남긴 것

투기는 투기를 하지 않는 사람의 자리를 빼앗아 간다. 1970년대 초 서민을 위해 지어졌던 강남의 아파트들이 이제는 재건축 붐에 휩싸이면서 평당 5000~6000만 원을 호가하며 서민들에게는 접근할 수 없는 성곽이 되었다. 1970년대의 10년간 실질임금이 두 배

상승할 동안 전국의 땅값은 열다섯 배나 올랐고 강남은 200배가 올랐다. 월급만 받는 사람과 부동산을 가진 사람 사이에 그만큼의 격차가 생긴 것이다. 그리고 이 현실은 온 국민을 투기의 현장으로 달려나가게 하는 이유가 되었다. 지난 30년간 투기는 마약처럼 대중을 마비시키며 불로소득과 일확천금을 향한 질주를 정당화해 왔다. 또한 강남은 대중에게는 욕망의 대상으로, 그 지역민에게는 타 지역과는 차별되는 특수 지역으로서 신상류층의 방주가 되어왔다. 그러나 분양가 자율화와 강남 재건축 열풍 이후 아파트 값의 과도한 상승은 우리가 과연 단단한 땅 위에 서 있는지를 다시 생각해 보게 한다.

1990년대 초 일본에서 일어났던 거품 붕괴가 결코 남의 일이 아니다. 실질 가치의 증가 없이 풍선처럼 부풀려진 부동산 가격은 중산층을 지탱하고 있는 재산의 상당 부분이 언젠가는 살얼음판처럼 위태로워질 수도 있다는 경고를 암시하고 있다.

부동산은 물과 공기와도 같은 제한된 자연 자원의 일종으로 공공재에 속한다. 개발과 성장이라는 이름 아래 진행되어 온 강남의 도시 개발은 그 개발 방식의 속성상, 또 그 개발 주체의 속성상 필연적으로 투기라는 어두운 싹을 자라나게 했다. 그리고 30년 동안 진행된 투기의 역사는 대중의 도덕성을 마비시킨 채 이제 당당하게도 재테크라는 이름으로 둔갑했다. 하지만 투기는 인간의 주거권이라는 근본적인 권리를 박탈할 수도 있는 사회적 범죄행위라는 사실을 깨달아야 한다. 박정희식 성장주의 개발 독재의 폐해는 거대 경제 구조의 왜곡으로도 나타났지만, 동시에 대중의 가슴속에 자리 잡은 경제적 도덕성의 근간을 뒤틀리게 하는 결과를 낳은 것이다.

3 헤어나지 못한 굴레, 레드 콤플렉스

분단의 너울, 연좌제 • 정길화
아름다운 민족주의, 조용수 • 김환균
잊혀진 대학살, 보도연맹 • 이채훈
대한반공청년단의 비밀 • 김환균
김일성, 항일 무장투쟁은 진실인가 • 곽동국

분단의 너울, 연좌제

— 정길화

연좌제는 갑오개혁 때 폐지됐다?

역사적으로 연좌제는 갑오개혁 때 폐지된 것으로 되어 있다. 역적의 3대를 멸하던 이 무지막지한 연좌제는 1894년 6월 "범인 이외에 연좌시키는 법은 일절 시행하지 말라(罪人自己外緣坐之律一切勿施事)"고 한 일종의 사책임 개별화 원칙이 칙령으로 규정됨으로써 폐지되었다고 한다. 그러나 수백 년을 내려오던 인습이 칙령 하나로 쉽사리 사라졌을 것 같지는 않다. 일제시대에 일제가 독립운동과 사회주의를 척결하려는 과정에서 더욱 악화되었을 것이 분명하고, 해방 후 이데올로기가 격돌하는 동족상잔을 겪으면서 가장 나쁜 방식으로 '진화'했을 것이라고 짐작하기에 어렵지 않다. 지난 반세기 한반도에 미만(彌滿)한 유령이 된 연좌제. 많은 다른 요인이 있겠지만 이는 분단과 냉전의 업보가 아닐 수 없다.

반세기의 업보, 양민 학살 피해자 유족을 옭아맨 연좌제

분단, 그리고 전쟁. 반세기 전 이 땅을 피로 물들였던 6·25 전쟁은 우리 역사에 큰 상처를 남겼다. 특히 전쟁의 와중에 일어난 숱한 민간인 학살의 대부분은 아직도 그 진상이 밝혀지지 않았다. '보도연맹'이니, '통비 분자'니 혹은 '예비 검속'이니 하는 갖가지 명목으로 이 땅의 곳곳에서 일어났던 학살 사건들 중의 일부는 이승만 정권이 무너진 4·19 후에야 비로소 세상에 드러나게 되었다.

대구에서 만난 조각가 이광달은 피 끓는 심정으로 말했다. "6·25 때 '예비 검속'이 있었는데 군경이 아버님을 잡으러 왔다가 아버님을 찾지 못하니까 대신 우리 어머님을 강제로 차에 태워 갔습니다. 그 후로 다시는 어머님을 못 뵈었습니다. 한이 맺혔어요. 4·19가 나고 유족회 차를 타고 방방곡곡 다녔습니다. 아버님과 저하고 유족 회원분들하고 문경이니 가창리니 현장 조사를 많이 다녔습니다."

그의 아버지 이원식은 6·25 이후 10년이 지나 4·19 직후에야 비로소 아내의 유해를 수습하러 나설 수 있게 되었다. 이른바 유족회 활동에 나선 것이다. 그는 자기 대신 끌려가 죽은 아내의 유해라도 수습하고자 했지만 끝내 찾지 못했다. 그는 아내의 유골과 비슷한 형상을 볼 때마다 자책감으로 눈물을 흘렸다고 한다. 대규모 학살 현장에서 유해가 발견될 때 유가족들은 오열했고, 이것은 곧 분노로 바뀌었다.

이와 관련해 서중석 교수(성균관대)는 "4·19로 상당한 자유가 주어진 가운데 6·25 공간에서 희생당한 피학살자 유족회 활동이 전국적으로 일어났다. 그러나 이는 곧이어 발발한 5·16으로 좌절되었다. 극우 반공 세력은 4·19 직후의 그런 유족회 활동을 상당히 두려워했을 것이다. 그들은 '사회가 불안정하다. 용공 세력이 득세

한다'며 오히려 쿠데타의 명분으로 삼았다"고 분석했다. 5·16 후 반공 체제의 강화를 내세운 군사정권은 피살자 유가족들의 활동을 반국가 행위로 규정하고 이들을 혁명재판소에 회부한다. 대구 지역에서 유족회 활동을 주도했던 이원식은 사형선고를 받게 된다. 다행히 무기로 감형되었지만 오랜 옥중 생활을 해야 했다.

홀몸으로 엄혹한 세월을 보내야만 했던 이광달을 엄습한 것은 연좌제의 고통이었다. 유족들은 신원(伸寃)은커녕 새로운 제도적 폭압 앞에 놓인 것이다. "오랫동안 아버지 옥바라지를 하면서⋯⋯ 나 혼자 누구한테 얘기도 못 하고, 그야말로 절대 고독이 무엇인가를 느끼고 살았어요. 밤이 되면 새벽에 형사들이 찾아오는 구둣발 소리에 공포를 느끼고, 낮에는 이 악마 같은 빛이 싫어서 골방에 틀어박혀⋯⋯ 그런 인생을 살았습니다."

제주 4·3과 연좌제

잠들지 않는 섬 제주. 제주의 4·3사건은 1948년 5·10 단독 선거를 반대하는 무장대와 이들을 소탕하려는 토벌대 간의 충돌로 시작되었다. 이때 초토화 작전으로 제주도민의 70퍼센트가 희생되는 학살극이 벌어졌다. 대량 살육의 와중에 심지어 가족 대신 죽은 경우도 있었다. 이를 '대살(代殺)'이라고 한다. 토벌대가 집안의 장정을 찾았는데 그가 없으면 아버지나 어머니, 형 등 직계 가족이 대신 희생되었다는 말이다. 그때의 악몽은 아직도 이들을 괴롭힌다.

4·3 때 이른바 대살로 아내를 잃은 이형욱은 50년 동안, 죽은 아내를 생각하며 혼자 살고 있었다. "내가 산에 갔다고 그러니까 아내를 대살해 버린 거 아닙니까? 그 심정이야 말로 못 하죠. 말로 다 할

수가 없습니다." 대살은 연좌제의 극단적인 형태다. 말하자면 당사자가 산속으로 도망갔거나 나쁜 짓을 저질렀는데 그 사람을 찾을 수 없다고 그 부인이나 자식, 심지어 부모를 죽이거나 처벌하는 경우다.

6·25는 제주에 또 한 번의 학살을 몰고 왔다. 전쟁이 발발하자 경찰은 제주도민 800여 명을 이른바 예비 검속으로 처형했는데, 이도영 박사(『죽음의 예비 검속』 저자)의 아버지도 희생자 중 한 사람이었다. 당시 면사무소에서 일하고 있던 그의 아버지는 4·3의 와중에서는 용케 살아남았다. 하지만 1950년 8월 경찰의 대대적인 예비 검속으로 다시 체포되었다. 그리고 250여 명의 다른 사람들과 함께 경찰에게 모두 총살되었고, 서귀포 부근 섯알오름에 버려졌다. 피학살자의 유가족에게는 사상 불순자라는 낙인이 따라다녔다. 바로 이도영의 경우다. 대학을 졸업하고 교사 발령을 받기 위해서 신원 조회를 하고 나서 발령이 안 났다고 한다. 몇 달 후에야 발령을 내면서 장학관이 "당신 아버지 사건을 아느냐?"고 물었

제주 4·3사태 당시 심문을 받기 위해 대기 중인 수용자들

다고 한다. 그때부터 그는 자신이 연좌제 해당자라는 것을 알게 되었다. 군대에서는 더 심했다고 한다. 그는 성장하면서 연좌제로 인한 갖가지 불이익으로 여러 번의 좌절을 겪어야만 했다. 마침내 그는 자료 수집과 연구를 통해 왜곡되고 묻혀버린 역사의 진실을 밝혀내는 작업에 나섰다. 미국 국가기록청(NARA)까지 가서 자료를 찾고 비밀문서를 뒤졌다. 아버지 사망의 진상을 알기 위해 김종필 전 총리(6·25 당시 국방부 정보과 근무)를 직접 찾아가 대거리를 한 일화로도 유명하다. 그의 말이다. "우리 아버지가 만일 공산주의자, 사회주의자였다 하더라도 내가 그 사상을 전수받을 수 있겠어요? 근데 왜 내가 성장한 후까지도 취직이라든지 군 생활이라든지 해외 유학이라든지 이런 것에서 나까지 연좌제로 묶어서 꼼짝 못하게 합니까? 이는 국민의 기본권을 박탈한 것입니다."

학살이 있은 지 6년 뒤, 유족들이 방치돼 있던 유골을 수습해 '백조일손(百祖一孫)의 묘'(유골의 신원을 알 수 없어 조상은 백인데 후손은 하나라는 뜻으로)라는 묘비명을 세웠다. 하지만 유족회를 만들고 위령비를 세우면서 그들은 당국의 감시 대상이 되었다. 5·16 후에 비석을 없애라는 상부 지시 때문에 유족들은 상당한 압력을 받았다. 비석은 여러 차례 수난을 당했고 나중에야 겨우 복원되었다. 서슬 퍼런 총칼 앞에서, 깨진 비석처럼 무참히 조각났던 유족들의 삶. 죽은 사람도 산 사람도 과거에 대해 입을 다물어야 했다.

예비 검속 피학살자 유가족들은 4·19 이후 관계 당국에 탄원서를 내는 등 적극적인 유족회 활동을 했다. 그러나 이들의 활동은 철저히 통제됐다. 이들은 경찰의 내사 대상(백조일손회 동향 내사 지시 문서 확인)이었으며 연좌제는 유족의 활동을 억압하는 수단이었다. 최근에 공개된 한 자료(당시 형살자刑殺者 명부 등)는 4·3 당

방치돼 있던 유골을 수습해 만든 백조일손의 묘

시 경찰에 의해 피학살자 명단이 작성됐으며 여기에는 사망자는 물론 어린아이들의 인적 사항까지 실려 있다.

유족들은 이렇게 한번 만들어진 명부들이 이후 두고두고 연좌제의 근거 자료로 활용되었을 것으로 보고 있다. 당시 '경찰서 예검자 수사부'를 보면 경찰에서 주민들에 대해 자의적으로 등급 판정을 내리고 이에 따라 집행했음을 알 수 있다(사상에 따라 A·B·C·D, 4등급으로 분류. A는 사상이 애매모호한 자, D는 극히 위험한 인물…… C·D는 암매장 또는 수장 처리……. 이상은 1950년 8월 4일 당시 제주도 내 각 경찰서에 예비 검속된 840명에 대한 분류 기준).

문제는 이런 것들이 지금도 어딘가에 남아 유족들을 옥죄고 있다는 것이 피해자들의 주장이다. 이도영은 "그게 경찰 문서니까 지금도 반드시 어딘가에 남아 있을 것입니다. 예를 들어 내가 1970년대에 외국 유학을 가려고 할 때 신원 조회 때문에 알아보니까 당시 치안본부의 제2인자가 직접 전화로 제주도 경찰국을 부르더라고

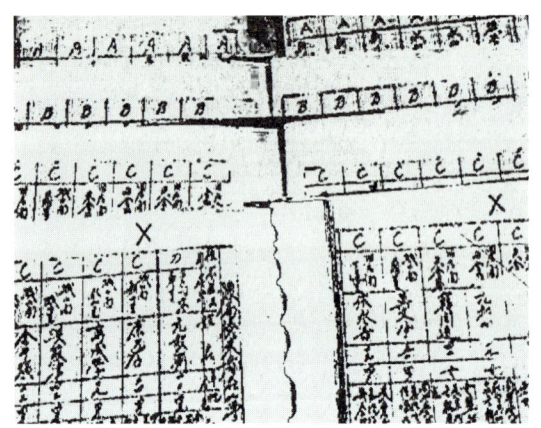

경찰이 자의적으로
주민들을 등급 판정해
분류한 표

요. '그때 기록에 뭐라고 되어 있냐?'고 하니까 '아버지가 사상 불온으로 시국에 처형되었음' 이렇게 되어 있다고, 거기서 불러줘요. 지금 그게 다 어디로 갔겠습니까? 땅속에 파묻었겠습니까? 공중으로 날려 보냈겠습니까? 분명히 어딘가에 남아 있습니다"라고 말했다. 피해의식이라고만 치부할 수 없는 근거 있는 불신과 울분이다.

한편 '제주4·3 도민연대'가 실시한 연좌제 관련 설문 조사에서 유족들의 피해 실태를 확인할 수 있었다. 제주4·3 유족회 100명을 대상으로 실시한 이번 설문 조사 결과, 이들은 연좌제로 인해 유형무형의 고통을 받아온 것으로 드러났다. 4·3 유족들의 약 86퍼센트가 연좌제의 피해를 보았다고 응답했다. 그리고 그 피해는 신원조회로 인한 신원 특이자 분류가 60퍼센트로 가장 많은 비율을 차지했고, 그 다음으로 일상생활에서의 감시와 각종 임용 및 입학시험에서의 불이익 등의 순으로 나타났다. 유족들은 "4·3 때 부모형제와 재산을 잃고 교육도 못 받은 것도 서러운데, 연좌제로 자식까지 이렇게 피해를 본다는 것은 너무하지 않은가, 50년 동안 민주주의를 지향한다는 나라에서 이렇게 하는 것은 너무 비인간적이고, 민족적인 측면에서도 심한 차별 아닌가"라고 탄식한다는 것이 '제주 4·3 도민연대' 관계자의 말이었다.

월북자 가족과 연좌제

2000년 8월 15일. 6·15 선언 이후의 첫 남북 이산가족 상봉을 위한 북한 국적의 민항기가 사상 처음 김포공항에 착륙했다. 그리고 서울을 찾은 북측 방문단이 박수 속에 상봉장에 입장했다. 50년 만의 만남이었다. 당시 북측 방문단의 대부분은 6·25 당시 월북했거나 의용군으로 끌려간 사람들이었다. 남쪽에 남은 가족들은 지금까지 그들을 소리 내어 불러보지 못했다. 바로 월북자 가족이라는 낙인 때문이다. 이들도 연좌제로 고통받은 사람들이다.

2000년 이산가족 상봉에서 언론에 가장 화제가 되었던 한 사람이 북한의 계관시인 오영재다. 계관시인이라는 그의 이력도 이력이지만 동생이 남한에서 육사를 나와 대학교수를 하고 있어 더욱 눈길을 끌었다. 형이 월북을 했지만 자신이 사관학교에 진학하려 할 때 형의 생사는 몰랐다는 동생 오형재는 육사에 입학원서를 낼 때 형의 이름을 뺐다고 한다. 안 그러면 사관학교에 지망하나마나 떨어질 게 분명했기 때문이다. 그래서 요행히 사관학교에 입교를 했는데 1966년 12월에 형이 살아 있다는 것을 정보기관에서 알아냈다고 한다. 그때부터 그의 군대 경력은 새로운 국면을 맞았고, 결국 그는 당국의 종용으로 예편했다.

2000년 당시 이산가족 상봉을 통해 처음 알려진 방송인 이지연의 오빠 이래성. 1983년 이산가족 상봉 때 진행을 맡았던 이지연도 그때 비로소 오빠의 존재를 세상에 드러냈다. "숨기고 싶었어요, 이 얘기를……. 50퍼센트 정도는 오빠가 돌아가셨겠거니 믿고 싶었어요. 저희가 그런 가족이라는 거 지금은 연좌제가 폐지되어서 잠잠한데 긁어 부스럼으로 굳이 드러낼 필요가 없다고 생각했어요." 6·25 중에 행방불명되었던 오빠의 존재로 인해 이지연은 끊임없는 감시 속에서 살아야 했다. "아주 어릴 적에, 특무대라고 기억나는데 그런 사람들이 집에 상주하다시피 했고, 부모님이 자주 불려 다니셨어요. 그런 기간 동안에는 집에 오는 전화가 혼선된다거나 끊기거나 해서, 우리가 늘 감시를 당하고 있구나 하는 강박관념에 어디 가서 내놓고 이야기도 하지 못했어요."

물론 연좌제는 남한만의 것이 아니다. 북한 역시 6·25 이후 월남자나 납북자, 국군 포로들과 그 가족들에 대한 가혹한 연좌제를 실시했을 것으로 보인다. 이는 지난날 처절한 남북 대결 시대를 극명히 반영하는 것이다. 하지만 대한민국은 그 구도에서 벗어나 참다운 인권과 민주주의를 실현했어야 하며 그것은 나라의 정체성을 세

2000년 8월 15일 남북이산가족 상봉

우는 일이었다. 이제는 상투적인 말이 되었지만 진정한 안보는 자유민주주의에서 오는 것이기 때문이다. 어쩌면 연좌제의 극복 여부가 두 체제의 정당성과 우월성에 대한 바로미터가 될지도 모른다.

연좌제는 왜 만들어졌는가

지난 시절, 가족 중에 월북자가 있거나 전쟁 중에 사상불온 등으로 처형된 사람이 있다는 이유만으로, 남은 가족들은 숨죽이며 살아야 했다. 분단과 전쟁을 거친 남북한의 대립은 반세기 동안 갈수록 격화되었다. 남북 대립 속에 연좌제에 연루된 대상자들은 체제의 잠재적 위험인물로 간주됐다. 국가는 이들을 법적 근거도 없이 보안 사찰과 신원 조회를 통해 감시했다. 이들은 분단 체제의 속죄양이었던 것이다. 남북이 적대하며 국민을 동원하는 상황에서 사상과 성분이 의심스런 이들은 군사적 유사시엔 예방적으로 미리 처분해야 하는 '부역' 혐의의 대상이었을 것이다. 국가 독점 전시 병영 체제의 비극이다.

사실상의 전쟁인 냉전이 진행 중인 상황에서 체제에 연좌제 효용은 무엇이었을까? 말할 필요도 없이 연좌의 형벌을 통해서 잠재적인 반대 세력을 제압하거나 제거함으로써 후환을 없애는 것이었다. "앞으로 있을 반대 세력을 사전에 봉쇄하고 제거해 버린다는 점에서 체제의 안전성을 기할 수 있는 굉장히 유효한 방책이 되었을 것이다." 김영범 교수(대구대)의 진단이다. 국가라는 이름으로 가해지는 참혹한 따돌림이라고나 할까? 게다가 억압과 폭력으로 체제에 도전하는 세력에게 위협을 가하는 소득도 있었을 것이다. 또한 이는 용공 연루자뿐 아니라 민주화운동을 하는 반정부 인사들에게도 효과적으로 적용되었을 것이다.

"나는 거의 정보 요원하고 같이 밥을 먹고 살다시피 했다. 국내에 무슨 좋지 않은 일이 생기면 정보부에 들어가서 협박을 당한다든가, '어디 간 적 있느냐, 지금까지 생활해 오면서 지나온 것을 다 생각나는 대로 기록을 해봐라' 이런 식이었다."(이광달, 조각가)

"가정교사를 하고 있는데 내가 학교에 간 사이에 경찰이 와서 주인한테 내가 이상한 짓 하지 않던가 하고 물으면 어떤 집주인이건 간에 나를 경계할 수밖에 없다. 경찰이 와서 동태를 파악하는 종류의 인간이니까. 그러면 그 집에 더 이상 있지 못한다. 나중에 직장을 가졌을 때에도 상사나 사주한테 가서 내게 이상한 점이 없느냐고 묻고……. 차라리 정확하게 자기들 목적을 밝히고 하면 덜할 텐데 막연하게 그러면 주변의 경계를 사는 원인이 된다."(이문열, 작가)

"한국전쟁 전후의 부역자들만이 아니었다. 1970~1980년대 학생운동 세대들 역시 연좌제에서 자유롭지 못했다. 우리는 연좌제의 부당함을 잘 알면서도 연좌제에 너무나 길들어져 있다. 학교에서 군대에서 단체 기합을 받을 때 우리는 당장의 고통 때문에 연대책임의 부당함에 저항하지 못한다. 대신 우리를 이 고통에 몰아넣은 원인 제공자를, 단체 기합을 주는 교사나 교관, 고참이 아니라 우리 중의 한 사람으로 지목하여 그를 미워하게 된다."(『한홍구의 역사 이야기 대한민국사』 중에서)

공안 당국에 의한 사찰과 감시는 여러 가지 방법으로 은밀히 진행되었다. 이를 담당하는 조직은 주요 인물에 대해 요시찰 카드를 작성하고 사찰 대상자에 대한 보고서를 작성했다. 요시찰 인물에 대해 일일이 빼곡히 기록한 당시 동향 보고서를 보면 감시와 사찰이 얼마나 철저하게 이루어졌는지 알 수 있다. 감시는 경중에 따라서 급수가 있었는데, A급은 철저한 사찰 대상, 다음은 B급, 그 다음은 C급…… 이런 식으로 이루어졌다고 한다(서울시 경찰국 사찰과의 사찰 요람, 요시찰 카드 등). 그리고 수시, 정기, 공개, 비공개 사찰을 했다고 하는데 아주 심각한 대상은 직접 주기적으로 찾아가서 "당신 뭐 했느냐, 여행 가서 뭐 했느냐" 식의 말하자면 신문(訊問)을 했다고 한다. 이에 대해 김영범 교수는 "연좌제는 법적 근거가 일절 없다. 일종의 경찰, 보안 기구 같은 데서 계속해서 내려오는 지침에 의해서 운영되었고 관련 문서들은 철저하게 은폐되었다. 전혀 공개되지 않고 그냥 그 계통 안에서 비밀문서로 전수되었다. 본적지로 신원 조회가 오면 그걸 가지고 '신원 특이자'라고 하는 것을 가려낸다. 그렇게 되면 회보로 통보가 되어 그 다음부터 공직 취업 등에서 철저하게 가려져 여러 가지 불이익을 당했다"고 한다. 급기야 당국에서도 '본의 아니게 자기도 모르게 휩쓸리고 불이익을 당한 사람이 많다'는 것을 인정하고 5공화국에 들어 "이런저런 이유로 신원 기록을 일제 정리함으로써 연좌제를 폐지했다"고 한다(허화평의 증언).

연좌제 폐지, 과연 이루어졌는가

비민주적이고 반인권적인 연좌제에 대해 비난이 거세지자 5공 정부는 연좌제 폐지를 공식적으로 발표하였고(1980년 8월 1일) 이를 헌법에 명문화했다(5공화국 헌법 12조 3항 "모든 국민은 자기의 행위가 아닌 친족의 행위로 인하여 불이익을 받지 아니한다"). 이문열의 말이다. "연좌제 폐지가 되고 나서 그해 8월 하순에 정부에서 문인 해외 연수라 해서 문인들을 외국 여행 보내줬습니다. 제가 거기 들어가 해외 연수를 떠나게 되었습니다. 난생처음 물 건너 나가

보는 거였죠. 그때 출국하기 전에 우리 형제자매들이 모두 모여서, 우리도 외국에 나갈 수 있구나 하고 감격의 눈물을 흘렸던 적이 있습니다."

연좌제의 족쇄는 일시적으로 풀리는 듯했다. 그러나 오랜 세월 쌓였던 기록과 관행이 하루아침에 사라지기는 어려웠다. 신원 조회와 개인 사찰과 관련된 기록들은 여전히 연좌제 근거로 사용되고 있었다. 일선 행정 관서에서는 개인에 대한 기록을 중심으로 신원 조회가 계속되고 있었고 이 와중에 연좌제 대상자들의 불이익은 알게 모르게 계속되었다.

허화평은 "법을 만들었다 해서 바로 다 되는 것이 아니다. 수백 년 해오던 건데 하루아침에 없어지겠는가. 분단은 계속되고 간첩은 계속 잡히는 상태에서 여전히 걱정스러운 부분이었을 텐데 그런 부분을 하루아침에 탈피하기란 어려웠을 것이다"라고 말했다. 5공의 연좌제 폐지 선언이 사실상 한건주의에다 구두선에 불과했음을 인정한 셈이다.

이도영에 따르면 자신이 기억하기로 박정희 정권 때에도 연좌제를 폐지한다는 담화문이 나왔다고 한다. 한홍구 교수에 따르면, 좌익 전력을 가진 박정희는 1963년 대통령 선거에서 연좌제 폐지를 공약으로 내걸었고, 1966년 5월 엄민영 내무장관은 연좌제는 이미 폐지되었다고 언명했다. 그리고 대통령 선거를 앞둔 1967년 1월 중앙정보부는 당시 여당인 공화당의 건의를 받아들여 사상 관계 연좌제 관련자 24만 명 중 5만 명을 1차로 해제하며 앞으로 연차적으로 연좌제를 폐지하겠다고 발표했다고 한다.

흥미롭게도 권위주의 정권이 잊을 만하면(?) 연좌제 폐지를 들먹였다니 어떻든 그들도 연좌제의 폐해를 알고 있었고 폐지를 거론하는 것이 정권의 인기에 도움이 된다는 것도 알았음직하다. 그럼에도 연좌제는 모질고도 모질게 살아남았다. 이와 관련해 이장희 교수(외대)는 "정권의 정통성에 대한 국민들의 시비가 있었기 때문에 그런 부분을 만회하고 좀 더 과시할 수 있는 용도로 내세웠지 실질적으로 뒤로는 이것을 통해서 국민을 감시하고 분단 이데올로기를 사실상 계속 적용해 온 게 아니냐"고 비판의 날을 세웠다.

1984년 5공 정권의 이진희 문공부 장관은 다시 한 번 이른바 신원 조회 기록을 전부 삭제한다고 발표했다. 이는 그때까지 여전히 연좌제가 사라지지 않았음을 역설적으로 보여주는 것이었다. 그리고 여기서 끝나지 않았다. 1987년 노태우 정권에서도 연좌제 폐지는 또 나왔다. 1987년 6공 헌법에서도 역시 13조 3항에서 연좌제 폐지를 명문화해서 선포했는데 이는 역시 이전 5공 정부에서 실제로는 계속해서 연좌제가 적용되어 왔다는 것을 자인한 셈이다.

연좌제는 살아 있다

1990년 보안사 윤석양 이병에 의해 폭로된 보안사의 민간인 사찰, 이는 개인에 대한 감시와 사찰이 여러 경로로 계속해서 이루어지고 있음을 보여주는 사례(색인표, 카드 파일 등)였다. 당시 공개된 사찰 카드에는 개인의 신원 정보는 물론 가족 관계까지 상세하게 적혀 있었다. 군사정권이나 권위주의 정권에는 그렇다 치고 그 이후에는 어떤가? 지난 1998년 참여연대에 의해 폭로된 경찰의 민간인 사찰을 보면, 인물 카드의 존재나 사찰의 불법성도 문제지만 여전히 가족이나 주변 인물에 대한 감시와 기록이 이루어지고 있음을 보여주었다.

이렇듯 연좌제는 얼마 전까지도 사찰과 감시를 통해 계속해서 살아남아 있었다. 1998년 교사 임용에서 제외되었던 차정원의 사례가 대표적이다. 그녀는 복역 중인 남편으로 인해 연좌제가 여전히 살아 있는 망령임을 겪어야만 했다. "나만 발령이 안 났어요. 다른 순번들은 다 되었는데. 그래서 어떻게 되었나 하고 교육청에 가봤죠. 교육청 안에 보안심사위원회가 있더군요. 교사가 될 사람에 대해선 신원 조회를 다 하는 거죠, 경찰에서. 거기서 제가 신원 특이자로 나왔다고……."

당시 경기도 교육청은 차정원에 대한 신원 조사에서 남편의 국가보안법 관련 복역 사실이 드러나 임용에서 제외했다고 밝혔다. 그녀의 남편은 1992년 남로당 사건으로 국가보안법을 위반해 징역 12년을 선고받았다. 차정원의 말이다. "이게 나한테 주어진 인생인가 하고 받아들이려고 많이 노력했어요. 근데 임용이 안 되니까 정말 분하고 원통하고 그게 막 분노로 바뀌더라고요. 어떻게 사람을 이렇게 짓밟을 수 있나, 남편까지 감옥에 가고 없는 사람인데 내가 살아보겠다고 애를 쓰는데 사람을 이런 식으로 짓밟나 하는 느낌이 들었어요."

경찰에서 보내온 신원 조회 보고서에는 다른 특이한 사항은 없고 오로지 남편의 전과 기록만 적혀 있었다고 한다. 그리고 교육청에서는 이에 대해 "부부는 일심동체고 감옥에 들어간 남편과 끊임없이 연락을 하는 것으로 미루어 보아 국가관에도 문제가 있다고 판단했다"는 것이다. "'이런 사람을 임용했을 때 지역 주민한테서 항의도 있을 수 있고 국가관도 의심되므로 학생을 맡길 수 없다.' 그게 이유였어요. 제게 사유서가 왔는데 거기에 '이혼하지 않았다' 이렇게 씌어 있어서, 그러면 이혼을 해야 하는 건가 하는 한심한 생각도 들고 그랬어요."

차정원은 이후 교육청에 탄원서를 내고 서울고법에 위헌심판제청 신청을 내 그 부당함을 주장했다. 마침내 신청이 받아들여져 차씨는 소망하던 초등학교 교사의 꿈을 이루었다. 이 가족에 덧씌워졌던 연좌제의 망령이 또다시 우리 사회에 엄습하는 일은 더 이상 없을 것인가?

소수의 문제가 아닌 대한민국 전체의 문제

분단과 전쟁을 거치면서 남북한은 서로에 대해 두터운 벽을 쌓았다. '빨갱이' 아니면 '반동'의 가족이라는 이유로 처형되거나 학살되었다. '적화통일'과 '북진통일', '통일전선'과 '흡수통일'이 대립하는 동안 한국의 역대 정권들은 반공 체제를 더욱 공고히 했다. 그 그늘 아래서 월북자를 포함한 부역자, 양민 학살 피해자 후손들은 숨죽이며 살아가야만 했다. 어느 사이엔가 우리 내면 의식 깊숙이 뿌리내린 냉전 의식과 연좌제는 이 땅의 사람들을 마음의 감옥에 가두고 그들에게 자학을 강요하면서 권력에 대한 순치와 굴종, 열외자(列外者)들에 대한 배제와 압박을 안겨주었다. 연좌제의 피해자들은 오랜 세월 고통을 겪으면서도 어디 가서 하소연조차 할 수 없었다. 반세기 동안 연좌제는 그들을 자포자기와 울분으로 몰아넣었고 커다란 피해 의식을 갖게 했다.

"직접 가담하지 않았다고 하더라도 이 사회에 대해서 저항하거나 삐딱하게 하는 사람에 대해서는 모두 호적에 빨간 줄이 간다는 공포가 짓누르고 있는 거죠. 그게 우리나라 사람들로 하여금 권력에 대한 복종, 그 다음에 자기의 주장을 내세우지 못하게 하는, 말하자면 사회를 짓누르고 있는 압박이죠. 그래서 연좌제 문제는 소수의 피해자들의 문제로 그치는 게 아니라 대한민국 전체의 문제예요." 김동춘 교수(성공회대)의 말이다.

국어사전에 따르면 '멍에'는 '어떤 처지나 형편에서 쉽게 벗어나지 못하도록 얽어매거나 억누르는 것을 비유하여 이르는 말'이라고 되어 있다. 한편 '너울'은 '지난날 여자가 나들이할 때 얼굴을 가리기 위하여 머리에서 길게 내려 쓰던 가리개'로 정의된다. 연좌제가 우리의 멍에인지 혹은 너울인지는 표현상의 문제라고 볼 수도 있겠다. 그러나 멍에라고 하면 영영 여기서 벗어나지 못할 것만 같은 불길한 생각이 들어 필자는 제목을 '분단의 너울, 연좌제'로 정했다. 연좌제는 마치 우리 눈앞에 씌워진, 마음만 먹으면 벗어젖힐 수 있는 우상이자 허상으로 보고 싶었던 것이다. 그런데 공교롭게도 너울의 또 다른 뜻은 '바다의 크고 사나운 물결'이라고 한다. 우리가 우리 사회의 성숙함으로써 연좌제의 업보를 극복하지 못할 때 이 괴물은 분단 체제를 살아가는 우리에게 다시 휘몰아치는 크고 사나운 물결이 될 가능성은 여전히 남아 있다.

이제 이 땅에서 연좌제는 사라진 것인가? 과연 우리는 연좌제를 필요로 하는 시대를 마감했는가? 그리고 역사가 정녕 거꾸로 돌아갈 일은 다시는 없을 것인가? 이것은 우리 시대의 매우 의미 있는 과제가 될 것이다. 하지만 2006년 한명숙 총리의 청문회에서도 어김없이 남편의 국가보안법 위반 전력이 거론되며 소위 사상 검증 시비가 이는 걸 보니 우리 뇌리에서 연좌제의 너울은 아직 벗겨지지 않은 모양이다.

아름다운 민족주의,
조용수

― 김환균

사형 집행

1961년 12월 21일, 날이 흐렸다. 간간이 눈발이 날렸고, 흩어진 구름 사이로 해가 잠깐 비치는가 하면 어느새 매운 북서풍이 목덜미를 파고들었다. 영하 2도, 겨울치고 그리 낮은 기온은 아니었지만 바람 탓에 체감 온도는 영하 10도는 족히 됨직했다.

그날의 경향신문 보도에 따르면, 박정희 최고회의 의장은 오전 혁명재판에서 사형이 확정된 다섯 명의 '사형 판결을 확인'했다. 이 '사형 판결 확인'이라는 이상한 표현은 사형 집행 명령을 내렸다는 뜻일 것이다.

취재진이 입수한 자료에 따르면 그날 하루의 일이 어떻게 진행되었는지 짐작해 볼 수 있다. 기안 부처가 표기되어 있지 않은, 그러나 법무부에서 기안한 것이 분명한 문서 번호 '12-452'의 기안 문서는 '사형 집행 명령'을 내려달라는 소청이 담겨 있다. 당시 정부 기관의 주요 문서가 타자와 수기로 작성되었던 것에 반해 흘려 쓴 글씨로 급히 작성된 이 기안 문서는 담당 국장, 김영천(金永千) 법무부 차관을 거쳐, 법무부 장관에게 상신되었다. 고원증(高元增) 장관이 최종 결재한 것은 12시 정각. 그의 서명은 호쾌해서 다음 칸까지 차지했다.

"단기 4294년 12월 2일 혁명검 제 298, 299, 300, 301, 302호로 혁명검찰부 검찰부장이 구신한 상기 사형수는 판결대로 사형 집행을 명령함. 단기 4294년 12월 21일, 법무부장관."

사형수는 모두 다섯 명이었다. 부정선거 관련자 처벌법 위반 곽영주(郭永周), 최인규(崔仁圭), 특수범죄처벌에 관한 특별법 제7조 위반 임화수(林和秀), 같은 법률 제6조 위반 최백근(崔百根), 그리고 조용수(趙鏞壽). 일은 일사천리로 진행되었다. 장관이 결재한 지 불과 두 시간 만인 오후 2시부터 사형이 집행되었다. 곽영주, 최인규, 최백근, 임화수, 조용수의 순이었다.

당시 혁신계에 몸담았다는 이유로 용공분자로 몰려 서대문형무소에 수감되어 있던 허영무는 그날을 또렷이 기억하고 있었다. "간부들이 밖을 내다보지 말라고 했지만 그래도 감방의 창을 통해 뒷모습을 바라보았죠. 마지막 길을 가는 동지의 뒷모습을 잊을 수가 없어요."

다섯 명 중 가장 젊은 서른 두 살의 조용수, 억울한 죽음

사형 직전의 조용수

을 끝내 받아들일 수 없어서 모질게 버틴 것인지, 가장 긴 18분이 걸렸다. 일설에 의하면 죽은 줄 알고 줄을 풀었으나 아직 숨이 끊어지지 않아 다시 매달았다고도 한다.

조용수의 시신은 이튿날에야 시구문을 통해서 동생 조용준에게 인계되었다. 연로해 병중이던 아버지에게는 알리지 않은 채였다. 조용준은 날씨 때문인지 두려움 때문인지 몸을 덜덜 떨면서 형의 시신을 건네받았다. "그 며칠 전에 형님을 면회했는데 차분했어요. 그 전에는 간혹 초조하고 불안한 기색도 보였는데 그날은 평정심을 되찾은 것 같더라고요. 오히려 아버님을 걱정했지요. 형님의 차분한 표정을 보고 저는 '아, 사형은 안 당하겠구나' 했지요. 지금 생각하면 아마도 죽음을 이미 받아들이기로 하셨던 것 같아요."

서른두 살의 젊디젊은 나이에 형장의 이슬로 사라진 조용수. 그의 짧은 생은 어느 불길보다도 뜨겁고 찬란한 불꽃이었다. 그 불꽃은 그가 사장으로 재직했던 민족일보를 풀무 삼아 타올랐다.

민족일보, 가판 판매 1위의 신문

1960년 4월 이승만 대통령이 하야했다. 이 대통령의 하야는 억압의 시대, 특히 반공 이데올로기의 가장 강경한 표현인 '북진통일론'의 종언을 의미했다. 뒤를 이어 들어선 제2공화국 장면 정권은 오랫동안 억압되어 왔던 언론의 자유를 최대한 허용해 주었다. 누구든 자금이 있으면 자유롭게 신문을 만들 수 있었다. 새롭게 선을 보인 신문이 무려 380여 개나 되었다. 억눌렸던 통일 논의는 봇물 터지듯 쏟아져 나왔다. 통일론의 백화제방이었다. 민족일보도 그런 자유의 분위기 속에서 탄생한 신문이었다.

1961년 2월 13일에 창간된 민족일보는 다른 신문과는 구별되는 사시를 신문의 제호 왼쪽에 실었다. '민족의 진로 제시, 부정부패 고발, 근로 대중의 권익 옹호, 양단된 조국의 통일을 절규한다.' 지금까지 남아 있는 민족일보 논설 작성용 원고지에는 이렇게 기록되어 있다. "이 고지(稿紙)엔 계도성 높은 민족일보의 논설만을 쓴다."

젊은 조용수 사장은 창간을 앞둔 1961년 1월 19일 발표한 '민족일보 창간에 즈음하여'라는 글을 통해 민족일보의 성격을 "국토의 양단, 민족의 사상적 분열, 생활의 도탄, 사회악의 창궐을 광정(匡正)하려는 것"이라고 밝혔다. 또한 "전 민족의 비원인 통일 문제는 민족일보가 가장 열렬히 정력을 바치려는 대상이 될 것"이라며 "민족 간 유혈 전쟁을 고취하고 평화적 통일을 반대하는 자들에게 가장 준엄한 비판자가 될 것"이라고 공언했다.

이승만 시절, 자유주의와 공산주의는 양립할 수 없는 것으로 규정되었다. '민족'을 말하는 자들은 '공산주의라도 민족이라면 함께할 수 있다고 선동하는 위험한 자들'이었다. 그처럼 '민족'이라는 단어는 오랫동안 금지된, 적어도 불온한 냄새를 풍기는 말이었던 것이다. 그런데 민족일보 제호와 사시의 첫머리에 '민족'이라는 단어를 당당하게 쓴 것이다. 진보적 지식인들은 감격이나 흥분을 넘어 충격으로 받아들였다.

민족일보는 그 정신적 뿌리를 '독립정신'에서 찾았다. 창간호부터 1면에 실려 연재된 '광야의 소리'는 나이 든 독립운동가들을 찾아다니며 민족의 미래에 대해 이야기를 듣는 방담 기사였다.

당시 민족일보 기자들의 이야기에 따르면 조용수 사장은 평생을 조국의 독립운동에 바친 독립운동가들이 해방된 조국에서 불우한 노년을 보내는 것에 대해 몹시 안타까워했다. 담당 기자들이 그들을 찾아갈 때면 늘 쌀가마나 돈 봉투를 건네주곤 했다.

소외 계층은 언제나 소외당하게 마련이다. 4·19가 가져다준 자유의 공간에서조차 빈민들의 삶은 지긋지긋한 보릿고개에서 자유롭지 못했다. 그해 삼남 지방에 몰아닥친 가뭄은 농민들의 깊어가는 주름처럼 논밭을 쩍쩍 갈라놓았다. 민족일보는 특별취재반을 구성해 농촌의 비참한 생활상을 있는 그대로 전했다. 서울에서 정치인이나 기업가들을 주로 대하던 기자들에게는 농촌의 현실 자체가 충격이었다. 당시 특별취재반 기자였던 김자동은 "진주 근처의 한 농촌 마을을 갔는데, 끼니때가 되었는데도 마을의 어느 집 하나 연기가 피어오르지 않았다"고 한다.

민족일보의 소외 계층에 대한 관심과 진보적 논조는 사람들의 폭발적인 관심을 불러일으켰다. 나름대로 지식인이라고 자처하는 사람들은 모두 민족일보를 읽었다. 뿐만 아니라 빈민 계층에서도 정기 구독자가 생겼다. 이례적인 일이었다.

민족일보는 창간 한 달 만에 발행 부수 3만 5000부를 기록했다. 동아일보 등 당시 유력지들이 5만 부를 발행했던 것에 비하면 놀라운 일이었다. 뿐만 아니라 가두판매에서는 쟁쟁한 유력지들을 제치고 1위를 기록했다.

우익 학생이었던 조용수

조용수는 1930년 4월 24일 경상남도 진양군 대곡면에서 유복한 집안의 둘째아들로 태어났다. 집안의 작은아버지 조경규는 대구신보와 시사신보 사장을 지내고 2대, 3대, 4대 국회의원으로 자유당 원내총무를 두 번이나 지냈다. 외삼촌인 하만복도 과도정부 입법

의원, 반민특위 위원, 2대 국회의원을 지냈다.

집안의 내력으로 보아도 짐작할 수 있지만, 한편으로는 민족주의적이고 다른 한편으로는 우익적인 집안 분위기가 어린 조용수에게 영향을 미친 것으로 보인다. 조용수가 최초로 이념적인 문제에 부딪힌 것은 중학교 시절이었다. 진주중학교에 다닐 때, 우익 학생 간부로 활동하다가 좌익 학생들과 마찰을 빚었다. 그것이 대구 대륜중학교로 전학하게 된 이유였다. 이만섭 전 국회의장이 대륜중학교 동기이다. 그의 말이다. "조용수는 대륜중학 5, 6학년 때 같은 반이었어요. 중학교를 졸업하고 연희전문에도 같이 들어갔지요. 조용하고 내성적인 편이었습니다."

대학에 입학한 1950년, 6·25가 발발하자 조용수는 일본으로 건너가 메이지대학 정경학부에 편입했다. 대학 생활을 하면서 그는 재일거류민단의 기관지인 '민주신문'과 교포 신문인 '국제타임스' 논설위원으로 활동하면서 언론인의 길을 닦았다.

1956년 북한과 총련이 재일교포 북송 운동을 대대적으로 벌이자 조용수는 청년 단원들을 이끌고 적극적인 저지 운동을 벌였다. 북송 재일교포를 싣고 가는 열차를 막기 위해 철로를 베고 눕기까지 했다. 그가 청년들을 이끌고 북송선이 떠나는 항구에서 일경에게 격렬하게 항의하는 장면은 영화관에서 상영되었던 〈대한뉴스〉에까지 소개되었다.

혁신의 꿈

조용수에게 1959년은 이승만 정권에 대한 생각을 다시 하게 한 해이기도 하다. 진보당 당수 죽산(竹山) 조봉암이 간첩으로 몰려 사형선고를 받았던 것이다. 그는 조봉암의 구명 운동에 적극 나섰다. 이 무렵 그는 그의 운명을 바꿔놓을 한 사람을 만나게 된다. 조봉암의 비서를 지냈던 이영근(李榮根)이었다. 이영근은 당시 동포들을 상대로 주간 '통일조선신문'(후에 '통일일보')을 발행하며 반 이승만 운동과 함께 평화적 통일 운동을 활발하게 벌이고 있었다. 그의 평화통일론은 조용수로 하여금 조국의 분단 문제를 근본에서부터 돌이켜보게 했다. 열성적인 구명 운동에도 불구하고 이승만은 조봉암의 사형을 집행했고 민단에서는 조용수를 시골로 좌천시켰다. 그곳에서 접하는 조국의 소식은 암울하기만 했다. 이승만 정부의 말기적 증상은 더욱 심해갔고 평화적 통일은커녕 남쪽의 민주주의조차 고사해 가는 중이었다. 1960년 3월 15일에 치러진 선거는 공공연하고 노골적인 부정으로 얼룩졌다.

혹심한 겨울 추위는 봄의 시작이기도 하고, 절벽으로 가로막힌 막다른 길이 때로는 지름길이 되기도 한다. 부정 선거는 전 국민적 저항을 불러일으켰다. 마산 앞바다에서 발견된 김주열 학생의 참혹한 시신은 항거의 물결을 더욱 거세게 만들었다. 거대한 파도는 경무대까지 덮쳐 이승만 대통령은 마침내 하야한다.

'제2의 해방.' 사람들은 4월 혁명이 가져온 자유의 분위기를 이렇게 불렀다. 새 시대에 대한 열망 속에 진보당 사건으로 붕괴되었던 혁신계도 새로 조직을 정비하며 활동을 시작했다. 조용수도 국내로 돌아와 혁신 정당인 사회대중당 후보로 경북 청송에서 출마했다. 혁신계는 선거운동 기간 내내 돌풍을 일으켰지만 그 돌풍이 표를 몰아온 것은 아니었다. 30~40석은 충분하리라는 기대는 무참하게 깨졌다. 정치 신인 조용수도 낙선의 고배를 마셨다. 혁신계 당선자는 고작 일곱 명뿐이었다.

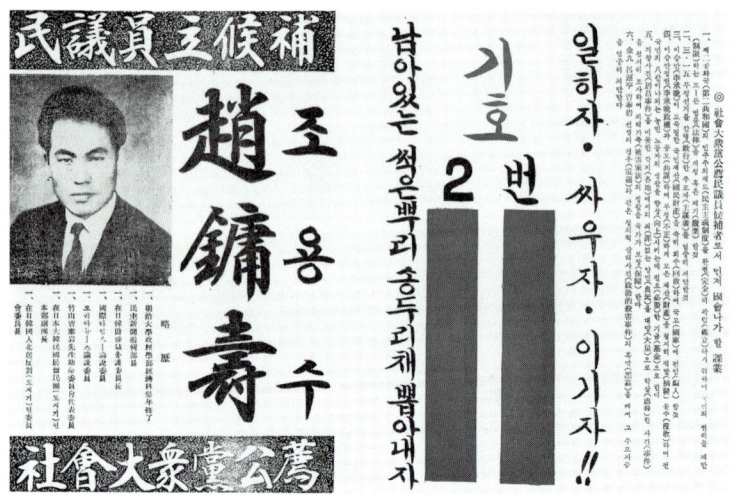
조용수의 민의원 출마 당시 팸플릿

잠시 일본으로 간 조용수는 패배의 가장 중요한 원인을 혁신계의 목소리가 일반 대중에게 제대로 전달되지 않았기 때문이라고 진단했다. 당시 혁신계는 선거 패배에 대한 인책론으로 분열될 조짐을 보이고 있었는데 혁신계 통합을 위해서도 구심점이 필요했다. 혁신계를 통합하고 혁신계를 대변하기 위해서 조용수가 구상한 것은 신문의 창간이었다. 이영근도 사람들을 소개하고 자금 조달에 힘을 써주는 등 여러모로 도움을 주었다.

다시 귀국한 조용수는 신문 창간을 위해 분주하게 움직였다. 그 무렵 조용수에게 조언한 사람 중 하나인 박진목의 말에 따르면 처음 논의되었던 제호는 '대중일보'였다고 한다. "사장을 누구로 할 것인가도 중요한 문제였지요. 처음에 조용수가 윤길중으로 하면 어떻겠냐고 묻더군요. 저는 윤길중은 안 된다고 했습니다. 사장은 특정 정파와 긴밀한 관계를 맺고 있으면 오히려 분열의 불씨가 될 수 있기 때문이었습니다. 사장은 정파와 무관한 인물이어야 한다는 게 제 생각이었지요."

결국 사장은 서른두 살의 젊은 조용수가 맡게 되었다. 조용수는 조동필, 이종률, 송지영, 이건호 등 당시 쟁쟁한 진보적 학자들로 필진을 꾸리고 1961년 2월 13일 '민족일보'를 창간했다. 자체 인쇄 시설이 없었던 민족일보는 정부 기관지인 '서울신문'에서 인쇄를 했다.

민족과 자주의 외침

민족일보의 창간은 이승만 이후 들어선 장면 정부의 언론 자유를 중시하는 정책 덕분이었다. 하지만 장면 정부의 인내는 오래 가지 않았다. 장면 정부에 대한 기대 또한 그랬다.

그 무렵 가장 커다란 현안은 '한미경제협정'이었다. 연간 국민소득 70달러에 불과한 나라, 국가의 예산을 편성하려 해도 재원이 없었다. 미국의 경제 지원과 원조가 불가피했다. 장면 정부는 미국과 경제협정을 맺었지만, 협정반대투쟁위원회가 결성되고 협정 철회 운동이 벌어졌다. 협정의 조항 중 원조의 대가로 미국이 원조 사업을 감시하고 감독할 수 있도록 한 것이 문제였다. 미국의 내정 간섭을 공식적으로 허용한 것은 주권 국가로서 치욕이며 굴욕이라는 것이었다. 연일 협정 철회를 요구하는 시위가 벌어졌다. 그것은 해방 이후 남한에서 벌어진 최초의 반미 운동이었다.

민족일보도 창간호부터 이 협정이 자주 경제를 해치는 부당한 것이라는 점을 지적하며, 장면 정권이 미국에 예속적이라고 비판했다.

반독재 투쟁으로 시작된 4월 혁명은 1960년 가을부터는 통일 운동으로 발전했다. 평화적인 방법에 의한 통일 방안들이 모색되었다. 당시의 통일론은 크게 두 가지로 요약된다. 첫째, 북한의 실체를 인정하고 통일 협상의 상대로 인정하자는 것, 둘째, 외세 간섭을 받지 않고 우리 민족 스스로 자주적으로 통일하자는 것. 이는 이승만이 주창했던 북진통일론에 대한 강력한 비판이면서 동시에 조봉암이 제시한 평화통일론의 복권이자 부활이었다.

더 나아가 외국과의 관계에서도, 미국만도 아니고 소련만도 아니라는 비소비미 노선이 모색되었다. 강대국의 입김에 예속되지 않아야 한다는 이른바 자주·중립화 통일론은 자유 진영의 종주국으로 자부해 온 미국을 긴장시켰다. 중립화 통일론에 따르면 주한 미군은 철수해야만 했다. 미국으로서는 이러한 민족주의적인 움직임을 경계했다. 장면 정부를 압박했고 장면 정부는 그 압박에 굴복해 반공법과 데모규제법, 이른바 '2대 악법'을 제정하겠다는 방침을 발표했다. 그러나 통일 운동을 잠재우기는커녕 더 거센 반발을 불러왔다.

2대 악법 규탄대회가 잇따랐다. 조용수도 시청 앞 집회에서 대중 연설을 하는 등 2대 악법 반대 운동에 적극 동참했다.

여러 사회 문제를 민족주의적인, 그리고 진보적인 시각으로 보도하는 민족일보에 대한 보복 조치가 내려졌다. 3월 3, 4, 5일자 신문이 정간된 것이다. 민족일보의 인쇄를 담당하고 있던 서울신문에 정부가 압력을 가해 인쇄를 중지시킨 것이다. 민족일보는 '제2공화국의 첫 번째 언론 자유 탄압'이라는 제목으로 이 사건을 보도하고 서울신문을 상대로 소송까지 제기했지만 결국은 인쇄소를 바꿔야 했다.

사실 민족일보와 정부 사이의 불편한 관계는 창간 전부터 싹트고 있었다. 민족일보 창간 준비가 한창 진행 중이던 1961년 1월 30일 민의원 본회의에서 여당인 민주당 김준섭 의원이 민족일보의 창간 자금이 조총련으로부터 들어온 것이라는 의혹을 제기했다. 민족일보 발기인 중 한 사람이면서 통일사회당 소속이었던 윤길중 의원이 '혁신계가 무슨 일을 하려고 하면 빨갱이로 뒤집어씌우는' 행태이며 '음모'라고 일축했다. 조용수도 일간지에 실은 의견 광고를 통해 '민족일보의 자금은 조련계의 것이 결코 아니'며, '재일교포들의 민족애에 불타는 깨끗한 성금'이라고 해명했다. 이 문제는 당시 치안국장이 조총련 관련설에 대해서는 아는 바 없다고 발표함으로써 일단락됐다. 하지만 그것으로 끝난 것은 아니었다. 화로의 불씨처럼 잠복해 있었다. 나중에는 한 젊은이의 생명을 앗아갈 커다란 불길이 될 불씨로 말이다.

가자, 북으로! 오라, 남으로!

1961년 4월 19일, 4월 혁명 1주년을 맞아 각 대학마다 성대한 기념식이 열렸다. 이승만 독재에 대한 저항은 이제 민족의 통일 문제를 앞세운 거대한 운동으로 변화해 있었다. 서울대 민족통일연맹(약칭 '민통련')은 통일 문제를 논의하기 위한 남북한 학생회담을 제의했다. 당시 서울대 민통련 소속이었던 윤식은 당시 학생들의 분위기를 이렇게 회고했다. "통일 문제는 당시 젊은이라면 누구나 고민하는 문제였습니다. 서울대 민통련에서 남북한 학생회담을 제의한 것은 미래의 통일을 위해서 젊은이들이 서로 논의해야 한다는 생각에서였죠. 물론 정부가 나서서 해야 할 일이 따로 있겠지만 비정치 회담은 할 수 있지 않느냐는 것이었죠."

민족일보가 다른 어느 신문보다도 이런 상황에 민감하게 반응했음은 물론이다. 다른 신문사 기자들로부터 '민족일보 기자는 기자가 아니라 통일 투사'들이라는 말을 들을 정도로 통일 운동의 진행에 관심을 기울였다.

이런 상황을 군부에서는 우려의 눈초리로 바라보고 있었다. 후에 5·16 쿠데타 주체로 참여한 김재춘은 "6·25 때 북한에 호응했던 사람들이 다시 나타나 북한의 주장과 똑같은 주장을 공공연하게 하고 다녀, 이러다 큰일 나겠다, 반공을 위해 피 흘려가며 싸웠던 우리가 막을 수밖에 없겠다고 생각했다"고 한다.

미국도 한국에서 새롭게 일어나는 민족주의의 움직임을 심각하게 바라보았다. 당시 미국 국가안보회의가 작성한 대한 정책 보고서는, 세계, 특히 아시아에서 일어나는 민족주의의 움직임이 위험한 상황에 이르렀다고 판단하고 '민족주의 감정이 마르크시즘, 혹은 중립주의로 흐르지 않도록 막을 프로그램이 필요하다'는 정책 지침을 제시했다. 미국은 한국의 민족주의가 한국민을 미국에서 돌아서게 할지 모른다는 점을 우려했다. 소련과 냉전 중이라는 사실을 감안하면 자유 진영의 일원으로 남아 있는 한국은 여전히 커다란 전략적 가치가 있었다. 더군다나 불과 10년 전에 피 흘려가며 지켜준 나라이니 말이다.

그러나 이때쯤 미국은 유약한 장면 정권에 대해 더 이상 신뢰하지 않았다. 기밀 해제된 미국의 외교문서들은 강력한 반공 세력인 군부 쿠데타가 대안일 수 있다는 점을 고려하기 시작한다. 또 군부에서 돌고 있는 쿠데타 움직임에 관한 소문들에 대해서 주목한다.

서울대 민통련이 제안한 남북학생회담 개최안은 커다란 반향을 불러일으켰다. 민족자주통일중앙협회(약칭 '민자통')는 이 제안을 적극 지지하면서 실천적인 통일 운동의 계기로 삼고자 했다. 1961년 5월 13일, 서울운동장에서는 민자통이 주관한 대규모 집회가 열렸다. 남북학생회담안을 지지하고 실현시키기 위한 궐기대회 성격을 띤 집회였다. 최소한 1만 명은 넘는 인파가 운집했다.

민자통 결성 행사(뒷줄 오른쪽에서 세 번째가 조용수)

지식인뿐만이 아니라 산동네 빈민들까지 참여한 집회의 열기는 뜨거웠다. 이 집회에 등장한 구호 중 가장 유명한 것이 바로 '가자, 북으로! 오라, 남으로!'였다.

그 즈음 시중에는 흉흉한 소문이 돌고 있었다. 군부 쿠데타에 대한 소문이었다. 민자통 지도부도 그 소문에 대해서 알고 있었다. 그럼에도 불구하고 집회를 강행한 것은 민중의 열기를 보여줌으로써 쿠데타의 의지를 꺾을 수 있을 것이라는 계산에서였다고 한다.

이날의 행사는 운집한 군중들의 뜨거운 열기가 말해주듯 만개한 통일 운동의 절정이었다. 또한 마지막이기도 했다. 동백꽃이 붉게 타올라 절정에 이르자마자 툭툭 져버리듯 끝은 갑작스럽고 허망했다.

3일 후의 반란

떠돌던 소문이 현실로 닥친 것은 3일 후였다. 육군 소장 박정희가 주도한 5·16 군사쿠데타였다. 삽시간에 쿠데타 소식이 전해졌고 언론사는 주동자 박정희가 어떤 인물인가를 파악하기 위해 분주하게 움직였다. 민족일보도 박에 관한 정보를 수집하느라 분주했다.

박에 관해 당시 떠돈 소문은 그가 '민족주의자'라는 것이었다. '민족주의자'라는 말은 혁신계의 주장에 동조하는 인물일 거라는 섣부른 추론을 낳았다.

5월 18일, 조용수는 어수선한 와중에 박진목을 만났다. 박진목이 기억하는 그때의 조용수는 너무도 낙관적이었다. 박진목은 오랜 경험으로 엄청난 회오리가 닥쳐오리라고 생각했다.

"선배님, 군부의 민족주의자들이 드디어 일어섰습니다."

"섣부른 소리 말게. 자네 말이 맞더라도 일단은 몸을 피해야 하네. 며칠 지켜보다가 괜찮으면 그때는 나와도 되지만 지금은 어서 피하게."

박씨의 설득에 조용수는 신문사에 가서 간단한 뒷마무리만 해놓고 오겠다고 했다. 박씨는 약속한 다방에서 기다렸으나 돌아올 시간이 지났는데도 조용수는 오지 않았다. 신문사에 전화해 보니 여직원이 "어떤 사람들이 와서 사장님을 모시고 갔다"고 했다. 그것이 그와 마지막이었다.

조용수가 끌려간 지 나흘 후였다. 치안국은 '조용수 일당의 죄상과 배후 관계'라는 제목으로 수사 결과를 발표했다. 조총련으로부터 1억 환의 자금을 불법으로 들여와 민족일보를 발간했으며, 북한에 적극 동조해 왔다는 것이 요지였다. 화로 속에 숨어 있던 불씨가 다시 피어오르기 시작한 것이었다.

7월 29일, 혁명경찰국이 사건의 '전모'를 발표했다. 민족일보 사장 조용수는 일본 거주 대남간첩 이영근과 접선하여 공작금을 받아 윤길중, 서상일, 고정훈, 최근우 등 국내 혁신계 인사들과 활동하면서 민족일보를 창간해 북한의 주장을 대변하는 언론 활동을 벌였다는 것이다.

같은 날, 혁명재판소 법정에서 공판이 시작되었다. 검찰의 공소 내용은 혁명경찰국의 '전모'와 같은 것이었다. 조용수는 일본에 거주 중인 대남 간첩 이영근과 수시로 접촉했으며, 이영근이 국내 정세가 혼란한 틈을 타서 혁신계를 통합하고 신문을 창간할 것을 조용수에게 지시했고 공작비 지원도 약속했다는 것이다.

이영근이 간첩죄로 기소된 적이 있었던 것은 사실이었다. 하지만 1심 판결은 무죄였다. 그가 일본으로 간 것은 조봉암이 결국 사형당한 진보당 사건이 터지면서 망명한 것이었다. 일본에 체류하면서 이영근은 그가 발행인으로 있던 통일조선신문을 통해 평화통일론을 펼치고 있었다. 같은 민족끼리 또다시 피를 흘리는 전쟁을 피하

조용수의 공판이 진행된 혁명재판소 입구

기 위해 통일은 평화적이어야 한다는 것이 그의 지론이었다. 이영근은 나중에, 북한이 세습 체제를 구축하면서 평화통일론을 버리고 무력 적화통일론으로 돌아서자 즉각 북한을 맹렬하게 비난했다. 그 이후로도 그는 평화통일이라는 자신의 신념을 버리지 않았다.

1990년 이영근이 사망했을 때 우리 정부는 대한민국을 위해 일한 그의 공로를 인정해 국민훈장 무궁화장을 추서했다. 훈장 수여 증명원에 기록된 이영근의 공적은 '민족지 통일일보를 창간, 대조총련 투쟁과 재일동포의 법적 지위 향상에 기여'한 것이었다. 간첩에게 대한민국 정부가 훈장을 준 것인가, 아니면 간첩이라는 주장이 애초에 잘못된 것인가?

단 하나, 자금이 이영근으로부터 조용수에게 전해진 것은 사실이었다. 취재 중에 만난 민단 관계자는 그 자금은 박용구 등 민단계 사업가에게서 나온 것이며 총련과는 관계가 없다고 했다. 일제 식민지 시절 일본으로 간 박용구는 제대로 교육을 받지는 못했지만 부동산에 투자해 거부가 된 사람이었다. 이영근을 만나면서 민족을 위해 뭔가 뜻있는 일을 하고 싶다며 자금을 지원했다는 것이다. 박용구는 후일 박정희 측으로부터 공화당의 재정국장 자리를 제안받기도 했던 인물이다.

혁명재판은 혁명적으로 진행되었고 혁명적인 결론으로 치달아갔다. 유죄의 증거는 없지만 그렇다고 유죄가 아닌 것은 아닌 이상한 재판이 혁명재판이었다. 이영근이 간첩이라는 것과 조총련계 자금이었다는 것에 대해 어떤 증거도 제시되지 않았지만 조용수는 '용공 분자'라는 혐의를 벗을 수 없었다.

검찰이 최종적으로 문제 삼은 것은 민족일보의 논지였다. '민족일보가 북한의 지령을 받아 평화통일론을 선전하는 데 앞장섰고,

남북한 교류와 학생회담 개최를 찬동함으로써 북한괴뢰집단의 활동을 고무, 동조했다'는 것이 검찰 측 주장이었다. 이에 대해 조용수는 혁신 세력은 기본적으로 의회민주주의를 지향하는 사회민주주의자들이라고 반박하며 북한에 대해 비판적인 기사들을 증거로 제시했다. 그 중에는 북한이 주장하는 연방제 통일안에 대한 비판과, 국민의 자유를 박탈하는 김일성의 독재정치에 대한 강한 비난도 포함되어 있었다. 또 조용수가 북송 반대 시위에 나선 〈대한뉴스〉의 화면이 증거로 제시되었지만 받아들여지지 않았다.

1심에서 사형, 상고심에서 원심대로 사형 확정. 그걸로 끝이었다. 12월 21일, 화로의 불씨는 거대한 화염이 되어 끝내 젊은 목숨을 그의 꿈과 함께 삼켜버렸다.

조용수 처형의 수수께끼

언론사 사장의 사형, 그것은 일제 식민지 시대에도 유례가 없었던 일이었다. 사형 판결이 내려졌을 때, 국제신문인협회(IPI), 국제펜클럽(PEN) 등 국제 언론 단체들은 항의 성명을 내면서 구명 운동을 벌이기도 했다. 박정희는 왜 그런 국제 여론도 무시한 채 언론사 사장을 처형해야만 했을까? 그것도 증거조차 불충분한 용공 혐의로 말이다. 조용수의 처형은 5·16 쿠데타가 낳은 숱한 수수께끼 가운데 하나이다. 이 수수께끼를 풀기 위해서 몇 가지 조각그림을 맞춰볼 필요가 있다.

- 정권 장악보다 급했던 용공 분자 색출

군사혁명사에 기록된 5월 16일 당일의 상황은 이상한 구석이 있

조용수(왼쪽 끝)의 재판 광경

다. 쿠데타 세력이 가장 역점을 둬야 할 정권 장악은 16일 오후에 시작된다. 그런데 그보다 먼저 착수한 일이 있었다. 용공 분자 색출을 지시한 것이다. 오전 8시 30분이었다. 왜 정권 장악보다 용공 분자 색출이 더 급한 일이었을까?

● 깎여 나간 민국일보

쿠데타 하루 뒤, 민국일보는 사진이 모두 '깎인' 채 발행되었다. 사정은 이랬다. 쿠데타의 주역이 박정희 소장이라는 것을 알게 된 당시 민국일보 사회부장 이혜복은 박의 사진을 구하기 위해 백방으로 뛰었으나 구할 수 없었다. 그래서 지방 주재 기자에게 급히 연락해 고향 경북 선산으로 찾아가 가족들 사진이라도 찍어 보내라고 지시했다. 궁여지책이었지만 보내온 사진은 특종감이었다. 박정희의 형 박동희가 풀 지게를 지고 초막 농가로 들어오는 장면이었다. "이제 군사혁명위원회의 혁명 정무를 맡아 그의 실력을 마음껏 발휘하게"(민국일보, 1961년 5월 17일 3면) 된 지도자의 형치고는 너무도 소박한 모습이었다. 이혜복은 이 '감동적인' 사진을 기사 중에 삽입하도록 했다. 그의 말이다. "그런데 검열관들이 사진을 다 깎아버리는 거예요. 이런 거 나가면 공산 쿠데타로 의심받는다면서 말예요."

청렴하다는 것을 과시할 수 있는 생가인 초막 농가와 풀 지게를 진 형의 사진을 감추려 한 것은 무산자, 즉 프롤레타리아 혁명으로 보일까 우려했기 때문이라는 것이다.

● '적색 쿠데타'에 대한 변명

"당시 '적색 쿠데타'라는 소문이 파다했었죠. 박정희는 이승만 정부에서 국방부 장관을 지냈던 김정렬을 통해 자신은 공산주의자가 아니라고 미국 측에 변명하러 다닌 것을 내가 직접 봤어요."(선우종원)

"공산주의자라는 의심을 벗으려면 혁신 세력을 쳐야 한다는 정치적 목적도 있었다고 생각합니다."(이만섭)

박정희가 그토록 두려워한 것은 자신의 좌익 전력이 아니었을까? 1948년 여수 14연대의 반란이 일어났을 때, 박정희는 군대 내 남로당 총책으로서 수사를 받았던 적이 있다. 그는 군 수사기관에 공산당의 조직 체계를 고스란히 제공했다. 반란이 진압된 후 벌어진 군내 숙정 과정에서 4700여 명이 처벌되었지만 남로당 총책이라는 중책에도 불구하고 그는 살아남았다. 그러나 좌익 전력은 그의 아킬레스건이었다.

● 이석제의 획기적인 프로그램

5·16 주체이며 당시 국가재건최고회의 법사위원장이었던 이석

제는 결정적인 조각그림을 제시한다. 《월간조선》에 연재된 회고록에서 그는 이렇게 증언했다. "미국이 혁명 지도자 박정희 장군과 김종필 예비역 중령의 배경을 뒷조사하고 있다는 정보가 입수되었다. …… 미국의 사상 공세를 일거에 역전시키기 위해서는 비상한 조치가 필요했다. 미국 측에 획기적인 프로그램을 보여줘야만 혁명의 정당성을 확보할 수 있지 않을까 하는 생각이 들었던 것이다. '그렇다, 좌익 사상범들을 체포하자.'"

이 획기적인 프로그램은 박정희를 구제해 주었다. 그해 11월, 박정희는 미국을 방문했고, 백악관으로부터 군사정권에 대한 지지를 얻어냈다. 사상 전향을 확인받은 박정희는 미국 내셔널 프레스 클럽에서 가진 연설에서 쿠데타의 정당성을 주장하며 자신이 확고한 반공주의자임을 힘주어 강조했다. "위험천만한 것은 북한과의 협상론이었습니다. 어떤 좌익 분자들은 경제협정과 유엔군 주둔 반대 시위까지 했습니다."

서른두 살의 영원한 청년

12월 21일, 사형수 다섯 명 중 마지막으로 교수대에 오른 조용수는 짤막한 유언을 남겼다. "민족을 위해서 좀 더 일하지 못하고 가는 것이 아쉽다. 신문사를 운영하느라 친구에게 빌린 돈을 갚지 못한 것이 미안하다."

취재를 위해 유족인 조용준한테서 건네받은 것은 크지 않은 상자 하나였다. 청년 조용수의 서른두 해 생애는 겨우 상자 하나밖에는 필요하지 않을 정도로 짧은 것이었다. 그러나 그가 4월 혁명 이후 자유의 시기에 피워올린 민족주의의 열망과 통일에 대한 열정

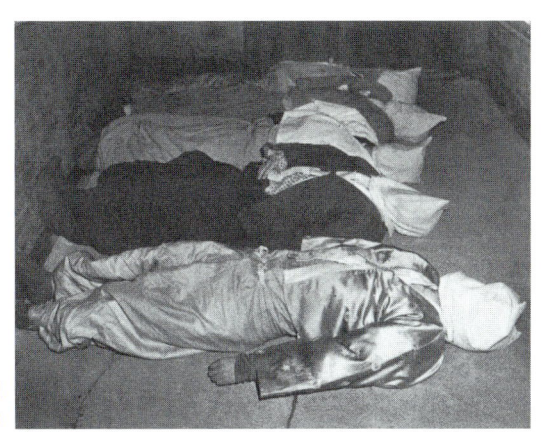

사형 직후의
조용수(맨 아래쪽)

은 무게를 잴 수 없는 것이다. 조용수는 그 이전에는 아무도 가지 않은 길을 뚜벅뚜벅 걸어갔다. 어쩌면 당시 현실로서는 패배할 수밖에 없었던 이상주의자의 길이었는지 모른다.

상자 속에는 조용수의 혼이 담긴 민족일보가 창간호부터 차곡차곡 모아져 있었다. 지령은 겨우 92호. 그 마지막 신문에 누군가가 이렇게 적어놓았다. '민족일보 라스트 신.' 그것이 정말 끝이었을까?

조용수의 처형은 곧 혁신계의 처형이자 평화통일론의 처형이었다. 평화통일론은 그 후 8·15 선언이 나오기까지 10년의 세월을 기다려야 했다. 민족일보가 주장했던 '올림픽 단일팀 구성'과 '단일기'는 이후의 역사에서 그대로 실현되었다. 그가 꿈꾸었던 대로 남북 정상이 만나 악수도 나눴다.

이렇듯 역사는 때로 무덤 속으로 사라진 이를 부활시킨다. 얼치기가 아닌 진정한 민족주의자들에게, 통일을 꿈꾸는 자들에게, 평화로운 세상을 꿈꾸는 자들에게, 서른두 살에 죽은 조용수는 여전히 서른두 살의 청년으로 살아 있다.

잊혀진 대학살, 보도연맹

― 이채훈

잊혀진 대학살

1950년 6월 25일, 인민군이 밀물처럼 내려오던 그날 오후, 내무부 치안국장 장석윤은 "보도연맹원을 포함한 모든 불순분자를 체포하고 상부의 지시가 없는 한 절대로 풀어주지 말 것"이라는 명령서를 각 경찰서에 하달했다. 새끼줄로 두 손이 묶여서 고개 숙인 채 끌려가는 흰옷 입은 사람들이 피난민들에게 자주 목격됐다. 이 사람들은 후퇴하던 국군과 경찰에 의해 대부분 학살당했다. 학살은 낙동강 전선이 형성되어 전쟁이 대치 국면으로 접어든 7월부터 인천상륙작전이 감행된 9월 중순까지 계속됐다. 낙동강 이남의 대구, 부산, 마산 등지에서 특히 많은 희생자가 나왔다. 각 형무소에 수감되어 있던 정치범들도 처형됐고, 4·3 사건으로 이미 초토화되어 '보도연맹'이 존재하지도 않았던 제주도에서도 이른바 '불순분자 예비 검속'이라는 명목으로 많은 사람이 체포되어 학살됐다.

이때 희생된 사람은 여러 정황을 종합해 볼 때 최소 20만 명에 이를 것으로 추산된다. 한국전쟁이 끝난 뒤 50년이 넘도록 철저히 은폐되어 온 이른바 '보도연맹 사건'의 개요는 이와 같다.

'보도연맹'이라는 말을 처음 들어본 것은 1999년, 여순사건을 취재할 때였다. 여순사건이 일어난 1948년 당시보다 한국전쟁이 터진 뒤에 벌어진 보도연맹 사건으로 더 많은 사람이 희생됐다는 증언을 여러 사람에게서 들을 수 있었다. '보도연맹'이라는 단어 자체가 생소했다. "좌익 기자들의 모임인가? 당시에 무슨 필화 사건이라도 있었던 걸까?" 이러한 우문은 사건의 실체가 조금씩 드러나면서 경악과 공포로 바뀌고 말았다. 어떻게 이렇게 끔찍한 비극이 일어날 수 있었단 말인가? 어떻게 이렇게 엄청난 일이 50년이 넘도록 철저히 은폐될 수 있었단 말인가?

무고한 보도연맹원

보도연맹(保導聯盟)은 1949년 6월 5일 정희택, 장재갑, 오제도, 선우종원 등 이른바 반공 검사들이 주도하여 만든 단체로, 좌익 전력이 있는 인사들을 '보호하고 이끌어' 선량한 대한민국 국민으로 포섭한다는 취지였다. 당시는 제주 4·3사건과 여순사건을 무력으로 진압한 이승만 정부가 국가보안법을 제정하고 무자비한 숙군 총살을 다그치는 등 좌익에 대한 뿌리뽑기 작업이 한창이었다. 미군 철수를 앞두고 38선에서는 이미 크고 작은 무력 충돌이 일어나고 있었다. 위기감에 사로잡힌 이승만 정부는 최대의 정적 김구를 살해하고 반민특위를 무력으로 해산하는 등 권력 기반을 다지기에 여념이 없었다.

보도연맹은 이러한 시기에 창설됐다. '대한민국 절대 지지, 북괴

보도연맹 결성을 알리는 당시 신문기사(1949. 6. 7)

정권 절대 반대, 공산주의 타도 분쇄' 등 강령에서 알 수 있듯, 보도연맹은 이른바 '좌익 전력자'들을 묶어서 만든 반공의 행동 부대였다. 적지 않은 좌익 전력자들이 연일 신문에 전향 광고를 내고 이 단체에 가입했다. 실제로 정백 등 거물급 남로당원도 가입했다. 그러나 좌익과 관계없는 사람들에게 가입을 권유하고 설득하는 작업도 병행됐다. "이 단체에 가입하면 사상적으로 의심받지 않을 수 있다"며 재정적 지원을 약속하는 통에 문화예술인들도 많이 가입했다. 양주동, 백철, 황순원, 이태준, 김기림, 정지용 등 쟁쟁한 문인들도 가입했다. 시인 정지용의 아들 정구관은 "오제도 씨가 하는 말이, 내가 보도연맹이라는 걸 만들었는데, 여기 문화실장 맡으실 분이 없으니 이름이나 걸어놓고 바쁘시면 안 나오셔도 되고, 놀러 나오셔도 되고, 하기에 (선친께서) '내가 무슨 잘못이 있어서 보도연맹에 드느냐' 했더니, (오제도가) 그냥 이름만 걸어달라고 했다"고 했다. 보도연맹에 가입했던 연극인 고설봉도 "보도연맹에 가입하면 과거를 묻지 않는다고 하더군요. 문학, 미술, 연극 분야는 모두 단체로 가입했어요"라고 했다.

시골에서는 상황이 달랐다. 낫 놓고 기역자도 모르는 사람들이 많이 가입했다. 식량 사정이 어려울 때였으므로 곡물을 배급해 준다는 약속에 솔깃해서 가입한 사람들이 대다수였다.

"우리는 농사짓느라 아무 생각도 없었어요. 끌고 갈 줄도 몰랐어요. 무슨 죄가 있나요? 아무 죄도 없지."(청도의 이분통, 남편이

끌려가서 희생됨)

"전혀 부역 안 한 사람도 가입하면 비료 준다, 쌀 준다 하니까 다 가입한 거죠."(문경의 채의진)

"있는 사람들은 돈 가마니 갖다 내고, 돈 가진 사람은 차에서 내려주고, 찌꺼기들만 개 잡듯 다 죽여버린 거죠."(청도의 이수기, 아버지가 희생됨)

학살의 이유

보도연맹 창립자 중 한 명인 사상 검사 장재갑은 "박헌영(당시 북한 부수상)은 김일성에게 남한에는 100만 명 이상의 남로당원이 있으므로 서울만 빼앗으면 피 한 방울 안 흘리고 전국을 해방시킬 수 있다고 했다. 각 지방에서 그 100만 명이 봉기를 일으킨다는 뜻이었다. 그런 점에서 볼 때 보도연맹원을 학살한 것이 대한민국을 위험에서 건져줬다고 할 수 있다"고 강변했다.

인민군이 남침을 감행하자 이승만 정부가 가장 두려워한 게 대한민국 내부의 소요 사태였다는 것은 맞는 말로 보인다. 이승만은 이미 2년 전의 여순사건 당시 대다수 민중이 단 하루 만에 '인민공화국 지지, 이승만 정권 타도'로 입장을 바꾼 것을 목격하며 두려움에 몸을 떤 기억이 있다.

그러나 취재 중에 만난 사람들의 증언은 달랐다. 1949년까지 이미 10만여 명의 남로당원들이 죽거나 월북하면서 남로당은 이미 와해된 상태였다는 것이다. 이천에서 아버지가 학살된 이천재와 당시 구사일생으로 목숨을 건진 노동운동가 이일재의 공통된 주장은 "남로당 봉기설은 학살을 정당화하기 위한 뻔뻔스런 거짓말"이라는 것이었다. 이들은 남침을 부추긴 박헌영의 발언 또한 "자기 입지를 넓히기 위한 터무니없는 과장"이었다고 해석했다. 실제로 현장에서 만난 피학살자 유족들의 증언을 들어도 당시 학살된 사람이 '의식 있는 남로당원'이었다고 보기는 어려웠다. 이승만 정부는 전쟁이 터지자 이들이 인민군에 동조해 협력할 '우려'가 있다는 이유로 모두 검속하여 총살한 것이다. 당시의 신문 기록과 오제도·선우종원의 증언에 따르면 6·25 직전의 가입자 수는 33만 5000명. 다양한 증언과 정황을 종합해 볼 때 이들 중 최소한 3분의 2에 해당하는 20만 명가량이 학살됐으리라는 추론이 나온다.

전쟁이 터지자 서울을 사수한다고 방송하고 제일 먼저 도망간 이승만. 그는 대한민국 정부가 보호한다고 약속한 수십만 명의 국민을 단지 인민군에 동조할 '우려'가 있다는 이유만으로 재판도 없이 학살한 셈이다. 이는 아무리 다급한 상황이었다고 해도 정부의 명백한 약속 위반이자 반윤리적인 전쟁 범죄 행위인 것이다.

잔인한 학살의 전개

취재 중 입수한 미군 문서는 이러한 대규모 학살은 '최고 지도자만 명령할 수 있는 것'이라고 적고 있다. 바로 이승만 대통령을 가리키는 말이다. 다음은 당시 검사였던 선우종원의 재미있는 증언이다. 이승만은 도망갈 때 대전, 대구를 거쳐 부산으로 간 게 아니라 전용 비행기 편으로 일단 진해로 갔다는 것이다. 여차하면 그곳에서 일본으로 건너갈 준비가 되어 있었다고 한다. 하지만 미국의 신속한 개입으로 반격의 기틀을 잡자 다시 대전으로 올라왔다가 대구를 거쳐 부산으로 갔다는 것이다.

이승만 정권은 단지 인민군에 동조할 우려가 있다는 이유만으로 보도연맹원을 재판도 없이 학살했다.

　취재 중 입수한 증언과 문건을 시기 순으로 훑어봐도 전쟁 발발 초기의 긴박한 상황을 짐작할 수 있다. 전쟁 당일, 서대문형무소는 군중들에 의해 문이 활짝 열렸고, 수감자들은 모두 살아서 나왔다. 국군으로서는 서대문형무소의 수감자들을 학살할 시간이 없었던 것이다. 그 다음 날 인천형무소의 상황은 달랐다. 국군이 형무소 문을 연 뒤 "인민군입니다. 여러분은 모두 해방되었습니다"라고 말하자 수감자들이 "만세"를 외치며 뛰어 나오기 시작했고, 국군은 이들을 모두 기관총으로 난사한 뒤 후퇴했다. 6월 28일 경기도 이천에서는 농협 창고에 수감되어 있던 사람들을 그 자리에서 총살한 뒤 가매장을 시도하다가 중단하고 후퇴했다. 충북 오창에서는 창고에 구금되어 있던 보도연맹원들을 일일이 총살할 시간조차 없었는지, 창고 속에 수류탄을 던져 넣고 황급히 후퇴했다.
　그러나 학살이 본격화된 것은 7월 이후였다. 대전형무소 재소자 4000여 명을 학살한 7월의 골령골 사건에 이르러 학살은 체계적인 '집단 학살'의 형태를 띠기 시작했다. 미군의 입회하에 사진도 찍고, 지휘관의 구령에 따라 헌병 정복을 한 군인들이 총을 쏘고, 확인 사살도 하고, 제복을 갖춰 입은 의용소방대원들이 일사불란하게 매장을 하는 모습이 남아 있는 것이다. 낙동강 전선이 형성된 이후에는 저인망식 색출과 학살이 장기간 지속됐다. 부산, 대구, 청도, 경산, 마산 등지에서 학살이 많이 일어난 것은 국군이 더 이상 후퇴할 필요가 없어졌으므로 차분하게 사람들을 잡아들일 수 있었기 때문이라는 것이다. 선우종원에 따르면 이때 색출 작업에 참여한 반공 검사 오제도가 "사람 장사를 해서 돈을 많이 벌었다"고 한다. 사람을 잡아들였다가 풀어주면서 돈을 챙겼다는 얘기다. 오제도 입장에서는 "보도연맹을 만드는 바람에 오히려 좌익들을 조직화해 준 것 아닌가? 호랑이 새끼를 키워준 것 아닌가?"라는 비난을 받는 상황이었으므로 오히려 더 적극적으로 '빨갱이 사냥'에 나서야 혐의를 벗을 수 있었고, 그러다가 그만 도가 지나쳐서 '금전적 부패'의 양상을 보이게 되었다는 것이다.

우리 모두가 피해자

부패한 집권 세력이 벌인 학살극의 피해자는 물론 죽은 사람들이다. 이들은 한번 잡혀갔다가 가까스로 풀려 나오면 또 다른 사람에게 잡혀가기를 되풀이하는 악몽의 나날을 겪다가 말 한마디 제대로 못하고 세상을 떠났다.

또 다른 피해자는 유족들이다. 그들은 졸지에 가장을 잃어버린 채 험한 세상에서 생존을 위해 몸부림쳐야 했다. 청도에서 만난 고운 얼굴의 정남조 할머니는 "자식들 공부도 못 시켰어요. 고생이야말로 다 할 수 있습니까?"라고 했다. 양산에서 만난 정기순 할머니는 울부짖었다. "너무 억울해요. 스물넷에 그 일 당하고 지금까지 옆길 한번 안 보고 살아온 납니다. 풀어주세요. 이 한을 풀어주고, 영혼도 풀어주고, 보상도 다 해주세요. 임 그립고, 돈 그립고, 한평생 살아온 납니다."

피해자의 자녀들은 빨갱이의 자식이라고 손가락질을 받으며 울어야 했고, 성장해서는 연좌제에 묶여서 정상적으로 취업할 수도 없었다. 지금 유족회를 만들어서 진상 규명을 요구하는 사람들은 거의 모두 연좌제의 피해자라고 보면 된다.

이들의 부도덕한 살인 행각은 인민군에 의한 보복 학살이라는 악순환의 빌미를 주었다. 개전 초기만 해도 '조국 해방 통일전쟁'이라는 도덕적 우월감과 자부심에 차 있던 인민군은 전세가 불리해지자 후퇴하면서 경찰과 우익 인사들을 대량 학살했고, 이는 다시 북상하는 국군에 의한 부역자 색출과 학살로 이어졌다. 남과 북

남과 북의 증오를 증폭시키고 치유하기 어려울 정도로 원한을 깊게 만든 보도연맹 학살 현장

의 증오를 증폭시키고 치유하기 어려울 정도로 원한을 깊게 만든 악순환이 이 보도연맹 학살에서 비롯된 것이다.

책임자는 누구인가

이제 50년 동안 망각됐던 왜곡된 역사의 원인과 책임을 애기할 때가 된 것 같다. 육본 특무대는 보안사를 거쳐 지금의 기무사가 된 방첩대로, 당시에는 CIC라는 영문 이니셜로 불렸다. 피난지 대구에 본부를 두고 있던 CIC의 지휘관은 김창룡 대령이었다. 당시 이승만 정부 내의 역학 관계를 알 만한 위치에 있는 사람들은 전국적인 학살의 현장 지휘자로 김창룡을 지목했다. 육본 정보국의 전투정보과장 김종필은 "그거 CIC, 김창룡이 다 했지. 나는 그럴 위치에 있지 않았어"라고 말했다. 군 조직상 김창룡의 직속상관인 장도영 육본 정보국장에게 당시 김창룡에게 학살 명령을 내렸느냐고 묻자 "알 수가 없어요. 3개 과를 제가 지휘했다고 해도 참모로서 한 거지, 후방의 감옥소나 좌익들은 관할하지 않았어요. 바로 코앞에서 인민군이 우리한테 총을 겨누고 내려오고 있었어요. 상대를 안 죽이면 우리가 죽는 거야, 알았어요? 지금 기준으로 그때를 생각하면 안 되는 거야!"라고 했다. 선우종원은 좀 더 구체적인 애기를 들려주었다. "정보국의 김창룡, 그 사람이 왕초거든. 이박사하고 직거래했어요."

전쟁 당시 미군 CIC에 근무하면서 한국 CIC 내부의 정보를 종합해 미군에게 보고하는 업무를 맡았던 김영목의 말이다. "김창룡, 이 사람이 독자적으로 이 대통령에게 군 정보도 주고 재가도 받으면서 일을 했습니다." 김창룡이 공식 명령 계통을 뛰어넘어 이승만의 오른팔 역할을 했다는 것이다.

당시 정부 내의 공식 책임 계통에서 경찰 담당은 내무부 장관 조병옥, 군 담당은 국방부 장관 신성모, 형무소 담당은 법무부 장관 이우익이고, 그 총책임자는 이승만 대통령이었다. 그러나 대통령의 곁에는 그의 직접 지시를 받는 특무대의 김창룡이 있었던 것이다. 이승만은 전쟁 발발 직후인 6월 28일 '비상사태하 범죄 행위에 관한 특별법'을 공포했다. 이적 행위자에 대해 재판 없이 사형을 집행할 수 있도록 규정한 초헌법적 법안이었고, 이는 김창룡에게 살인 면허를 준 것이나 다름없었다.

특무대에 소속되어 김창룡의 직계 부하로 보도연맹 학살에 직접 가담한 여수의 배학래는 놀랍게도 솔직하게 학살 현장을 생생하게 묘사해 주었다. "재판이 뭐야, 그냥 총살이지. 자백은 받아요. 때리면 다 불게 돼 있어요. 자백하고 나면 배에 싣고 나가서 배 꽁무니에서 총살해서 바다로 떨어지면 경비선들이 빙 둘러서 있다가 거기서 확인 사살하고, 그랬지."

김창룡은 1956년에 암살당했기 때문에 아무 말도 할 수 없다. 그러나 그의 행적은 긴 세월이 흐른 뒤 움직일 수 없는 증거와 함께 다시 드러날 수밖에 없었다.

경산 코발트 광산의 침묵

경북 경산시 변두리 평산동에 있는 일제시대의 코발트 광산. 이곳에서는 특무대가 대구형무소 수감자와 경북 지역 보도연맹원 등 3500명을 총살해서 깊이 100미터의 수직갱에 떨어뜨렸으며 그 상태로 50년 동안 방치되어 있었다는 충격적인 증언이 나왔다. 이미 열려 있는 수평굴에 들어가 보니 몇 구인지 짐작도 할 수 없이 많은 유골들이 널려 있었다. 눈에 보이는 유골보다 더 많은 수천 구의 유골들이 수직갱 가득 차곡차곡 쌓여 있을 거라고 주민들은 말했다. 참담한 현장이었다. 학살의 전형적인 증거가 바로 그곳에 있었고, 50년 동안 망각을 강요당한 채 고스란히 방치된 비극의 역사를 코발트 광산은 침묵으로 웅변하고 있었다. 도저히 그대로 지나칠 수는 없는 노릇이었다. 그러나 제대로 발굴하려면 예산과 시간이 턱없이 모자랐다. 발굴에는 여러 가지 기술적 어려움이 따랐다. 광산이 무너질 위험이 있으므로 안전장치를 갖추고 발굴해야 했다. 발굴 결과를 분석하려면 유전자 감식을 해야 했고, 발굴 후에 어떻게 이 현장을 보존하느냐도 큰 문제였다. 최소 2억이 넘는 예산이 필요했고, 발굴 기간도 최소 1년은 잡아야 한다는 전문가의 의견이었다. 취재 중 최대한 돈과 시간을 들여서 부분적으로나마 발굴을 시도했다. 콘크리트 벽으로 막아놓은 수평갱 입구를 뚫고 들어가는 선에서 만족하기로 한 것이다.

발굴에 앞서 경산 코발트 광산에서 희생된 사람들을 취조한 특무대의 기록을 발견할 수 있었다. 조사한 사람들을 등급별로 분류해서 처형한 기록이었다. 코발트 광산의 학살이 특무대에 의해 자행된 것은 의심할 수 없는 사실이었다. 이곳에서 희생된 사람들은 대구·경북 지역의 보도연맹원들, 그리고 대구형무소 재소자들이었다. 이 사람들은 대구 근교 월배, 가창댐 수몰 지역, 그리고 이곳 코발트 광산 등으로 분산되어 처형되었다. 1950년 8월 초, 약 열흘에 걸쳐 수십 대의 트럭에 사람들을 가득 태우고 이곳으로 끌고 와서 간단한 조사를 마친 뒤 사살했다. 당시 코발트 광산에 끌려갔다가 구사일생으로 목숨을 건진 김종철(2005년 사망)을 만났지만 그는 한사코 말하기를 거부했다. 되돌아보기 싫을 정도로 끔찍한 경

경북 경산 코발트 광산의 학살 현장에서 발견된 숱한 유골들

힘이었던 것이다. 한참 뒤에야 그는 조금씩 입을 열었다. "그때를 말하려면 얘기가 길어요. 보도연맹이야 요샛말로 하면 이장이 가입하라고 해서 한 거지. 그 당시에는 다 공개적으로 가입했어요." 어떻게 살아나게 되었느냐고 묻자 그는 "행동한 사람과 안 한 사람을 구분하기에 나는 안 했다고 끝까지 주장했고 그걸 인정을 해주어 살아났지" 했다. 그리고 그들을 잡아간 건 CIC였다고 한다.

김종철의 증언을 들으니 CIC가 그래도 최소한의 합리성을 갖고 취조를 한 게 아닌가 하는 느낌이 들었다. 그러나 학살의 문제점과 전체 그림이 바뀌는 것은 아니었다.

발굴 조사에 착수하기 위해 유족 대표와 경산 지역 활동가, 연세대 법의학과 김종열 교수 팀, 충북대 중원문화연구소 발굴 팀, 광산 토목 전문가 권오목, 경산시 공무원 등 모든 관계자들이 참여하는 발굴 팀을 꾸렸다. 준비 작업에 착수한 지 한 달여 만인 3월 11일, 다이너마이트로 콘크리트 벽을 깨고 들어가 수백 구의 유골을 확인

경산 코발트 광산 학살자
유해 발굴 조사 장면

하는 데 성공했다. 발굴 결과는 뉴스에 보도되어 적지 않은 반향을 불러일으켰고 대중들은 뉴스를 통해 '보도연맹 학살 사건'이라는 게 있었다는 사실을 비로소 알게 됐다.

피해자들을 두 번 죽인 사람들

보도연맹 사건이 일어난 지 10년 후. 4·19 혁명으로 민주화의 물결이 일어나자 피해 유족들도 조심스레 진상 규명을 요구하고 나섰다. 당시의 활발한 유골 발굴과 진상 조사 작업은 대구에 사는 이광달이 제공한 자료들, 이도영·이복녕·강창덕 등의 증언, 그리고 당시 신문 기사를 통해 그 열기를 짐작할 수 있었다. 그러나 5·16 쿠데타를 주도한 세력들은 최소한의 진상 규명을 요구하는 유족들을 다시 군홧발로 짓밟았다. 잘못을 뉘우치고 화해를 도모하기보다는 자신들이 소속된 군의 비위 사실이 알려지는 것을 막아야 했기 때문이었을까? 진상 규명에 앞장선 이원식 등 주동자들에게 그들은 '반국가 행위자'라는 낙인을 찍고 사형, 무기징역 등 극형을 선고했다.

5·16 쿠데타의 주역 중 대표적인 생존자 김종필. 전쟁 당시 육본 정보2과에 소속되어 북한 관련 정보를 담당했던 그는 학살에 직접 관여하지는 않았지만 옆 부서인 정보4과(특무대) 김창룡의 행적을 잘 알고 있는 인물이었다. 그는 2000년 4월, 제주 백조일손묘 유족인 이도영과 면담하면서 "그거 다 김창룡이 한 짓"이라고 고성을 지른 바 있다. 그는 학살 사건에 직접 관여하지 않았다 하더라도 5·16 쿠데타의 주도 세력이자 초대 중앙정보부장으로서 4·19 이후의 진상 규명 노력을 좌절시킨 장본인이므로 책임이 있다. 게다가 연좌제를 통해 피해 유족들의 생존을 위협한 것도 죄라고 하지 않을 수 없다.

5·16 당시 박정희의 상관으로 계엄사령관과 혁명최고회의 의장을 지낸 장도영. 학살 문제에 대해 전혀 모른다는 그의 말을 믿는다고 해도 그 역시 김종필과 마찬가지로 진상 규명을 좌절시킨 책임을 면하기 어렵다.

진정한 비극, 일사불란한 침묵

학살 자체보다도 더 필자의 머리를 떠나지 않은 의문은 어떻게 이렇게 엄청난 사건이 철저히 은폐될 수 있었을까 하는 것이었다. 이 사건에 대해 아버지 세대는 누구나 다 알고 있는데도 아무도 얘기하지 않고 있었다는 사실이 도저히 납득되지 않았다. 취재를 마친 후 내린 결론은, 너무 엄청난 사건이었기 때문에 아무도 입에 올릴 엄두를 내지 못했다는 것이다. 이 놀랄 만큼 일사불란한 침묵 뒤에는 '입 열면 다친다' '바른 소리 하면 손해 본다'는 집단적 가위눌림이 도사리고 있었다는 얘기다. 경산 코발트 광산에 갔다가 살아 나온 또 한 명의 증인 권재효. 이분을 인터뷰하는 동안 옆에 앉아 있던 부인은 내내 불안한 듯 "이 사람은 아무것도 몰라요"라는 말을 되풀이했다. 그때 얘기를 하면 또 잡혀가지 않을까 두려워하고 있는 것이었다.

창고에서 집단 학살이 일어난 충북 오창. 거리에서 만난 노인들은 취재진이 이 사건에 대해서 물어보면 "그때 사람 많이 죽었지"라고 말을 꺼내려다가 경계의 눈빛을 보내면서 "그런 건 왜 물어?" 하면서 입을 닫아버렸다.

방송이 나간 뒤 자기 가족이 보도연맹으로 억울하게 희생됐다는 제보 전화가 무수히 걸려왔다. 이 사건은 누구나 다 아는 일이었던 것이다.

잊혀진 과거를 무엇 때문에 파헤치느냐는 질문을 피해 갈 수 없었다. 답변은 간단하다. 이 엄청난 학살 사건은 과거의 일이 아니라 바로 지금 우리의 모습인 것이다. 가해자가 아무 반성 없이 부와 권력을 누려온 반면, 피해자들은 연좌제로 억눌리고 레드 콤플렉스로 가위눌린 채 50년 이상을 살아왔다. 요즘 정치, 경제, 사회 등 모든 분야에서 위선과 기회주의가 판치는 것은 궁극적으로 보도연맹원 학살 사건 같은 중대한 사건에 대한 진상 규명이 안 되어 있기 때문이다. 대다수의 사람들이 '옳은 것은 옳고 그른 것은 그르다'고 말하기를 주저해 왔기 때문이다.

마지막 절규

지금은 영화 〈태극기 휘날리며〉에서도 '보도연맹'이 언급되는 등(비록 왜곡된 형태였지만) 많은 사람이 이 사건에 대해 알고 있다. 그러나 2000년 가을, 취재를 시작할 때만 해도 전후 세대 사람들 중 '보도연맹'을 아는 사람은 거의 없었다. 학계도 연구가 없기는 마찬가지였다. 이 사건에 대해서는 논문도 하나 없었다. 학살 피해가 극심했던 영남 지역의 극소수 기자들(경산의 최승호, 부산의 김기진, 마산의 김주완, 《시사저널》의 정희상 등)이 열심히 증언을 채록하고 있었지만 전국적으로 알릴 기회를 갖지 못하고 있었다.

'친일파가 해방 이후에 온존했다'는 역사책의 표현은 과연 맞는 것인가? 친일파들은 정부와 군경의 요직을 모두 차지했으므로 '온존했다'는 표현 자체가 틀린 것은 아니다. 그러나 해방 후 민중의 친일파 숙청 요구로 정치적 입지가 좁아졌던 친일파, 특히 고등계 형사들은 살아남기 위해 '빨갱이'라고 뒤집어씌워 강력하게 민중을 탄압했다. 아무나 죽여놓고 '빨갱이를 죽였다'고 말하면 모든 게 양해되는, 오히려 고속 출세의 밑천이 되는 시대였다. 대구에서 만난 이광달은 그 시대를 가리켜 주저 없이 '악마의 시대'라고 했다.

학살 책임자들의 대다수는 우리 사회의 지도자로 군림하며 살아왔다. 반면에 대다수의 국민들은 그들의 죄과에 대해 얘기조차 할 수 없었다. 평범한 사람이라면 보도연맹원 학살과 같은 끔찍한 일을 목격하고 나면 말조심을 안 할 수가 없는 법이다. 그리고 이러한 침묵은 기득권 세력의 안녕을 위해 아주 편리한 분위기를 만들어주는 셈이다.

보도연맹에 대한 이러한 추적은 해묵은 상처를 들춰내자는 게 아니다. 누구를 단죄하자는 것도 아니다. 있는 그대로의 사실을 인정하고, 정당한 사과와 용서를 이끌어내고, 그 토대에서 겸허하게 미래를 생각하자는 것이다.

방송이 나가고 4년 반이 흐른 2005년 여름. 최대의 학살 현장인 경산 코발트 광산 자리에 골프장이 들어선다는 소식이 들려왔다. 망각과 무관심의 결과라는 생각을 지울 수 없었다. 진상 규명과 화해

2001년 4월 청도에서
열린 합동위령제에서
유족들이 오열하고 있다.

를 위해 힘을 써야 할 정부, 국회, 언론, 시민단체가 무관심한 이 현실 속에서 PD인 필자마저 침묵한다면 나 또한 이 '무책임의 사슬'에서 자유로울 수 없겠다는 생각이 들었다. 코발트 광산 현장으로 다시 달려갔다. 그리고 대다수 국민들의 무관심 속에서 피해 주민들의 마지막 절규가 골프장 건설의 굉음 속에 파묻혀 사라지는 현장을 카메라에 담았다(이 프로그램은 〈1950~2005, 코발트 광산에서 생긴 일〉이라는 제목으로 방송됐다). 그리고 2005년 12월 '진실과 화해를 위한 과거사진상규명위원회'가 활동을 시작했다. 그러나 달라진 것은 별로 없는 것 같다. 필자 또한 한두 번의 방송으로 뭔가 달라질 거라고 생각하지는 않았다. 결국 인간은 시간과 망각에 지배당하는 존재니까. 그러나 살아 있는 동안은 진실을 말하고 알리는 게 우리 유한한 인간의 도리라는 생각에 지금도 변함이 없다.

대한반공청년단의
비밀

— 김환균

세 개의 전쟁터

한국전쟁은 발발 후 1년이 지날 때쯤에서 이미 소강 상태였다. 연합군은 더 북진할 생각을 버렸다. 전전(戰前)의 상태를 회복한다는 전쟁의 목표는 38선을 회복함으로써 달성되었기 때문이다. 공산 진영도 마찬가지였다. 한반도 통일은 더 이상 가능하지 않았다. 어느 쪽도 군사적으로 완벽한 승리를 쟁취할 수 없다는 것이 명백했다.

휴전회담이 시작되었다. 이제 품위 있고 그럴듯하게 전쟁터를 빠져나가면 된다. 그런데 그 품위를 유지하기 위해서 전쟁은 더 계속되어야만 했다. 군사적 승리를 장담할 수 없는 상황에서 정치적인, 또는 심리적인 승리라도 얻어야 했기 때문이다. 그 승리의 열쇠는 포로들이 쥐고 있었다. 포로들이 어느 체제를 선택하느냐에 따라 자본주의, 혹은 사회주의의 우월성을 과시할 수 있을 것이기 때문이었다.

한반도에는 세 개의 전장이 형성된다. 포로수용소가 있는 거제도는 제3의 전장이 되었다. 서로 총과 포를 쏘아대고 살상을 벌이는 전장, 휴전회담이 벌어지는 협상 테이블 위의 전장, 그리고 포로수용소가 있는 거제도.

거제도는 참혹했다. 서로 찌르고 패고, 급기야는 죽여서 묻거나 시체를 토막 내어 분뇨통에 버리고……. 그동안 포로들에 관한 기록은 일관되었다. '공산 포로들이 반공 포로들에게 잔혹한 짓을 했고 반공 포로들은 거기에 대항해 싸웠다.' 공산 포로들의 잔혹함을 증명하기 위해 끔찍한 진술도 동원되었다. '공산 포로들이 장악한 수용소에 인공기가 게양됐다. 그런데 그 인공기의 색깔은 검붉었다. 피를 적셔 만들었기 때문이다.'

이것은 모두 의심할 여지가 없는 사실일까? 반공 포로들의 조직인 대한반공청년단의 비밀을 들추어보면 상당히 많은 부분이 왜곡됐다는 것을 알 수 있다.

반공청년단의 숨은 지도자

'대한반공청년단(大韓反共靑年團)'은 1951년 8월 거제도 포로수용소 내에서, 친공 포로들의 반공 포로에 대한 포악한 폭력과 살상에 대항해 조직된 것으로 알려져 왔다. 〈이제는 말할 수 있다〉의 특집 3부작 '한국전쟁과 포로'편을 취재할 때 만난 안병섭(가명)은 이러한 기존의 통념을 완전히 뒤집었다. 그는 여태까지 드러나지 않은, 그러나 대한반공청년단을 배후에서 실질적으로 지도한 사람이었다.

1923년생인 안병섭은 민간인으로서 포로가 된 사람이었다. 그는 해방 전 일제시대에 평안도 서기를 했다. 직위는 '판임관(判任官)'이었다. 해방이 되었다. 그는 세상을 읽는 눈이 재빠른 사람이었다. 소련군이 진주하고 김일성이 전면에 부상했다. 세상 돌아가는 걸 보니 가망이 없었다. 전문학교를 나왔던 그는 공부도 더 하고 싶었고 또 눈에 띄고 싶지 않아 '기회주의적으로' 학교에 들어갔다. 전쟁이 일어나자 군대에 끌려갈까 봐 평양에 숨었다. 미군이 북진하자 평안북도의 고향(그는 구체적인 지명은 이야기하지 않았다)에 한번 들러보고 싶어 길을 나섰다가, 그 길에 미군에게 붙들려 포로가 되었다.

그의 말에 따르면 당시 수용소의 구성은 인민군 포로 7에 민간인 3의 비율이었다. 미군들이 후퇴하면서 첩자로 의심되는 사람이면 모두 붙잡아 포로로 삼았던 것이다. 형무소에 갇혀 있던 사람들은 정치범, 목사, 학생, 국군이 38선을 넘어 진격한 지역에서 치안을 담당했던(반공 성향을 의심할 수 없는) 치안대, 심지어 14세가 채 안 된 어린아이들(14세 미만인 포로의 수가 약 450명이었다고 한다), 60세가 넘은 노인들도 있었다.

포로수용소 안의 '직업'

부산 거제리 수용소는 당시 남한 출신들이 장악했다. 남한 출신 의용군들은 거제도 시절 전체 포로 17만 명 중 4만 5000명에 달했다. 중공군은 2만여 명이었다. 전쟁이 곧 끝날 것 같은 분위기이기도 했고 '그곳은 남한 땅이었기 때문에 남한 사람들이 힘을 가지는 것은 당연'했다. 일종의 텃세 같은 것이었다. 수용된 포로들을 살펴보니 인민군 장교, 당원도 많이 있었다. 계급장을 다 떼고 있었

거제도 78포로수용소 전경

지만 안씨는 누가 장교인지, 누가 당원인지 금방 알아챘다. "머지 않아 일이 터지겠구나 싶습디다. 살기 위해서는 조직을 만들어야 겠다고 생각했어요."

이때부터 그의 조직을 만드는 탁월한 능력이 발휘된다. 포로들은 자치 조직이 있었는데, 한 수용소의 최고 우두머리인 여단장(때로는 소장), 그 밑에 대대장, 중대장, 소대장이 있었다. 여단장은 대대장, 중대장, 소대장을 임명할 수가 있었다. 자신과 친한 사람을 심음으로써 세력을 형성했다. 그 세력 속에 포함되어야 했다. 그에게는 운도 따랐다. "어느 날 대대장이 오더니(그 사람은 사회에서 변호사를 하던 사람이었습니다) 나를 가리키며, '어이 거기 키 크고 희멀건 사람, 당신이 부소대장 하시오' 합디다."

그는 '직업'을 갖게 되었다. 수용소 내에서 직책을 맡는 것을 직업이라고 했다. 안씨처럼 뭔가 궁리해야 할 사람에게는 직업을 갖는 게 중요했다. 왜냐하면 직책을 맡고 있으면 작업에서 열외가 되었기 때문이다. 또 그만큼의 권력이 생겼다. 그러나 그는 언제나 눈에 띄는 직업을 갖지 않았다. '위생병' 정도면 되었다. 그는 그 정도의 직업으로도 얼마 후, 여단장조차도 로봇으로 만들어버렸으니까.

한 번의 운이 더 따랐다. 그 변호사 출신 대대장이 어느 날 '한문과 영어로 이름과 주소를 쓸 수 있는 사람'을 찾았다. 포로 명부를 작성해야 하는 것이었다. 안씨는 손을 들었고 대대장은 그를 지명했다. 그는 그날부터 대대 본부에 가서 일했다. 정말 열심히 일했다.

그러던 어느 날, 대대 본부 한구석에 쌀밥이 양동이에 담겨져 있는 것을 보았다. 대대에서 먹고 남긴 것이었다. 당시 포로들의 가장 큰 어려움은 배고픔이었다. "옳지, 하는 생각이 듭디다. 그래서 대대장에게 저 밥을 달라고 했지요. 뭐 할 거냐고 하더군요. 동료들 나눠줄 거라고 했더니, 버릴 거였는데 잘됐다고 합니다."

그의 민감한 촉수는 조직을 만들 미끼를 놓치지 않았다. 양동이의 밥을 가져다가 동료 포로들에게 나누어주었고, 동료들의 신임을 얻었다. 그러자 그는 믿을 만한 사람을 물색하기 시작했다. 주로 주먹 세고 힘깨나 쓰는 사람이었다. "그런데 조직을 이끌려면 힘센 사람들만 있으면 안 돼요. 머리 쓰는 사람이 필요해요. 이리저리 수소문해 보니까 다른 중대에 한 사람이 있다는 거예요. 쓸 만하다 싶어 대대장에게 몇 중대에 있는 아무개가 친군데 한 소대에 있게 해달라고 했지요. 쾌히 승낙합디다."

그 '쓸 만한 사람'은 '이관순'이었다. 나중에 대한반공청년단이 만들어졌을 때 단장을 맡은 사람이다. 안씨는 이관순을 앞세우고 자신은 뒤로 숨었다. 이관순은 '외교'에 뛰어난 사람이었지만 전략가는 아니었다고 한다. 안씨는 자신이 일을 꾸미고는 이씨를 앞세워 100여 명의 동지를 모은다.

정보 제공자로의 활발한 활동

1951년 1월쯤에 그들은 거제리 수용소에서 수영의 수용소로 옮겨갔다. 거기에서 김선호 중위를 만나게 되었다. 김 중위는 전범조사과(War Crime Section)에 근무했는데, 포로 중 전범자들을 찾아내는 것이 그의 업무였다. 어느 날 안병섭은 전범조사과에 불려가 조사를 받았다. 전범조사과는 일본인 2세인 미군 대위 오가와가 책임자였고, 그를 보좌하는 사람이 김정춘 대위였다. 김선호 중위는 통역이었다. 안씨의 조사를 맡은 사람은 오가와였다.

"일본말을 나보다 더 못하더군요. 영어 절반, 일본어 절반 섞어서 묻고 답했지요. 그런데 오가와 대위가 나더러 코뮤니스트, 그러니까 당원이라는 거예요. 나는 성분상 당원이 될 수 없다, 우리 아버지가 일제시대에 관리였으니 출신 성분상 안 되는 것이고 내가 또 도 서기였으니 사회적 성분상 안 된다 그래도 틀림없다며 자꾸 불라는 거예요."

분뇨통을 버리러 가는 포로들. 분뇨통 속에 토막난 시체를 넣어 버리기도 했다.

그때 김선호 중위가 나서서 안씨를 거들었다. 그의 말이 옳다, 그는 공산당원이 될 수 없다. 그제야 오가와는 납득했다.

이관순은 조사를 받을 때 허리춤에서 조선민주당원증을 꺼내 보임으로써 공산당원이 아니라는 것을 증명했다. 조만식 선생이 만든 조선민주당은 1946년 1월 조만식 선생이 연금됨으로써 최용건이 이끌었다. 하지만 그것은 노동당 일당 독재를 속이려는 위장이었다. 조선민주당원이라면 무조건 반동으로 분류되었으므로 그보다 더 확실한 반공이 없었다.

김 중위와 이씨, 안씨는 그때 눈이 맞았다. 다른 기록에 의하면, 이씨와 안씨는 김 중위의 업무를 도와 전범자를 찾는 정보 제공자가 되었다. 그들의 '동지'들이 활발하게 활동했음은 말할 것도 없다.

1951년 2월부터 포로들은 거제도로 이송되기 시작했다. 안씨 등은 1951년 4월에야 거제도로 옮겨졌다. 두 달의 지연은 다른 세력이 권력을 다져놓기에 충분한 시간이었다. 100명의 동지들은 나뉘어 수용되었다. 안씨와 이씨, 그리고 동지 50명은 83수용소에, 나머지 50명은 82수용소에 수용된 것이다. 그만큼 세력이 약화된 것이다.

당시 83수용소의 여단장은 인민군 중좌 출신인 주씨였다. 여기에서도 뭔가를 하려면 '직업'을 가져야 했다. 안씨는 아는 사람을 통해 여단장에게 접근했고 마침 비어 있던 1대대 경비 부서에 자리를 얻을 수 있었다. 그는 이관순을 경비계장으로 추천하고 자신은 경비계 서기를 맡았다. 그 다음 요소요소에 동지 한 사람씩 배치했다. 예를 들면, 휘문고보를 나온 강씨에게는 여단 경비대에 들어가도록 했고, 다른 사람은 대대의 부관이 되게 했다. 그들이 맡은 일은 정보를 수집하는 일이었다. 안씨는 정보를 장악하는 자가 권력을 장악한다는 사실을 잘 알고 있었다. 안씨는 수용소 내 정보를 수집하는 한편, '동지 획득'에 나섰다.

최초의 쿠데타

안병섭은 동지들을 대대 본부, 여단 경비대, 감찰대 등에 두루두루 배치했다. 그런데 안씨의 수상쩍은 행동은 그만 여단장에게 들키고 말았다. 여단장은 아무 내색도 하지 않았다. 다만 한 사람씩 직책을 빼앗았다. 그러고는 수용소 질서를 어지럽힌다며 다른 수용소로 보내버렸다. 여단장에게 그 정도의 권한은 있었다. 수용소 당국은 질서 유지를 위해 여단장의 건의를 받아들이곤 했던 것이다.

얼마 안 가, 안씨도 '실업자'가 되었다. 힘이 없어진 것이다. 불안하고 초조한 나날을 보내고 있는데, 때마침 김선호 중위가 거제도로 와 도움을 주었다. 여단장 등 실세들을 다른 수용소로 쫓아버린 것이다. 하지만 쫓겨난 여단장의 세력은 그래도 막강했다.

안씨는 '쿠데타'를 계획했다. 그때에는 이미 동지의 수가 150여 명에 이르렀다. 안씨는 동지들에게 임무를 주어 수용소를 실질적으로 장악한 세력들을 파악하도록 했다.

"모두 48명이었어요. 그 중 실질적인 리더는 황해도에서 검사하던 놈이었지요."

그는 동지들에게 그 48명이 어느 텐트에서 자는지, 텐트 중 어느 쪽 몇 번째에서 자는지를 모두 파악하도록 했다. "일본에서 젊은 장교들이 쿠데타를 일으킨 적이 있지요. 수상도 죽이고……. 그때 쿠데타를 진압한 방법을 《문예춘추(文藝春秋)》에선가 읽은 적이 있어요. 주모자들의 위치를 소상하게 파악한 뒤, 기습해서 단

시간 안에 제거하는 거죠." 그는 쿠데타 진압 방법에서 쿠데타의 방법을 찾아낸 것이다. 철저한 준비, 그리고 기습.

150명을 10명씩 1개 조로 해서 15개 조로 만들었다. 그리고 각 조에 '어느 텐트의 누구누구' 하는 식으로 임무를 맡겼다.

"83수용소의 화장실 옆에 빈 텐트가 있었어요. 그 빈 텐트에 감금하도록 했지요. 텐트를 지탱하는 줄을 끊어 그놈들을 묶도록 하고 몽둥이를 준비시켰어요. 저항하는 놈은 움직이지 못할 때까지 두들겨 패라고 했지요. 또 빈 텐트로 데려오는 즉시 저항하지 못하도록 발가벗기라고 했어요."

쿠데타는 순식간에 '커다란 저항 없이' 이루어졌다. 그는 '무혈 쿠데타'였다고 표현했다. 거제도 수용소 최초의 쿠데타였다. 아침에 태극기가 올라갔다. 쿠데타가 성공했다는 의미였다. 그 후 81수용소를 비롯해서 이곳저곳에서 쿠데타가 일어났다. "쿠데타가 일어나면 전쟁이에요. 백병전을 벌이는 겁니다." 그는 중요한 말을 한다. "그러려면 무기가 있어야 해요. 텐트 지지대는 찌를 수 있는 무기가 됩니다. 끝에 쇠가 달려 있잖아요. 드럼통을 잘라 칼을 만들기도 하고요."

그동안 이런 끔찍한 무기들은 친공 포로가 반공 포로를 살상하기 위해서 만들었다고 알려져 왔고, 거제도 수용소에 관한 기록들은 모두 그렇게 기술하고 있다. 하지만 안씨는 반공 포로들도 그런 무기를 만들어 사용했다는 것이었다.

"무기를 만들려면 도구가 있어야 해요. 그 연장들은 김선호 중위가 가져다주었지요." 전범 조사를 담당한 사람이 포로들의 폭력 행위에 쓰일 수 있는 연장을 갖다주었다는 것이다.

김선호는 인터뷰에서 이렇게 말한 적이 있다. "처음에는 순진한 마음에 반공 포로들을 도와주었지만, 나중에 일이 심각해지면서는 후회했어요. 양측에서 다 자신들의 세력을 확장하기 위해서 못 하는 일이 없었어요. 양측이 다 그랬어요."

필자는 그의 말을 들으면서 그 쿠데타의 성격이 궁금해졌다. 즉, 쿠데타의 동기가 '좌익 지도부의 반공 포로들에 대한 탄압, 혹은 폭행'이었는가 하는 것이었다. 그는 후일 '반공'을 기치로 내세운 대한반공청년단의 실질적 리더로서 수용소 내의 '전쟁'을 지휘하는 전략가로 활약했다. 그런데도 첫 번째 쿠데타를 이야기하면서 반공이니 친공이니 하는 말로 설명하지 않았다. 좌냐 우냐 하는 구분은 했지만 그것은 매우 피상적인 것이었다. 민감한 문제라고 생각되어 아껴둔 이 질문은 끝내 할 기회가 없었다. 그가 이제 그만하자며 말을 거두어버렸기 때문이다.

다른 반공 포로들에게서 첫 번째 쿠데타를 비롯한 초반의 쿠데타에 대해서 이야기를 들을 수 있었다. 그들은 초반에는 좌니 우니

포로수용소 내 사제 무기들

하는 개념이 없었다고 했다. '주도권 다툼'이라고 했다. 예를 들어, 평안도 출신이 여단장이 되면 그 휘하의 간부들은 평안도 출신들로 채워졌고, 다른 지역 사람들은 소외되어 불만을 갖게 되었다는 것이다. 초반의 쿠데타는 평안도 출신 간부들을 대신해 황해도 출신들이 권력을 장악하는 것이었다. 쿠데타의 명분도 대체로 포로들의 처우와 복지에 관한 것이었다. '우리들은 배가 고파 죽을 지경인데 여단 본부에서는 먹지도 않은 밥을 갖다 버린다'거나, '간부들이 보급품을 빼돌린다'거나 하는 식으로 간부들의 부정을 폭로하는 방식이었다는 것이다. 물론 이데올로기적인 측면이 전혀 없었던 것은 아니다. 부산 수용소에서 UN 전범조사과의 지원을 받는 반공 포로들에게서 탄압을 받은 친공 포로들이 거제도에 오자마자 조직을 만들었기 때문이다. 하지만 그것이 쿠데타의 결정적인 이유가 되었던 것은 아니다. 쿠데타와 수용소 내 포로들의 전쟁이 단순한 주도권 싸움을 벗어나 이념 전쟁의 성격을 띠기 시작한 것은 휴전회담이 시작되고 송환 문제가 대두되면서부터였다.

〈대한반공청년단가〉 작곡자는 친공 포로

83수용소를 장악하고 태극기를 올리자, 여기저기 수용소에서 쿠데타가 일어나 태극기가 올라갔다. 1951년 8월 7일에는 '대한반공청년단'을 결성했다. 거제도 포로수용소 유적 공원에 가면, 독수리 문양에 '반공'이라고 새긴, 모포로 만든 단기가 전시되어 있다. 단가(團歌)도 만들어 매일 아침 조례 시간에 모두 함께 불렀다. 작사는 한광호, 작곡 김정석으로 되어 있다. 안병섭은 뜻밖에도 이 단가에 숨겨진 비밀을 이야기했다. "반공 포로가 석방된 후, 〈대한반공

포로수용소 내의 친공 포로들

청년단가〉를 인쇄할 때는 작사자와 작곡자 이름을 넣지 않았어요. 왜냐하면 작곡한 사람이 이○○라는 사람이었는데, 이 사람이 북으로 가버렸거든요. 그래서 넣을 수가 없었지요. 사람들이 누가 작사·작곡했는지를 자꾸 물어서 참 곤란했지요. 그런데 어느 날 이○○가 작곡할 때 같이 도왔다는 사람이 나타났어요. 그럼 작곡자를 그 사람으로 하자, 이렇게 된 거예요. 그 사람이 김정석입니다."

이○○라는 사람은 아마도 자신의 안전을 위해 정체를 끝까지 숨겼을 것이다.

대한반공청년단의 기본 목표

1951년 8월 7일까지 천신만고 끝에 27개 수용소 중 12개 수용소에 대한반공청년단을 조직할 수 있었다. 때마침 휴전회담이 시작되고 포로 송환 문제가 논의되기 시작하면서, 반공청년단의 목표는 쿠데타를 통한 수용소 장악에서 송환 반대로 옮아간다. 반공청년단의 기본 목표는 세 가지였다. '첫째, 우리는 악질 공산분자들과 피의 투쟁을 전개하여 승리를 쟁취한다. 둘째, 우리는 포로 강제 송환을 결사반대하고 대한민국에 석방(잔류)을 성취한다. 셋째, 우리는 민주독립의 정신으로 수련과 지식을 배양하여 대한민국에 복무함은 물론 사회에 적응할 수 있는 소양을 배양한다.'

대한반공청년단의 조직 체계는 단장(이관순) 밑에 부단장이 있고, 그 밑에 단비서, 또는 사무총장이 있었다. 그리고 그 밑에 연락부, 총무부, 훈육부, 선전부, 조직부 등 5개 부와 특공대가 있다. 교육국은 사무총장 직속이었다.

조직도에서 흥미를 끄는 것은 훈육부이다. 그 밑에 훈련국이 있고 국군예비훈련소가 있다. 아마도 위의 세 번째 목표와 관련되는 것일 텐데, 국군예비훈련소는 친공 포로들만 군사 훈련을 한 것은 아니라는 것을 보여준다. 그 밑에 소년단이 있다. 이것은 보이스카우트 조직이었다. "스무 살까지 다 가입했어요. 복장이라든가 머플러 이런 것은 밖에서 누가 가져다준 것이 아니라, 다 수용소 안에서 만든 거예요."

수용소 안의 보이스카우트. 어딘지 부조화스럽지만 모두들 신나했고, 무엇보다도 결속력이 생겼다. 각종 체육 활동을 담당하는 체육교육과도 있었고, 연극단에서는 〈호동왕자와 낙랑공주〉를 공연하고 반공극도 하는 등 문화 행사도 했다.

조직을 관리하고 움직일 여러 기구가 필요했다. 사람들이 적성에 맞게 소속되어 활동하게 했다. 즐거움과 오락 거리를 주어 '명랑하고 모범적인 수용소'를 만들어야 했던 것이다. 그것은 일단 장악한 권력을 계속 유지하는 방법이기도 했을 것이다. 다른 기록을

포로수용소 내 공작반. 때로는 사제 무기를 만드는 공장이 되기도 했다.

보면, 수용소의 지도자를 갈아치우는 쿠데타는 보통의 경우, 겉으로 보기에는 아주 사소한 불평에서 시작되기도 했다. '포로들이 먹을 식량을 가로챈다' '보급품을 빼돌린다' 등등. 수용소 내의 다양한 활동은 그런 불만과 불평을 잠재우는 역할도 했을 것이다.

수용소 안의 유력 인사

그동안 대한반공청년단에 대한 UN과 국군의 지원 및 비호는 개인적인 차원에서 이루어진 것으로 기술되었다. 그러나 그것은 UN과 국군이 조직적으로 행한 것이었다. 뿐만 아니라 대한민국 정부가 직접 개입하기도 했다. 안씨는 반공청년단과 UN, 혹은 국군이 얼마나 끈끈한 관계를 가졌는지를 짐작하게 해주는 일화를 들려주었다.

가끔씩 '손님'이 찾아오기도 했다. 손님이란 수용소 경비를 담당하는 헌병이나 수용소 당국에서 일하는 한국 군인이었다. 그만큼 그는 수용소 안의 유력 인사였던 것이다. 손님이 오는 때면 당번이 죽어났다. 헌병 옷을 빨아 다려놓아야지, 좋은 쌀로 따로 밥 지어야지, 말 그대로 포로를 감시해야 할 헌병이 포로수용소에 와서 포로와 함께 자는 것이었다.

수용소에 태극기가 올라가면 그 수용소에는 군목, 군종신부 등이 드나들었다. 종교 행사를 위해서였다. 그 사람들은 연필, 공책, 책들을 트럭에 잔뜩 싣고 왔다. 그들이 오면 물건 조달이 쉬워졌다. 필요한 것을 말하면 다음에 올 때 가져다주었던 것이다. 다른 수용소에 연락하는 일도 훨씬 쉬워졌다. 이 수용소, 저 수용소 자유롭게 드나들 수 있었던 군목과 신부들이 메신저의 역할을 맡아주었던 것이다.

유엔군의 전향 공작

한국전쟁은 제2차 세계대전 이후 최초로 벌어진 전쟁이었다. 한국전쟁의 특징적인 면모는, 물리적·지리적 영토의 확장이 아니라 이념적 영토의 확장이라는 데 있다.

1951년 6월, 전쟁이 발발한 지 1년이 되어갈 무렵, 미국 뉴욕에서는 소련과 미국 간 막후 접촉이 있었다. 휴전회담의 개시 가능성을 타진하기 위한 것이었다. 양측은 군사적 승리가 불가능하다는 것을 깨닫고 있었고, 심리적 승리를 얻어낼 수 있을지에 주목했다. 미국이 생각한 방안 중의 하나는 포로들로 하여금 자유 진영을 선택하게 하는 것이었다. 즉, 많은 수의 공산 포로들이 자유 진영을 선택한다면, 그것은 자유 진영의 우월성을 증명하는 일이 될 것이었다.

1951년 6월부터 시작된 CI&E(Civil Information&Education), 즉 민간정보교육 프로그램은 바로 그런 것을 염두에 둔 것이었다. 안병섭이 취재진에게 전해준 몇 장의 자료에는 당시 포로수용소의 관리를 담당한 유엔군의 조직도가 포함되어 있다. 유엔군 수용소장과 별도로 'CIE본부'(유엔민간공보교육처)가 있다. CIE본부는 유엔군 소장에게 속한 것이 아니라 도쿄의 유엔군 사령부에 속한 기구였다. 이 프로그램은 포로들이 사회에 복귀했을 때 잘 적응할 수 있도록 한다는 명분으로 선전되었다. 사실 제네바협정은 포로들에게 적절한 교육을 실시하도록 하고 있다. 따라서 포로들에게 교육을 한다는 것이 국제협약의 위반은 아니다. 하지만 CI&E 프로그램의 핵심은 공민교육이었는데, 이것은 전향 프로그램이었다. 한 미군의 기밀문서에 따르면, '반공주의자'를 길러내는 것이었다. 이 프로그램에는 많은 민간인이 강사로 동원되었다. 이들 강사들은 자유민주주의 체제의 우월성을 포로들에게 주입할 뿐만 아니라 반공 포로들과 사회, 그리고 수용소와 수용소 간의 연락을 담당했다. 대한민국 정부나 유엔군 사령관 또는 미국 대통령에게 전달되는 탄원서는 이들을 통해 밖으로 전달되었다. 안병섭은 CI&E 프로그램에 맞추어 포로들의 이념 교육을 강화할 필요를 느꼈다. 친공 포로들과의 투쟁에 필요하기도 했지만, 그것보다는 유엔의 시책을 앞장서 따른다는 계산이 있었을 것이다. "우리도 반공 교육을 강화했지요. 그리고 사회 적응 훈련을 했어요. 대한민국에 남으려면 그 사회에 빨리 적응해야 할 것 아니겠어요? 포로 중에는 교사도 있어서 한글읽기와 쓰기도 가르쳤어요. 당시에 문맹자가 70퍼센트 이상이었거든요."

반공청년단원증 1, 2, 3번의 주인은 전범조사과 장교들

1952년 1월 4일, 김선호 중위가 일하는 UN군 전범조사과에서 대한반공청년단 중앙단이 만들어졌다. 그 일은 제네바협정에 위반되는 것이었기 때문에 철저하게 비밀에 부쳐졌다. 중앙단의 단장은 이관순이 맡았다. 김선호는 취재진과의 인터뷰에서, 전범조사과는 사람들을 불러 모으기가 쉬웠다고 증언했다. "우리의 업무가 포로들을 조사하는 것이기 때문에, 조사한다고 데려오면 되거든요. 그래서 중앙단을 만들 때도 우리 사무실에서 했고, 그 후 모임도 우리 사무실에서 가졌어요."

이것은 사실 유엔군이 포로들의 정치 활동에 개입했다는 것을 의미한다. 다른 기록에 의하면, 전범조사과는 반공청년단의 조직을 지원했을 뿐만 아니라 친공 포로들에게 폭력을 행사했다. 누구를 혼내줘야 할 것인가 하는 정보는 안씨 등 반공청년단이 제공했다. 반공청년단의 조직부 감찰국 밑의 대공정보과가 그런 일을 주로 했다. 친공·반공 포로들은 같은 이유로, 즉 '조사'를 이유로 전범조사과 사무실에 불려 갔지만, 사무실 안에서의 대접은 달랐다. 친공 포로들은 위협을 당하거나 폭행을 당했다. 반공 포로들은 마주 앉아

거제도 포로수용소. 분류 심사 때 대한민국을 선택한 반공 포로들

환담했다. "조사한다고 우리를 데려가지요. 하지만 사무실에 들어가면 차를 마시면서 담배도 피우고 웃고 떠드는 거지요. 그렇게 우리와 가까웠고 많이 도와주었어요."

전범조사과 사무실을 나올 때 반공 포로들은 자신의 원래 수용소로 돌아갔지만, '악질이다' 싶은 친공 포로들은 다른 수용소로 보내버렸다. 나중에 친공 포로들은 포로수용소장 도드(Dodd)를 납치해 감금한 후, 'UN군에 의한 폭행과 고문' 행위가 있었음을 시인하라고 요구한다. 그 '폭행과 고문'에는 전범조사과의 행위도 포함되는 것이었다. 전범조사과는 반공청년단의 정기 모임 장소가 되었다. 정기 모임은 한 달에 한 번씩 있었다. 반공청년단 단원증을 만들었을 때, 단원증에 일련번호를 매겼는데, 1번은 전범조사과의 오가와 대위, 2번은 김○○ 대위, 3번은 김선호 중위였다. 4번은 건너뛰고 5번이 이관순 단장, 안씨는 7번을 받았다.

대한민국 정부의 개입

1952년 4월경에 내무부장관 백성욱이 거제도 포로수용소를 방문했다. 안씨는 백성욱이 문교부 장관이라고 했지만, 백성욱은 내무부 장관이었다. 백 장관을 맞은 반공청년단은 목청껏 애국가를 불렀고 그는 그만 감동해 '울면서 돌아갔다'. 백성욱 장관의 방문은 그가 당시 정부의 각료라는 의미 외에 이승만 대통령의 최측근 중의 한 사람이었다는 점에 의미가 있다. 그의 방문은 이승만 대통령의 의중, 요즘 말로 하면 '이심(李心)'의 표현으로 볼 수 있는 것이었다. 백성욱은 이승만에게 이화장(梨花莊)을 기증한 사람이다. 1948년 5월 10일 선거의 동대문 갑 선거구에서 이승만의 무투표 당선을 막기 위해 출마한 최능진의 입후보를 서북청년단을 동원해 막음으로써 이승만에게 무투표 당선을 선물한 인물이기도 했다.

그 무렵 거제도에서는 송환에 대한 포로들의 의지를 묻는 분류심사가 실시된다. 안씨는 강제 송환에 반대하는 운동을 벌였고, 아이젠하워 미국 대통령, 이승만 대통령 등에게 탄원서를 보냈다. 탄원서는 그가 초안을 잡고, 글씨 잘 쓰는 사람에게 쓰도록 한 것이었다. 아이젠하워 대통령에게 보내는 탄원서는 영어를 잘하는 사람을 골라 영문, 국문 한 통씩을 작성했다.

배신자를 막기 위해 한 일은 또 있다. 황세준이 쓴 『신생의 날』에 따르면, 이 무렵 "적구(赤狗)들에게 대립시키는 사상전향운동"을 벌이고 단원 전체의 성분을 재검토했다. 자세한 언급은 없다. 하지만 다른 기록과 포로들의 증언을 미루어보면, 혈서쓰기, 문신새기기 같은 것이 배신자를 막기 위한, 또는 색출하기 위한 조치였다. 혈서를 모아놓은 곳에서는 피비린내가 났다고 한다. 혈서를 쓸

영천 포로수용소를 방문한 이승만

때는 망설이면 안 되었다. 그냥 손가락을 뚝 깨물어 써야만 의심받지 않았다. 분류 심사에서 북을 선택하지 않도록 하기 위해 '반공' '멸공' 같은 문신을 새기기도 했다. 그것은 주홍글씨였다. 그 문신을 새긴 채로 북에 갈 수는 없었기 때문이다. 논산에서 만난 최희원의 말이다. "안 한다고 할 수 없어요. 그러면 친공이라고 찍혀 죽도록 얻어맞을 테니까요. 나도 '에라, 모르겠다' 하고 했지요."

물론 그 비슷한 일들이, 혹은 더 가혹한 일들이 친공 포로수용소에서도 일어났다.

대한민국 정부의 공작금

1952년 5월 포로수용소장 도드 준장 감금 사건이 일어난 후, 콜슨 소장의 뒤를 이어 부임한 보트너 소장은 단시일 안에 좌우익 포로수용소의 무질서를 제거해 버렸다. 인공기나 중공기의 게양을 금지했고, 게양하는 자는 사살하도록 했다. 실제로 두 명이 사살당했다. 또 반공 포로들을 분리해 육지의 수용소로 이송해 버리고, 거제도에 남아 있는 친공 포로들도 500명 단위로 나누어 분리 수용해 버렸다. 친공 조직을 와해시켜 버린 것이다. 안씨는 이때, 이관순 등과 함께 거제리의 수용소로 갔다. 김선호 중위는 거제도에 남아 있었으므로 그의 도움을 받을 수는 없었다. 공작의 방향을 전환해야 했다. 밖을 향해 싸우자는 거였다. 탄원서를 보내는 작업을 계속해야 했고, 수용소가 논산·영천·광주·부평 등으로 흩어져 있었으므로 수용소 간 연락도 취해야 했다. 이때 도와준 사람이 헌병중사 이○○였다. 그는 온갖 궂은일을 도맡아 했다. "각 수용소로 보내는 연락 업무를 이○○ 씨가 다 해주었어요. 연락문을 등사해서 주면 더플백에 가득 담아 가지고 이 수용소 저 수용소를 돌아다니며 나누어 주었지요. 물건이 필요하다고 하면 또 물건을 구입해 들여다 주었어요. 낮에 물건을 가지고 들어올 수 없었기 때문에 밤에 경비병들에게 이야기해서 몰래 들여왔지요. 그 사람 우리 수용소에서 많이 자고 갔어요."

이 중사가 그럴 수 있었던 것은 거제리 수용소 헌병대의 묵인이 있었기 때문에 가능했다. 거제도에서 전범조사과가 반공청년단의 아지트였다면, 거제리에서는 헌병대 사무실이 그랬다. 반공청년단 단원증을 새로 만들 때도 이○○ 중사가 각 수용소마다 다 배달했다. 그 단원증을 줄 때는 돈을 받았는데, 이 중사가 모아다 준 돈은 1952년 10월 공작금으로 긴요하게 쓰인다. 이관순과 '밖에 나가서 운동'하기로 하고 이관순을 탈출시킨 것이다. 탈출을 도와준 것도 헌병대와 이 중사였다. 밤에 몰래 들어온 이 중사가 가지고 온 헌병 복장을 걸치고 안씨가 쥐어준 공작금을 가지고 이관순은 유유히 걸어 나간 것이다. 이관순은 후일 1953년 6월 18일 반공 포로 석방 때 다른 반공 포로들과 함께 탈출한 것으로 서류가 꾸며졌다. 부산으로 간 이관순은 평안도 출신 정치인 정일형을 찾아갔고, 정일형은 이관순을 당시 국회 국방위원장이었던 임흥순에게 소개했다.

1953년 2월에 국회 국방위에서는 비밀 청문회가 열렸다. 이관순은 안병섭이 깨알같이 적어준 반공 포로들의 절절한 호소를 담은 공책을 제출했다. 그리고 그 후, 국무총리 서리였던 이운형이 찾아와 안씨를 면담했다. 그는 후에 거금 500만 원을 공작금으로 보내기도 했다. 하지만 그 돈은 안씨에게 전달되지 않았다. 심부름을 맡았던 민간 교육 강사가 '배달 사고'를 낸 것이다. 이것도 대한민국 정부가 포로 조직에 개입했다는 증거가 된다.

반공 포로 석방

안씨는 이미 수용소에서 거물이 되어 있었다. 부산에서 휴전 반대 시위가 벌어졌을 때, 그는 전단 투쟁을 했다. 그의 말이다. "사실 휴전 반대 시위는 좀 억지스러웠어요. 하지만 우리는 그 기회를 통해서 우리의 주장을 알리기로 하고 반공 포로 송환 반대 전단을 배포하게 했지요. 그게 문제가 되어서, 수용소장인 모럴(Moral) 소령이 병사들을 끌고 우리 수용소에 들어와 서류를 다 들고 가버렸어요. 그리고 제네바협정 위반이라면서, 수용소 바깥출입을 금지시켰어요. 그러면서 다시는 그런 활동을 안 한다는 각서를 쓰라는 거예요. 쓸 수밖에요. 그래서 수용소에서 꼼짝 못하고 있었지요."

어느 날 헌병대에서 사람이 왔다. 안씨에게 헌병대장실로 가야 한다는 것이었다. 수용소 밖 출입을 금지당했다고 해도 오늘 그 사람을 만나지 않으면 안 된다고 했다. 누구냐고 물어도 가보면 안다고만 했다. 그래서 허름한 옷을 갈아입고(당시 그는 'PW(prisoner of war)'라는 글자도 박히지 않은 옷을 입고 있었다) 얼굴에 흙 좀 묻히고 모자를 푹 눌러쓰고 헌병대장실로 갔다. 거기에는 대령인 헌병대장과 양복을 입은 30대로 보이는 남자가 앉아 있었다. 대령이 남자를 소개했다. 박 중령이었다. 안씨는 그가 대통령이 보낸 사람이라고 했다. 박 중령이 입을 열었다. "수용소 문을 열어두면 얼마나 나가겠습니까?" 안씨는 뭔가 짚이는 게 있었지만 확실하게 해두기 위해 엇나갔다. "아니, 수용소 문을 열기는 누가 엽니까? 유엔군이 열어주겠어요? 아니면 대한민국 정부가 그럴 힘이라도 있어요? 언제 우리에게 관심이나 가져주었어요?"

몇 번 비슷한 얘기가 오간 다음에 박 중령이 말했다. "이번에 대한민국 정부가 꼭 할 겁니다. 문을 열면 몇 명이나 나가겠습니까?"

그제야 안씨는 슬그머니 물러섰다. "그거야 문이 열린다면야 누가 안에 남아 있겠어요? 다 나가지." 그러자 박 중령은 "알았습니다. 일주일 후가 D데이입니다. 그날 뭔가가 있을 겁니다. 만반의 준비를 하십시오."

그때 일주일 후라면 6월 18일이었다. 더 자세한 내용은 물어볼 수 없었다. 헌병대장실을 나오다가 미군에게 들켰고 또 모럴 소장에게 끌려갔다. 모럴 소장은 안씨가 쓴 각서를 흔들어대며 이제는 안 된다고 "영창 20일을 때렸다".

안씨는 영창에 갇혀 있으면서 이 사실을 빨리 알려야 한다는 생각밖에는 하지 않았다. 식사가 들어오면 밥그릇 밑바닥에 메모를 남기고 밥으로 덮었다. 조직부장에게 보내는 메시지였다. '언제가 D데이이니 각 수용소에 빨리 연락하고 만반의 준비를 갖추라.'

드디어 D데이, 그는 신발 끈을 단단히 묶고 수건을 찢어 허리띠를 만들었다. 새벽 1시, 밖에서 무슨 소리가 들렸다. 발소리가 들리더니 5호실인 안씨의 방 앞에서 소리가 멈추었다. 창으로 내다봤더니 누군가 한국 경비병의 머리에 권총을 겨누고 있었다. 문이 열렸다. 권총을 겨누고 있는 사람은 헌병대 정보과장이었다.

헌병이 인도하는 대로 밖으로 나갔더니, 수용소 포로들이 기르던 배추밭은 엉망이 되어 있었고 철조망에 커다랗게 구멍이 나 있었다. 인도하던 헌병이 말했다. "이제 이쪽으로 곧장 걸어가다 보면 저수지가 나오고 저수지 너머로 목장이 있습니다. 거기서부터 산인데 그 산을 넘으십시오. 아침까지는 넘어야 합니다. 산을 넘으면 부산입니다. 암호는 '살자 투사'입니다. 행운을 빕니다."

가르쳐준 대로 가다 보니 산 밑에 소년단원들이 기다리고 있었다. 그들과 함께 산을 넘었다. 가야산이었다. 산을 넘어가니 포로

포로수용소의 모습

들로 가득했다. 우왕좌왕하고 있었다. "그래서 똘똘한 놈 몇 놈 골라 상황을 보고 오라고 했지요. 갔다 와서 하는 말이 군인과 경찰이 쫙 깔려 있는데 어서 내려오라고 하더라고 합니다. 그런데 어떻게 압니까? 우리를 어떻게 할지……. 그래서 종대로 서라고 했지요. 횡대로 내려가다 만일 사격을 하면 다 죽을 테니까. 그런데 내려가 보니까, 정말 대한민국 조직 잘 되어 있습니다." 기다리고 있던 경찰과 군인들은 다섯 명씩 세어 "김씨, 빨리 데려가시오" "이씨, 당신이 맡으시오" 하면서 나누었다.

반공 포로 석방은 6월 18일 하루에만 이루어진 것은 아니다. 5일간에 걸쳐서 이루어졌다. 수용자 총수 3만 5000여 명 중 탈출에 성공한 자가 78퍼센트인 2만 7000여 명, 잔류자는 22퍼센트인 7000여 명이었다.

반공청년단의 해체

반공 포로 석방 후 1년이 되는 날인 1954년 6월 18일에 발행된 『신생의 날』에 따르면 대한반공청년단은 조직 활동 포기를 선언했다. 실질적으로는 안씨의 결정이었다. "사회로 완전 진출에 성공한 대한반공청년단은 조직 활동을 포기하고 전 반공애국청년은 당국의 적절한 지도 밑에서 한국 청년으로서의 인격 도야에 부심 중에 있다."

그는 왜 힘들게 꾸려온 조직을 포기한 것일까?

"북한에서 자꾸 정치 문제화할 것 같고……. 한 5~6년 후에 이름을 대한반공청년회로 해서 다시 조직이 만들어졌어요. 그냥 친목 단체죠. 하지만 나는 거기에 나가지 않았습니다."

안씨는 그 이유를 더 이상 말하지 않았다. 포로 조직을 기반으로 해서 대한민국의 실력자들을 두루 만난 그는 어쩌면 더 이상 포로 조직에 연연해할 필요가 없었는지 모른다. 어차피 조직은 권력을 획득하기 위한 수단이었으니까. 포로 조직을 통해 얻을 수 있는 권력을 그는 이미 다 얻었던 것이다. 더 이상 포로 조직을 통해 얻을 수 있는 것은 없거나 비효율적인 것이라고 판단한 것은 아니었을까?

그는 석방 후 정말 운 좋게도 북에 두고 온 약혼녀를 다시 만났다. 가족이 모두 피란해 와 있었던 것이다. 국무총리 서리를 지낸 이운형 목사의 주례로 결혼한 다음 처가가 정착한 동네에 정착했다. 그리고 이운형의 보증으로 공무원이 되었다. 그 후로는 한 번을 빼고는 반공 포로라는 것을 이야기한 적이 없다. 공무원으로 퇴직하고 10년을 중견 기업의 중역으로 일했지만 주변 사람들은 아무도 그가 반공 포로라는 것을 알지 못한다.

반공 포로라고 터놓고 이야기했던 것은 1970년대에 정부에서 훈장을 받을 때였다. 안씨는 심사 과정에서 보훈국장과 크게 싸웠다.

보훈국장이 "당신들이야 살려고 반공한 거지, 나라를 위해서 그런 게 아니잖은가"라고 했던 것이다. 안씨는 "살려고 반공한 거지만 어쨌든 국가의 안보에 기여한 거 아닌가"라고 대답했다고 한다.

그는 훈장을 받을 때, 중앙정보부에 서약서를 썼다고 했다. 반공 포로 활동에 유엔과 대한민국 정부가 개입했다는 이야기를 평생 하지 않겠다는 서약이었다. 안씨를 비롯한 반공청년단 핵심 멤버들은 후일 공안 기관에서 일한 것으로 알려졌다. 그러나 대부분의 반공 포로들은 석방 후, 혹은 대한민국에 잔류 후 군에 입대해 '3년 동안이나 더 전쟁을 치렀다'. 북으로의 퇴로가 막힌 채 산속에서 빨치산 활동을 하던 옛 동지들을 소탕하기 위한 전쟁이었다.

반공 포로들 중 일부는 지금도 자신이 대한민국을 선택한 것은 강요된 것이었다고 말한다. 어쩌면 그들은 한국전쟁의 유일한 패자다. 남과 북 이쪽저쪽에서 이데올로기 전쟁의 병기로 내몰렸고 남과 북을 선택할 권리마저 빼앗겼으니 말이다.

김일성,
항일 무장투쟁은 진실인가

― 곽동국

뿌리 깊은 레드 콤플렉스와 김일성

보천보 전투를 이끌며 만주 벌판을 누비던 김일성 장군! 그리고 지난 반세기 동안 북한 권력자로서의 위치를 철옹성같이 지켜왔던 김일성! 이 둘은 과연 같은 인물인가? 아니면 북한의 김일성은 가짜로, 김일성 장군의 행세를 한 것인가? 역사 속의 인물이 된 김일성의 항일운동에 관한 진실은 과연 무엇인가?

2001년 11월 〈이제는 말할 수 있다〉의 연출을 처음 맡았을 때 한국 사회는 국가보안법 폐지 논란이 상당히 가열되어 가던 시기였다. 국보법은 이미 종이호랑이가 되었으니 폐지가 마땅하다는, 민주화운동을 탄압하는 구실을 했던 악법을 이제는 정리할 시기가 되었다는 개혁의 목소리가 높았다. 사실 불과 그 십수 년 전까지만 해도 국보법에 의해 '빨갱이 아닌 빨갱이'가 되면 온 집안이 풍비박산이 되는 것이 한국의 냉혹한 현실이었다. 국보법은 북한이라는 '주적'을 둔 한국인들 마음속에 오랫동안 짙은 레드 콤플렉스를 드리우는 존재였다. 그런 '레드 콤플렉스'가 필자의 마음속에도 여전히 위력을 잃지 않고 있던 터라 한국전쟁의 '주범'인 김일성을 항일 독립운동가로 묘사한다면 자칫 국보법에 저촉되는 행위가 될 수 있는 위험한(?) 시도일 수도 있었다. 하지만 무엇보다도 제대로 알려진 바 없는 김일성의 항일운동 진상을 좀 더 객관적으로 볼 수 있어야만 우리 사회가 북한을 더 잘 이해할 수 있겠고 그것이 한반도 평화와 통일에 조금이나마 도움이 될 것이라는 사실이 프로그램을 진행하게 된 더 큰 이유였다.

그동안 연구된 상당한 양의 자료와 확보된 증언, 그리고 학자들에 의해 어느 정도 확인된 만주의 현장들을 확인하고, TV 다큐멘터리로서는 처음으로 김일성에 대한 객관적인 평가에 착수하게 되었다.

김일성 항일운동의 연구와 생존 증언자들

김일성의 항일운동에 대해서는 사실 남한 역사학계에서는 1980년대 후반부터 연구가 이루어지기 시작했다. 김일성 가짜론과 만주 항일운동에 대해 국내에서 공개적으로 처음 문제를 제기한 사람은 이승환(민화협 사무총장)으로, 그는 결국 이 문제 때문에 국보법 위반으로 옥고를 치렀고, 그 즈음 일본에서는 와다 하루키 교수(도쿄대)가 북한을 김일성 부대의 항일 유격대를 기반으로 수립된 유격대 국가라는 학설을 주창, 외국인에 의해 본격적으로 김일성 항일운동이 조명되었으며, 그 후 이종석 교수(현 통일부장관, 전 세종연구소 남북관계실장)와 한홍구 교수(성공회대), 신주백 교수 등 진

김일성 동상 앞에 모여 있는 김일성 추도 인파

보적인 소장 학자들의 활발한 연구를 통해 김일성 항일 투쟁은 학계의 정설로 자리 매겨졌다. 그러나 냉전 시대를 겪은 중장년 한국인들에게는 여전히 김일성 가짜론이 유효한 형세였고 젊은 세대들에게는 그저 무관심의 대상일 뿐이었다. 그때까지 대중 매체인 TV를 통해 알려진 내용은 대개 냉전 시대의 유산인 김일성 가짜론이나 김창순 이사장(북한연구소), 서대숙 교수(경남대 극동문제연구소장), 이정식 교수(펜실베이니아대 정치학)의 보수적 시각에 의한 과소 평가설 또는 소극적 인정설이 소개되었을 뿐이었다.

김우종 교수(연변대)는 연변과 중국 쪽에 있는 이른바 친북 인사이면서 김일성을 직접 만났던 사람들을 소개해 주겠다고 했다. 비록 친북 인사들이겠지만 그들의 증언을, 그들의 입장을 고려해서 판단한다면 진실에 접근하는 데 도움이 될 수 있겠다고 생각했다. 김일성의 동북항일연군(東北抗日聯軍) 시절 동지였다는 서순옥, 김일성이 다녔던 육문중 친구였고 김일성이 소속되었던 소련 88여단 출신이라는 이재덕, 항일연군 2로군 출신 여영준, 88여단 시절 김일성의 상사였던 주보중의 딸 주위 등, 당시를 증언해 줄 수 있는 10여 명의 중국 거주 증언자가 아직도 생존한다는 사실이 진실 접근에 큰 역할을 해줄 것이라는 기대를 갖게 해주었다. 하지만 이런 기대는 제작 중반에 곧 물거품이 되고 말았다. 웬일인지 섭외에 상당히 적극적으로 협조해 주던 김우종 교수가 만주 분위기가 심상치 않게 돌아간다는 이야기를 전해왔다. 초반에 남한의 MBC가 김일성 주석의 항일 투쟁사를 다큐멘터리로 만든다는 고무적인(?) 소식을 전해 듣고 기꺼이 인터뷰해 주겠다던 사람들이 무슨 이야기를 들었는지 적당한 구실을 들어 잇달아 거절을 통보해 왔다고 한다. 비록 사망했지만 북한 주민에게 김일성은 여전히 신적인 존재이며 존경과 찬사의 대상이었으니 그런 김일성 장군을 남쪽에서 객관적으로 조명한다는 것은 그들에게는 불경스러운(?) 일이었을까? 결국 구체적 진실에 접근하기는 그만큼 어려워지고 말았다.

하지만 김일성을 감옥에서 구해준 손정도 목사의 아들 손원태가 미국에 거주하고 있어 인터뷰에 응해주었다. 그는 김일성의 어린 시절을 잘 알고 있었고, 김일성의 주석 시절 몇 차례 북한을 방문해 그를 직접 만나기도 했던 인물이다. 그리고 선우진(김구의 비서)과 박재창(조만식의 비서) 등에게서 해방 직후 시대에 관한 증언을 어렵게 들을 수 있었고 김일성의 6로군 시절에 같은 부대원이었던 김선의 녹음 인터뷰 내용 등을 확보할 수 있었다. 그 밖에 이후락(전 중정부장), 조명철 박사(대외경제정책연구원), 광복회의 김유길·김우전 등의 증언은 어려운 취재 과정에서도 진실 접근에 큰 도움이 되어주었다.

가짜론의 진상과 항일운동의 진실

김일성 가짜론의 내용을 요약하면 이렇다. 우선 재일교포로 총련계인 조선대에서 김일성의 항일운동에 대해 가르쳤던 허동찬은 항일 유격대 내에 두 명의 김일성이 있었다고 주장한다. 북한의 김일성은 반만항일군으로 활동하다 동북인민혁명군에 1934년에 합류해 훈춘 4단 3연장이 되고 이후 소련에 의해 북한의 지도자가 되었다는 것이고, 진짜 김일성은 왕청 출신의 김일선(金一善)으로 1932년 이전에 유격대에 합류해 항일연군 6사장까지 된 사람으로 보천보 전투 후 사망했고, 일제 말 김일성 장군 전설의 주인공은 바로 이 사람이라는 주장이다. 보천보 전투 당시 그의 나이는 36세였지만 북한의 김일성은 그 당시 29세였으므로 가짜라고 주장한다. 이런 가짜론은 이명영에 의해 4인설로 체계화되었다. 이명영은 1970~1980년대 당시 만주 등지에서 활동했던 증언자들의 진술을 토대로 4인설을 주장했는데, 제1대는 본명 김성주(金成株)로

항일운동을 하던 김일성(왼쪽)

모스크바 공산대학 출신으로 동북항일연군 제2군 제2사가 성립될 때 정치위원에서 시작해 나중에 동북항일연군 제6사장을 지냈고 보천보 전투를 지휘했으며 1937년 무송현에서 전사했다고 본다. 그리고 제2대는 김일성(金一星)으로 용정 대성중학교 출신으로 소련에 들어가 적군 사관학교를 졸업하고 사관으로 있다가 1대인 제6사장 김일성이 죽은 다음 1938년 봄에 그 후계자로 파견되어 김일성의 이름을 이었다고 한다. 그는 1940년까지 활동하다가 일제의 토벌을 피해 소련으로 들어갔으나 1944~1945년 사이에 소련에서 죽었을 것으로 짐작된다고 한다. 제3대 김일성이 북한의 김일성인데, 길림의 육문중학교 재학 시 공산청년회 모임 참가 중 검거 선풍이 일자 이를 피해 당시 정의부 소속 이종락 부대를 찾아갔던 적이 있고 1930년 조선혁명군 길강 지휘부 소속 대원이었으며 1932년 이후 소식이 끊겼다가 2대 김일성이 사망한 후 김성주(金聖株)라는 이름을 김일성으로 바꾸고 1945년 평양에 다시 나타났다는 이야기이다. 이 북한의 김일성은 동북항일연군 6사장이었던 1대 김일성 밑에 있던 대원이었거나 2대 김일성 밑에서 단장이나 연장 정도의 중간 간부로 있었던 것으로 추측된다고 했다. 그리고 전설의 김일성 장군은 일본 육사를 나온 김광서로 오래전에 소련으로 돌아가 사망했다고 주장한다.

이러한 김일성 가짜설의 오류는 쉽게 지적될 수 있다. 우선 일본 육사를 나오고 김경천이라는 가명을 썼던 김광서 장군은 백마를 타고 다닌 것은 사실이지만 실제로 단 한 번도 김일성이라는 이름을 사용한 적이 없다. 사료 중에 이를 증명할 수 있는 것이 없었다. 그리고 그는 1937년 보천보 습격 사건으로 김일성이라는 이름이 알려지기 시작했을 때 이미 소련으로 돌아가 있었다. 따라서 김광서 장군은 김일성 장군이 아니다. 이명영이 주장하듯 1대 김일성이 1937년 11월 13일 보천보 사건 때 무송현에서 전사했다는 주장은 일제 사료에 근거한 것인데, 같은 일제 사료인 『만주국군』에는 사망했다는 김일성이 다시 출현했다는 기사가 나온다. 사살을 해서 포상까지 했더니 다시 출몰했다는 것이었다. 와다 하루키 교수는 "사망했다는 소문을 흘리고, 다시 나타나면 죽었다고 생각한 사람들이 놀랄 것이고…… 그것이 게릴라 전술이지 않겠냐"는 해석을 해주었다. 아무튼 이명영은 이 사료 기록을 찾지 못했든지 아니면 고의로 무시했던 것이 아닌가 추측할 수가 있다.

보천보 사건이 북한의 김성주(金成柱), 곧 김일성이 지휘한 것이라는 사실은 보천보 전투의 일제 판결문인 '혜산 사건 판결문'에 보면 잘 나와 있다. 북한 김성주의 한자가 판결문의 한자와 일치한다. 조선총독부 관헌 기록인 《사상휘보》(20호)를 보면 이 김일성의 출생지가 북한의 김일성의 출생지와 같음을 알 수 있다. 북한의 김일성이 보천보 전투를 지휘했던 동북항일연군 6사장이었던 것은 이후 많은 간접적 증언과 행적에서도 확인할 수 있다. 우선 1989년 남한을 방문했던 망명객 이상조 전 인민군 부총참모장이 북한 김일성이 보천보 전투에 참가했었다고 증언하고 있고, 한국전쟁 당시 작전국장이었다가 이후 숙청되어 소련으로 쫓겨 갔던 소련파 유성철도 88여단 시절 빨치산 출신들에게 보천보 전투 활약상을 들었다고 한 이야기가 있다. 북한의 김일성에 대해 비판적인 그도 김일성이 부하 200여 명을 이끌고 국경 마을 보천보를 습격해 일경 여러 명을 살해하고 지주들에게 식량과 자금을 거둔 뒤 퇴각했다고 증언하고 있다. 물론 그는 북한에서는 이 전투가 크게 과장되어 선전되고 있다고 비판했다. 따라서 이명영이 주장한 1대

전 88여단 사령부

김일성은 북한의 김일성과 동일인임을 확인할 수 있다.

보천보 전투에 대해 좀 더 자세히 설명해 보자. 북한은 보천보 전투를 김일성 항일 투쟁의 상징적 사건으로 대단히 칭송하고 있다. 그런 배경에는 사실 보천보 습격 사건에 대해 당시의 국내 언론들이 이례적으로 큰 관심을 보인 것과 관계가 있다. 동아일보는 이 사건이 있던 이튿날 호외를 냈고 조선일보도 피해 상황을 상세히 보도했다(일제의 암울한 언론 통제시대라 이들 신문들은 항일독립군들을 '비적'으로 표현했었다). 보천보는 혜산진 근처에 있는 면 소재지였는데 중국 국경에 접해 있었기 때문에 만주의 항일 독립군들의 출현이 빈번했던 지역이다. 일제의 감시가 그만큼 삼엄했는데 이 습격 사건으로 일제가 큰 피해를 입었으니 국내 언론은 대대적으로 보도하지 않을 수 없었다. 당시 보도에 따르면 주재소와 면사무소, 우체국 등이 불에 탔고 부락이 거의 잿더미가 되었다고 한다. 지금은 서울에 살고 있고 당시 일곱 살이었던 강순명은 그 부근 마을에 살았는데 이 사건을 지금도 생생히 기억한다고 했다. 하늘이 빨갛게 보였고 한 시간가량 총격이 있었는데, 죽은 사람들을 업어 가고 난리가 났었다고 했다. 당시 어린 그에게도 김일성이라는 이름이 알려질 만큼 일제하 조선인들에게 그 이름은 전설이 되어 있었다. 당시 신문이나 잡지들은 이 보천보 사건 이외에도 국경선에 출몰했던 김일성 부대를 자주 거론했고 특집 기사로 다루기도 했다. 당시 언론에 크게 거론된 '비적 김일성 부대'는 그렇게 조선 민중의 영웅이 되어갔다.

　김일성이 사살되었거나 부상당해 사망했다는 기록과 증언도 여럿 있기는 하다. 남로당 조직 총책이었고 북한의 외무성 국장까지 지냈던 박갑동은 보천보 전투 당시 김일성 부대가 일본군에 포위당해 도망을 가다 김일성이 다리에 총을 맞아 기어오는 것을 목격했으며 그 후 죽었을 것이라는 이야기를 들었다고 말하고 있고, 혜산 사건에 연루되었고 김일성을 보았다는 박달과 박금철에게 평양에 온 김일성 사진을 보여주었더니 다른 사람이라고 증언했다. 일본 외무성 극비 자료에는 보천보 전투가 있던 해 11월에 김일성이 무송현에서 만주군에 의해 사살되었다는 보고도 기록되어 있다. 당시의 국내 조선인들은 김일성 장군을 백발의 노장군으로 생각했다고 한다. 하루에도 몇백 리 몇천 리를 가는 신화적 존재였고 눈에서 광채가 나고 여기서 번쩍 저기서 번쩍 하는 60~70세 노장군으로 생각한 것이다. 이러다 보니 해방 후 평양에서 소련 군정에 의해 마련된 시민환영대회에서 연단에 올라 연설하는 젊은 김일성을 본 시민들은 놀랄 수밖에 없었고 군중 사이에서 가짜라는 공감대가 확산된 것은 이해가 가기도 한다.

김일성 가짜론의 배경

선우진은 당시 가짜라는 얘기는 있었지만 김일성이 따로 있었다는 이야기는 들어본 적이 없다고 말한다. 최초의 김일성 가짜론은 『해방 전후의 조선진상』이라는 책에 나온다. 이 책에 김일성이 소련 사관학교 출신의 소좌라고 적혀 있다. 이런 당시의 정황과 부정확한 자료, 그리고 확인되지 않은 증언들이 이후 남북 대결이라는 정세와 연결되어 김일성 가짜론을 생산하게 된 기초가 된 것이다.

가짜론은 냉전 시대에 남북이 서로 역사의 정통성을 주장하면서 남한에서 북한을 비난하기 위해 내놓은 것으로 볼 수 있다. 한홍구 교수에 의하면, 김일성 가짜론을 내놓은 사람들의 배경을 살펴보면 "과거에 친일파였다든지 적극적인 친일을 하지 않았다 하더라도 (친일파였다는 사실 때문에) 굉장히 곤란한 입장에 있는 반대파였다"는 것이다. 해방 이후 반민특위의 와해로 친일 세력을 제대로 청산하지 못했던 남한에서 북한의 김일성이 치열한 항일 무장 투쟁을 했다는 사실을 인정하기는 어려웠던 것이다. 더구나 김일성을 쫓던 간도 토벌대 중에는 조선인을 주축으로 하는 부대도 있었고 국군의 중추 세력이 된 사람들도 있었으며, 그들의 입장에서는 자신들이 쫓던 자들이 항일 투사가 아니라 '비적'이어야 했던 것이다. 박정희도 만주 군관학교를 나와 만주군 장교로 복무했으니 김일성과 비교되는 과거가 그에게는 큰 부담이었을 것이다. 실제 김구나 이승만 등 독립운동에 투신했던 이전의 지도자들에게는 김일성의 항일 경력을 부정할 이유가 없었다.

김일성 가짜론의 결정판이라 할 수 있는 이명영 교수의 저서가 출판된 것이 박정희 시대였는데, 남로당 조직책이었으며 지금은 일본에 거주하는 박갑동의 증언에 의하면 "박정희 대통령이 그에게 김일성을 연구하라며 일본에 특파했다"는 것이다. 한홍구 교수는 "이명영이 5·16 군사 반란 직후에 최고회의 공보실에 근무했고 그 당시 최고회의 공보실장은 이후락이다. 그래서 가짜 김일성설을 체계화하는 작업이 이후락이 중앙정보부장으로 자리를 옮긴 이후에 시작되었다"고 말한다. 그러나 이후락은 취재진과의 인터뷰에서 도와준 적이 없다고 여전히 부인했다. 그러면서도 그는 7·4 남북공동성명 당시 밀사로 파견되었을 때 김일성의 항일 경력을 이미 "직무상 알고 있었다"고 말했다. 이후락 이전의 중앙정보부장이었던 김형욱은 회고록에서 "김일성이 상당한 조직을 가지고 있었고 보천보 전투를 지휘한 사실도 알고 있었다"고 증언했으니 이미 남한 권부는 오래전부터 김일성의 항일 투쟁 경력을 알고 있었으면서도 이를 거론하는 것을 금기시해 왔던 것이다.

김일성 가짜론은 이렇게 군부 독재로 정당성이 허약한 상황에서 북한과 대치해야 했던 남한 정치 세력의 정략적 선택이었다. 하지만 가짜론 확산의 책임을 남쪽에만 지우기는 억울한 측면이 있기도 하다. 북한의 김일성 신격화 과정에서 항일 투쟁 경력을 부풀려 선전한 것이 김일성 가짜론을 확산시키는 데 기여한 측면도 있다. 탈북자인 안찬일 교수(건국대)는 북한도 김일성의 항일 경력에 대해 1960년대 중반까지는 사실에 가깝게 언급하다가 1970년대 들어서부터 과장하고 강화했다고 말했다. 분단된 이 땅에는 김일성의 두 가지 상반된 허상이 존재했던 것이다. 항일운동가이며 동시에 한국전쟁의 주범이라는 사실이 그에 대한 객관적인 평가를 어렵게 했던 이유였다.

김일성의 항일 유격대 결성

국내 취재를 거의 마치고 1월 중국 현지 취재를 시작했다. 김일성의 유격 활동이 펼쳐졌던 지역은 여전히 우리 중국 동포의 생활 터전이었다. 그의 활동 무대는 이청천, 김좌진 등 남한의 유명한 무장 독립운동가들이 활동했던 지역과 일치했다. 김일성의 어머니 강반석이 살았고 김일성이 항일 유격대 조직을 결의했다는 소사하 마을을 찾았을 때는 저녁 무렵이었다. 어두워지기 전 급하게 일대를 촬영하면서 70여 년 전 김일성을 비롯한 마을의 20대 젊은이들이 조국을 잃은 설움에 마을 뒷산에서 항일 유격대 결성 결의를 다졌다는 사실이 묘한 느낌으로 다가왔다. 김일성이 마을을 떠나고 그의 어머니가 한동안 살았다는 집터가 멀리 언덕배기에 어렴풋이 보였다. 마을 사람이 그 마을에 전해져 오는 김일성가의 이야기를 스스럼없이 들려주었다. 그 마을에서는 김일성 장군 이야기가 신화가 아니라 평범한 한 항일 유격대원의 이야기였다.

김일성은 만주사변 이후 본격적인 항일 무장투쟁의 길로 들어섰다. 이곳 소사하로 숨어들기 전 그는 일명 명월구 회의라고도 불리는 옹성라자 회의에서 연변 자치구 안도현 지역의 중국 공산당 소속 공산주의자 40여 명과 함께 항일 유격대 창설을 결의했다. 안도현 중심가에서 몇 분 거리에 있는 논밭 길가에는 이 명월구 회의를 기념하는 비석이 중국 정부에 의해 세워져 있었다. 일제 관헌 기록에도 김성주, 곧 김일성이 안도 지방의 조직위원이었던 것으로 나타나 있다. 김일성은 이 회의 결의에 따라 부근의 소사하 지역으로 들어와 16명의 청년들을 모아 유격대를 결성한 것이다. 그의 어머니는 그곳에 살다가 사망해 부락 사람들이 강 건너 산비탈에 묻었다고 했다. 그 묘는 1970년대 중반까지 그곳에 있다가 이후 북한

소왕청 항일 유격
근거지 비석

으로 이장해 갔다고 했다. 북한의 인민군 창설 기념일이 4월 25일인 것은 1932년 4월 25일 바로 이곳에서 반일 유격대가 창설된 것을 기념한 것이다. 북한에서는 이 유격대 결성을 김일성의 독자적 행보로 주장하고 있다. 그러나 박창욱 교수(연변대)는 그것이 중국 공산당 상부의 지시에 따라 조직한 것이라고 했다.

당시 김일성은 어떤 인물이었을까? 미공개 문서인 중국 공산당의 「혁명역사문건휘집」의 김일성 신상 기록을 보면 김일성은 1932년 중국 공산당에 입당했고 중국말을 잘했으며 중국 유격대원 사이에 신망이 높았다고 한다. 같은 해 김일성은 별동대를 조직해 민족주의 계열 독립군인 양세봉의 조선혁명군을 찾아간다. 그런데 양세봉 밑의 참모장이었던 김학규는 자서전에서 "그때 김일성이 20여 명의 젊은이를 데리고 와 총을 달라고 했다"고 쓰고 있다. 선우진은 당시에 김일성이 나이가 어린데 상당히 똑똑하게 생기고 활발하게 움직이려 했다는 얘기를 들었다고 한다.

김일성은 민족주의자인 양세봉과의 연합에 실패하자 중국 공산당 소속의 왕청 유격대로 합류했다. 1933년 일제의 대규모 토벌대에

쫓긴 항일 무장 세력은 험준한 산악 지역에서 게릴라전을 벌였다. 김일성이 합류한 왕청 유격대도 소왕청 첨아산 골짜기에 진지를 구축했다. 북한이 김일성 항일 유격 활동의 뛰어난 전과 중 하나로 꼽는 것이 소왕청 전투인데, 조선인이 90퍼센트였던 왕청 유격대 100여 명이 일본군과 3일간 전투를 벌여 승리했다고 한다.

동북항일연군의 왕성한 활동

취재진은 눈이 무릎까지 내린 소왕청 골짜기 어귀까지 지프차로 들어갔는데 차가 몇 번이고 눈에 빠졌고, 빠져나오는 데 상당히 애를 먹었다. 항일 유격대는 이 산 아래 유격구라는 마을을 조성해 식량 등 물자를 조달했다고 한다. 일제가 유격 활동을 방해하기 위해 부근 마을 사람들을 통제하니까 항일 감정을 가진 주민들이 골짜기로 몰려와 밭을 갈고 생활해 이 유격구가 생긴 것이다. 이곳에도 1987년 중국 정부가 세운 기념비석이 있다. 비석에는 유격 근거지가 1932년 12월부터 있었다고 쓰여 있었다.

김일성이 있던 왕청 유격대가 활동할 당시 만주 지역에는 민족주의 계열의 조선 혁명군과 한국 독립군이 활동하고 있었다. 그리고 이들 간에는 연합도 활발했다. 동녕현성 전투는 왕청 유격대와 이청천의 독립군이 연합해 대승을 거둔 전투이다. 당시는 이념보다는 항일, 독립운동이 중요한 시기였던 것이다.

중국 공산당 소속이었던 김일성은 조선인이기 때문에 시련을 겪기도 했다. 이른바 민생단 사건인데, 일제가 중국 공산당 내에 조선인 첩자를 침투시켰다는 의심이 퍼지면서 500명 정도의 조선인이 살해되었고 도망친 사람들을 포함하면 2000명이나 피해를 입었다고 한다. 김일성도 의심을 받았으나 그의 상관이었던 중국인 간부 주보중의 보증으로 살아남았다. 이 당시 그의 선배급이었던 많은 조선인 항일 투쟁가들이 희생되면서 20대였던 젊은 김일성이 조선인 가운데 상급자로 부상할 수 있었다.

  1936년 만주 지역의 항일 무장 세력은 동북항일연군이라는 대규모 부대로 재편되었다. 조중 연합 형태의 부대인 이 연군은 1930년대 중반 만주의 항일 투쟁을 주도했다. 만주 전역 11개 군까지 편제를 갖추어 일제에게 큰 위협을 가했다. 김일성이 속한 유격대는 조선인들이 근간을 이루었다고 하는데 여성 대원도 적지 않았다.

  김일성 부대인 2군 6사는 장백현 지구를 활동 무대로 했다. 북한이 자랑하는 보천보 습격 사건도 이 6사 시절의 일이었다. 비록 큰 전투는 아니었으나 일제의 탄압이 극에 달했던 시기였으므로 항일 세력이 국내에 진공했다는 사실만으로도 일제에게는 대단히 큰 충격이었다. 그러나 1939년에 이르러 3로군 편제의 동북항일연군은

동북항일연군의 모습

7만 5000명의 간도 토벌대에 의해 크게 위축되고 만다. 일제의 대대적인 공격에 3만 명에 달하던 항일연군은 1400명 정도로 축소되고 김일성의 1로군 2방면군도 홍기하 지역까지 밀렸다. 1940년 3월 2방면군장이었던 김일성은 이 홍기하에서 일본의 마에다 부대 120여 명을 소멸시켰다고 한다.

연변에서 눈길로 왕복 열다섯 시간 걸려 찾아간 골짜기의 급경사 언덕 중턱에는 다 부서져가는 오래된 나무 기념비가 아직도 남아 있었다. 오래전 중국 정부가 세운 기념비였다. 그곳에서 1킬로미터 정도 떨어진 곳에 최근에 세워진 것으로 보이는 돌 비석이 있었다. 일본의 공식 자료는 이 전투로 58명이 사망하고 27명이 부상했다고 기록하고 있다.

해방 정국, 김일성의 위상

일제의 대규모 공세로 동북항일연군은 쇠락의 길로 접어들었다. 항일 세력의 간부들도 상당수 사살되거나 투항하고 말았다. 당시 이런 사망자와 귀순자가 3000여 명에 달했다고 한다. 1940년 10월 김일성은 남은 부대원 10여 명과 함께 소련으로 향했다. 88여단 시절 상관이었던 주보중은 김일성이 16명의 부대원과 함께 도착했다고 일기에 적고 있다. 88여단은 소련 극동전선사령부 산하 부대였는데 소련으로 퇴각한 동북항일연군이 주축이었다. 이 당시 김일성의 직책은 대다수가 조선인이었던 제1대대의 영장, 즉 대대장급이었다. 그의 소련식 이름은 첸지첸이었다. 1대대의 임무는 조선인을 중심으로 한 교육과 훈련, 그리고 만주 지역의 정찰 활동이었다. 북한은 처음에 이 소련 체류 사실을 인정하지 않다가 나중에 발간된 김일성 회고록에서는 인정했다. 1945년 9월 19일 김일성은 해방이 되고 한 달쯤 후 원산항을 통해 귀국했다. 이때 김일성의 나이는 33세였다.

당시 해방 정국에서 김일성의 위상을 짐작하게 하는 자료가 있다. 한 우익 단체가 1945년에 설문 조사를 했는데, 지도자로 적당한 인물에 김일성이 여운형, 이승만, 김구 등에 이어 6위에 오른 것이다. 내각의 국방장관 격인 군무부장 1순위로 뽑히기도 했다. 해방 후 대중들은 그의 항일 투쟁 경력을 높이 평가했다. 결국 그가 북한의 최고 권력자로 부상할 수 있었던 것은 이런 항일 경력과 소련 군정의 지원 때문이었다.

사실과 인정 사이

김일성 항일운동과 관련해 본격적인 취재를 시작할 때 일이 쉽게 진행되지만은 않았다. 자료 조사 단계에서 만난 진보적인 소장학자들은 약간은 대견하다는 듯한, 그러면서도 TV 프로그램에서 제대로 그려낼 수 있겠는가 하는 조금은 의심의 반응을 보였다. TV와 같은 대중매체에서 일반인들을 대상으로 김일성 항일 투쟁을 이야기한다는 것이 조금 이르지 않느냐는 우려도 있었다. 하지만 역시 진보적인 소장학자들에게서는 〈이제는 말할 수 있다〉가 그동안 쌓아온 신뢰도 덕택에 아낌없는 지원을 받을 수 있었다. 반면에 김일성 가짜론을 주장했던 학자들은 처음부터 연락이 쉽지 않았다. 우선 그 시점에서 김일성 항일 투쟁을 다루는 의도에 대해 의심하는 눈치였다. 하긴 학설로서는 이미 결론이 난 이야기이니 여전히 가짜론을 주장하며 카메라 앞에 나서기가 쉽지 않으리라는 것은 어느 정도 예상했던 상황이었다. 여러 차례의 설득을 통해 몇 사람을 카메라 앞에 세울 수는 있었지만 몰래 녹음을 해야 하는 경우도 있었다.

그렇게 진행된 취재를 바탕으로 해 프로그램을 제작하면서 과연 김일성의 항일 투쟁을 어떻게 평가해야 하는지가 매우 어려운 화두였다. 학자들 나름대로의 학문적 주장은 여러 갈래로 나뉘고 그런 논리를 하나하나 충분히 설명해 주기는 TV 매체의 특성상 어렵다는 생각이 들었다. 결국 우리 사회의 미래를 짊어질 젊은이들의 생각과 독립운동을 몸으로 겪은 독립운동가들의 견해를 일부 활용해 프로그램을 마무리했다. 김일성 가짜론을 들어본 적도 없는 대학생들이 다수인 시대, 젊은이들 중에는 이미 대학 강의로 김일성의 항일 투쟁사를 공부하기도 했고 그런 이들은 다수가 그 사실을 인정했다.

프로그램을 마무리하기 직전인 1월, 1400명을 대상으로 한 iMBC의 설문 조사 결과에 따르면 김일성의 항일 투쟁 경력이 사실이라고 응답한 비율이 49퍼센트에 달했다. 그리고 사실이라면 높이 평가해야 한다는 응답도 51퍼센트를 넘어섰다. 김우전, 김유길 등의 독립유공자들은 공산주의 독립운동사를 허구화한다든가 과대평가나 왜곡을 해서는 안 된다며, 남한의 입장에서는 김일성의 빨치산, 김원봉의 조선의용군 등을 지류로 인정해야 한다고 말하고 있다. 임정 광복군의 투쟁과 연안 조선의용군과 비교해서 김일성 부대의 항일 투쟁은 어떻게 평가해야 할 것인가?

이 프로그램이 방송된 후 한참이 지나 기억에서 멀어져갈 즈음, 필자가 도쿄에서 PD 특파원으로 근무하고 있던 중에 한 보수 단체에서 필자를 국보법 위반으로 검찰에 고발했다는 연락을 받았다. 열심히 변론문을 작성해 송고했더니 의외로 싱겁게 끝난 해프닝이 되고 말았다.

4 미국과 일본, 당신들의 대한민국

섹스 동맹, 기지촌 정화 운동 • 이모현
1994, 불바다 발언과 전쟁 위기 • 최승호
소파, 동맹의 초석인가 덫인가 • 이모현
맥아더, 영광스런 그의 전쟁 • 김환균
감춰진 일본의 음모, 핵 개발 • 박건식

섹스 동맹,
기지촌 정화 운동

— 이모현

윤금이, 세상에 기지촌을 말하다

　미군의 한반도 주둔과 함께 지난 61년간 변함없이 이 땅에 존재해 왔던 기지촌. 오랜 세월 동안 기지촌은 성을 사고파는 사람들과 그것을 이용해 돈을 버는 사람들이 야합해 만들어낸 곳이라고만 여겨졌다. 그러나 실상 그곳은 한국과 미국, 두 나라 정부에 의해 만들어지고 후원되고 규제되는 국가적인 시스템이었으며 한미 동맹의 음지이자 사적 공간이기도 했다. 이것을 뒷받침해 주는 것이 바로 1970년대 초반 박정희 정권에서 이루어진 기지촌 정화 운동이다.

　1992년 10월 28일 새벽, 기지촌 여성이었던 26세 윤금이가 동두천 뒷골목 단칸방에서 미군에게 살해당했다. 세상을 경악시킨 엽기적인 살인 사건이었다. 발견 당시 사체는 나체 상태에 자궁에는 맥주병 두 개가 꽂혀 있었고 국부 밖으로는 콜라병이 박혀 있었다. 또한 항문에서 직장까지 27센티미터가량 우산대가 꽂혀 있었다.

입에는 성냥개비가 물려 있었고 온몸에는 하얀 합성 세제 가루가 뿌려져 있었다. 사망 원인은 콜라병으로 맞은 앞 얼굴의 함몰 및 과다 출혈. 온몸은 피멍과 타박상을 심하게 입어 차마 눈 뜨고는 볼 수 없는 참혹한 모습이었다. 범인은 미군 2사단 소속 20세의 케네스

윤금이 사건 이전에도 기지촌에는 엽기적인 미군 범죄가 많았다.

마클 이등병. 그러나 경찰은 냉담했다. '하찮은 여자 하나 죽은 것 가지고 한미 간의 우호 관계에 금이 가면 안 된다'는 것이었다. 당시 공동대책위 대표를 맡은 전우섭 목사에 의하면 경찰은 "죽을 X 죽었는데 왜 이렇게 떠드느냐, 그런 여자들을 보호해 줄 가치가 있느냐"는 얘기를 했다고 한다. 결국 경찰은 조서 한 번 받지 않은 채 범인 마클 이등병을 미군 측에 넘겼고 분노한 시민 3000명은 동두천 역사상 처음으로 시위를 했다. 징역 15년을 선고받은 마클 이등병은 빗발치는 여론에도 불구하고 1994년 5월 17일에야 비로소 신병이 한국 측에 인도되어 천안소년교도소에 수감되었다. 사건 발생 1년 6개월 만의 일이었다.

주한 미군 범죄라는 용어를 우리 사회에 최초로 등장시켰던 윤금이. 그녀의 유골은 기지촌 여인들의 공동묘지인 동두천 상패동에 뿌려졌다. 기지촌 여성들은 윤금이 사건이 새삼스러울 것도 없다고 냉소적으로 말한다. 그보다 더 엽기적인 살인 사건도 많았다는 것이다.

이들이 한 나라의 국민은커녕 인간으로서 최소한의 삶도 보장받을 수 없었던 그곳, 기지촌은 어떻게 생겨났을까?

미군 주둔과 함께 시작된 기지촌의 역사

1945년 해방 이후 점령군으로 한반도에 들어온 미군은 일제 주둔지를 접수하고 전국에 34개의 미군 기지를 만들었다. 1953년 10월 1일 이승만 정부는 한미상호방위조약을 체결해 미군의 한국 내 영구 주둔을 공식적으로 인가했다. 논밭뿐이었던 시골 마을들이 기지촌으로 변모했다. 동두천, 의정부를 비롯해 대전, 목포, 대구, 부산 등 전국 18개 도시에 기지촌이 형성되었다. 사람들이 생계를 위해 미군 기지 주변으로 모여들었다. 전쟁으로 남편과 부모를 잃은 미망인과 고아들도 기지촌으로 흘러들었다.

1958년 8월 11일 경향신문에 의하면 당시 30만 명의 매춘 여성 중 약 59퍼센트가 기지촌 여성이었다. 하지만 이들 대부분은 먹고 살기 위한 생계형 매춘이었다. 1966년 《아세아여성연구》의 윤락 여성 실태 조사에 따르면, 당시 윤락 여성 중 76퍼센트가 양친이 없고, 72퍼센트가 국졸 이하의 학력이며, 56퍼센트가 생활고 때문에 매춘을 선택했다고 대답했다. 또한 1965년 미8군 국제관계국 보고서 자료에 따르면, 용산 지역 108명 매춘 여성 모두가 가족을 부양하고 있었다. 가족 부양이 가장 중요한 매춘 동기였던 것이다.

5·16 쿠데타 직후 박정희는 정치 깡패 임화수를 사형시키는 등 혁명정부의 도덕적 이미지를 강조하기 위해 각종 풍속 규제에 나서는데, 1961년 11월 9일 윤락행위 등 방지법을 공표한 것도 그 일환이었다. 그러나 그 다음 해에 매매춘을 예외적으로 허용하는 104개의 특정 구역이 설치됐고 그 중 60퍼센트가 기지촌이었다. 쿠데타 당시 공약으로 내걸었던 경제 발전을 위해서는 무엇보다도 외화가 절실히 필요했던 것이다. 그 당시 박정희 정권은 이미 교통부 산하에 국제관광협회 요정과를 두고 국가적 차원에서 일본인 기생 관광

을 적극 유치하는 등 외화벌이에 나서고 있었다. 미군이 뿌리는 달러에도 눈길을 돌렸다. 주한 미군들은 휴가 때면 일본의 오키나와로 날아가 여흥을 즐기고 있었다. 당시 내무부 특수지역과 과장이었던 전영국에 의하면 정부 차원에서 이 달러들을 국내로 흡수하기 위한 조직적인 논의가 있었다고 한다. 그는 "우리나라 주둔 미군이 국내에서 레저도 즐기고 휴가를 즐길 수 있게 하는 기반 사업을 우리가 좀 폭넓게 펴나가야 하겠다는 논의를 했다"고 말했다.

이러한 달러벌이에 기지촌 여성들을 앞세웠다. 당시 국회의원들도 기지촌 여성들을 활용하는 방안을 앞다투어 내놓았다. 당시 9대 국회 속기록에 따르면, "돈을 들이지 않고, 밑천을 들이지 않고 외화를 획득하는 길은 이 길밖에 없다" "일본이 미군 상대 창녀를 애국자로 미화했던 것처럼 우리나라도 윤락여성을 미화해 여성 전사로 부각시키자" "가장 미인인 한국 여성의 값이 세계에서 제일 싸다. 여성의 몸값을 올려주는 것이 결국 지위 향상이 아니겠는가?" 등의 말이 쏟아졌다.

1964년 6월 30일 정부는 기지촌 클럽 주인들의 모임인 한국관광시설협회에 설립 허가를 내주었다. 당시 클럽들은 매춘이 알선되는 주무대였고 주인들은 사실상 포주 역할을 하고 있었다. 클럽에 면세 주류를 제공하고 시설 자금을 보조하는 등 파격적인 혜택을 주었을 뿐 아니라 업주들에게 해외 기지촌을 견학시키기도 했다.

아낌없는 정부의 지원으로 기지촌은 날로 번성한다. GNP가 80달러이던 1964년, 기지촌에서는 매년 100만 달러가 넘는 달러를 벌어들였다. 뿐만 아니라 정부가 발 벗고 나서서 성매매 주식회사를 건립하기도 했다. 바로 군산의 아메리카 타운이다. 제7공군이 주둔하고 있는 군산 미군 기지에서 차로 5분 정도 달리면 아메리카 타운이

아메리카 타운의 설립을 주도한 백태하 장군

라는 이름의 마을이 나타난다. 이름 그대로 미군들만을 위한 미군들의 공간. 1969년 9월 설립된 아메리카 타운은 한국 정부의 후원으로 만들어진 일종의 공창촌이었다. 5·16 쿠데타 세력의 일원이었고 중앙정보부 6국장 자리까지 오른 백태하 장군, 아메리카 타운의 설립을 주도한 것은 바로 그였다. 백태하의 조카가 전면에 나서서 군산 옥구군 일대 1만여 평의 땅을 사들였다. 주민들에겐 농장을 하겠다고 말했다. 그러나 그 자리엔 농장 대신 높은 담장과 철책이 세워졌고 미군들을 위한 클럽, 식당, 미용실, 심지어 환전소까지 갖춘 완벽한 자급자족 도시가 생겨났다. 기지촌 여성들이 사용할 500여 개의 방도 만들어 임대해 주었다. 그야말로 매매춘을 위한 계획 도시였다. 법적 명칭은 아메리카 타운 주식회사. 미군들을 위해 원스톱 서비스가 제공되는 군대 창녀주식회사에 법인 허가가 난 것이다. 주식회사에서는 전국에서 미모, 학력 등을 갖춘 여성들을 모집했다. 기지촌 여성들에겐 달러 벌이 전사로서의 중요성이 거듭 강조됐다. 당시 기지촌 여성의 증언에 따르면 정기적으로 다음과 같은 독려가 있었다고 한다. "여러분들은 달러를 벌어들이고 우리나라 국가 경제를 살리는 숨은 애국자다. 누가 뭐라 해도 자부심을 가지고 일해라."

미군 부대까지 셔틀버스도 운행했다. 타운은 급성장했고 하룻밤에 1000명의 미군이 나오는 날도 있었다. 경찰도 관청도 달러 뭉치를 벌어들이는 아메리카 타운을 건드리지 못했다.

정부의 지원 속에 기지촌은 주한 미군의 왕국으로 변해갔다. 한국에 도착하는 신병들은 제일 먼저 기지촌과 매매춘에 대한 정보에 노출됐다. 병사들은 부대 입구를 콘돔 연대라고 불렀는데 콘돔을 소지하지 않으면 밖으로 나갈 수 없기 때문이었다. 보초들의 임무 중 하나는 병사들에게 콘돔을 지급하는 것이었다. 미 군법으로 매춘은 엄격하게 금지되고 있었지만 한국에선 적용되지 않았다. 한국에 보내지는 미군들은 대부분 10대 후반에서 20대 초반의 독신자들이다. 한창 나이의 병사들은 기지촌 생활에 쉽게 빠져들었지만 군 지도부는 이를 묵인했다. 매춘은 이들에게 일종의 보상이었다. 또한 매춘을 통해 지속적으로 병사들을 통제할 수 있었다. 한국의 미군들은 일이 없을 때에 항상 기지촌에 있었기 때문이다. 그러므로 군 지도부는 매춘 역시 군 시스템의 일부라고 생각하고 있었다.

갈등의 불씨가 된 기지촌

하지만 미군들의 왕국이었던 기지촌에서 1960년대 후반부터 각종 문제점이 불거져 나오기 시작한다. 당시 기지촌 분위기는 지금과는 달리 상당히 자유로웠고 기지촌 여성들은 불만이 생기면 미군에게 적극적으로 저항하기도 했다. 1969년 부평에서 기지촌 여성 이은자가 미군에게 살해되자 수백 명의 기지촌 여성들이 살해 미군을 체포하라는 시위를 벌였고 대전 지역에서도 기지촌 여성 200여 명이 동료의 죽음에 항의하는 시위를 벌였다. 송탄에서 미군들 사이에 '신발값 5불, 화대 5불'이라는 유인물이 나돌자 기지촌 여성 1500명이 부대 앞으로 몰려가 시위를 벌이기도 했다. 계속되는 시위는 미군 사령부의 골칫거리였다. 1971년 한국 원조 사령부 조지프 퍼디츠 사령관은 미 8군에 전문을 보낸다. 기지촌 통제가 어려우니 한국 정부에 문제를 제기해 달라는 내용이었다.

또한 인종 문제도 심각했다. 미군 부대 내 흑인과 백인 병사들의 갈등이 기지촌으로 전가되었던 것이다. 흑인을 받는 클럽은 백인들이 출입하지 않거나, 백인 상대 클럽으로 찍힌 곳은 흑인들이 몰려가 기물을 파손하는 등 분란이 끊이지 않았다. 인종 갈등은 1971년 7월 안정리 사태로 정점에 이르렀다. 흑인 병사들이 백인 전용 클럽에 들어가 집단 난동을 부리자 사령관이 병사들의 기지촌 출입을 전면 금지시킨 것이다. 안정리 주민 3000명은 이에 반발해 시위를 벌였다. 미국인들 사이에서 일어난 인종 갈등의 책임을 한국인에게 전가하는 조치였기 때문이다.

하지만 가장 심각한 문제는 성병이었다. 미 8군 보고서에 따르면 주한 미군의 성병 발병률은 1970년 1000명당 389명, 1971년 553명, 1972년엔 692명으로 기하급수적으로 늘어 열 명 중 일곱 명

미군과 함께 있는 기지촌 여성

꼴로 성병에 감염된 것으로 보고되었다. 이것은 미 본토에 비하면 일곱 배에 가까운 수치였다. 미군의 성병 비율이 허용치를 능가한다고 생각한 미군 사령부는 사태를 심각하게 받아들였고 이를 줄이기 위한 조치가 사령부의 최우선 사항이 되었다. 이러한 불만은 한미합동위원회에까지 보고되었고 합동위원회 위원장 로버트 키니는 주한 미군 사령관인 존 미캘리스와 주한 미 대사 필립 하비에게 한국 정부에 압력을 넣도록 지시한다. 특히 한미 1군단 사령관이었던 라우니 장군은 한국 측 군부에 한국 대통령이나 정부가 미군의 한국 주둔을 절실히 원하고 있더라도 현재 같은 기지 주변 상황으로는 힘들다는 식으로 은근히 압박을 가했다. 워싱턴에서도 기지촌 문제를 알고 있었다. 미국의 불만은 여러 경로를 통해 박정희의 귀에 들어갔다.

1971년 미군과의 관계 개선을 위해 한미합동위원회 산하에 민군관계소위원회가 만들어졌다. 민군관계소위원회에는 미군과 한국 정부 18개 부처 공무원들이 참여해 미군들의 각종 불만 사항을 수렴했다. 당시 민군관계소위원회 위원장이었던 김기조는 당시 "미국 측은 고자세로 큰소리를 치고 우리는 매우 저자세였다"고 했다. 박정희는 왜 그렇게 미국에 저자세여야만 했을까?

위기의 한미 동맹

박정희와 미국의 관계는 닉슨의 취임으로 새로운 국면에 접어들고 있었다. 베트남전 종전을 공약으로 내걸었던 닉슨은 1969년 7월 25일 아시아 주둔 미군의 규모를 축소하고, 아시아인의 방위는 아시아인의 손에 맡긴다는 이른바 닉슨 독트린을 발표한다. 베트남 파병으로 닉슨 독트린의 면제국이 될 거라고 굳게 믿었던 박정희는 그것을 확약받기 위해 그해 8월 미국을 방문한다. 샌프란시스코 정상회담이었다. 그리고 양국 정상은 한미상호방위조약에 의거해 대한민국에 대한 무력 공격에 공동 대응할 것이며 주한 미군이 계속 유지될 것이라고 거듭 강조했다. 그러나 다음 해인 1970년 3월 청와대를 찾아온 주한 미 대사 포터는 주한 미군 7사단의 철수를 통보한다. 정부와 국민들은 충격에 휩싸였다. 정래혁 당시 국방부 장관은 《워싱턴 포스트》에 철수 반대 광고를 실었고 정일권 국무총리 역시 국회 연설을 통해 "만일 7사단이 철수한다면 미군 비행기가 이륙하는 활주로에 드러누워서라도 이를 막겠다"며 강력한 반대 의지를 천명했다.

그해 8월 닉슨의 특사로 애그뉴 부통령이 방한한다. 박정희가 애그뉴 부통령과의 만남을 앞두고 얼마나 고심했는지는 당시 비서실장이었던 김정렴의 회고록에 잘 나타난다. "박 대통령은 이 회담에 앞서 약 두 주일 동안 대책 구상에 전념하기 위해 거의 모든 일정을 미루고 사색하고 메모하는 데 골몰했다."

원래 두 시간 예정이었던 이 회담은 점심도 거른 채 여섯 시간 동안 계속됐고 다음 날 2차 회담까지 열 시간 동안 지속됐다. 박정희는 주한 미군을 2만 명 이상 철수하지 않겠다는 보장을 끈질기게 요구했지만 애그뉴 부통령은 돌아가는 비행기 안에서 모든 미군이 5년 내에 완전히 한국을 떠날 것이라고 기자들에게 말했다. 다음 해인 1971년 3월 27일 주한 미군 7사단과 세 개의 공군전투부대 2만 명이 철수를 완료했고 한국에는 4만 3000명의 미군만 남게 됐다.

당시 북한과의 관계는 매우 불안한 상황이었다. 주한 미군의 철수 정책이 표면화되기 직전인 1968년부터 북한의 공격적인 행동이 늘어나고 있었다. 푸에블로호 납치 사건을 비롯, 울진·삼척 무장 공비 침투 사건, 현충문 폭파 사건, 동해안 간첩선 사건, 판문점

미군 부대를 방문한 박정희

북한 경비병 난동 사건 등으로 인해 국민들의 불안감도 높아갔다. 게다가 박정희의 대내적인 정치 입지도 흔들리고 있었다. 1971년 대선에서 김대중과의 접전으로 수세에 몰린 끝에 겨우 95만 표 차이로 가까스로 3선에 성공한다. 불안한 입지를 확고하게 하기 위해 미국의 지지와 그 지지를 상징하는 주한 미군의 존재가 절실히 필요했던 박정희. 그동안은 베트남 파병을 이유로 대미 협상에서 유리한 고지를 차지해 왔지만 1971년 4월부터 베트남 철수가 시작되고 있었다. 박정희의 대내외적 입지가 모두 어려웠던 1971년 12월, 한미 1군단을 방문한 박정희는 한미 1군단 부사령관 이재전 장군에게서 기지촌에 대한 미군의 불만을 듣고 청와대로 돌아가 즉각 각료 회의를 소집했다. 당시 비서관이었던 정종택에 따르면 박정희는 "수년에 걸쳐서 내각에 시달을 했는데 왜 정화가 안 되느냐, 청와대가 직접 관장해서 챙기라"며 질책했다고 한다.

마침내 1971년 12월 31일 청와대 직속 기지촌정화위원회가 발

1971년에 발족된
청와대 직속
기지촌정화위원회

족된다. 10여 개 부처의 장·차관급으로 위원회를 구성할 만큼 박정희의 관심은 각별했다. 이재전은 "박정희 대통령이 이 사람들 잡아두라고, 안 되면 깃발이라도 잡아두라고 해서 소위 미군 기지 주변 정화 계획이란 게 생긴 거예요. 거기에 엄청난 돈을 쏟아 부었습니다"라고 했다.

기지촌 정화 운동

주한 미군 철수를 막기 위해 박정희가 내밀어본 카드, 기지촌 정화 운동. 미군은 기지촌정화위원회의 발족과 활동을 예의 주시하고 있었다. 우리나라 1년 예산이 6000억 원이었던 1972년, 총 11억 5000만 원의 돈을 들여 기지촌 여성들에게 아파트를 지어주는 계획을 포함한 환경 개선 사업이 시작됐다. 아파트 건립은 청와대가 공창 제도를 인정하는 결과가 될까봐 여론이 두려워 실현되지는 못했지만 다른 방향의 사업들은 활발하게 이루어졌다. 우선 미군 부대 내 인종 갈등 문제를 해결하기 위해 기지촌 여성들에게 흑인 병사들도 백인과 똑같이 접대하라는 지시를 내렸다. 이것은 미군 측의 요구에 의한 것이었는데 미군들의 인종 갈등 문제를 기지촌 여성들을 통해 해결하려는 의도가 다분했다. 여자들이나 업주들이 흑인을 차별하는 행위가 세 번 이상 적발되면 클럽에는 오프 리밋(OFF LIMIT), 즉 미군 출입 금지 조치가 내려졌다.

또한 기지촌 여성들을 민간 외교관으로 활용하기 위해 영어 교육, 교양 교육 등도 이루어졌다. 당시 기지촌 여성이 증언하는 교양 교육의 실상은 이렇다. "형사, 보안과장, 경찰서장 등이 배석한 상태에서 초빙 강사가 건강관리에 대해 강의하거나, 영어 교육의 경우, '술 사줘' 이러지 말고 '메이 유 바이 미 드링크?' 이렇게 좀 고상하게 말하라고…… 그런 것이 교양 강좌예요."

기지촌 정화 운동에서 가장 중요했던 핵심 사업은 성병 퇴치였다. 성병 퇴치를 위해 1972년 하반기에만 전국 11개 성병 진료소를 신축하거나 증축했다. 기지촌 여성들은 반드시 주 1회 성병 검사를 받아야 했고 클럽에선 검진증 번호를 항상 달고 있어야 했다. 이것은 여성들에게 대단한 수치심을 불러일으켰다. 기지촌 여성의 증언이다. "가슴 아래에 달아도 안 되고 치마에 달아도 안 되고 꼭 가슴 위에 잘 보이는 데 달라는 거죠. 우리도 사람인데, 다른 것도 아니고 검진 번호를 몸에 달고 있으면 꼭 개가 목에다 뭐 달고 있는 거 같은 기분이 들고……."

미군 헌병들은 길에서 불심검문을 해 검진증이 없는 기지촌 여성들을 잡아갔다. 기지촌 여성들은 이것을 토벌이라 불렀는데 토벌은 두려움의 대상이었다. 기지촌 여성들의 성병 검사 결과는 미군에 통보됐다. 미군 부대 내엔 여성들의 리스트가 있어서 병사들에게 공개되었는데 카드가 빨간색이면 성병에 걸린 여성, 파란색은 걸리지 않은 여성이었다. 성병에 걸린 미군들은 부대 내 의무실에 배치된 기지촌 여성들의 사진첩을 보고 접촉한 여성을 지목했다. 그러면 미군 의무대와 카투사 등이 클럽으로 찾아가 성병을 옮겼다고 지목된 여성을 데려갔다. 이 과정에서 억울하게 지목당하는 여성들도 생겨났다.

이렇게 잡힌 여성들은 성병 관리소로 보내져 격리 수용됐다. 이러한 모든 과정은 미군의 요구에 의한 것이었다. 1971년과 1972년 사이 민군관계소위원회 회의록에는 미군 측의 이러한 요구 사항이 잘 나타나 있다.

- 여성들을 등록시켜라(Registering women).
- 정기적인 성병 검사를 강화하라(Enforcing regular VD checks).
- 성병에 감염된 여성들을 격리시켜라(Isolating women infected with VD).

성병이 있다고 지목된 여성이나 정기 검진에서 불합격 판정을 받은 여성들이 치료를 받던 성병관리소. 여성들은 이런 곳을 '몽키 하우스'라고 불렀다. 성병관리소는 전국 여러 곳에 있었는데 어떤 곳에선 미군들이 직접 치료하기도 했다. 몽키 하우스는 엄격하게 출입이 제한되었고 어두워지면 문을 폐쇄했다. 탈출하려는 사람이 많았기 때문이다. 심지어 탈출을 시도하다 사망하는 경우도 있었다. 여성들은 왜 이곳을 빠져나가려 했을까? 치료에 대한 두려움 때문이었다. 초기에 성병 치료제로 사용됐던 페니실린은 부작용이 많았고 체질을 고려하지 않고 마구 처방해 특이 체질인 사람은 죽기도 했다. 당시 몽키 하우스에 있던 여성들에 따르면 당시에 주사

문산 성병진료소와 평택 성병진료소

를 맞고 부작용이 나서 화장실에 가서 죽는 사람도 있었고, 자다가 죽는 사람도 있었다고 한다.

당시 국내에서 성병을 치료할 때 사용했던 페니실린 양은 120만 단위. 그러나 미군은 480만으로 늘릴 것을 권장했고 경우에 따라 600만까지 처방했다. 치료 효과는 높았지만 독한 약 때문에 여성들은 크게 고통받았다. 메스꺼워 토하기도 하고, 며칠을 앓아눕는 사람도 있었으며, 다리가 끊어질 듯 아프다고 호소하는 사람도 있었다.

성병 치료에 대한 관심이 지대했던 미국은 새로운 성병 검사 기술을 알려주고 검사 약과 치료 기술을 제공했을 뿐 아니라 미 본토에서 검사 기계를 들여오기도 했다. 청와대의 관심도 높아서 지방 성병진료소까지 시찰을 나오기도 했다.

그뿐이 아니었다. 미군들은 이동 훈련을 하는 경우도 많았는데 그럴 때면 포주와 클럽 주인들은 여성들을 데리고 미군을 따라나섰다. 소위 '담요 부대'였다. 포주들은 훈련 캠프 근방에 임시 위안소를 차려놓고 여성들에게 성매매를 시켰다. 그야말로 일제시대 위안소와 다를 바 없는 시설과 운용이었다.

미군 부대에서 이동 훈련을 통보하면 현지 보건소에서는 위안소 인근에 간이 이동 진료소를 세워 여성들의 성병을 관리했다. 그러나 기지촌 여성들의 성병을 그렇게 철저하게 관리한 반면, 미군에 대해선 그 어떤 조치도 취하지 않았다. 정기적인 검사도 없었다.

1972년 한 해 동안 총 3억 8000만 원의 보건위생 예산 중 2억 2000만 원이 성병 치료에 들어갔다. 모든 검사와 치료가 무료였기 때문이다. 그것은 결핵이나 나병 등 다른 전염병과 비교해 볼 때 파격적인 혜택이었다. 하지만 여성들의 건강을 위한 것이 아니었다. 왜냐하면 기지촌 여성들이 일반적으로 앓고 있는 다른 질병은 치료의 대상이 전혀 아니었고 오로지 성병만 치료할 뿐이었기 때문이다. 이 때문에 여성들 사이에서는 이런 말이 나왔다. "미군들 병 안 걸리게, 깨끗하게 해서 바쳐지는 거죠."

기지촌 정화 운동을 시작하고 나서 1년 만에 성병 감염자가 11퍼센트 정도 감소했다. 인종 갈등과 시위도 줄었다. 한국 정부가 원했던 대로, 나쁜 외교관이었던 기지촌 여성들이 좋은 외교관으로 변한 것이었다. 민군관계소위원회 회의록에 따르면 미국은 이러한 결과에 만족하고 한국 정부의 눈부신 활약에 흡족해하며 기지촌정화위원회 덕분에 커다란 변화가 있었다며 감사를 표시했다. 적극적이고 헌신적인 한국 정부의 신속한 대응에 감사하는 파티도 있었다고 한다.

1971년부터 1976년까지 계속됐던 기지촌 정화 운동. 그 결과 박정희 정권과 주한 미군 사이의 긴장은 많이 완화됐다. 미군들은 기지촌 정화 운동을 통해서 여성들을 통제함으로써 자신들이 원하는 성매매를 안전하게 할 수 있었고, 미국 정부는 기지촌 성매매를 이용함으로써 자국의 군인들이 휴식하고 재충전할 수 있는 합법적 공간을 마련했고, 한국 정부는 이런 것을 마련해 줌으로써 미군과의 불화를 잠재우며 군사정권 유지의 한 방편으로 이용했다. 결과적으로 기지촌 정화 운동은 주한 미군과 미국 정부 그리고 한국 정부 모두에게 만족스런 결과를 안겨준 것이다. 기지촌 업주와 포주들 역시 이익을 보았다. 변함없는 정부의 지원 속에서 기지촌 업체들은 더욱 번성했고 1975년엔 정부로부터 표창까지 받았다. 그러나 기지촌 정화 운동으로 여성들에겐 긴 침묵의 세월이 시작됐다. 미군들에게 자유롭게 저항하고 시위했던 여성들은 한미 동맹의 평화를 위해 희생을 강요당했다. 미군들에게 학대당하거나 살해당하는 여성들이 끊이지 않았지만 그런 얘기들은 기지촌 밖으로 알려지지 않았다. 그리고 기지촌이라는 공간은 세상 사람들에게 잊혀져 갔다.

윤금이 그 후 14년, 지금 기지촌은?

그 후 20여 년이 흐른 1992년 윤금이가 끔찍하게 살해된 것을 계기로 비로소 기지촌 여성들의 존재가 다시 세상에 거론되기 시작했다. 그 대부분은 참혹한 죽음을 담보로 한 것이었다.

- 1996년 9월 7일 동두천 이○○ 사망 : 예리한 칼로 목이 반쯤 잘린 채 사망했다. 다행히 도주하던 범인을 목격한 사람이 있어 살해범은 검거됐다. 범인은 22세의 뮤니크 스티븐 이병.
- 1998년 1월 16일 의정부 허○○ 사망 : 범인인 미군 티모시 제롬은 허○○를 폭행치사한 후 범죄를 은닉하기 위해 방화까지 했다. 티모시 제롬에겐 징역 10년이 선고됐다.
- 1999년 1월 30일 동두천 신○○ 사망 : 자신의 방에서 전라 상태로 전깃줄에 목 졸려 죽은 채 발견되었다. 시신에는 매춘부를 뜻하는 영어가 씌어 있었고 사건 당일 미군과 함께 있었다는 제보가 있었지만 범인은 아직까지도 잡히지 않고 있다.

- 1999년 9월 동두천 이○○ 의문사 사건 : 미군과 동거 중이던 이○○는 시신이 심하게 부패되어 사인을 찾을 수 없었다. 여러 가지 의문스런 정황에도 불구하고 경찰은 이씨가 술에 취해 침대에서 떨어져 숨졌다고 주장했고 사건은 미제로 남겨졌다.
- 2000년 2월 19일 이태원 김○○ 사망 : 이태원의 한 클럽 내실에서 목 졸려 사망했다. 목뼈는 부러져 있었다. 재판 직전 탈주극을 벌이기도 했던 범인 매카시 상병은 6년의 실형을 선고받았다.
- 2000년 3월 11일 의정부 서○○ 사망 : 당시 68세였던 서○○는 심하게 구타당한 채 사망했다. 발견 당시 온몸에 멍이 들어 있었고 갈비뼈가 모두 부러져 있었다. 사인은 폐출혈. 언어 장애인이었던 서씨는 구타당하는 동안 비명 한마디 지르지 못했다. 사건 당일 흑인 병사와 함께 방에 들어갔다는 목격자의 증언이 있었지만 용의자는 사건 이틀 후 출국했다.

이들 대부분의 사건은 미군 부대의 고압적이고 비협조적인 태도와 불평등한 소파(SOFA)로 인해 제대로 수사되지 못했고 한국 경찰들도 피해자가 기지촌 여성일 경우 수사에 성의를 보이지 않거나 은폐하기에 급급했다.

지금 기지촌 여성들은 치외법권적인 공간에서 범죄에 대한 공포와 함께 포주들이 만들어놓은 착취 구조 속에서 가난에 허덕이고 있다. 또 다른 삶을 시작하는 것도 힘든 일이다. 기지촌 여성들을 위한 쉼터인 '두레방'에서는 여성들의 재활을 돕기 위해 제빵 기술을 가르쳐보기도 했지만 결국은 실패로 돌아가고 말았다. 기지촌 여성에 대한 편견 때문이었다. 두레방 유영님 대표는 "설사 빵 만드는 기술이 있다고 하더라도 고용을 하고 싶어 하는 사람도 없고,

이들이 만든 빵은 더럽다고 사먹고 싶어 하지도 않고……"라며 안타까워했다. 단순 노동으로 취직하기도 쉽지 않다고 한다.

나이가 들어 춤도 못 추고 성매매도 할 수 없게 되면 여성들은 클럽에서 허드렛일을 하며 받는 돈과 미군이 주는 얼마 안 되는 팁으로 생계를 연명한다. 그나마 그 일도 늙고 병들어 못 하게 되면 이른바 '히빠리'로 전락한다. 히빠리는 주로 클럽이나 거리에서 미군들에게 꽃을 팔러 다니는데 종종 만취한 미군들에게 헐값에 몸을 팔기도 한다. 그래서 히빠리들은 기지촌 여성 중에서 범죄의 위험에 가장 많이 노출되어 있다. 최근 살해당한 여성 중 네 명이 히빠리였다. 가족에게 외면당하고 기지촌 밖의 세상에서 소외당하고 나면 결국 마지막까지 어떤 식으로든 기지촌에서 살아남아야 하기 때문이다.

여전히 불야성을 이루고 있는 2006년 오늘의 기지촌. 달라진 것이 있다면 한국 여성이 있던 그곳을 이제는 러시아와 필리핀 등 다른 나라 여성들이 채우고 있다는 것이다. 미군들의 쾌적한 주둔을 위해 여전히 가난한 나라의 여성들이 동원되고 있는 것이다. 정부에선 이 여성들이 성매매를 위해 입국하는 것을 알면서도 에이즈 검사 결과를 첨부한 예술흥행 비자에 쉽게 허가를 내주고 있다. 그리고 미군들에게 안전한 섹스를 제공하기 위해 지금도 보건소에서는 여성들의 검진을 무료로 해주고 있다.

주한 미군이 주둔하고 있는 61년 동안 30만 명의 기지촌 여성들이 생겨났다. 한미 간의 굳건한 동맹을 위해 이들의 몸이 동원되었지만 지금 이들에게 남은 것은 멸시와 가난, 그리고 범죄에 대한 공포뿐이다. 한때 이들을 달러벌이 전사 민간 외교관이라고 불렀던 목소리들은 이들의 불행한 삶에 왜 지금 침묵하고 있는가!

온몸으로 증언하는 암울한 역사

기지촌은 한반도의 모든 모순이 중첩되어 나타나는 곳이다. 분단의 문제, 민족의 문제, 빈부의 문제, 성 차별의 문제……. 가난의 아픈 기억을 갖고 있는 구세대들에게 기지촌은 미군 트럭을 쫓아다니며 초콜릿을 구걸했던 기억과 맞물려 잊어버리고 싶은 공간일 것이다. 젊은 세대들에겐 관심조차 없는 생소한 공간이다. 하지만 그렇다고 그곳에 여전히 남아 있는 여성들이 온몸으로 증언하는 우리의 암울한 역사가 지워지는 것은 아니다. 우리는 지극히 개인적인 삶을 산다고 생각하지만, 사실 역사의 속박 속에서 우리에게 허락된 운명을 살아내고 있을 뿐이라는 생각이 취재를 하며 들었다. 왜냐하면 거기서 만난 그녀들은 나와 전혀 다른 사람들이 아니었고, 내가 그 시대에 그녀들의 자리에서 태어났다면, 또 그녀들이 내 시대에 나의 자리에서 태어났다면 우리는 얼마든지 바뀐 삶을 살고 있었을 것이기 때문이다.

1994, 불바다 발언과 전쟁 위기

― 최승호

철학 없는 정부와 언론의 불장난

"조금이라도 약세를 보여서는 안 되고 상대방의 '페인트 모션'이나 테스트에 말려도 안 된다. 일관된 강세로 선공은 피하되 눈싸움에 이기면서 몇 달만 지그시 견뎌보자. 그러면 결판은 날 것이고 전쟁은 막아질 것이며 우리의 2세들은 시집 장가 잘 가게 될 것이다. 어떻게 그렇게 낙관하느냐고? 이것은 결코 낙관이 아니다. 사즉필생의 피나는 대치 정신, 폭풍 속 조각배 위에서도 마음의 제자리를 잃지 않았던 옛 성자의 자세, 그리고 악령과 더불어 피투성이가 된 채 자신을 던지는 '엑소시스트'의 정신 ― 이런 것이 가져다 줄 최후의 과실이다. 이것을 우리가 겪어내느냐 못 하느냐의 '마음의 싸움'에 우리 2세들의 운명이 달려 있다.(하략)"

위 글은 1994년 6월 11일 유근일 논설실장 명의로 조선일보에 실린 칼럼이다. 제목은 '전쟁을 막는 법'. 그는 북한과의 전쟁을 피하는 길은 '전쟁할 각오'를 가지는 것이라고 부르짖고 있다. 핵 위기가 시작된 1993년부터 그것이 정점에 이른 1994년 6월까지 한국의 대부분 언론은 '당근보다 채찍' 스탠스를 취하고 있었고 그 중심에는 조선일보가 있었다. 철학이 없는 김영삼 정부는 조선일보가 끌고 가는 여론의 압박에 충실하게 부응해 왔지만 유 실장의 칼럼이 실렸을 무렵에는 패닉 상태에 빠져 있었다.

김영삼 대통령이 '정말 장난이 아니구나!' 하는 결정적 느낌을 갖게 된 것은 제임스 레이니 주한 미 대사의 방문을 받고부터였다. 레이니 대사가 김영삼 대통령에게 주한 미국인을 '소개(疏開)'해야겠다고 통보한 것이다. 실상 그때는 이미 많은 미국인들이 빠져나간 뒤였다. 많은 학생들이 본국으로 돌아가 미국인 학교는 조기 방학에 들어가 있었다. 뿐만 아니라 CNN은 한국에서 무력 충돌이 벌어질 상황을 예상해 휴전선에서의 생방송을 위해 MBC에 협조 요청 공문을 보내왔다. 그러나 한국 정부는 미국이 무엇을 준비하고 있는지 구체적인 정보를 갖고 있지 못한 상태였다.

미국 대사한테서 한국에 있는 모든 미국인들을 한국 밖으로 피신시키겠다는 통보를 받고서야 대한민국 대통령은 문제의 심각성을 알아차린 것이다. 그는 미국이 북한 원자로가 있는 영변을 폭격하려는 것이 틀림없다고 생각했다. 그 이전까지 미국의 대북 유화 자세를 비난하고, 안보리에 북한을 제소해야 한다고 압박하며 활발한 정상 외교를 통해 안보리 회부의 주역임을 과시해 온 김영삼은 그날 클린턴에게 전화를 걸었다. 그의 말이다. "클린턴 대통령하고 그때 대판 싸웠습니다. 여러 차례 전화로요. …… 그때 내가 그렇게 싸우지 않았다면 아마 남북전쟁이 일어났을 거예요. 큰 전쟁이 일어났을 거예요."

미국이 실제로 전쟁을 불사하는 태도로 군사적 조치를 해나가고 있는데도 대한민국 대통령이 이를 모르고 전쟁을 부채질하는 불장난을 하다가 마침내 미국의 의도를 알아차린 뒤 미국 대통령에게 애걸하는 전화를 하는 상황. 생명과 재산을 국가에 맡긴 국민

김영삼 대통령은 보수 언론에 휘둘리다가 뒤늦게 사태의 심각성을 깨닫는다.

들로서 이보다 더 비극적인 상황이 있을 수 있을까?

김영삼 정부가 처음부터 대북 압박을 정책의 코드로 선택한 것은 아니다. 오히려 김영삼은 취임사에서 "어느 동맹국도 민족보다 더 나을 수는 없습니다. 어떤 이념이나 어떤 사상도 민족보다 더 큰 행복을 가져다주진 못합니다"라고 천명한 바 있었다. 그 취임사는 남북의 화해 협력을 염원하는 많은 세력을 감동시켰다. 노태우 정부를 거치면서 부드러워지기는 했지만 사실상 해방 후 50년간 이어져온 반북멸공 정책이 종식되고 진정한 남북 화해가 이루어지지 않겠느냐는 기대를 한껏 갖게 만들었다. 대표적인 대북 유화론자인 한완상을 통일부 장관에 앉힌 것도 정책의 변화를 실감하게 했다.

남한이 만들어낸 북미 대화

그러나 남쪽에 새 정부가 들어서자마자 북한은 핵확산금지조약을 탈퇴했고 미국은 이를 '자유롭게 핵무기를 개발하기 위한 것'으

로 받아들였다. 경찰국가 미국으로서는 도저히 받아들일 수 없는 도박이었다.

미국 쪽에서는 당장 영변 원자로에 대한 공격을 검토한다는 기사가 실리는 등 긴장이 고조되기 시작했다. 그러나 영변 원자로에 대한 '외과 수술적 폭격'은 전면전으로 이어질 가능성이 매우 크고 그 경우 상상을 불허하는 엄청난 피해가 생길 수밖에 없었다.

당시 비상기획위원장이었다가 김대중 정부에서 국정원장·국방장관을 역임한 천용택이 기억하고 있는 '워 게임 시뮬레이션'에 따르면 '한반도에 전쟁이 나면 직접 전쟁터에서 죽는 인원이 500만 명이 되고, 간접 피해까지 합하면 2000만 명이 죽거나 다친다'는 것이었다. 그런데 그 2000만 명이 거의 현역이나 예비역, 민방위일 것이므로 우리나라는 40대 이후의 노인만 남고 산업 시설이나 도로, 항만이 다 깨지고 폐허 상태로 돌아가게 된다는 것이다.

김영삼 정부는 이런 피해를 가져올 수도 있는 북미 간 대결을 종식시키면서 핵 문제를 해결하기 위해 한승주 외무부 장관을 워싱턴으로 급파했다. 그가 들고 간 카드는 '북미 간 대화'였다. 한국전쟁 이후 북한은 미국과의 협상 테이블에 앉기를 소망해 왔지만 거의 불가능했던 것인데, 이것은 남한 정부의 권고에 의한 것이었다. 과거 남한 정부가 미국과 북한의 직접 대화는 매우 불쾌하고 있을 수 없는 일이라는 태도를 보여온 것에 비하면 엄청난 정책 변화가 아닐 수 없었다.

미국은 한국 정부의 제안을 받아들여 북한과 대화를 시작했다. 미 국무부의 갈루치 차관보와 강석주 북한 외교부 부부장을 대표로 해 시작한 회담은 불과 열흘 만에 극적인 합의에 도달했다. 미국은 핵무기를 포함해 북한을 무력으로 위협하지 않겠다고 약속한 대신 북한이 NPT 탈퇴를 유보하고 IAEA의 감시 활동을 중단시키지 못하도록 했다. 양측 모두는 만족감을 표시했고 향후 회담을 통해 특별 사찰 문제 등 남은 문제를 모두 풀 수 있기를 기대했다. 그러나 회담 결과에 대한 비난이 엉뚱한 곳에서 날아들었다.

보수 언론에 휘둘린 김영삼의 대북 정책

김영삼 대통령은 북미 간의 합의 후 《뉴욕 타임스》와의 회견에서 "미국이 핵 이슈에서 북한에 놀아나고 있다. 갈루치 팀이 너무 많은 것을 양보했다"고 말했다. 그는 또 "북한은 핵무기 개발에 필요한 시간을 벌기 위해 협상을 이용하고 있다"고 해 북미 간 대화를 주선한 장본인이 바로 자신이라는 점을 잊어버린 듯한 태도를 보였다. 김영삼 대통령의 이러한 태도 변화는 북미 간의 대화 열기에 찬물을 끼얹었다. 그렇다면 그는 왜 돌변한 것일까?

김영삼 대통령이 대북 정책에 대한 뚜렷한 철학이 없었다는 점도 큰 요인이겠지만 외부 요인으로는 역시 보수 언론의 역할을 들어야 할 것이다. 당시 보수 언론들은 미국과 북한 간에 직접 대화가 진행되고 있는 상황에서 남한 당국이 팔짱을 끼고 있다고 강력하게 비난했다. 정부 내의 비둘기파인 한완상 장관에 대한 파상적인 공세를 펴기도 했다. 대통령이 되기 전부터 언론 내에 이른바 김영삼 장학생을 만들어 코치를 받아오던 김 대통령은 언론의 압박에 민감한 반응을 보였다. 최초의 문민 대통령으로서 여론의 동향에 민감한 것은 일견 당연하고 바람직한 일일 수도 있으나 문제는 그 여론이 극단적으로 보수적인 이른바 메이저 언론들에 의해 장악되어 있다는 것이었고, 대통령 자신이 보수적인 언론을 제어할 수 있을 만한 철학이 지나치게 부족했다는 데 비극의 원인이 있었다.

김영삼의 반대, 모든 것을 뒤집다

김영삼 대통령의 불만에도 불구하고 북미 대화는 지속되었다. 한승주 외무장관을 중심으로 한 협상파들은 미 국무부와 협력하며 북한과의 대화 전략을 실행해 나갔다. 1993년 10월 북한을 방문한 애커먼 의원을 수행한 퀴노네스 당시 미 국무부 코리아 데스크는 강석주로부터 중대한 제안을 받는다. 핵 문제와 북미 관계 개선을 주고받는 식의 일괄 타결 협상을 시도하자는 것이었다. 북한은 핵을 동결하는 대신 미국은 핵무기 등 무력 사용 및 위협을 하지 않겠다고 약속하고, 경수로를 제공하고, 북미 관계를 정상화한다는 것이었다. 미 국무부는 이 제안이 타당성 있다고 보았고 한승주 외무장관 등 한국 외교 라인 역시 이에 동의했다. 따라서 한 장관은 김 대통령을 설득해, 북한의 제안을 수용한 미국의 이른바 '포괄적 접근안'을 수락하도록 했다. 그러나 포괄적 접근안이 알려지자마자 보수 언론들은 정부가 미국과 북한에 끌려다니는 것 아니냐며 강력하게 질타하고 나섰다.

1993년 11월 한미 정상은 백악관에서 정상회담을 가졌다. 당초 이 회담은 '포괄적 접근'을 양국 정상이 합의 발표하는 자리로 예정되어 있었다. 그러나 김영삼 대통령은 모두를 깜짝 놀라게 하면서 강력한 반대 의사를 표명했다. 결국 한국 대통령의 강력한 반대로 '포괄적 접근'이라는 표현은 '광범위하고도 철저한 접근'으로 바뀌었다. 그러나 정책의 내용이 바뀐 것이 아니라 표현만 바뀐 것

당초 북한에 대한 '포괄적 접근안'을 합의 발표하기로 한 한미 정상회담은 김영삼 대통령의 강력한 반대로 우여곡절을 겪으며 북미 간 협상 실패로 이어져 한반도에 위기 국면이 조성된다.

에 불과했다. 영어의 의미는 '포괄적'이라는 말이나 '광범위하고 철저한'이라는 말이나 비슷하다는 것이다. 김 대통령의 정치적 입장을 배려해 말장난을 한 것이나 다름없는 결정이었다.

이렇게 한심한 한미 정상회담의 결론에 대해 국내 언론은 '김 대통령의 반대로 미국이 정책을 바꾸었다'며 대서특필했다. 아이러니컬한 것은 표현만 바꾼 것이었지만 이는 실제로 북미 협상에 대단히 부정적인 영향을 미쳤다는 점이다. 북한이 이를 '정책의 변화'로 받아들였기 때문이다. 이후 북한은 미국과의 협상에도 IAEA와의 협상에도 비협조적인 태도를 보이기 시작한다. 북미 간의 협상 실패는 이후 한반도에 엄청난 전쟁 위기를 몰고 오고 결국 전쟁 직전까지 가는 극단적 대치 후에야 다시 협상을 하고 합의를 하게 된다. 1994년 10월 제네바 합의가 바로 그것이다. 그러나 제네바 합의는 바로 1993년 10월 퀴노네스가 강석주에게서 받은 내용과 별다를 것이 없었다. 따라서 김 대통령과 보수 언론들은 1년간 외교적 소모전을 벌이고, 한국민이 엄청난 전쟁 위험에 노출되도록 한 책임을 면할 길이 없다.

'불바다 발언'의 진실

1994년 전쟁 위기에서 가장 극적인 역할을 한 것은 역시 '불바다 발언'이다. 불바다 발언이란 1994년 3월 19일 남북 특사 교환을 위한 8차 실무 회담이 열리던 판문점에서 북한 측 대표 박영수가 남측 대표 송영대 통일부 차관에게 "여기서 서울이 멀지 않습니다. 전쟁이 일어나면 불바다가 되고 말아요. 송 선생도 아마 살아나기 어려울 거예요"라고 극언을 한 것을 말한다.

당시 이 발언은 남북 대화 과정의 구체적인 발언을 공개하지 않는 관례를 깨고 즉각 방송에 공개됐고 전 국민적인 충격과 분노, 공포를 자아냈다. 이 발언 이후 이병태 국방장관이 국회 국방위에 출석해 '통일 전쟁' 운운하며 전쟁 불사론을 폈고, 페리 미 국방장관은 한국에 대한 무기 증강을 요구하면서 "또 다른 전쟁의 대가를 치르더라도 핵 개발을 저지할 각오가 되어 있다"고 외치기도 했다. 그나마 실낱처럼 남아 있던 북미 대화를 통한 핵 문제의 평화적 해결 가능성이 좌초된 것이다.

그런데 우리 취재진은 1994년 전쟁 위기를 취재하던 중 뜻밖의 말을 듣게 됐다. 1994년 당시 미 국무부 코리아 데스크로 북미 대화에 깊숙이 관여했던 퀴노네스가 "불바다 발언과 관련해 남한 정부가 지독한 거짓말을 했다"고 주장한 것이다. 그는 "한국 신문에 난 내용을 보고 경악을 금치 못했다. 보도 내용이 미 대사관을 통해 내게 보고된 내용과는 너무 달랐다"고 말했다. 그는 불바다 발언이 그냥 나온 것이 아니라 대화를 파국으로 몰고 가려는 남한 정부의 '작용'이 있었다고 증언했다.

불바다 발언이 왜 나왔는지를 이해하려면 먼저 남북 특사 교환 회담이 생기게 된 계

남북 실무 회담에서 박영수 북한 대표가 한 '불바다 발언'은 큰 파문을 일으켰다.

기를 알 필요가 있다. 취임 직후 미국에 북한과 대화할 것을 권고했던 김영삼 대통령은 보수 세력에게서 상당한 공격을 받은 나머지 1993년 11월 한미 정상회담에서 클린턴에게 "북한이 남한과의 특사 교환에 응하지 않으면 미국도 대화하지 말라"고 요구했다. 북한은 핵 문제와 관련해 남한과는 대화하지 않는다는 입장을 고수해 왔지만 미국과 협상을 하려면 특사 교환 협상에서 성과를 내지 않을 수 없는 상황으로 몰렸다.

그러나 어렵게 시작된 남북 특사 교환 회담은 양측의 줄다리기로 진전이 없었고 마침내 3월 19일 마지막 협상에 임하게 됐다. 3월 21일로 예정된 북한과 미국의 3차 고위급 회담이 이루어지기 위해서는 반드시 합의를 이뤄야 하는 회담이었다. 이때쯤 외부의 관측통들은 이미 합의가 물 건너간 것으로 보고 있었다. 북측이 유연한 태도를 보이지 않을 뿐 아니라 남측에서 연일 강공 드라이브를 걸고 있었기 때문이다. 특히 김영삼 대통령이 NHK와의 대담에서 "북한에 대한 국제적인 제재를 가할 수밖에 없다"는 강경 발언을 한 것이 북측을 매우 자극하고 있는 상황이었다. 북한 측은 당

시 남한 당국이 고의적으로 회담을 파탄 내서 북미 대화가 불가능하도록 몰고 가려는 의도를 보이고 있다고 판단하고 있었다. 그렇다면 이러한 상황에서 퀴노네스 전 미 국무부 코리아 데스크가 말한 남한 정부의 '작용'은 무엇이었던가?

조작된 진실

퀴노네스는 취재진에게 "김영삼 대통령은 이미 요구한 사항 외에 추가 요구 사항을 덧붙였다. 북한 대표단은 김영삼의 이런 태도에 매우 화가 났고, 급기야 불바다 발언을 한 것이다"라고 말했다. 즉, 남한 정부의 방해로 북미 회담이 좌초되게 생겼다고 판단하고 있던 상황에서 남측이 이전 회담에서는 제기하지 않았던 새 조건들을 내놓자 북한 대표단이 폭발했다는 것이다. 퀴노네스의 주장은 그동안 한국 정부가 이야기하는 '불바다 발언'의 진실과는 큰 차이가 있는 것이었다. 불바다 발언 당일 송영대 대표는 기자회견에서 북한 측에 "첫째 우리 최고 당국자에 대한 비방 중상을 즉각 중지할 것, 둘째 우리 국민에 대한 반정부 투쟁 선동을 즉각 중지할 것" 등의 긴급 제안을 했다고 밝혔다. 그러나 이 제안은 불바다 발언 이전이 아니라 불바다 발언 이후 이에 대응하는 차원에서 한 긴급 제안이었다고 설명했고, 그렇게 보도됐다. 그렇다면 과연 퀴노네스와 송영대 대표, 누구의 말이 맞는 것일까? 취재진은 통일부가 발간한 각종 자료들을 샅샅이 뒤진 끝에 그 진실을 찾아낼 수 있었다.

통일부가 발행한 『남북회담사』는 '불바다 발언'을 기술하면서 '우리 측이 먼저 긴급 제안을 하고, 그 이후에 북한 측이 불바다 발언을 한' 것으로 기록하고 있었다. 한국 정부는 그동안 국민들에게 거짓말을 해온 것이다.

취재진은 송영대 당시 대표를 만나 이 문제에 대해 물어보았다. 그는 불바다 발언의 진실을 묻는 취재진에게 예상 외로 선선히 "우리 측이 먼저 긴급 제안을 한 뒤 불바다 발언이 나왔다"고 인정했다. 그러나 곧이어 "당시 보도는 반대로 됐는데 왜 그런가?"라고 묻자 자신이 착각을 했다며 "보도된 것처럼 불바다 발언 이후에 긴급 제안을 했다"고 말을 바꿨다. 그러나 그는 취재진이 기록을 내밀자 다시 말을 뒤집었다. 기록이 맞다는 것이다.

퀴노네스는 남한 정부 인사한테서 들었다면서 당시 대표단이 청와대로부터 "북한의 어떤 제안도 거부하라"는 명령을 받았다고 말했다. 남한 정부가 미국에 요청해 성사된 회담을 당사자가 결렬시키려 한 것이다. 우리는 퀴노네스의 주장을 당시 외무부 최고위 당국자에게서 확인받을 수 있었다. 그는 익명을 요구하면서 "당시 정부가 북핵 문제를 북한과 미국 간의 대화보다 안보리 회부를 통한 압박으로 풀려는 전략을 갖고 있었다"고 밝혔다.

북미 대화를 결렬시켜 북한을 안보리에 회부하도록 하기 위해 협상의 진전을 위한 북한의 제안을 수용하지 않도록 대표단에 지시하고, 북한이 도저히 받아들일 수 없는 조건을 요구하도록 지시했다는 사실이 드러난 것이다. 그리고 북한의 불바다 발언은 북미 대화 좌초라는 벼랑 끝에 내몰린 상황에서 나온 것이라는 게 밝혀졌다. 물론 그렇다고 해서 불바다 발언의 반민족적 성격이 없어지는 것은 아니겠지만 어떤 맥락에서 나온 발언이라는 것을 철저히 숨기고 북한을 세계의 공적으로 몰고 간 김영삼 정부의 부도덕성에는 경악할 수밖에 없다.

높아가는 전쟁 위기의 파고

불바다 발언이라는 방아쇠가 당겨진 뒤 한반도에서 전쟁 위기의 파고는 급격히 높아졌다. 미국 정부 내에서 협상을 주도한 국무부의 역할은 축소되고 국방부의 발언권이 압도하기 시작했다. 1994년 3월 국방장관이 된 페리가 한 최초의 조치는 한반도에서의 군비 증강이었다. 패트리어트 미사일 등 다양한 무기를 들여오는 한편 로스앨러모스 연구소에서는 대규모 전폭기들을 동원한 영변 폭격 가능성을 시뮬레이션으로 타진했다. 갈루치 미국 국무부 차관보는 취재진에게 매우 많은 수의 전투기가 참여하는 작전에 대한 시뮬레이션이 이뤄졌다고 밝혔다. 1994년 5월 주한 미군 사령관 게리 럭은 페리 장관의 명에 따라 한반도에서의 전쟁 계획을 수립하고 워싱턴에 보고했다. 5월 18일 펜타곤에서는 페리를 비롯해 미군 최고 수뇌부들이 모여 게리 럭의 한국전 계획을 최종 검토했고 그 결과를 클린턴에게 보고했다. 결과는 끔찍한 것이었다. 전쟁이 시작된 뒤 3개월 동안 미군 사망자가 5만에서 10만 명, 한국군 사망자는 최소 50만 명 안팎, 한국 민간인 피해자가 수백만 명, 재산 피해 규모가 1조 달러에 이르는 것으로 예측된 것이다. 고민에 빠진 클린턴은 다시 한 번 협상해 볼 것을 지시했다.

그러나 북한은 영변 원자로의 연료봉 8000개를 빠르게 교체하기 시작했고, 한국 정부는 북한을 안전보장이사회에 회부하기 위해 맹렬한 외교 활동을 지속했다. 북한은 안보리 제재는 곧 전쟁이라고 반발했고 미국은 이를 심각하게 받아들였다. 즉, 제재를 하기 위해서는 전쟁 준비가 필요하다고 판단한 것이다.

미국은 북한의 군사적 행동에 대비해 항공모함을 한반도 근해로 이동시키고 대규모 증원군을 파견하는 계획을 실행하려 했다. 이 계획을 실행하는 데서 중요한 점은 북한이 증원군 파견을 참아줄 것인가 여부였다. 걸프전 당시 미군이 병력을 아라비아 반도에 집결시킨 뒤 이라크를 침공하는 것을 목격한 북한이 한반도로의 병력 집결을 참아줄 것인가? 당시 북한 판문점 대표부의 한 대좌는 한 미군 장교에게 "우리는 당신들의 병력 증강을 허용하지 않을 것이다"라고 경고하기도 했다. 미국은 결국 병력 증강이 북한군의 공격을 부르고 그것이 전쟁으로 이어진다 하더라도 이를 감수하기로 결정했다.

게리 럭 주한 미군 사령관은 6월 16일 아침(한국 시간) 미 국방부로부터 병력 증강 결정을 통보받았다. 미 국방부가 클린턴에게 보고하기 몇 시간 전이었다. 병력 증강이 전쟁을 야기할 위험성을 크게 우려하고 있던 럭 장군은 제임스 레이니 주한 미 대사를 불러 의논했다. 그들의 결론은 주한 미국인들을 빠른 시간 내에 소개해야 한다는 것이었다. 레이니 대사는 당시 한국에 있던 세 명의 손

북핵 문제를 중재하기 위해 북한을 방문한 카터는 김일성과 극적인 합의를 이룬다.

자, 손녀에게 3일 후인 일요일까지 미국으로 떠나라고 당부했다.

김영삼 대통령은 정종욱 외교안보수석에게서 주한 미국인 소개 사실을 전달받은 뒤에야 사태의 심각성을 알아차렸다. 그는 미국이 영변을 폭격하려 한다고 오해했다. 김 대통령뿐 아니라 그의 정부 내에서 미국 측의 정확한 계획을 알고 있었던 사람은 단 한 명도 없었다. 그도 그럴 것이 주한 미군 사령관과 주한 미 대사조차 최종 순간에 통보받고 소개 계획을 부랴부랴 짜고 있던 판이었다. 클린턴은 김영삼에게 몇 차례 전화를 걸어온 적이 있었지만 병력 증강 계획과 그에 따른 전쟁 감수 결심은 논의 대상이 아니었다. 클린턴이 '긴밀한 협조와 단호한 공동 대처'를 강조하면 김영삼이 '옳소'를 외치는 수준이었을 뿐이다. 단호한 공동 대처가 병력 증강과 전쟁 감수를 의미할 수도 있다는 것, 긴밀한 협조가 영변 폭격에 대한 한국의 무조건적 수용을 뜻할 수도 있다는 사실을 김영삼과 그의 정부는 외면했다.

앞서 밝혔듯이 김 대통령은 클린턴 대통령과 '대판 싸우고' 항의했다고 한다. 김 대통령은 자신이 그러지 않았으면 남북전쟁이 일어났을 거라고도 했다. 그렇다면 미국은 대한민국 대통령의 반대에 대해 어떤 반응을 보였을까? 이 부분이 매우 중요하다고 생각하고 취재를 했으나 구체적인 사실을 밝혀내지는 못했다. 취재진이 만난 미국 정부 관계자 중 어떤 사람도 김영삼 대통령과 클린턴 대통령 간의 전화 통화 사실을 몰랐다. 김영삼 대통령의 전화가 있었다고 가정하더라도 그것이 미국 정부의 정책 결정에 영향을 미친 흔적을 찾기는 어려웠다. 미 국방부의 병력 증강 계획 보고는 원안대로 이루어졌다. 클린턴에게 군 수뇌부가 세 가지의 병력 증강안 중 제2안을 설명하던 중 회의는 외부에서 걸려온 한 통의 전화로 종결됐다. 그 전화는 김영삼이 아닌 카터의 것이었다. 북핵 문제를 중재하기 위해 북한을 방문한 그가 김일성과 극적인 합의를 이룬 것이었다. 카터는 전화를 받은 갈루치에게 "북미 3차 회담을 재개한다는 답변을 북한에 할 수 있는 권한을 달라"고 요구했다. 갈루치가 머뭇거리자 카터는 CNN 방송에 출연해 내용을 밝히겠다고 통고했다. 곧이어 카터는 CNN에 나와 "지금 필요한 조치는 장기간 지연된 제3차 북미 회담을 재개하는 아주 간단한 결정이다"라고 밝혔다. TV를 지켜보던 클린턴과 각료들은 카터와 김일성의 합의를 뒤치다꺼리하는 일이 자신들이 할 일이라는 현실을 인정해야 했다.

김영삼 대통령은 평양에서 돌아온 카터를 반겼다. 카터 방북 전 "시의적절하지 못하며, 북한의 지연 전술에 부채질할 수 있다"며 못마땅히 여겼던 것과는 딴판이었다. 카터가 가져온 남북 정상회담이라는 선물에 혹했을 수도 있다. 그러나 그보다는 전쟁 가능성

카터의 CNN 회견을 지켜보는 백악관 관리들

이라는 엄중한 위기를 겪고 난 뒤 나온 너무나 자연스러운 반응이 아니었을까 생각된다. 그러나 바로 그 순간에도 조선일보는 마땅치 않다는 반응을 보였다. "정상회담 시기 부적절 / 카터 메시지 전문가 의견" "의아한 일본…… 미에 불만 / 카터 방북-남북 정상회담 시각" "김일성 '진의'가 문제 / '돌출 카드' 남북 정상회담" "김정일, 카터 면담 거절" "카터, 미 정책 꼬이게 했다 / 워싱턴 타임스 보도" …… 하나같이 색안경 쓴 기사로 일관하면서 그 속마음을 사설로 드러냈다.

대결 지향적인 보도를 일삼은 무책임한 언론들

"그러나 이런 사태 진전의 마디마디에는 대단히 석연치 않은 점들이 있음을 지적하지 않을 수 없다. 무엇보다도 북한의 진실성이 구체적으로 입증되기도 전에 카터를 통해 제재의 중단을 언급했던 미 정부에 항의의 목소리를 높였던 김영삼 정부는 남북 정상회담을 재빨리 수용한다고 발표함으로써 협상을 유도하는 압력 수단으로서의 제재 국면을 스스로 와해시키고 있다는 점이다." (1994년 6월 19일 조선일보 사설 중에서)

아마도 조선일보는 "우리만 그랬나?"고 항변하고 싶을지도 모른다. 실제로 조선일보 외에도 시종일관 냉전적인 시각으로 보도한 언론은 많다. 그러나 그 신문, 방송들 중 어느 곳도 "전쟁할 각오를 해야 한다"고까지 외치지는 않았다. 특히 마지막 순간까지 극단적으로 밀어붙이던 조선일보의 단말마적 표현은 그 누구도 흉내 낼 수 없는 것이었다. "사즉필생의 피나는 대치 정신, 폭풍 속 조각배 위에서도 마음의 제자리를 잃지 않았던 옛 성자의 자세, 그

이인모의 송환을 비난하는 보수 언론

리고 악령과 더불어 피투성이가 된 채 자신을 던지는 '엑소시스트'의 정신"이라니?

정도의 차이는 있지만 대부분 대결 지향적인 보도를 했던 당시 언론들은 아마도 이런 변명을 할지도 모른다. "우리가 알았나 뭐? 대통령도 몰랐는데……"라고 말이다. 미국이 병력을 증파하고 영변 폭격설이 미국 언론에서 공공연히 나오는 상황에서 실제 전쟁 가능성을 읽지 못했다는 변명은 통하기 어려운 일이지만 청와대조차 문제의 심각성을 모르고 있었다는 것은 사실이다.

'영변 폭격'이냐, '병력 증파'냐

1994년 이후 한동안 당시 무슨 일이 실제로 있었는지 전혀 알려지지 않았다. 그러나 김영삼 정권이 끝나고 고위 인사들이 은퇴한 신분이 되자 서서히 당시 상황에 대한 말이 나왔는데 그 내용은 대체로 "당시 미국이 영변에 국지적인 폭격을 하려 했다"는 것이었다. 김영삼 전 대통령을 비롯해 박관용 당시 비서실장, 한승주 전 외무장관, 정종욱 전 수석 등 취재진이 만나거나 발언 내용을 입수한 고위직들은 거의 모두 '영변 폭격'이 있을 뻔했다고 말했다. 그러나 취재진이 밝혀낸 진실은 그와는 차이가 있다.

당시 미국 고위 관리들을 비롯해 의사 결정 과정을 잘 아는 미국측 인사들은 하나같이 영변 폭격 계획도 있었고 검토도 했지만 페리 국방장관 등이 반대해 심각한 고려 사항으로 테이블에 올려지지는 않았다고 증언했다. 당시 미국이 추진했던 것은 안보리 제재에 대비한 한반도에서의 병력 증강이었다는 것이다. 물론 병력 증강과 그에 이은 제재가 북한의 공격을 불러들일 수 있고 전쟁으로 이어질 수 있었던 것은 분명하다. 그래서 레이니 대사와 럭 사령관이 주한 미국인들을 소개하는 계획을 세웠던 것이다.

그러나 그러한 상황은 한국 대통령을 비롯한 정부 관계자들에게 전혀 전달되지 않았고, 그들은 사태 이후 10여 년이 상황에서도 '1994년에는 미국이 영변 폭격을 하려 했을 것'이라고 추측하고 있었다. 대한민국의 운명을 가를 수 있는 결정을 하면서 대한민국 정부와 의논하지 않아도 되는 시스템, 그것이 한미 동맹의 현실이었던 것이다. 정종욱 당시 안보수석은 취재진에게 그 당시 미국 군사 당국이 어떤 결정을 하려 했는지 잘 모르고 있었다고 털어놓았다. 이양호 당시 합참의장의 증언도 놀라웠다. 미국 정부는 비밀로 분류된 사항들 중 'no foreigner'라는 딱지가 붙은 것은 절대로 외국인에게는 알려주지 않는다는 것이다. 결국 대한민국의 안전을 책임지는 역할을 한다고 알려진 대한민국 군대는 스스로의 결정으로 국민을 보호할 힘이 없다는 것이었다. 국토를 불바다로 만들 결정이 이뤄지는 과정에 전혀 개입하지 못하는 군대가 무슨 자주국방을 운위하겠는가? 이 같은 상황은 한국군에 대한 전시작전권이 미군에 있다는 사실에서 비롯된다. 전쟁이 발생하는 순간부터 한국군을 지휘하는 권한은 즉시 한미 연합 사령관인 주한 미군 사령관에게 넘겨지게 되어 있는 것이다. 결국 지휘권을 가진 입장에서는 자신이 모든 결정을 하고 한국군이나 정부는 결정을 이행하는 과정에서 협조 대상 정도의 가치밖에 인정할 수 없다는 것이다. 평소에는 한미 동맹 운운하며 철통같은 공조를 과시하다가도 결정적인 순간이 다가오면 한미 간에 이견이 있더라도 한국군은 미국의 전쟁 결심에 따를 수밖에 없는 구조가 바로 한미 동맹의 의사 결정 구조이다.

전시작전통제권이 없는 주권 국가

2003년 1월 방송 이후 많은 시청자들이 전쟁 일보 직전까지 갔던 상황을 몰랐던 것에 대해 놀라움을 표시했다. 무서웠다고 하는 사람도 많았고 분노했다는 사람도 많았다. 필자 자신도 이 프로그램을 제작하면서 시청자들과 똑같은 공포와 분노를 느꼈다. 당시 필자의 나이 마흔셋, 세상 돌아가는 이치를 조금 알 만한 때인데도 공포와 분노가 마음을 흔든 것이다. 착하디착하고 남편과 아이들 생각만 하는 아내와 아이들 셋의 생명을 누군가가 좌지우지할 수 있다는 문제 앞에서 평정심을 가질 수 없었다.

그리고 얼마 후 당시 김대중 정부로부터 정권 인수를 하고 있던 인수위로부터 방송 테이프를 복사해 달라는 요청이 왔다. 들리는 말에 의하면 이후 테이프를 본 많은 관계자들이 1994년 상황에 대해 경악하고, 미국의 힘에 대해 전율했다고 한다. 방송 이후 한 달쯤 지났을까 노무현 대통령 당선자는 한국노총을 방문한 간담회에서 "막상 전쟁이 나면 국군에 대한 지휘권도 한국 대통령이 갖고 있지 않다"며 작전 지휘권 문제를 강하게 거론하기 시작했다. 이후 노무현 정부는 전시작전권 이양을 중요 과제로 채택해 추진하고 있다.

안타까운 것은 아직도 작전권 이양을 위험한 것으로 보는 소위 국방 전문가들이 많다는 것이다. 간간이 보수 언론을 통해 예비역 장성들이 작전권 이양에 대한 불만을 털어놓는 것을 볼 수 있다. 그런 반대 의견을 볼 때마다 필자는 미국 군대의 장비를 받아 그들의 지침서로 교육받고, 운 좋으면 미국에 불려가서 연수를 거치고, 돌아와서 승승장구해 한국군 수뇌부가 된 많은 사람들을 떠올리게 된다. 그리고 그들에 의해 너무나 당연하게 미군에 주어진 작전권의 역사가 떠오르는 것이다.

국방장관을 지낸 어떤 이는 필자에게 이런 이야기를 들려주었다. 노태우 대통령 시절 평시작전통제권을 미국에게서 돌려받기 위해 노력을 했는데 당시 한국 군부는 애당초 반대 입장이었다는 것이다. 그는 평시작전통제권이라도 돌려받은 데는 노태우 대통령의 공이 컸다고 강조했다. 취재를 하면서도 전시작전통제권을 미국으로부터 가져올 필요성에 대해 한국의 군 관련 인사들에게 물어보았지만 그들의 의견은 하나같이 "아직 안 된다"였다. 미군에 각종 정보를 다 의지하고 있는데 정보도 없이 어떻게 작전을 하느냐는 것이 중요한 이유 중 하나였다. 전시작전통제권을 가져오느냐 마느냐의 문제와는 별도로 "미군이 아니면 한반도 안보는 불가능하다"는 그 철벽 같은 신앙에 절망감마저 느꼈다. 군대를 만든

지 60년이 다 되어가고 60만 대군을 거느렸다고 자랑하는 대한민국 군대가 정보 자산조차 제대로 확보하지 못해 남의 나라 장군의 지휘에 따라 움직여야 하다니!

또 어떤 이는 "전시작전권을 가져오겠다고 하면 미군은 나가겠다고 할 것"이라고 하기도 했다. 그렇다면 미군 철수를 막기 위해 한국군은 언제까지나 예속된 지위로 남아 있어야 한다는 것인가? 사실 전시작전권을 가져온다는 것은 한국군이 미군을 통제하겠다는 것이 아니라 서로 독자적인 작전권을 갖겠다는 것이고 그것은 미군이 나가고 말고 하는 문제와는 논리적으로 연관성을 찾기 힘든 문제이다. 일본조차도 자위대 작전권을 미군에 맡기고 있지 않지만 미군이 주둔하는 데는 아무런 문제가 없지 않은가!

오히려 주한 미 대사를 지낸 제임스 릴리 같은 이는 당시 한 언론과의 인터뷰에서 "전시작전통제권을 주한 미군 사령관이 갖고 있다는 것은 시대착오적이다. 이런 상황을 받아들일 주권 국가는 없을 것이다"라고 했다. 주권 국가라면 받아들일 수 없는 일을 한국은 무려 50년 이상이나 해온 것이다.

한국군 스스로 국민의 생명을 지키는 최고의 무력으로서의 자존을 확고하게 지켜야 국민을 안심시킬 수 있다. 대한민국 국민들의 명령에만 따르는 우리의 군대가 절실한 시점이다.

소파,
동맹의 초석인가 덫인가

― 이모현

주한 미군 범죄, 절대로 처벌할 수 없다?

유난히 주한 미군 관련 사고가 많았던 2000년. 그해 5월은 매향리 미 공군기 오폭 사건으로 떠들썩하게 시작됐다. 매향리 사태가 채 가라앉기도 전에, 이번엔 미군이 한강에 독극물의 일종인 포름알데히드를 방류한 사건이 보도됐다. 시민단체들은 연일 미군의 사과와 소파(SOFA : Status Of Forces Agreement, 주한 미군 지위협정) 개정을 요구하는 시위를 벌였다.

국민감정이 악화되는 가운데 이태원의 한 술집 여종업원을 잔인하게 살해했던 매카시 상병에게 징역 6년형이 선고된다. 형량이 지나치게 가볍다는 여론이 빗발치는 가운데 1992년 기지촌 여성 윤금이를 엽기적으로 살해한 죄로 천안교도소에 수감 중이던 케네스 마클은 한 일간지에 다음과 같은 기고문을 보냈다. "매카시의 형량은 지나치게 무겁다. 논의 중인 소파 개정은 웃기는 일이다.

신효순·심미선의 영정

소파는 미국인을 충분히 보호하는 쪽으로 개정되어야 한다."

한국의 사법 체계하의 미군 수감자들은 미국의 요구대로 소파에 규정된 수감 시설을 갖춘 천안소년교도소에서 복역하고 있다. 미군은 한국의 수감자 다섯 명이 사용하는 2.98평 독방을 혼자 사용한다. 방 안에는 침대와 TV, 비디오, 오디오, 컴퓨터 등이 갖추어져 있고 심지어 책장과 선풍기, 전자오락기와 기타 등이 비치되어 있는 경우도 있다. 부엌에는 가스레인지와 대형 냉장고, 식탁 등이 갖추어져 있고 미군에서 제공한 고기와 야채로 직접 취사를 한다. 뿐만 아니라 별도의 헬스장마저 갖추어져 있다. 포커 판을 벌이는 등 행동의 제약도 거의 없다. 이곳을 직접 방문했던 김원웅 의원은 이곳이 미국이나 서구의 교도소에 비교하더라도 굉장한 특혜라는 생각이 들었다고 했다.

이러한 가운데 시민단체의 격렬한 반대 속에 2001년 4월 1일 소파 개정안이 통과됐고 한미 양측은 새로운 소파에 만족을 표했다. 송민순 당시 한국 측 협상 대표는 기자회견장에서 "지금까지 한미 소파가 불편한 소파가 돼서 앉아 있기가 어려웠다면 앞으로는 오랫동안 앉아 있을 수 있는 그런 편안한 소파가 될 것으로 확신합니다"라고 말했다.

그러나 편안한 소파가 되리라던 그 약속은 불과 1년 후 두 소녀의 죽음으로 분란에 휩싸이게 된다. 2002년 6월 13일 경기도 양주군 지방도로에서 신효순, 심미선 두 여중생이 미군의 장갑차에 압사당한 것이다. 장갑차를 운전한 두 미군은 무죄판결을 받았고 사람들은 분노했다. 아무도 책임지지 않는 죽음, 그리고 그 정당함의 근거가 된 소파. 그것은 평범한 아버지, 어머니, 그리고 시민들을 거리로 나서게 했다. 하지만 계속되는 시위에도 불구하고 당시 한미 양국 정부 간의 소파에 대한 견해는 한결같았다. 아무 문제가 없다는 것이었다.

올해로 체결 40년을 맞는 소파. 두 차례의 개정에도 불구하고 소파를 둘러싸고 여전히 계속되는 한미 두 나라 정부와 일반 시민들과의 이견. 그 불화의 조짐은 처음부터 예견된 것이었다.

처음부터 잘못 끼워진 단추

소파의 기원은 한국전쟁 당시 맺어진 대전협정으로 거슬러 올라간다. 1950년 7월 12일, 유엔군의 일원으로 참전 중이던 미국은 북한군에 쫓겨 대전에 피란 정부를 꾸린 이승만에게 미군에 대한 일체의 형사재판권을 넘겨줄 것을 요구했다. 이른바 대전협정. 이 협정은 불리한 전황 속에서 미국의 초안 내용 그대로 작성되었다. "미 군대 구성원에 대한 배타적 재판권을 미 군법회의가 행사하도록 제의한다"는 미 대사관 측의 요구 서한은 그대로 "미 군법회의는 미 군대 구성원에 대하여 배타적 재판권을 행사할 수 있다"는 내용으로 대전협정에 반영되었다.

전쟁의 혼란 속에 미군 범죄가 늘어났지만 형사재판권을 모두 넘겨버린 한국 정부는 범죄를 저지른 미군에게 책임을 물을 수 없었다. 특히 한국전쟁 중에 미군에 의한 한국 여성의 강간이 많았지만 일반적으로 그 사건의 범인들은 미군 당국에 의해 경미하게 처벌되거나 귀국 조치되었다.

1953년 7월 북진통일을 주장하며 휴전을 반대해 오던 이승만이 전격적으로 정전협정에 동의한다. 미국이 한미상호방위조약을 체결해 주는 조건이었다. 1953년 10월 1일 체결된 한미상호방위조약 체결은 미군의 영구 주둔을 허용하는 것이었다. 국무장관 덜레스는 한미상호방위조약 발효 직후, 곧 미군의 항구적 주둔에 필요한 소파 협상에 들어가겠다는 성명을 공개적으로 발표했다. 그러나 그 약속은 지켜지지 않았다.

전쟁의 포화가 가라앉자 소문만 무성했던 미군들의 범죄 실체가

1953년 한미상호방위조약 체결

드러나기 시작한다. 1954년 1월 14일 미군 송유관에서 새어나오던 기름을 모으던 소년, 소녀 두 명이 미군에게 총살을 당하는 등 1954년 한 해에만 10여 명이 미군에게 사살당했다. 사건이 계속 늘어나자 외무부 장관 변영태는 유엔 사령관에게 항의 서한을 보냈고 미군 정부에 소파 협상을 촉구했다.

그 후로도 한국 정부는 여러 차례 소파 협상을 요구했지만 미국은 계속 침묵을 지켰다. 미군 수뇌부가 한국은 여전히 전시 상태이며 한국의 사법 체계를 믿을 수 없다는 이유로 소파 체결을 강력하게 반대했기 때문이다. 당시의 미 국가 안보 파일에는 다음과 같은 내용이 나온다. "우리 국민을 원시적이고 비미국적인 (한국의) 사법 체계로부터 보호할 것."

미 8군 법무관 로버트 페컴에 따르면 당시 미국 군대는 한국 법정에서 고소당하고 재판받기 위해서가 아니라 공동 방위를 위해 있는 것이라는 우월적 사고를 하고 있었다.

미군 범죄가 사회적 문제로 처음 대두된 것은 1957년에 일어난 양주 열차 강도 사건이다. 미군 헌병 윌슨이 한국인들을 사주해 미군 보급 열차를 털게 한 후 사건이 탄로 날 것을 염려하여 한국인들에게 총을 난사했다. 이 사고로 한 명이 죽고 두 명이 부상당했다. 사건의 파장이 커지자 한국 검찰이 최초로 윌슨을 심문했으나 재판권은 결국 미국의 손으로 넘어가고 만다. 대전협정 때문이었다.

들끓던 여론이 채 가라앉기도 전 이번엔 군산 비행장 근처에서 풀을 베던 두 소녀가 미군에게 사살당하는 사건이 일어났다. 1957년 그해 신문 사회면에는 연일 크고 작은 미군 범죄가 보도됐고 살인이나 폭행 사건이 빈번했지만 유효적절하게 재판권 행사를 하지 못하는 상황에서 여론도 악화 일로를 걷고 있었다.

그해 9월 방한한 미 국무부 차관 허터에게 이승만은 소파 초안을 내밀며 협상을 요구했다. 미국은 하겠다는 말도 안 하겠다는 말도 하지 않았다. 표면적으로는 긍정도 부정도 하지 않는 외교적인 태도. 그러나 주한 미 대사관과 본국 사이에 수차례 오간 전문에는 다음과 같은 미국의 입장이 뚜렷하게 나타나 있다.

- 소파 협상을 가능한 한 오래 지연시켜라.
- 소파 협상을 무기한 연기하라.
- 소파 협상을 영구적으로 지연시켜라.

미국의 침묵과 우리 정부의 무기력함 속에서 사고는 계속 일어났다. 1957년 10월, 금천역 중학생 총격 사건. 금천역을 걸어가던 중학생들에게 정지 명령을 지키지 않았다고 미군이 발포한 것이다. 그 중 학생 한 명이 사망하자 분노한 유가족과 시민들은 금천역으로 몰려와 시위를 벌였다. 그때 태평양 너머에서 들려온 주미 대사 양유찬의 발언은 국민들의 분노에 불을 지폈다. "그 같은 사고는 어디서나 있을 수 있는 일이다. 공산주의자들이 한미 간의 불화를 위해 이런 사건들을 이용한다."

사실 이승만 정권은 소파 체결에 대해 이중적인 태도를 갖고 있었다. 표면적으로는 미국을 압박하는 듯 행동했지만 기밀 해지된 문서에 나타나 있는 이승만 정권의 태도는 그와는 사뭇 다르다. "국민들의 요구 때문에 어쩔 수 없이 소파 문제를 제기하지만 소파가 한미 관계에 도움이 되지 않는다는 미국의 견해에 동의한다."

이승만 정권의 이러한 태도는 미국과의 관계에서 비롯된 것이었다. 당시 한국과 미국 사이에는 환율 조정을 비롯해 원조와 주한 미군의 감축 같은 중요한 문제들이 쟁점이 되고 있었기 때문에 이와 관련된 어떠한 협상도 할 만한 여력이 없었던 것이다.

그런데 1958년 1월 크리스마스 휴가차 미국에 다녀온 다울링 주한 미 대사가 갑자기 소파 체결이 가능하다는 입장을 표명한다. 수년간 침묵하고 있던 미국을 움직인 건 과연 무엇이었을까?

협상의 시작

스탈린 사망 후 미소 냉전 체제는 새로운 국면으로 접어들기 시작한다. 이른바 데탕트가 도래한 것이다. 곧이어 1955년 인도네시아에서 아시아와 아프리카 각국 정상이 참여하는 반둥회의가 열렸다. 제3세계의 등장이었다. 미국과 소련의 냉전 투쟁에 휘말리지 않는 중립 노선을 표방한 제3세계 국가들이 유엔에 가입하는 등 독자적인 세력을 형성해 나갔다.

소련은 경제 원조 등을 통한 평화 공세로 제3세계 끌어안기에 나섰다. 소련의 세 불리기에 긴장하고 있던 미국에게 또 한 번 충격을 안겨준 사건이 발생한다. 1957년 10월 1일 소련이 세계 최초로 인공위성을 쏘아 올린 것이다. 당시 미국은 모든 과학 기술에서 소련을 상당히 앞서고 있다고 판단하고 있었다. 이 사건으로 미국은 소련이 혹시라도 인공위성에서 미국을 공격하는 것이 아닌가 하는 두려움을 갖게 되었다.

그 이후부터는 냉전 전략이 군사적 대치 위주에서 어느 체제가 더 우월한가 하는 체제 우월성 경쟁으로 나아가기 시작한다. 체제 경쟁과 함께 미국은 해외 기지를 통한 영향력 확대에 나선다. 그 사전 작업으로 아이젠하워는 해외 주둔 미군 기지에 대한 대대적인 검토 작업을 실시했다. 그 결과 만들어진 것이 바로 해외 주둔 미군 기지 보고서인 '내시(Nash) 보고서'. 이 보고서를 통해 전 세계 60여 개국에 주둔 중인 미군의 범죄가 심각한 수준이라는 것이 밝혀졌다. 그로 인해서 현지 국민들의 여론이 악화되면 미군이 안정적으로 주둔하는 것에 악영향을 미친다는 점에 아이젠하워 대통령도 공감했다. 미군 범죄에 의해 현지 여론이 악화된 대표적인 사례는 1957년 일본에서 발생한 지라드 사건이었다. 미군 지라드가 탄피를 줍던 일본 여인을 고의로 사살한 것이다. 지라드는 당시 그 여인에게 "마마 상, 여기 총알 있어요" 하고 일본어로 말을 걸어 가까이 오게 한 후 총을 쏘았다. 이 사건은 일본 열도를 흔들어놓았다. 미국과 일본 사이에 이미 체결돼 있던 소파에 따른다면 지라드의 재판권은 미국에 있었다. 그러나 여론이 날로 악화되자 미국은 지라드를 일본에 넘겼다. 다분히 정치적인 선택이었다. 당시 변호를 맡았던 프랭크 보아스는 "비록 우리에게 1차 재판권이 있었지만 일본이 그 사건에 심각한 관심을 갖고 있었고 또한 일본과 좋은 관계를 유지하기 위해 재판권을 포기하고 피고를 일본 법정에 세우도록 결정했다"고 밝혔다.

이듬해 대만에서는 미군 범죄에 분노한 시민들이 소파 체결을 요구하며 미 대사관을 습격하는 사건이 발생했다. 현지 여론이 악화될 것을 두려워한 미국이 마침내 현지 국가가 주둔군 지위 협정 체결을 요청하면 즉각 응하라는 입장으로 선회한 것이다. 미군이 안

기자회견 중인 지라드

1957년 대만 미 대사관 습격 사건

정적으로 주둔할 수 없다면 미국 국가 이익에 반하는 것이기 때문에 미국 국방부나 국무부는 소파 협상에 임하는 것이 훨씬 이익이라고 판단한 것이다. 수년간 한국 정부의 요청을 외면해 오던 미국이 다울링 대사를 통해 소파 체결 의사를 밝힌 것도 같은 맥락에서였다.

지난한 협상 과정

그러나 그 후에도 교섭이 바로 시작되지는 않았다. 미 정부의 입장과 별도로 주한 미 군부가 한국과의 소파 체결을 완강하게 거부하고 있었기 때문이다. 당시 미 군부의 입장은 자기네 군인들을 한국 법정에 넘기느니 차라리 한국에서 철수하겠다는 것이었다. 앨튼 하비 당시 미 8군 법무관은 "전쟁이 났을 때 미군들이 한국 법정에 붙잡혀 조사받고 있을 수는 없지 않은가! 미군은 적과 싸우기 위해 한국에 있는 것이다. 한국 정부도 똑같이 생각할 것으로 믿는다"고 말했다.

소파가 표류하는 사이 엽기적인 미군 범죄가 계속되었다. 1958년 2월, 부평에서 구두닦이 소년 김춘일 린치 사건이 일어났다. 부평 미군 비행장에서 군표와 라이터를 훔치다 걸린 구두닦이 소년의 머리를 삭발하고 다섯 시간 동안 린치를 가한 후 콜타르를 머리에 부은 후 소년을 화물 상자에 담아 헬리콥터에 실어 다른 기지로 보낸 사건이었다. 일반 사병뿐만 아니라 장교들도 이 린치에 가담했다. 좀도둑질을 한 열네 살 소년에게 행해진 이 가혹한 처벌은 신문과 외신에까지 대서특필됐다.

기지촌 주변에서도 미군들의 범죄가 끊이지 않았다. 포천에서는 미군 부대에 들어간 기지촌 여성이 온몸에 페인트칠을 당한 후 발가벗겨져 내쫓겼다. 동두천의 한 미군 기지에서도 기지촌 여성을 삭발하여 내쫓는 등 인권 유린이 계속됐다. 미군의 범행이 계속되자 소파 체결을 촉구하는 여론이 달아올랐다. 국회도 소파 체결을 촉구하는 대정부 결의안을 만장일치로 채택했지만 진전은 없었다.

답보 상태였던 소파에 물꼬를 터준 것은 4·19였다. 4·19와 함께 급부상한 민족주의. 제3세계에서 민족주의는 친공산주의적 성향이 있다는 것이 미국의 판단이었고 또 실제로 그런 경향이 많이 나타나기도 했다. 미국은 한국에서의 민족주의적 흐름이 친사회주의나 친공산주의적으로 갈 가능성이 많다는 것을 우려했다.

장면 정권은 이승만 정권과의 차별성을 부각하기 위해 외교 6대 정책에 소파 체결을 포함하는 등 강한 의욕을 보였다. 당시 미 대사관 정치과 차장이었던 엘머 홀렌은 "장면 정부는 매우 미약했고 야당은 분열되어 있었기 때문에 장면은 최대한의 지지를 얻어야 했다. 그에게 소파 협정은 미국식 표현에 의하면 모자의 깃털(자랑거리)이 될 수도 있었다"고 말했다.

마침내 미 국무부 장관 러스크는 국방부 장관 맥나마라에게 다음과 같은 편지를 보내게 된다. "이제 우리는 한국과 소파를 체결하지 않을 수 없게 되었습니다. 한국은 전 세계에서 대만을 빼고는 소파를 체결하지 않은 유일한 국가이며 장면 정부와 소파를 체결하는 것이 우리에게 이익이 될 거라는 판단입니다."

여기서 미국이 장면 정부와 소파를 체결하려 한 이유는 무엇일까? 주미 대사 출신인 장면은 온건하고 친미적인 인물이었다. 장면은 정권을 잡고 있던 기간 동안 미국과 매우 우호적인 관계를 유지했다. 따라서 미국 내 인사들은 장면을 미국이 다루기에 상대적으로 쉬운 상대로 생각했다. 이승만은 장면에 비해 완고하고 상대하기 까다로운 사람이었던 것이다. 따라서 장면과 소파 협상을 해서 협정을 체결하면 상대적으로 미국에게 더 유리한 조항이 될 것이라고 기대하고 있었다.

1961년 4월 12일 매카너기 주한 미 대사가 장면을 찾아가 소파 협상을 시작하겠다는 본국의 전언을 알린다. 이 소식을 들은 장면은 일생일대의 베스트 뉴스라며 아이처럼 기뻐했다고 한다. 동시에 당시 주미 대사였던 고광림은 "설사 한국 법정이 미군을 재판하게 되더라도 틀림없이 미 군법회의보다 훨씬 관대하게 해줄 것이니 걱정 말라"는 말로 워싱턴 사람들을 안심시켰다.

마침내 1961년 4월 17일 소파 체결을 위한 첫 교섭 회의가 열린다. 미군이 한국 땅에 진주한 지 16년 만이었다. 당시 미 8군 법무관이었던 로버트 페컴은 당시의 소감을 이렇게 말했다. "십수 년간 한국에서 우리가 하고 싶은 대로 다 했다. 이제 미국 정부는 한국 정부에 대해 누리던 자유를 내놓게 된 것이다. 올 것이 왔다고 생각했다. 무제한의 자유를 더 이상 계속해서 누릴 수는 없다고 생각했다. 그것은 로마제국 시대에나 있을 법한 이야기이기 때문이다."

그러나 어렵게 시작한 교섭 회의는 5·16으로 중단되고 말았다. 정권을 장악한 박정희는 처음엔 소파 체결을 위한 의지를 내비쳤다. 그리고 1961년 11월의 미국 방문은 소파 교섭 재개를 요청할 수 있는 절호의 기회였다. 그러나 케네디 대통령은 그때까지도 좌익 경력을 가진 박정희와 5·16 쿠데타의 성격에 대해 의구심을 품고 있었다. 박정희는 케네디의 의심을 풀고 쿠데타에 대한 지지를 얻어내는 것에 전력을 기울였다고 당시 통역이었던 폴 크레인 박사는 증언한다. "박정희는 미국 측에서 관심 없어 하거나 곤란해하는 문제에서는 주제를 바꾸곤 했다. 그는 근본적으로 회담이 화기애애하게 진행되기를 원했던 것 같다. 소파에 대해서도 아무

1961년 소파 체결을 위한 첫 교섭 회의

런 언급을 하지 않았다."

미 국방장관과 합참의장을 방문했을 때도 박정희는 투철한 반공관을 피력하며 군부를 안심시키는 것에만 전력을 쏟았다. 박정희는 마지막까지 소파를 화두에 올리지 않고 돌아왔다.

1962년 새해 벽두는 파주 나무꾼 사건과 함께 떠들썩하게 시작됐다. 군사 지대에 땔감용 풀을 베러 간 나무꾼들을 미군이 발가벗기고 수색하다가 이들이 도주하자 두 명을 사살한 것이다. 같은 해 5월엔 파주 린치 사건이 발생했다. 탄피를 줍기 위해 부대 근처를 서성거리던 20대 남자를 붙잡은 미군들은 무려 20여 시간 동안 그를 폭행했다. 남자는 구둣발과 몽둥이로 구타당한 후 전신주에 거꾸로 매달렸고, 얼굴에 겨자를 퍼붓고 침을 뱉는 등의 수모를 당한 끝에 반죽음 상태가 되어서야 풀려났다.

계속되는 미군 범죄는 대학생을 자극했다. 고려대학교와 서울대학교, 대구대학교에서 소파 체결을 촉구하는 대규모 시위가 연이어 열렸다. '노 린치, 웰컴 프렌드십(No lynch, welcome friendship)'이라는 구호 아래 미군이 저지른 범죄를 한국 사람이 처벌할 수 있도록 한미행정협정을 촉구하는 궐기대회였다. 계엄 중이었는데도 박정희는 시위를 강하게 제압하지 않았고 이례적으로 시위 학생 전원을 석방했다. 사실 그 당시 박정희의 입지는 그리 좋지 않았다. 쿠데타 공약으로 내세운 경제도 별 성과를 내지 못하고 있었다. 이런 시점에서 박정희 정권이 대중적 인기를 올릴 수 있는 방법의 하나가 소파였다. 자신들이 자주적이며 민족적인 입장임을 국민에게 과시하기 위해서였다. 학생 시위를 주시하고 있던 미 대사관은 우려 섞인 전문을 본국으로 보냈다.

- 미 국가 안보 파일 : 한국에서 학생들의 시위는 민족주의의 표출이며 소파는 주권의 상징이다. 따라서 다른 나라와 맺고 있는 소파를 한국하고만 맺지 않는다면 차별로 여겨질 것이다.

교섭 회의가 중단된 지 1년 5개월 만에 미국은 다시 협상 테이블로 나왔다. 한미 각각 여덟 명씩으로 구성된 협상단은 거의 일주일에 한 번씩 만나 여러 안건을 협상해 나갔다. 교섭 내용은 일체 비밀에 부쳐졌다. 모든 것이 극비 사항이었다.

국내 최초 공개, SOFA 교섭 회의록

당시 협상 과정이 생생히 담겨 있는 영구 비밀문서 회의록 내용을 최초로 공개한다.

당시 회담장에서는 한미 양국이 각각 형사재판권 초안을 내놓았는데 우리가 내놓은 초안은 일본처럼 공무 중 사건의 1차 재판권은 미국이 갖고 비공무 중 사건의 1차 재판권은 우리가 갖는 것이었다. 우리의 안은 일본을 상당히 의식한 것이었다. 그러나 미국 측 대표였던 필립 하비브는 한국이 일본과 같을 수 없다며 이런 요청을 일언지하에 거절했다. 미국이 제시한 초안은 공무 중이건 비공무 중이건 1차 재판권을 모두 미국이 갖겠다는 것이었는데 이것은 세계적으로도 유례가 없는 불평등한 내용이었다. 우리 측 대표였던 장상문 미주국장은 미국의 초안을 보고 "미국 측 초안은 대전협정과 다를 것이 없다. 토의의 기초로조차 삼을 수 없다"며 화를 참지 못했다고 한다. 또 다른 한국 측 협상단 일원이었던 박원철은 "주권 국가로서 체면 문제, 민족의식, 자존심 문제 때문에라도 미국 측 초안을 받아들일 수 없었다"고 말했다.

워싱턴은 미국의 초안을 관철시키라는 지침을 계속 협상단에 내려보냈다. 당시 미국 측 협상단의 앨튼 하비는 미 대사관이 워싱턴으로부터 형사재판권에 관한 한 문장까지 다 지시받았다고 했다. 교섭 과정에서 하비브와 장상문 사이에 팽팽한 설전이 계속됐다.

장상문 주권 국가의 체면을 세워달라.
하비브 재판권 행사를 최대한 포기해라.
장상문 공무 여부 판단은 우리 검사가 하겠다.
하비브 안 된다. 미군 당국이 최종 결정하겠다.
장상문 기소 시 한국에 미군 피의자 신병을 인도하라.
하비브 안 된다. 한국 수감 시설을 못 믿는다.
장상문 차라리 우리가 뭘 할 수 있는지 말해다오.

당시 협상단이었던 박원철은 "탁상에서야 점잖게 잘하지만 돌아앉으면 미국 놈들이 너무 심하게 한 거 아니냐, 우리를 해방시켜 줬다고 해서 이렇게까지 할 수 있느냐 하고 울분을 터뜨렸다"고 전한다.

협상은 2년 가까이 교착 상태에 빠졌고 그 와중에도 깡통을 줍던 임산부, 미군 쓰레기통을 뒤지던 소년, 400원짜리 드럼통을 훔치려던 40대 가장이 미군의 총에 잇따라 희생됐다. 여론의 비난이 쏟아지자 유엔군 사령관 하우즈는 성명을 발표했다. 미군 물자가 한 달에 7만 달러어치 이상 도난당하므로, 이를 막기 위해서는 불가피하다는 내용이었다. 하우즈 사령관의 해명이 오히려 더 분노를 불러일으켰다.

1964년 2월 18일 국회는 교착 상태에 빠진 소파 협상을 조속히 진행할 것을 다시 한 번 촉구한다. 촉구 결의안은 만장일치로 통과되었다.

사실 미국이 가장 두려워했던 것은 여론이었다. 미 대사관은 미군 범죄에 대한 여론의 동향을 일일이 파악하여 어떤 신문이 어떤 사건에 대해 몇 회 보도했는지까지 본국에 자세히 보고하곤 했다. 또한 미국 측 협상단이 가장 신경 쓰는 또 한 가지는 바로 반미 시위였다. 우리 측 협상단의 김기조는 "시위가 있으면 굉장히 큰 활력소가 되고 큰소리치는 계기도 돼서 회의장에서 열 마디 한 것 이상으로 효과가 있었다"고 했다.

총 31개의 소파 조항 중 통관과 관세, 보건 등은 일사천리로 합의를 보았다. 그러나 협상을 시작한 지 3년이 지날 때까지 형사재판권을 둘러싼 이견은 계속됐다. 협상은 지연됐다. 우리 측 협상단은 상당히 초조한 입장이었지만 미국은 급할 것이 없었다. 그러던 미국의 태도에 변화가 일어났다.

협상 개시 13년 만의 타결

1965년 한미 관계는 베트남 전쟁을 계기로 전기를 맞게 된다. 박정희는 의료 병력과 태권도 교관 파견을 시작으로 공병부대 2000명을 파월하여 미국을 지원했다. 곧이어 미 대통령 특사 로지가 방한한다. 베트남에 전투부대 추가 파병을 요청하기 위함이었다. 한국 정부의 위상이 달라졌다. 모든 협상 관계에서 이젠 우리가 요청을 받는 입장이기 때문에 소파 체결을 밀고 나가보자는 분위기가 있었다.

그해 5월 박정희는 두 번째 방미 길에 올랐다. 그의 서류 가방에는 경제 원조와 월남 파병, 소파 등 여러 가지 안건이 들어 있었다. 미국에 도착한 박정희는 4년 전과는 비교할 수 없는 환대를 받는다. 존슨 대통령은 개인 정원과 자신의 수집품을 특별 공개하는 등 외교 관례를 깨고 파격적인 대우를 해주었다. 당시 통역이었던 폴 크레인은 "분위기가 참 좋았다. 다시 말해 기존의 분위기와는 달랐다. 이번에는 요구하면 얻을 수 있는 분위기였고, 그전에는 요구해도 얻지 못할 분위기였다. 박정희는 그것을 파악하고 있었다"고 말했다.

존슨과의 단독 회담에서 월남에 전투 병력을 파병하기로 약속한 박정희는 국무장관 러스크에게 여러 가지 요구 조건을 풀어놓았고 미국으로부터 1억 5000만 달러의 경제 원조와 소파 체결 약속을 얻어 귀국했다. 그 대신 박정희가 지불하기로 한 반대급부 중 하나는 한일협정 체결이었다. 사실 한일 수교는 미국의 오랜 숙원 사업이었다. 일본을 중심으로 한 동아시아 안보 체제를 확립하고 대한 경제 원조에 대한 부담도 일본과 나누길 원했기 때문이다. 그러나 빈약한 배상 조건은 국민들의 분노를 샀다. 한일협정을 반대하는 대규모 시위가 연일 이어졌지만 박정희는 1965년 6월 22일 한일협정 조인을 강행했다. 존슨 대통령과 한 약속대로 2만 명의 전투 부대도 월남에 파병했다. 이것은 미국이 보기에도 한국의 능력을 초과하는 무리한 파병이었다. 바야흐로 한미 관계의 밀월 시대였다. 아시아에서 필리핀이나 몇몇 나라들이 군대를 파견했지만 실제 전투에서 의미 있는 병력은 한국군뿐이었다. 그렇기 때문에 한국은 미국의 입장에서 볼 때 대단한 기여를 한 것이었다.

오랫동안 교착 상태에 빠져 있던 소파 교섭 회의가 미국의 태도

1965년 미국을 방문한 박정희. 베트남에 전투 병력을 파병하는 대가로 경제 원조와 소파 체결 약속을 얻어 귀국했다.

변화로 활기를 띠기 시작한 것도 바로 이때였다. 유례없는 한미 밀월 관계에 힘입어 소파 교섭은 빠르게 진행되었고 교섭을 시작한 지 약 4년 만인 1966년 1월 21일 총 82차 회의를 끝으로 31개 조항에 완전히 합의한다. 하지만 국회 비준을 남겨놓고 소파는 다시 소용돌이에 휘말렸다. 언론에 새어나간 소파 최종안에 여론의 집중 포화가 쏟아진 것이다. 모든 재판권을 미국이 우선적으로 갖고 중요한 건은 한국이 미국에 포기를 요청한다는 최종안. 애초 미국의 초안과 다름없는 것이었다. 한미 관계에서 유리한 입장에 있었으면서 왜 이런 최종안이 나왔을까? 그것은 바로 이승만을 비롯해 박정희가 끊임없이 걱정하고 있었던 부분, 바로 미군이 떠날지도 모르기 때문에 미군의 심기를 건드리면 안 된다는 내재적 두려움 때문이었다.

재협상 요구가 높아가는 가운데 부통령 험프리가 방한했다. 베트남전 확전을 앞두고 한국에 추가 병력 파견을 요청하기 위해서 였다. 외무부 장관 이동원은 여론을 등에 업고 소파 재협상을 요청했다. 미국은 고민에 빠졌다. 대선을 앞두고 있는 박정희 정권이 비판적인 여론에 휩싸이는 것은 베트남 추가 파병에 악영향을 미칠 수도 있었다. 주한 미 대사 브라운은 본국에 재협상을 건의한다. 미국은 재협상을 받아들였다. 실무자들을 배제한 채 고위급끼리 막후교섭을 시작했다. 결국 비공무 중 사건의 1차 재판권을 한국에 넘겨주기로 미국이 양보했다. 그러나 조건이 있었다. 바로 브라운 각서였다. 브라운 각서란 사건 발생 15일 이내에 재판권 행사를 알리지 않으면 재판권이 자동 포기된다는 내용이었다. 브라운 각서는 미국의 최종 마지노선이었다. 한국 측이 이것을 수락하면 소파 체결을 하는 것이고 아니면 또 언제까지 시간을 끌지 알 수 없었다. 사실상 재판권 포기와 다름없는 브라운 각서. 그러나 한 달 후, 한국은 브라운 각서를 받아들였다.

1966년 7월 8일 국무장관 러스크가 날아왔고 그 다음 날 소파 조인식이 이루어졌다. 체결을 촉구한 지 13년 만, 그야말로 난산이었다. 바로 다음 달 미국의 요청대로 추가 병력이 월남에 파병됐고 이듬해 박정희는 무난히 재선에 성공했다. 그러나 미국과 박정희의 윈윈 게임의 부산물인 소파는 어떤 모습으로 남았을까? 표면적으로는 1차 재판권을 한국이 갖는다고 되어 있지만 부속 문서인 합의 의사록에서는 미국이 재판권을 요구하면 특히 중요한 범죄 외에는 재판권을 포기한다고 명시되어 있다. 양해 사항에선 특히 중요한 범죄를 국가 안전, 살인 등으로만 국한시켰고 자동 포기 조항까지 붙여 한국의 재판권 행사는 극도로 제한당했다. 지금의 입장에서 볼 때엔 대단히 불평등한 내용이 있었지만 그 당시엔 박정희의 외교적 성과로서 미국이 우리에게 선물해 준 것이나 마찬가지로 받아들여졌다. 그만큼 한미 관계가 불평등했다는 걸 반영하고 있는 것이다.

소파 체결, 그 후

소파 체결 후 미군 범죄가 공식적으로 집계되기 시작했는데 한국의 재판권 행사율은 예상대로 저조했다. 1967년에 8건을 비롯해 오랫동안 한국의 재판권 행사율은 1퍼센트를 밑돌았다.

그 후 21년간 소파는 단 한 차례도 개정되지 않았다. 유신에서 전두환 정권으로 이어지는 군사독재 정권은 미군 범죄와 소파에 대한 비판 여론을 철저히 통제했다. 미군 범죄나 행정협정의 불평등성에 대한 비판은 친미나 반미의 차원에서 얘기될 수 없는 것이었는데 기존의 한국 정부와 보수 언론들은 미국에 대한 모든 비판을 반미 또는 용공으로 몰아붙였다. 20년 만에 침묵을 깬 것은 1987년 6월 민주화항쟁이었다. 민주화와 함께 광주 학살 묵인과 독재 정권 지지에 대한 미군의 책임을 묻는 목소리도 터져나오기 시작했다. 소파 개정 여부에 대한 논의도 시작됐다.

이듬해인 1988년 임산부 폭행 사건, 이태원 집단 난동 등 미군 범죄가 잇따르자 소파 개정 여론이 분출됐고 마침내 미국은 다시 협상 테이블로 나오게 된다. 결국 체결된 지 25년 만인 1991년에 소파가 개정됐다. 소파 개정 다음 해에 발생한 윤금이 사건은 미군 범죄에 대한 관심을 범국민적으로 확산시키는 계기가 됐다. 여론의 압박 속에 범인 케네스 마클의 재판권은 한국으로 넘겨졌고 15년형이 선고된다. 그리고 윤금이 사건을 계기로 주한미군범죄

근절운동본부를 비롯한 미군 범죄 관련 시민단체도 생겨나기 시작했다. 시민단체들은 매향리 미 공군 오폭 사건과 한강 독극물 방류 사건을 공론화하는 견인차가 되기도 했다. 2000년 2차 소파 개정에는 그 같은 시민단체의 목소리도 한몫을 했다. 현행 소파는 두 차례 개정을 통해 합의 양해 사항과 교환 서한을 없애고, 미군 피해자 신병을 기소 시 한국이 갖게 되는 등 불평등이 어느 정도 해소되었다고는 하지만 여전히 많은 독소 조항을 가지고 있다.

소파의 역사가 우리에게 말하는 것은 무엇인가? 소파 협상이 처음 시작된 것이 4·19 이후였고 1차 개정은 6월 민주화항쟁과 관련이 있었다. 국민의 눈과 여론이 그들을 주시하고 있으면 주한 미군의 범죄율이 뚝 떨어졌다. 민주주의의 신장이야말로 평등한 소파로 가는 가장 강력한 압력 수단인 것이다.

소파는 국가와 국가의 관계를 반영하는 거울이다. 동맹의 초석이 될 수도 있지만 때로 덫이 될 수도 있다. 소파가 동맹의 덫으로 전락하는 경우, 그것을 막을 수 있는 것은 국민의 힘뿐이라고 역사는 우리에게 말하고 있다.

여전한 한계

소파의 역사를 다루며 주로 형사재판권으로 국한한 것은 이것이 가장 민감한 부분이었기도 하거니와 프로그램에 주어진 시간상의 제약 때문이기도 했다. 영구적으로 비공개가 원칙이라 반출이나 복사가 불가능한 교섭 회의록을 외교부의 양해 아래 그곳 사무실 한쪽에서 읽으며, 내용을 기억하기 위해 외우고 쪽지에 메모했다. 교섭 회의록에는 우리 측 협상 대표단이 느꼈을 약소국의 절망과

소파 개정안에 반대하는 시청 앞 시위

수치와 분노가 생생하게 나타나 있었다. 그것은 그들의 개인적인 한계가 아니라 오늘 우리의 여전한 한계이기도 하다.

형사재판권 문제는 언젠가 주한 미군이 철수하게 되면 자동적으로 소멸되는 문제이다. 여타 다른 조항들, 특히 환경 관련 조항의 문제점들은 주한 미군이 철수한 이후에 더욱 심각하고 장기적인 양상으로 한반도와 우리들의 삶에 영향을 초래할 것이다. 이것을 어떻게 해결할 수 있을지 그 방법은 소파의 역사가 우리에게 알려주고 있다.

맥아더,
영광스런 그의 전쟁

— 김환균

인천상륙작전의 성공

더글러스 맥아더(Douglas MacArthur), 그는 미국이 낳은 가장 천재적인 군인이자 수수께끼로 둘러싸인 영웅이다. 전쟁터에서는 누구보다 용맹스런 장군이었지만, 또한 마마보이이기도 했다. 그가 미국 육군사관학교를 다닐 때 그의 어머니는 기숙사가 보이는 곳에 집을 얻어놓고 아들 방의 불이 언제 켜지고 꺼지는지를 지켜보았다. 심지어 어머니 때문에 첫 번째 부인과 이혼했고 어머니가 허락한 여자와 재혼할 정도였다. 어머니는 그가 기꺼이 굴복한 유일한 사람이었다. 어머니 외에는 그 누구에게도 고개를 숙이지 않았다. 어머니의 헌신적인 사랑은 맥아더의 자긍심의 원천이었다. 하지만 그 자긍심은 종종 다른 사람에 대한 멸시로 드러나기도 했고 지나친 자기애로 나타나기도 했다. 그는 자신만만함으로 영웅이 되었지만, 오만함으로 인해 몰락해 갔다. 한국전쟁은 영웅의 등장을 위한 화려한 무대인 동시에 그 영웅의 퇴장을 위한 무대이기도 했다. 한국전쟁은 맥아더의 전쟁이었다.

맥아더는 일흔 살이 되던 해에 또 한 번의 전쟁에 휩쓸려 들어갔다. 바로 한국전쟁이었다. 태평양을 무대로 숱한 전투를 치르고 1945년 점령군 사령관으로 패전 적국 일본의 최고 통치자가 된 그에게 작은 땅 한반도의 전쟁은 쉬워 보였다. 연합군 사령관에 임명된 그는 파병할 부대를 일일이 열거하면서 확신에 찬 어조로 말했다. "이들이 가서 북한군을 모조리 몰아낼 것입니다. 그러면 이 위기는 끝날 것입니다."

두 달 반 후 그는 자신의 예언을 실현해 냈다. 인천상륙작전이었다. 그러나 적의 뒤를 기습하는 이 작전 구상은 워싱턴의 강력한 반대에 부딪혔다. 인천 앞바다의 조수가 매우 불안정하다는 것이 반대의 주된 근거였다. 군대를 상륙시키는 데 적절한 시간은 하루 중 30분밖에 안 되었던 것이다.

그를 만류하기 위해 합동참모본부의 장군들이 워싱턴에서 도쿄로 날아왔다. 하지만 역으로 맥아더에게 설득당하고 만다. 맥아더가 당당하고 자신만만하게 이야기하는 작전 계획이 너무 매력적으로 들려서 그만 찬성하고 만 것이다. 워싱턴으로 돌아가는 비행기 안에서 그들은 '우리가 동의한다고 한 게 무엇이었지?' 하면서 혼란스러워했다. 그들은 작전이 실행되는 순간까지도 확신하지 못했다. 사실 매우 위험한 도박이기도 했다. 맥아더 자신도 성공할 확률이 5000분의 1이라고 말했으니까.

일설에 의하면 그가 도박을 감행한 것은 아이젠하워에 대한 경쟁심 때문이었다고 한다. 육군사관학교 12년 후배이며 자신이 육군참모총장을 지낼 때 휘하의 참모였던 아이젠하워는 제2차 세계

인천항으로 맹렬하게 전진하는 맥아더의 상륙정들

대전 당시 유럽 연합군 총사령관으로 노르망디 상륙작전을 성공시킴으로써 제2차 세계대전 최고의 영웅이 되었다. 태평양을 무대로 싸워온 맥아더는 상대적으로 초라하게 보였다. 그는 한국전쟁에서 도박을 감행함으로써 아이젠하워보다 자신이 한 수 위임을 증명해 보이고 싶었던 것이다.

작전을 앞두고 상륙 지역을 고립시키기 위해 연합군은 일주일 전부터 엄청난 포격을 퍼부었다. 1950년 9월 15일, 맥아더는 260척의 함대를 지휘하며 인천 앞바다에 도착했다. 쉴 새 없이 발사되는 로켓포는 밤하늘을 붉게 수놓았다. 다음 날 인천 부두엔 검은 이슬비가 내렸다. 맹렬한 포격 탓이었다. 동이 터올 무렵, 마침내 4만여 명의 연합군 병력이 상륙을 감행했다. 북한 인민군은 제대로 저항 한번 못 해보고 무너졌다.

명배우 맥아더

작전 성공 소식을 들은 맥아더는 가죽 잠바에 모자를 쓰고 인천 부두에 올라섰다. 그의 모습은 매우 극적이었다. 전투 현장에서 늘 그랬듯이 선글라스를 끼고 옥수수로 만든 파이프를 문 채였다. 선글라스와 옥수수 파이프는 병사들이 멀리서도 자신을 알아보게 하기 위한 소품이었다.

인천 상륙 13일 만에 연합군은 서울을 탈환했다. 맥아더는 곧장 김포로 날아왔다. 또 한 번 무대에 등장하기 위해. 귀경 작전은 세밀하게 연출되었다. 연도의 환호하는 한국인들에게 모습을 먼저 보인 것은 이승만 대통령이었다. 맥아더는 이 대통령을 부축하며 국회로 들어와, 되찾은 나라의 통치권을 인계해 주고는 한 걸음 뒤에 물러서 있었다. 맥아더는 이번에는 자신이 조연에 그쳐야 한다는 것을 잘 알고 있었던 것이다. 주연은 어디까지나 이승만 대통령이어야 했다. 감격에 겨운 노대통령은 "맥아더 장군은 우리 민족을 구해준 위대한 영웅"이라며 울먹였다. 주연보다 조연이 더 빛나는 이 역전의 순간도 이미 계산된 것이었다.

맥아더는 자신이 위대해지는 법을 누구보다 잘 알고 있었다. 1945년 연합군 총사령관으로서 도쿄에 입성한 그는 황거가 내려다보이는 다이이치 빌딩 꼭대기 층에 집무실을 마련해 놓고도 한 번도 일황을 찾지 않았다. 초조해진 히로히토가 맥아더를 찾아왔다. 그 순간 누가 더 강한지 분명해졌다. 일황과 함께 찍은 사진은 두 사람 간의 서열을 극적으로 드러내 주었다. 천황은 몸에 맞지 않은 구식 예복을 입었지만 맥아더는 격식을 차리지 않은 평소의 군복을 입었다. 왜소한 천황은 선생님에게 꾸지람을 듣는 초등학생처럼 서 있고 천황보다 훨씬 더 큰 당당한 체격의 맥아더는 양손

맥아더와 히로히토,
1945년 9월 27일 도쿄

을 바지 뒷주머니에 찔러 넣은 채 거만하게 서 있다. 패배한 천황과 승리한 장군의 모습을 담은 사진이 신문에 실리자 일본인들은 엄청난 충격에 사로잡혔다. 히로히토가 항복하면서 조심스럽게 골라 쓴 '종전'이라는 단어의 의미가 실은 '패전'이었다는 것이 분명해졌다.

일본인들은 천황보다 더 위대한 존재가 맥아더라는 것을 인정해야만 했다. 그가 다이이치 빌딩을 드나들 때마다 수많은 일본인들이 그를 보기 위해 모여들었다. 그의 생일에는 초등학교 아이들이 맥아더의 출근길에 생일 노래를 불렀다. 그는 스스로 자신이 매우 특별하며 위대하다고 생각했고 일본인들은 맥아더에게 교만하고 이기적일 권리가 있다고 생각했다.

나는 미국의 운명

맥아더는 자신의 오만함을 미국의 위대함과 동일시했다. 20세기에 들어서면서 미국은 태평양을 자신의 호수로 만들기 위해 태평양을 넘어 아시아로 서진을 계속했다. 그 첨병에 선 것이 맥아더였다. 그의 아버지 아서 맥아더 장군도 미국의 식민지였던 필리핀을 오랫동안 통치한 사령관이었다. 더글러스도 아버지의 뒤를 이어 군 복무 시절 대부분을 태평양에서 보냈다. 그는 미국이 아메리카 대륙을 벗어나 전 세계로 나아가 어느 나라도 넘보지 못하는 위대한 권력을 가질 수 있도록 하는 것을 자신의 운명으로 받아들였다.

그런 맥아더에게 한국전쟁은 미국에 대한 용납할 수 없는 도발이었지만 동시에 미국의 힘을 좀 더 확고하게 할 수 있는 기회이기도 했다. 당시 미국 정부는 38선 이북으로 적군을 몰아내 전전(戰前)의 상태를 회복하면 된다는 입장이었다. 그러나 맥아더는 인천상륙작전의 기세를 몰아 38선을 넘어 한반도 끝까지 진격하길 원했다. 그런 점에서 이승만 대통령과 잘 통했다.

트루먼 대통령은 처음에 맥아더의 북진 요청을 내켜하지 않았지만 어차피 다 이긴 전쟁이라고 판단해 38선 돌파를 허락했고 유엔도 이를 승인했다. 10월 1일 38선을 넘은 후 진격 속도는 기대 이상으로 빨랐다. 점령자들은 그저 발을 내딛기만 하면 되었다. 적의 저항이 없는 전쟁은 소풍과 같은 것이었다. 그 순간에는 병사들 중 아무도 자신이 걸어가는 그 길을 다시 쫓겨 내려오리라고 생각하지 못했다.

사실 중국은 한국전이 발발하면서 형제 국가인 북한을 돕자는 운동을 대대적으로 벌였다. 중국 전역에서 남녀노소를 막론하고 모두 이 운동에 참여했다. 미국을 무릎 꿇게 하고 세계 속에 중국이 우뚝 서기 위해 북한을 도와야 한다는 것이었다. 연합군의 38선 돌파에 대해 중국이 엄중히 경고했지만 맥아더는 귀 기울이지 않았다.

10월 15일 웨이크 섬에서 만난 트루먼 대통령과 맥아더는 매우

맥아더와
트루먼 대통령

들떠 있었다. 북한군은 허겁지겁 후퇴하고 있었고 전쟁은 곧 끝날 것이었다. 트루먼의 유일한 우려는 중국이 참전할 것인가였다. 맥아더는 단호하게 중국군은 참전하지 않을 것이라고 말했다. 설혹 참전한다 하더라도 남한의 병력만으로도 중국군은 처참하게 무너질 것이라고 장담했다. 그들은 전쟁이 끝난 다음 한반도를 어떻게 재건할 것인가에 대해 유쾌하게 이야기를 나누었다. 트루먼은 맥아더에게 훈장을 달아주며 전쟁 영웅으로 예우해 주었다.

그러나 맥아더의 장담은 틀린 것이었다. 중국은 한국전 발발 2주 후부터 참전 준비를 시작했고 8월 초에는 이미 25만 명의 군사를 압록강 너머 국경 부근에 배치했다. 10월에는 이미 압록강을 넘고 있었다. 중국군은 공병들로 하여금 수중에 나무다리를 건설하게 했다. 그 다리로 병사와 트럭이 건너왔다. 하지만 연합군의 정찰기들은 물속에 놓인 다리를 발견할 수 없었다.

10월 25일 첫 번째 전투가 있었다. 이 전투는 중국의 참전을 강력하게 암시하는 근거가 되기에 충분한 것이었지만 맥아더는 끝내 믿으려 하지 않았다. 인천상륙작전이 성공으로 끝난 후 맥아더는 자신을 과신했다. 그의 참모들은 맥아더가 듣고 싶어 하는 말만 전했다.

맥아더의 이런 오만함을 중국의 마오쩌둥은 정확하게 파악하고 있었다. 마오는 "나는 그의 오만함이 좋다. 그가 오만하면 오만할수록 우리는 더 쉽게 그를 패퇴시킬 수 있기 때문"이라고 말했다. 맥아더는 결국 자신의 오만함으로 쓰라린 패배를 맛봐야만 했다.

그러나 맥아더가 중국군이 참전하지 않으리라고 확신한 것은 아니라는 주장도 있다. 오히려 중국군이 틀림없이 참전할 것이라고 생각했다는 것이다. 당시 국군 총사령관이었던 정일권은 자신의 회고록에서, 맥아더가 웨이크 섬 회동을 앞두고 이승만 대통령에게 보낸 10월 13일자의 서한을 소개했다. 그는 "중공군은 반드시 개입할 것입니다. 그러나 이 가능성을 아는 체할 수는 없습니다. …… 나는 이것을 전혀 모르는 사실로 할 것입니다. …… 지금이야말로 중공의 잠재적인 군사력을 때릴 가장 좋은 기회입니다"라고 말했다는 것이다. 이것이 사실이라면 맥아더에 대한 평가는 전면적으로 수정되어야 할 것이다. 그러나 그 서한의 존재는 아직 확인되지 않았다.

영웅의 패배

중국군의 참전은 전세를 완전히 뒤바꾸어놓는다. 맥아더는 워싱턴에 병력 증강을 요구하지만 현재의 군사력만으로 싸우라는 싸늘한 통보를 받는다. 중국에서 오는 보급품과 군대를 차단하기 위해 압록강 폭격을 요청하지만 트루먼은 압록강 이남으로 폭격을 제한하라고 명령한다. 폭격이 잘못될 경우 중국과의 전면전으로 확대될 것을 우려한 것이었다. 그러나 맥아더는 내심 공산 세력을 패퇴시키기 위해서는 중국과의 전쟁도 불사한다는 입장이었다.

11월 초순, 중국군 사령관 펑더화이(彭德懷)는 또 다른 작전을 구상하고 있었다. 마오의 허락까지 받은 그 작전은 군사들의 모습을 일시에 감추고 함정을 파놓은 다음 연합군을 북으로 유인하고 갑자기 그들의 뒤를 친다는 것이었다.

연합군은 일시에 사라져버린 적의 모습에 의아해했지만 곧 낙관적으로 생각했다. 맥아더는 압록강을 정찰한 후 크리스마스 전까지 전쟁을 끝내겠다는 '홈 바이 크리스마스' 작전을 명령한다.

사라져버린 적은 보이지 않았다. 얼어붙은 압록강은 텅 비어 있었다. 눈이 내리고 기온은 영하 30도를 밑돌았다. 그들은 시베리아 바람에 맞서며 고향에서 공수해 온 칠면조 고기 한 조각으로 추수감사절을 기념했다. 그런데 바로 중국군의 기습이 시작되었다. 나팔을 불고 요란한 소리를 내며 한꺼번에 몰려왔다. 무려 30여만 명이었다.

그 전투에서 부상을 당해 포로가 되었던 고든 섬너는 "주위에 펼쳐진 산이 엄청난 사람들로 뒤덮여 있었어요. 생전 처음 보는 광경이었습니다. 중국군은 우리 부대를 관통해 분리시켰습니다. 매우 훌륭한 전술이었죠. 우리는 당혹감에 어쩔 줄 몰랐으니까요. 그들은 우리와 전투하는 것에는 별 흥미가 없는 듯했어요. 총이 없는 병사들도 있더군요. 나는 부상을 당해 있었는데 나를 보고도 죽이지 않고 그냥 지나쳤어요. 그들은 우리 부대의 후미까지 진격해 가라는 명령을 받은 듯했고 단지 그 명령을 따르는 데만 열중했어요"라고 말했다. 고든 섬너가 속한 부대는 괴멸적인 타격을 입었다. 1000여 명 중 살아남은 병사는 222명뿐이었다.

중국군을 맞아 장진호 전투를 치렀던 미 해병대도 사정은 마찬가지였다. 후퇴하는 과정에서 5000여 명의 부상자가 생겼고 그 중 1000명 가까이 사망했다. 거의 모든 병사들이 동상에 걸리거나 폐병에 시달렸다. 시베리아에서 불어오는 칼바람 때문에 많은 병사들이 얼어 죽기까지 했다. 연합군은 속수무책으로 후퇴할 수밖에 없었다.

12월 6일, 평양이 다시 적군의 수중에 넘어갔다. 그러고도 후퇴를 멈출 수 없었다. 12월 한 달 동안에만 전선은 압록강 부근에서 38선 이남 지역까지 밀려 내려왔다. 미국 전사상(戰史上) 가장 길고도 치욕스러운 후퇴였다.

맥아더의 행동은 점점 이상해져 갔다. 어떤 때는 밝고 명랑하고 긍정적이었다가 어떤 때는 몹시 위축되고 비관적이었다. 병사들은 더 이상 맥아더를 신뢰하지 않았다. 이제 누구도 '크리스마스를 집에서' 보낼 수 있으리라고 생각하지 않았다. 어쩌면 영영 못 돌아갈지도 몰랐다. 이 무렵 맥아더는 합동참모본부에 비밀 메시지를 보냈다. 대만의 장제스 군대는 노새를 비롯해 동물을 이용해 군수물자를 운송하고 있었는데, 한국전에서도 그렇게 하자는 것이었다. 그러나 합참의 반응은 싸늘했다. 동물들의 지원을 받고도 패배하느니 차라리 그냥 패배하는 편이 오히려 나을 것이라고 핀잔했다.

교통사고로 사망한 워커 대신 리지웨이가 미 8군 사령관으로 부임해 온 것도 맥아더의 기분을 상하게 했다. 리지웨이는 항상 전투복 차림에

새로 부임한 리지웨이 미 8군 사령관

수류탄을 앞가슴에 매달고 다니며 병사들을 독려했다. 맥아더와 달리 리지웨이는 자신에게 주어진 권한의 한계를 지키려 했다. 맥아더가 보기에 리지웨이는 정치 질서에 순응하는 군인이었다. 위험을 감수할 의지가 없고 전쟁을 끝낼 명확한 계획도 없다고 트루먼 대통령을 비난해 온 맥아더는 리지웨이도 트루먼과 마찬가지 인물이라고 판단했다.

종군기자였던 커티스는 맥아더가 리지웨이를 매우 못마땅해했다면서 일화를 들려주었다. "언젠가 맥아더가 비행기에 오르는데 리지웨이가 부축해 주려고 팔을 붙들었어요. 그러자 맥아더가 팔을 뿌리치며 버럭 화를 냈지요. '나는 귀관의 도움이 필요할 정도로 약하지 않아'라고 말이에요."

중국과의 전쟁

연말에 맥아더는 또 다른 비밀 작전 계획을 합참에 제출한다. 그 계획은 크게 세 가지였다. 첫째, 미국의 공군력을 동원해서 중국의 항공기지와 산업 시설, 그리고 만주와 동북 지역의 군수 시설을 파괴한다. 둘째, 미 해군을 동원해 중국의 남해와 황해의 해안 항구들을 포위 공격한다. 셋째, 대만의 장제스 군대를 파견해 중국 남부를 기습해 점령하게 한다.

그의 계획은 중국에 대한 전면전과 다름없었다. 그것은 맥아더가 품어온 신념이기도 했다. 마이클 셸러에 따르면, 맥아더의 궁극적인 관심은 전쟁이 벌어지고 있는 한반도가 아니라 중국에 있었다. 그는 자신의 위대한 조국 미국이 아시아에서 승리하길 원했고 그러기 위해서는 중국을 패퇴시켜야만 했다. 한국은 중국을 패퇴시키기 위한 기회로서만 의미가 있었다. 따라서 전쟁은 사실상 중국 공산주의에 대한 것이었다. 한국전쟁이 확대되면 중국에 내란을 일으켜 국민당 정권을 세울 수 있을 것이라 생각했다. 맥아더는 한국전쟁이 발발한 직후인 1950년 7월 대만을 방문해 장제스와 회담을 가졌다. 회담의 자세한 내용은 알려지지 않았지만, 아마도 중국과의 전쟁에 대해서 논의했을 것이다. 장제스는 그 전부터 대만군을 한국전쟁에 참전시키겠다고 제안해 온 터였다.

워싱턴도 맥아더의 이런 속내를 모르지 않았다. 그러나 그것은 매우 위험한 것이었다. 중국에까지 전쟁이 확대되면 중국과 동맹 관계에 있는 소련이 참전할 것이고 그 결과는 제3차 세계대전일 것이다. 전쟁은 아마 유럽에까지 번질 것이다. 즉, 중국과 전면전을 하기 위해서는 유럽의 병력을 빼와야 하는데 그 기회를 틈타 소련이 텅 빈 유럽을 공격할 경우 대책이 없었다. 그런데도 맥아더는 워싱턴에 전문을 보내 '전혀 새로운 적과의 전혀 새로운 전쟁'이라며 전략을 과감하게 수정할 것을 요구했다. 취재진이 입수한 비밀문서에 따르면, 맥아더는 중국과의 전면전에서 한 걸음 더 나아가

중국 공군이 참전 대가로 소련으로부터 지원받은 미그-15기

원자폭탄의 사용을 강력하게 주장했다. 1950년 12월 24일에 작성된 이 문서는 중국의 스물한 곳의 목표물에 26개의 원자폭탄이 필요한 것으로 되어 있다. 당시 중국군은 연합군의 작전 범위를 멀찌감치 벗어난 만주를 일종의 은신처로 삼고 있었다. 만주에는 중국 공군기지와 병참기지들이 집결해 있었다. 맥아더는 그곳에 원자폭탄을 투하한다면 일본에서와 마찬가지로 이 모든 지긋지긋한 전쟁을 끝장낼 수 있으리라 생각했다. 그러나 소련이 1949년에 원자폭탄을 개발함으로써 미국의 핵 독점 시대는 이미 끝난 상황이었다. 미국이 핵무기를 사용한다면 소련 역시 핵무기를 사용할 수 있다는 것이 합리적인 추론이었다. 더군다나 일본에 원자폭탄 투하가 있은 지 겨우 5년이 지난 터라 사람들의 핵에 대한 공포는 생생했다.

사실 이 무렵 미국은 치밀하고 구체적인 핵무기 사용 계획을 이미 세워놓고 있었다. 셰이크다운(Shakedown) 계획은, 이미 핵무기를 보유하고 있는 소련과 전면전이 벌어질 경우 그 전쟁은 제3차 세계대전이고 핵전쟁이 될 것이라는 전제 아래 세워진 계획이었다. 그 계획의 핵심은 보복 공격을 당할 위험 없이 소련을 완벽하게 박살낸다는 것이었다. 이 계획에 따르면 미국은 제3차 세계대전 발발 6일째에 소련에 대한 핵 공격을 개시한다. 미국 본토와 유럽의 공군기지에서 출격한 폭격기들이 소련의 70개 도시에 모두 133개의 핵폭탄을 투하하여 소련의 전쟁 의지를 완전히 말살함으로써 핵 보복의 위험을 제거한다는 것이었다. 그것은 소련이라는 나라가 지구상에서 완전히 소멸한다는 것을 의미했다. 계획의 성공적인 실행을 위해 핵무기 비축량은 250개 정도가 되어야 하며 1~2년 후면 충분한 양의 핵무기를 확보할 수 있는 것으로 되어 있었다.

맥아더의 원자폭탄 사용 계획은 셰이크다운 계획의 수정을 요구하는 것이었다. 먼저 극동 지역에 할당된 원자폭탄의 수를 20개에서 26개로 늘릴 것, 제3차 세계대전이 일어날 경우에만 보복과 응징의 목적으로 사용할 것이 아니라, 적의 전쟁 수행 능력을 무력화하기 위해 선제공격해야 한다는 것이었다. 그러나 트루먼은 소련과의 전쟁에 대비해 충분한 양의 핵무기를 비축해 놓아야 한다는 입장이었다. 그 전까지 핵무기의 사용은 절대로 있어서는 안 되었다. 트루먼은 맥아더가 원자폭탄을 요구했다는 보고를 받고 맥아더가 정말 원자폭탄을 사용해 버릴 것이라고 생각했다.

당시 중국은 미국 내의 이런 논란을 이미 알고 있었다. 중국이 내린 결론은, 미국은 결코 핵무기를 사용하지 못하리라는 것이었다. 미국이 한국전쟁에서 핵무기를 또다시 사용한다면 엄청난 정치적 책임이 따를 것이고, 또한 중국의 기밀문서에 기록된 대로 "만약 미국이 중국에 핵무기를 사용할 경우 미국은 소련에게서 이에 상응한 보복을 받게 될 것"이기 때문이었다.

중국의 분석은 정확했다. 트루먼은 양쪽이 공멸할 수 있는 핵전쟁의 위험을 어떻게든 피하려 했다. 맥아더는 그런 트루먼을 향해 전쟁을 하면서 이기려 하지 않는다고 불만을 쏟아냈다.

두 개의 전쟁

1951년 1월 4일, 서울이 다시 공산군에 의해 점령되었다. 맥아더는 중국의 붉은 군대가 한반도를 뒤덮어버릴 것이며 연합군은 패배하고 말 거라는 불길한 예언과 함께 병력 증강을 다시 한 번 요구했지만 워싱턴의 대답은 이번에도 역시 안 된다는 것이었다. 트루먼이 우려한 것은 맥아더가 자기 개인의 성공과 미국의 승리를 동일시한다는 것이었다. 그의 요구를 들어준다면 맥아더는 틀림없이 전쟁을 확대하고 말 것이었다. 트루먼의 이런 우려는 공연한 것이 아니었다. 맥아더의 비서였던 프랭크 색턴은 "트루먼이 맥아더에게 병력을 증강해 주었다면 맥아더가 중국에 대한 공격에 착수했으리라는 것은 의심의 여지가 없습니다. 그랬다면 전쟁이 확대되었으리라는 것 역시 두말할 나위가 없는 것이고요"라고 증언했다.

1월 9일, 맥아더는 자신의 불길한 예언을 구체화함으로써 워싱턴을 압박했다. 그는 한국전쟁의 현재 위기 상황을 고려할 때 한국 정부를 한반도 밖으로 피난시켜야 할지도 모른다면서 한국 정부 소개(疏開)를 위한 비상 계획을 제안했다. 그 계획에는 두 가지 소개 방안이 담겨 있다. 핵심 인물 2만 명을 선정해 하와이나 사이판 등 해외 지역으로 대피시키는 제한 소개와 주요 인사 100만 명을 제주도로 대피시키는 대규모 소개였다. 제주도 소개의 경우는 많은 인원을 구할 수 있고, 공산주의자들이 완전한 승리를 거뒀다고 주장하는 걸 부인하는 심리적 측면까지 고려한 것이었다. 하지만 남한 정부의 소개는 한반도에서 연합군의 철수를 전제로 하는 것이며 전쟁의 패배를 의미하는 것이었다.

맥아더가 끊임없이 토해놓는 불만과 저주에 대해 워싱턴이 대응한 방식은 고위 장교들로 구성된 조사단을 파견하는 것이었다. 조사단은 전황을 점검한 후 맥아더가 그동안 어려움을 과장해 왔다고 결론을 내렸다.

한반도의 전쟁과 트루먼과의 전쟁, 맥아더는 두 가지 전쟁을 동시에 벌이는 중이었다. 그에게 더 중요한 것은 트루먼과의 전쟁이었다. 그것은 그의 잘 알려진 정치적 야망과 관련된 것이었다. 바로 미국 대통령이 되는 것이었다. 그는 일본 점령군 사령관이었던

1948년에 대통령 출마를 선언하고 공화당 후보를 결정하기 위한 예비선거에 참여한 적이 있었다. 그러나 미국으로 돌아와 선거운동을 벌여야 한다는 지지자들의 권유에도 불구하고 그는 도쿄에 머물러 있었다. 돌아다니면서 사람들을 만나 표를 구걸하는 것은 자신이 할 일이 아니었다. 그는 오히려 '내가 대통령이 되길 원한다면 대통령의 자리를 만들어놓아라. 그러면 내가 가서 앉겠다'는 태도를 보였다. 그는 이 예비선거에서 겨우 11표를 얻었을 뿐이다.

이제 다음 선거는 1952년, 한국전쟁은 대통령의 자리를 향한 맥아더의 욕망을 실현하기에 좋은 기회였다. 한국에서의 승리는 그에게 국가적 명성을 가져다줄 것이고 아마 백악관의 문마저 열어줄 것이었다.

1951년 1월부터 그는 자신이 승리할 수 있는 방안을 모색하기 시작했다. 군사적 승리는 두말할 필요도 없이 그에게 정치적 승리를 덤으로 가져다줄 것이지만 그 가능성은 거의 희박했다. 워싱턴은 더 이상 일흔두 살의 전쟁 지휘관을 신뢰하지 않았고 그의 어떤 제안에도 귀 기울이지 않았다. 그에게 필요한 것은 패배한 순간에도 승리하는 것이었다. 전쟁 패배의 책임을 다른 사람, 즉 트루먼 대통령에게 돌릴 수 있다면 그는 이렇게 항변할 수 있을 것이었다. "나는 승리할 수 있었지만 대통령이 내 손을 묶고 내가 해야 할 일을 하지 못하게 했다. 중국 국민당 군대를 활용하지 못하게 했을 뿐만 아니라 중국에 대한 공격을 막았고, 핵무기를 사용하지 못하게 했다"고. 그러면 그는 승리할 것이었다.

맥아더의 저주에도 불구하고 리지웨이는 연합군의 기나긴 후퇴를 멈추었다. 그는 맥아더가 임명했던 사단장들 대부분을 새로운 인물로 교체하고 수세를 공세로 전환할 작전을 구상했다. 그는 종군기자들이 모인 자리에서 "중국군이 신비의 군대라고들 하는데 터무니없는 소리입니다. 보급로를 차단하면 그들은 우리에게 맞설 화력이 절대 부족합니다. 전투를 어떻게 하느냐보다는 적의 지휘관에게 어떤 심리적 영향을 끼치는가 하는 것이 더욱 중요합니다"라고 말했다.

2월 21일부터 시작된 킬러작전으로 리지웨이는 한강 이남의 적을 패퇴시키고, 3월 7일에는 서울을 탈환하기 위한 리퍼작전을 전개했다. 이 전투로 중국군은 상당한 타격을 입었고 너무 멀리까지 왔다는 것을 깨달아야 했다. 중국의 인력에 의존한 보급 방식은 남쪽으로 내려올수록 군수물자 조달에 어려움을 겪게 했다. 전투병 한 명을 위해 물자를 조달하는 인력이 서너 명씩 동원되어야 했던 것이다.

리지웨이는 병력 증강도 전쟁의 확대도 요구하지 않은 채 맥아더의 저주를 신경질적인 노인네의 짜증으로 만들어버렸다.

순교자의 길

3월 중순에 연합군은 서울을 다시 탈환하고 여세를 몰아 38선 이북으로 공산군을 몰아내는 데 성공한다. 점령당했던 남한 지역은 대부분 수복되었다. 전쟁 전의 상태를 회복한다는 트루먼의 전쟁 목표가 달성된 것이다. 트루먼은 협상 카드를 고려했다. 미군은 중국군의 공격을 막아냈을 뿐만 아니라 그들을 패퇴시키기까지 했기 때문에 이제 협상을 제안한다는 것은 강자다운 처신처럼 보일 것이었다. 트루먼은 다른 연합국들과 '38선에서부터 양측이 서로 후퇴'하는 것을 협상하는 문제를 논의했다. 이 사실은 맥아더에게도 통보되었다. 맥아더의 비서였던 고든 섬너는 "맥아더와 국무부와의 관계는 결코 순조롭지 않았습니다. 오히려 대립적이었지요. 장군은 국무부가 적군과 협상을 체결하는 것을 앉아서 보고만 있을 사람은 아니었습니다"라고 당시 상황을 전했다.

3월 24일, 맥아더는 도쿄 대반란을 일으킴으로써 협상에 찬물을 끼얹고 만다. 맥아더는 매우 도전적인 성명서를 통해 "승리 외에 다른 대안은 없다"면서 공개적으로 중국에 대한 공격을 주장했다. 중국은 근대화된 군사력이 없기 때문에 그들을 이기는 것은 매우 쉬운 일이며, 중국을 무릎 꿇게 하면 한국전쟁을 승리로 이끌 수 있고 한국을 통일시킬 수 있다는 것이었다. 그는 한 걸음 더 나아가 북한 주둔 중국군 지휘관들에게 직접 자신에게 항복하라고 요구했다. 자신이 직접 비행기를 타고 가서 중국 군대의 항복을 받겠다는 것이었다.

맥아더의 이런 도발로 트루먼의 평화협상 구상은 물거품이 되어버렸다. 1951년 봄에 끝날 수 있었던 한반도의 전쟁은 맥아더의 훼방으로 2년이나 더 길어졌다.

마이클 셸러에 따르면, 맥아더는 이 무렵 순교자의 길을 걸어가기로 마음먹었다. 그는 중국의 개입을 예측하지 못했고 중국군의 공격을 저지하는 데도 실패했다. 중국군을 저지한 것은 리지웨이였다. 맥아더가 장담한 한반도의 통일은 이제 가망이 없어 보였다. 맥아더는 의식적으로든 무의식적으로든 한국을 탈출해야 한다고 생각했을 것이다. 자신의 명성을 그나마 유지하기 위해서는 순교자가 되는 길만 남았다. 대통령의 말을 따르지 않은 죄로 박해를 받는 순교자 말이다.

맥아더가 걸어가야 할 골고다의 길은 공화당 의원 조지프 마틴이 열어주었다. 마틴은 "대통령은 전쟁에서 승리하겠다는 목표도 없이 수많은 미국의 젊은 군인들을 죽인 살인자"라는 연설을 한 후, 맥아더의 의견을 묻는 서한을 보냈다. 맥아더는 "당신의 의견에 동의한다"며 "승리 외에 대안은 없다"고 다시 한 번 강조했다. 그의 답신은 4월 5일에 공개됐다. 이 사건은 맥아더가 저지른 반항 행위의 절정이었다. 국무부에 근무하고 있던 로버트 피어리는 당시 백악관의 분위기를 이렇게 전했다. "트루먼 대통령은 '맥아더가 갈 데까지 다 갔다'며 보좌관과 각료들을 소집해 의견을 물었습니다. 마셜 장군, 애치슨 국무장관, 그리고 덜레스 장관까지, 제가 아는 워싱턴의 모든 고위 관료들은 트루먼 대통령이 참을 만큼 참았다며 해임해야 한다는 대통령의 입장을 지지했지요."

맥아더는 해임되기 며칠 전부터 측근들에게 곧 집으로 돌아가게 될 것이라고 말했다. 예상이 아니라 의지였다. 순교자가 되기 위해서는 그렇게 되어야만 했다.

4월 11일 밤, 백악관에서는 급히 기자회견이 열렸다. 한밤중에 기자회견을 연 것은 해임 결정 사실이 맥아더에게 알려질 경우, 그가 먼저 그만두겠다고 할까봐 두려웠기 때문이다. 트루먼은 라디오로 생중계된 회견에서 맥아더 해임이 불가피했다는 점을 단호한 어조로 설명했다. "여러 중요한 이유로 인해 전쟁을 한반도 내로 제한해야 한다고 생각합니다. 지금 전쟁터에서 싸우고 있는 우리 군인들의 귀중한 목숨이 헛되이 버려지지 않도록 하기 위해, 그리고 우리나라와 자유세계의 안전이 위태로워지지 않도록 하기 위해, 마지막으로 제3차 대전을 막기 위해서입니다. 맥아더 장군은 이러한 국가 정책에 동의하지 않는다는 것을 일련의 사건들이 분명히 보여주고 있습니다. 우리 정책이 추구하는 진정한 목적과 목표에 대한 추호의 의심이나 혼란이 없도록 하기 위해 맥아더 장군을 해임하는 것이 불가피하다고 결정했습니다."

그 순간에 맥아더는 도쿄를 방문한 의원들과 닭튀김을 점심으로 먹고 있었다. 옆방에서 라디오로 트루먼의 해임 발표를 들은 보좌관이 뛰어들어와 맥아더에게 쪽지를 전했다. 그는 먹다 남은 닭 뼈를 한 손에 들고 그 쪽지를 읽었다. 그러고는 한마디 했다. "몸집이 작은 친구가 배짱 하나는 있어서 좋군."

사라지지 않는 노병

맥아더와 트루먼의 전쟁은 맥아더가 미국으로 돌아가면서 본격적으로 시작되었다. 샌프란시스코 공항은 그를 맞는 환영 인파로 인산인해를 이루었다. 환영 인파 중에는 '맥아더를 대통령으로!'라는 피켓도 보였다. 대통령이 되려는 그의 꿈은 해임됨으로써 오히려 한 발 가까워진 듯했다. 그는 상하 양원 합동회의에서 행한 고별 연설을 통해 전 미국인을 사로잡았다. "나는 아직도 병영에서 유행했던 노래의 후렴을 기억합니다. '노병은 죽지 않는다. 다만 사라질 뿐이다.'"

뉴욕의 환영 퍼레이드는 사상 최대 규모였다. 무려 800만 명의 인파가 몰려들었다. 맨해튼을 빠져나가는 데만 무려 열 시간이나 걸렸다. 사람들은 태평양 너머로 미국의 힘을 과시한 영웅 맥아더에게 아낌없는 갈채를 보냈다. 뉴욕의 카페들에서는 그가 연설에서 말한 옛 병영의 노래가 울려 퍼졌다. '노병은 죽지 않는다. 다만 사라질 뿐이다.'

맥아더는 1951년 내내 전국을 순회하며 대중을 상대로 연설했

미국인들에게 환영받는 맥아더 장군

다. 사실상 트루먼에 대한 정치적 공격이었다. 그는 트루먼이 공산주의를 분쇄할 만한 아무런 전략도 갖지 못한 채 수많은 미군을 죽이고 있다고 비난했다. 또 적절한 절차를 밟아 트루먼을 끌어내리겠다고 공개적으로 선언했다.

당시 미국은 매카시즘의 광풍이 몰아치고 있었다. 정치인들은 유행처럼 맥아더를 해임한 대통령에게 욕설을 퍼부어댔다. 닉슨은 대통령을 탄핵해야 하고 맥아더는 극동 사령관으로 복귀해야 한다고 했다. 매카시는 트루먼이 술에 취한 정신병자이고 공산주의자들의 하수인이라고 몰아세웠다.

트루먼의 지지율은 급락했다. 휴전회담이 가까스로 시작되었지만 협상은 좀처럼 진척되지 않았다. 심신이 지친 트루먼은 1952년 대선에 재선 후보로 나서지 않겠다고 선언해 버린다.

맥아더는 이제 대통령을 꿈꾸었다. 하지만 새로운 라이벌이 나타나 그를 제쳤다. 한때 맥아더의 보좌관이었던 아이젠하워였다.

아이젠하워는 한국전을 종결짓기 위해 한국을 방문할 것이라고 공약했다. 그리고 당선되자마자 한국을 방문해 약속을 지켰다.

최후의 필승 계획

일흔두 살의 노병은 이제 자신의 시대가 지나갔음을 깨달아야 했다. 사라져야 할 때였다. 그러나 뭔가 의식이 필요했다.

아이젠하워가 한국을 방문하고 귀국한 직후, 맥아더가 아이젠하워를 방문했다. 맥아더는 아이젠하워에게 '비밀 계획'이라며 긴 메모를 전해주었다. 이른바 맥아더 최후의 필승 계획이었다. 맥아더 최후의 계획은 '적군의 집결지와 북한 내 시설에 원자폭탄을 투하하고, 적의 주요 보급로와 통신망을 봉쇄하기 위해 방사능 폐기물로 오염 지대를 설치'하는 것이었다. 그가 제안한 방사능 물질은 코발트로 반감기(半減期)가 90년이나 되는 것이었다.

아이젠하워는 메모를 전해 받고 맥아더에게 단지 신의 가호를 빌었다. 후일 그는 맥아더의 제안, 즉 핵무기의 사용을 신중하게 고려하게 되었다고 고백했다. 1953년 5월, 아이젠하워는 한국 지형에 맞게 개발된 전술형 원자폭탄 사용 계획을 승인했다. 목표는 개성 지역이었다. 그러나 소련의 스탈린이 갑작스럽게 사망하고 7월 27일 휴전협정이 조인됨으로써 핵무기는 사용되지 않았다.

이기적인 영웅, 노퍽에 잠들다

아이젠하워와의 만남을 끝으로 맥아더는 정치 무대에서 물러났다. 19세기에 태어나 20세기의 전쟁터에서 생애의 대부분을 보냈던

2005년 7월 17일 인천자유공원에서 맥아더 동상 사수를 주장하며 불법 집회 중인 수구 단체 회원들

그는 1964년에 눈을 감았다. 어떠한 대가를 치르더라도 반드시 승리해야 한다는 그의 주장 때문에 한반도의 전쟁은 2년이나 더 지속되었고 잔혹한 살육을 겪어야 했다는 것, 그 기간 동안 양측에서 스러진 목숨이 무려 400만 명이라는 것은 좀체 기억되지 않는다. 맥아더에게는 '인천상륙작전의 영웅'이라는 칭호가 붙어 있을 뿐이다.

그의 외아들은 아버지의 그림자가 싫어서 '맥아더'란 성을 버렸다. 맥아더는 아들이 군인이 되길 바랐지만 아들은 군인의 길을 가지 않았다. 그의 부인 진(Jean)은 2000년 1월에 사망했다. 그녀는 남편과 함께 미국 버지니아 주 노퍽(Norfolk)에 있는 맥아더 기념관 안에 묻혔다. 부인이 묻힌 1월 26일은 맥아더의 생일이었다. 신문은 부인의 장례보다 맥아더의 생일이라는 것을 강조했다. 아들이 이렇게 말했다고 한다. "아버지는 살아서도 그렇게 자기 자신밖에 모르시더니 돌아가셔서도 이렇게 이기적이네요. 어머니 가시는 날까지 자기 것으로 만들다니요."

감춰진 일본의 음모, 핵 개발

— 박건식

2차 대전 중 일본의 원폭 개발

2001년 필자는 맥아더 사령부의 고위 정보장교로 인천상륙작전 성공에 기여한 전설적인 유격대장 연정(延禎)으로부터 놀라운 사실을 접하게 된다. 한국전쟁이 한창이던 1950년에 한국 정부가 일본 핵물리학자를 납치한 뒤, 경남 진해 해군본부에서 원폭 개발을 시도했다는 내용이었다. 그리고 이 핵물리학자는 2차 대전 때 일본에서 원폭 개발을 하던 핵심 인물이란 것이었다.(연정은 2001년 필자와의 통화에서 일본에서 납치한 핵물리학자가 교토 대 교수이며, 고바야시·사사키·오카다·오카야마 중의 한 명인 것은 틀림없으나 누구인지 특칭해 줄 수는 없다고 했다. 그는 원폭 개발을 시도한 곳이 진해 이승만 대통령 별장 옆이며, '진해 밧데리'란 상호로 위장했다고 증언했다.)

연정의 이 증언은 한동안 잊고 있었던 2차 대전 시 일본의 원폭 개발 문제를 다시 생각나게 했다. 당장 취재에 들어갔고 우여곡절

끝에 원폭 개발 책임자 중 한 명인 스즈키 다쓰사부로(鈴木辰三郎)란 인물이 생존해 있는 것을 알아냈다. 당시 육군 장교였던 스즈키 다쓰사부로는 1942년 최초로 군부에 원자폭탄 제조가 가능하다는 「스즈키 보고서」를 작성한 핵심 인물이다.

간신히 스즈키의 부인에게 연락을 할 수 있었지만, 부인의 대답은 냉담했다. 한국에서 왜 이러한 내용을 알려고 하느냐는 반문과 함께 89세의 고령인 스즈키가 중태여서 말을 할 수가 없다는 것이었다. 결국 스즈키는 우리가 취재 중이던 2001년 6월 숨을 거두어 일본 원폭 개발 취재는 다시 미궁에 빠져버렸다. 그리고 4년이 흐른 2005년. 광복 60주년이자 히로시마 원폭 투하 60주년이 되는 해에 다시 한 번 역사의 미궁에 도전해 보기로 했다.

일본이 2차 대전 중 원폭을 개발했다면 어떻게 지금까지 비밀로 유지돼 왔을까? 취재 중 이 문제는 미국과 일본의 정치 역학적인 문제와 관련이 있다는 것을 알게 되었다. 일본은 2차 대전 전범 국가지만 원자폭탄에 관한 한 언제나 피해 국가였고, 그 점을 이용해서 평화의 사도로 자처해 왔다. 그런데 일본 역시 2차 대전 중에 원폭을 개발했다고 하면, 도덕적으로 치명상을 입게 된다. 이 때문에 일본은 한사코 원폭 개발 사실을 감추려 해왔다. 미국 역시 원폭 개발 문제의 언급 자체를 꺼렸는데, 이 문제가 논쟁이 되면 바로 대량 살상 무기인 원자폭탄 투하의 타당성과 전범 문제로 이어지기 때문이다. 이런 양국의 이해관계가 맞아 일본의 원폭 개발 문제는 지금까지 역사의 비밀로 남아 있었던 것이다. 그렇다면 일본은 어떻게 해서 원폭을 개발하게 되었던 것일까?

원자폭탄 개발은 1938년 독일 과학자 오토 한(Otto Hahn)이 우라늄 원자핵에 중성자를 부딪치면 분열한다는 사실을 발견함으로

일본 핵물리학자들과 함께한 아인슈타인

써 시작되었다. 이러한 정보는 세계적인 수준을 유지하고 있던 일본 과학자들에게 곧바로 전해졌다. 당시 일본에는 원자핵 구조를 토성의 형태와 비교해서 설명한 나카오카 한타로(長岡半太郎) 박사, 닐스 보어(Niels Bohr)의 제자로 우라늄 동위원소 237을 발견한 니시나 요시오(仁科芳雄), 원자핵을 이루고 있는 물질인 중간자(Meson)을 발견해 노벨상을 받은 유가와 히데키(湯川秀樹), 미국의 물리학자 로렌스(Ernest Lawrence), 페르미(Enrico Fermi)와 함께 입자가속기(cyclotron)를 만들어 핵분열 시의 연쇄 반응을 제어하는 방안 등을 연구한 사가네 료기치(嵯峨根遼吉) 등 쟁쟁한 물리학자들이 포진해 있었다. 그리고 하이젠베르크나 아인슈타인 박사 같은 세계적 물리학자도 자주 일본에 와서 교류를 했기 때문에 일본은 독일과 미국이 원폭 연구와 개발에 경쟁적으로 뛰어들고 있는 사실을 예의 주시하고 있었다.

이러한 상황에서 일본은 육군 항공기술연구소를 중심으로 원자폭탄 개발을 검토하기 시작했다. 육군 항공기술연구소 야스다 다케오(安田武雄) 소장은 1940년 4월 스즈키 다쓰사부로 중령에게 원폭 개발 가능성에 대해 조사해 볼 것을 명령했다. 도쿄대에서 공부했던 스즈키 중령은 바로 사가네 료기치 박사 등 스승들을 면담한 뒤에 그해 10월 20여 쪽 분량의「원자폭탄 제조에 관한 타당성 조사 보고서」를 군부에 제출했다. 원폭 개발이 가능하다는 이 짧은 보고서가 일본 원자탄 개발의 신호탄이었던 셈이다.

비밀 프로젝트 '니호 연구'

1941년 4월 일본 군부는 도쿄대 이화학연구소 니시나 요시오 박사 팀에게 원자폭탄 제조에 관한 연구를 공식적으로 의뢰했다. 이 연구소에서의 원폭 연구는 니시나 박사의 이름 첫 글자를 따서 '니호(二號) 연구'라는 비밀 프로젝트명으로 정해졌다. 니시나 박사 팀은 원폭 개발에서 필수불가결 장치인 이온입자를 가속하는 입자가속기 건설을 지휘하고, 다케우치 마사(竹內 柾) 연구원에게 우라늄 농축 개발을 지시한다.

1943년 초 니시나 박사 팀은 군부에 다음의 보고서를 제출한다.

- 기술적인 측면에서 원자폭탄 개발은 가능한 것으로 생각된다.
- 천연 우라늄 속에 포함된 우라늄235 1킬로그램을 농축해 분리함으로써 황색 화약 1만 8000톤의 폭발력을 갖는 폭탄을 얻을 수 있다.
- 우라늄235를 분리하기 위해서는 6불화(弗化) 우라늄을 이용한 열확산법(우라늄235의 분리 방법으로는 열확산법, 기체확산

법, 원심분리법이 있다 — 필자 주)이 적당할 것으로 판단된다.

원폭 제조에서 가장 큰 관건은 우라늄 235를 분리하는 일과 순도 90퍼센트 이상으로 농축하는 일이다. 우라늄 원광은 99.3퍼센트가 동위원소 238이고, 0.7퍼센트만이 원폭에 필요한 동위원소 235를 함유하고 있을 뿐이다. 니시나 박사 팀은 일단 우라늄 원광을 분말로 만든 다음 기체화하는데, 이를 6불화 우라늄이라고 한다. 기체화된 우라늄을 입자가속기 안으로 주입하면 이 기체가 이온화되면서 무거운 원자핵을 가진 238의 소립자와 가벼운 원자핵을 가진 235의 소립자들이 분리되는 것이다. 열확산법이라고 부르는 이 분리 작업은 당시 난제 중의 난제였는데, 도조 총리는 전쟁 중의 어려움도 불구하고 이 작업의 성공을 위해 200만 엔의 예산을 배정했다.

취재진은 이러한 원폭 개발을 주도했던 핵심 과학자 네 명이 아

도쿄대 이화학연구소의 입자가속기와 연구원들

직까지 생존해 있는 것을 알아냈다. 이들은 기고시 구니히코(木越邦彦), 후쿠이 슈지(福井崇時), 다마키 히데히코(玉木英彦), 나카네 료헤이(中根良平) 박사 등인데, 당시 우라늄 분석, 동위원소 분리, 농축 과정을 담당하던 핵심 인물들이었다.

한 달여의 줄다리기 끝에 당시 원폭 개발의 핵심 인물인 기고시 구니히코 박사와의 인터뷰가 성사됐다. 도쿄에서 차로 세 시간 정도 거리인 북쪽 후쿠시마(福島)에서 지금도 방사능 연대 측정의 최고 권위자로 평가받고 있는 기고시 구니히코 박사를 만날 수 있었다. 기고시 박사는 60여 년 전의 원폭 개발을 비교적 생생하게 기억하고 있었다. 기고시 박사는 먼저 당시의 원폭 개발이 극비 중의 극비였다며 우라늄이라는 말이 들어가지 않게 하라는 명령을 받았다고 했다. 그래서 개발 프로젝트 이름도 우라늄이란 단어를 배제한 '니호 연구'라고 정했다고 했다.

당시 일본의 과학자들은 미국에서 입자가속기를 도입해 우라늄235를 분리해 내는 일에 골몰하고 있었다.(일본이 극비리에 추진한 원자폭탄 개발에 관한 문서 일부가 2002년에 발견됐다. 23쪽 분량의 이 문서에는 원폭 제조 방법이 도면과 그림으로 상세히 소개되어 있다. 패망 하루 전인 1945년 8월 14일 문서를 소각하던 연구원이 구로다 가즈오黑田和夫 교수에게 건네준 것이다. 구로다 교수는 이 문서를 가지고 미국으로 건너갔다. 2002년 4월 구로다 교수가 타계하자 구로다 교수의 부인은 이화학연구소에 문서를 반환했다.) 또 하나의 난관은 폭탄을 만들기에 충분한 우라늄 원석을 확보하는 일이었다. 한 개의 원폭을 제조하려면 우라늄235가 최소한 10킬로그램은 있어야 한다는 계산이 나왔다. 원석으로 치자면 2톤이 넘는 어마어마한 양의 우라늄이 필요했다.

일본 군부의 우라늄 수집 작전

일본 군부는 대대적인 우라늄 수집 작전에 들어갔다. 일본 전역은 물론, 한반도·중국·미얀마 등 동남아시아 전역에 우라늄 수집령을 내렸다. 그러한 노력이 얼마나 치열했는지는 최근 비밀문서나 기사에서도 속속 드러나고 있다. 그 사례 중의 하나가 일본 도쿠야마(德山)에 있었던 해군의 비밀 우라늄 저장 창고다. 당시 육군 정보장교 오자키는 해군의 군사기밀을 수집하다가 이상한 동굴을 발견했다. 그리고 그 해군 연료 창고에 다량의 우라늄이 저장돼 있다는 사실을 파악했다. 그런데 이러한 사실은 오자키뿐만 아니라 미국 첩보 당국도 파악하고 있었던 것으로 보인다. 1945년 8월 일본이 항복하자마자 미군은 도쿠야마에 군대를 급파해 이 우라늄을 모두 미국으로 실어 보냈는데, 모두 23상자 550킬로그램의 우라늄이 들어 있었다. 일본이 전쟁 막바지까지 우라늄 수집과 원폭 개발에 전력을 기울였음을 보여주는 사례다.

또 다른 사례로는 중국 상하이(上海)를 거점으로 한 일본 비밀 첩보 부대의 활동이었다. 특히 일본 야쿠자의 대부인 고다마 요시오(兒玉譽士夫)가 해군 첩보기관인 고다마(兒玉) 기관을 운영하면서 원폭의 재료인 우라늄을 수집해 일본에 보내는 역할을 하고 있었다. 패전 후 상하이에서도 역시 150킬로그램의 우라늄이 발견되었다.

그러나 군부의 몸부림에도 불구하고 우라늄은 절대 부족한 상황이었다. 믿을 곳은 동맹국인 독일이었다. 1943년 히틀러의 독일은 세계에서 가장 풍부한 우라늄을 보유하고 있는 체코의 광산을 접수했다. 일본 군부는 독일에 있는 오시마 대사에게 전보를 보내 우라늄을 요청했다. 오시마 대사는 히틀러에게 독대를 요청했고, 히틀러는 동맹국 일본에 산화우라늄 2톤을 공급해 주기로 약속했

이시가와 마을의 우라늄 정련소. 이시가와 광산은 군부의 우라늄 조달지였다.

다.(산화우라늄을 일본에 보내는 데 막후 역할을 한 사람은 독일 주재 일본 대사관 무관이던 기고시 야스카즈였다. 그는 원폭 개발의 핵심 인물인 기고시 구니히코 박사의 친동생으로 형과 전보를 주고받으면서 산화우라늄의 필요성을 깨달았다.) 드디어 1943년 말 독일에서 산화우라늄을 실은 잠수함이 출발했다. 그러나 이 잠수함은 싱가포르 근해에서 영국 군함에 의해 침몰되고 말았다.

엎친 데 덮친 격으로 1945년 3월 B-29의 도쿄대공습으로 원폭을 개발하던 이화학연구소도 전소되어 버리고 말았다. 가옥 26만 호가 불타고 도쿄 시민 8만 4000명이 숨진 도쿄대공습으로 인해 원폭 개발도 막을 내리는 것처럼 보였다. 그리고 실제로 일본 학자들은 도쿄대공습으로 원폭 개발 작업이 무산됐다고 주장한다. 그러나 그렇지 않다는 증거가 있다.

도쿄에서 북쪽으로 차로 네 시간 거리인 후쿠시마현 이시가와(石川) 마을. 이 마을은 예로부터 광산촌이긴 하지만 우라늄이 대량으로 나는 곳은 아니었다. 그런데 도쿄대공습 직후인 1945년 4월부터 이곳에 우라늄 정련 시설이 생겼다. 패전 당시에도 우라늄 정련 시설이 가동되고 있었다는 것은 원폭이 아니면 설명되지 않는다. 특히 우라늄 정련 시설을 만든 사람은 다름 아닌 도쿄대 이화학연구소에서 우라늄을 담당했던 이이모리 사토야스(飯盛里安) 박사로, 일찍부터 한국에서 검은 모래, 토탄 등을 채취해 도쿄로 가져가 그 속에 들어 있는 우라늄 성분을 조사해 왔다. 그는 도쿄대공습으로 도쿄에서는 더 이상 연구를 계속할 수 없자, 북쪽의 이 시골 마을로 우라늄 정련 시설을 옮긴 것이다.

또 하나의 유력한 증거는 독일 잠수함 U-234 사건이다. 1945년 3월 독일 잠수함 U-234가 일본을 향해 출항하고 있었다. 그런데 항해 도중 히틀러의 사망 소식과 함께 회항하라는 명령을 받게 된다. 잠수함 안에서는 난상 토론이 벌어졌다. 결국 결사 항전을 하자는 의견을 물리치고 미국에 항복하자는 의견으로 모아졌다. 그러자 그 배에 타고 있던 일본인 장교 두 명이 유서를 남기고 바다로 뛰어들었다. 바로 겐죠 쇼지와 도모나가 히데오였다. 그런데 1945년 5월 14일 미국 포츠머스 항구에 도착한 U-234 선체 밑바닥에서 수상한 물체가 발견되었다. 바로 산화우라늄 560킬로그램이었다. 56킬로그램 들이 10박스로 된 이 산화우라늄의 운반 목적지는 일본군(Japanese Army)로 되어 있었다. 일본인 장교들은 바로 우라늄의 비밀을 죽음과 함께 묻고 싶었던 것이다.

이상의 사례들은 도쿄대 이화학연구소가 파괴된 이후에도 일본이 원폭 개발을 계속하고 있었다는 방증인 셈이다. 일본은 과연 어디에서 계속 원폭 연구를 한 것일까?

산화우라늄을 실은 잠수함 U-234에 탑승했던 장교 겐죠 쇼지

해군의 원폭 개발과 흥남의 비밀

일본 해군은 도쿄대학과 쌍벽을 이루고 있는 교토(京都) 제국대학의 아라카쓰 분사쿠(荒勝文策) 박사 팀에게 원폭 개발을 의뢰했다. 교토대학의 아라카쓰 박사는 독일 베를린 대학에서 아인슈타인 박사 등에게서 상대성이론, 핵물리학 등을 배우고 우라늄, 토륨 등의 핵분열 방법에 관한 새로운 이론들을 잇달아 발표해 세계의 주목을 받고 있던 학자였다.

당시 아라카쓰 박사 팀의 원폭 개발 암호는 'F-연구'였다(F는 핵분열을 뜻하는 'Fission'의 약자다). 아라카쓰 박사 팀 역시 우라늄 235의 동위원소 분리 작업에 착수했다. 그러나 열확산법으로 동위원소를 분리하고자 했던 니시나 팀과 달리 원심분리법을 사용했다. 어릴 때 깡통에 불을 담아 철사를 매어 빙빙 돌리면서 놀던 기억을 되살린 아라카쓰는 원심력을 이용해 동위원소를 분리하는 방법을 착안해 냈다. 아라카쓰는 미쓰비시 회사 등에 부품을 주문하여 1분에 10만 회 이상 회전하는 초원심분리기를 제작하는 일에 몰두했다.(최근 미 의회 도서관에서 아라카쓰 연구실 과학자 두 명의 원폭 개발을 위한 실험 기록이 발견됐다. 시미즈 사카에淸水榮, 우에무라 요시아키植村吉明의 노트인데 원자핵 반응 연구에 필요한 고전압가속기의 개발 과정을 상세히 담고 있다.)

아라카쓰 박사 팀에는 중간자 발견으로 나중에 노벨상을 수상한 유가와 히데키 등 쟁쟁한 학자들이 포진해 있었다. 그리고 'F-연구'는 한국에 대한 관심이 높았다. 한국 흥남에 해군 함대 지부가 있었기 때문이다. 특히 북한은 모노자이트라고 불리는 검은 모래(黑砂) 등 우라늄을 추출해 낼 수 있는 광물이 많았고, 원폭 개발에 필요한 전력과 물이 풍부했다.

1947년 노벨
물리학상을 수상한
유가와 히데키 박사

1930년대부터 노구치 준(野口 遵)이라는 사업가가 흥남을 중심으로 한 북한 일대에 미국의 테네시 계곡 사업(TVA)을 능가하는 방대한 사업을 벌이고 있었다. 당시 북한 흥남 지역은 흥남 질소비료 공장, 화학 공장 등 일본 군수 산업의 메카였고, 이러한 공장을 가동하기 위해 수풍, 장진, 부전강 댐에서 공급받는 전력이 풍부했다. 또 원폭 개발에 필요한 중수까지 공급되는 데다 우라늄 정련 공장까지 있어 원폭 개발 기지로서는 최적의 조건으로 평가받고 있었다.

해군은 이러한 시설을 기반으로 흥남 해군기지에서 비밀 프로젝트를 진행하고 있었다. 비밀 코드명은 바로 'NZ 프로젝트'였다. 'NZ'는 '니트로겐 제트', 즉 제트엔진의 액화수소 연료 제조라는 의미였다. 그런데 여기에 원자폭탄 제조의 비밀이 들어 있었다. 당시의 원폭 개발명은 모두 비밀 명칭으로 하고 있었는데, 독일의 원자폭탄 개발 프로젝트명이 바로 'NZ 프로젝트'였던 것이다. 즉, 흥남은 공단인 동시에 당시 최신 기술이었던 미사일과 고성능 폭탄을 제조하는 비밀 군사기지였다. 영국을 공포로 몰아넣었던 독일의 무인 비행기(V1)와 장거리 미사일(V2) 제조 기술을 도입하고,

제트엔진 비행기도 개발했다. 그런데 이러한 장거리 미사일은 그 자체로도 훌륭한 무기이지만 원폭의 발사체 구실도 할 수 있는 것이었다. 이러한 'NZ 프로젝트'는 한국전쟁 때 흥남 지역에 맥아더가 왜 원폭을 투하하려 했고 가공할 폭격을 퍼부었는지에 대한 비밀을 풀어주고 있는 것이다. 사실 미국은 일제시대 때부터 공습 목표로 흥남을 주시하고 있었다. 필자가 확보한 최근 미 공군 기밀문서 「한반도 공습 대상(AIR OBJECTIVE FOLDER KOREA AREAS)」에 따르면, 미 공군은 이미 1945년 2월부터 흥남 일대를 여러 차례 정찰했고, 주요 공격 목표물의 사진까지 확보해 놓은 상태였다. 한반도의 주요 대상으로는 해주-진남포, 흥남, 청진-나진 등인데, 주요 공습 대상 1위에서 5위까지가 흥남의 질소비료 공장, 화학 공장 및 수력발전소였다.

더욱 흥미로운 것은 1945년 8월 12일 흥남 앞바다에서 섬광과 버섯구름을 동반한 폭발이 있었다고 밝힌 1947년 미국 첩보부대 비밀 정보 보고서다. 미국 첩보부대의 정보 보고서는 1946년 미국의 '아틀란틱 컨스티튜션(Atlantic Constituion)'이라는 신문에 실린 내용을 재확인한 것이었다. 기사 내용은 1945년 미국의 첩보장교로 일하던 데이비드 스넬이 1년 뒤 이 신문의 기자가 된 뒤 작성한 것으로 이른바 「스넬 리포트」라고 불린다. 이는 일본인 장교 와카바야시를 만나서 들은 내용으로, 와카바야시는 스넬에게 일본이 2차 대전 중에 이미 원자폭탄을 개발했는데, 소련군 진주로 깊은 산 동굴 속에 부품들을 급히 숨겨놓았다는 이야기를 털어놓았다. 와카바야시는 화학 공장에 설치된 분리관, 초원심분리기 등의 핵연료 가공 시설에 대해서도 설명했으며, 원자탄의 폭발 실험, 그리고 소련군의 급작스런 진주, 소련군의 일본인 과학자 체포와 고문에 대해서도 상세히 설명했다. 또 그는 일본 제국 함대 가미카제 특공대가 소형 원자탄을 배에 실어 미국 본토에 상륙해 폭발시키려는 계획을 세우려고 했다는 이야기도 들려주었다.

와카바야시는 1945년 8월 12일의 비밀도 들려주었다. 일본이 항복하기 사흘 전인 12일 꼭두새벽에 군 차량이 줄을 지어 나와서 흥남 앞바다에 도착한 뒤, 원폭 부품들을 배에 옮겨 실었으며, 아침 해가 떠오르려고 하는 찰나에 바다에서 번갯불과 같은 섬광이 비치고 거대한 폭음과 함께 지름이 1000야드 정도 되는 불덩이가 하늘로 치솟았다는 것이다. 그리고 버섯구름이 성층권을 향해 올라가고 있었다고 했다. 전문가들에 따르면 당시 기술로 버섯구름과 섬광이 일어나는 폭발은 원폭밖에 없다고 한다. 반면, 원폭 실험이었다면 응당 나타나야 할 방사능 피해와 주변 물고기들의 떼죽음 등이 보고되지 않아 신빙성에 의문을 주고 있다. 흥남 앞바다에서의 원폭 실험 여부는 미스터리로 남아 있다.

또 한 명 주목할 만한 인물이 하사가와 히데오다. 하사가와는 1945년 8월 12일 소련군이 흥남에 진주할 때, 제트엔진 추진 연료를 개발하고 있었고, 플루토늄 504킬로그램을 생산하고 있었다. 소련군들은 진주 이후에 하사가와를 비롯, 와카바야시 등 잔류 일본 장교와 과학자들을 시베리아를 비롯한 소련으로 끌고 가 강제노역을 시켰다. 하사가와는 1954년이 되어서야 풀려나 일본으로 귀환할 수 있었는데, 1972년 「흥남에서의 최후의 날에 대한 기억」이라는 글을 『일본 해군 연료사』(1972)에 남겼다. 이 문서에서 하사가와는 일본이 제트기와 미사일 개발에서 미국, 소련보다 앞서 있었으며, 원폭 개발도 상당히 발전해 있었다고 술회했다.

흥남의 원폭 개발 미스터리를 풀 열쇠는 당시 흥남 공장에서 일했던 책임자급 일본인을 찾아내는 것이었다. 소련군에 체포돼 잡혀가서 소련에 남아 있을 일본 과학자들을 찾아 나섰지만 소련의 정보 공개는 더디기만 했다. 또 소련에서 풀려나 일본으로 돌아간 과학자들을 찾아내는 작업 역시 어려웠다.

돌파구는 흥남 공단에서 일하던 한국인들에게서 나왔다. 당시 흥남 공단엔 많은 한국인들이 일하고 있었고 그 중엔 일본에서 공부하다가 핵심 연구소에서 근무하고 있던 한국인들도 있었다. 이북 5도청 등을 통해 1950년대 당시 흥남 질소비료 공장 등에서 일했던 사람들을 찾아 나섰다. 이들은 당시 흥남의 공장 시설도와 같은 소중한 자료를 가지고 있었고, 또 고성능 폭탄을 만드는 특수한 공장 시설에 대해서도 증언했다. 이들의 생생한 증언을 통해서 1940년대 흥남의 비밀을 상당 부분 풀 수 있었지만, 당시 한국인들은 일본인에 비해 핵심에 접근할 위치는 아니었기에 원폭 개발에 대한 확실한 증언은 들을 수가 없었다. 결국 흥남 원폭 개발 비밀은 융단 폭격으로 초토화된 건물들과 함께 잿더미 속에 묻혀버렸다.

풍선 폭탄과 인간 어뢰

만약 일본이 원폭 개발에 성공했다면, 일본은 도대체 어떤 방식으로 공격을 하려 했을까? 일본은 기발한 생각을 하게 되는데, 바로 풍선 폭탄이었다. 당시 일본은 지상 1만 미터 상공의 제트 기류를 이용하면 3일 만에 일본에서 미국 본토까지 지름 10미터의 풍선 폭탄을 날릴 수 있다는 것을 알아냈다. 일본은 이 풍선 폭탄 안에 소형 원자폭탄을 넣으려고 했던 것이다.

실제로 일본은 모두 9000여 개의 풍선 폭탄을 날렸고, 그 중

1000개 정도가 미국 본토를 유린했다. 이로 인해 미국 전역에 산불이 빈발했고, 오리건 주에서는 여섯 명이 사망하는 일까지 있었다. 이 공격은 미국 본토가 유린당한 최초의 사건이었다. 미국은 국민의 동요를 막기 위해 보도 통제를 지시하는 한편, 대대적인 화생방 훈련을 했다. 미국은 풍선 폭탄 안에 세균 무기나 방사능 물질이 들어 있을 것을 우려해 전선에 나가

2차 대전 당시 일본이 개발한 풍선 폭탄

있던 전투기마저 회항시켜 풍선 폭탄을 격추하게 할 정도로 민감하게 반응했다. 그리고 1945년 3월 미국 워싱턴 주 오크리지의 핵무기 제조 공장이 갑자기 멈추는 사고까지 일어났다. 공장 변압기가 갑자기 폭발한 것인데, 주범은 다름 아닌 풍선 폭탄이었다. 비록 의도하진 않았지만, 일본에서 날아간 풍선 폭탄이 미국의 핵무기 제조 공장을 덮친 것이었다. 아이러니가 아닐 수 없다.

또 하나의 기발한 운반 수단은 인간 어뢰, '회천(回天)'이었다. 인간 어뢰는 길이 10미터가량의 어뢰 안에 사람이 직접 들어가 운전을 하면서 적의 항공모함을 들이받는 가미카제식 무기였는데, 일본은 인간 어뢰 안에 원폭을 장착하고 공격을 감행하려 한 것이었다. 마지막 방법은 비행기와 잠수함을 이용한 가미카제식 공격이었다. 잠수함으로 몰래 미국 본토 앞까지 간 다음 비행기로 공격

을 하거나 잠수함으로 미국 서해안을 들이받는 방식이었다. 이를 위해 일본은 잠수함 안에 들어갈 수 있는 접는 날개형 최첨단 비행기까지 개발한다.

한편, 당시 부통령이던 트루먼조차 계획을 알지 못했을 정도로 극비리에 진행되던 미국의 원폭 개발은 1945년 7월 뉴멕시코 주 사막에서 원폭 실험이 성공을 거두면서 절정에 달했다. 실험 소식을 들은 트루먼 대통령(1945년 루스벨트 대통령의 사망으로 대통령직을 승계함)은 일본에 '무조건 항복'을 요구하는 연설을 한 뒤, 1945년 8월 일본의 히로시마와 나가사키에 연달아 원폭을 투하함으로써 2차 대전을 종결지었다.

일본은 패전했지만, 미국은 일본의 원폭 개발에 대한 의구심을 버리지 않았다. 일본의 항복조인식 직후 연합군 사령부는 먼저 도쿄대 이화학연구소를 급습했다. 원폭 개발에 사용된 입자가속기 때문이었다. 결국 맥아더 사령부는 도쿄, 오사카, 교토에 설치돼 있던 입자가속기를 모두 분해하여 동경만 앞바다에 버리라는 명령을 하달한다. 일본 원폭 개발의 싹을 없애버린 것이다.

일본은 90일 안에 핵무기를 만들 수 있다

그러나 동경만 앞바다에 버려진 입자가속기와 더불어 완전히 끝난 것처럼 보였던 일본의 핵개발은 1950년대 초반부터 다시 시작된다. 그 주역은 바로 젊은 국회의원 나카소네 야스히로였다. 장인이 물리학자여서 원폭에 대해 이미 알고 있었고, 또 히로시마에 투하되는 원폭을 직접 목격한 청년 나카소네는 원자력, 핵무기의 중요성을 절감했다.

패전 후 호시탐탐 핵 개발의 가능성을 타진하던 일본에게 재기의 기회를 준 것은 다름 아닌 소련이었다. 소련은 1949년 원자폭탄 실험에 성공해 미국을 경악시켰다. 위기를 느낀 미국의 아이젠하워 대통령은 일본에도 핵 연구와 개발을 하도록 함으로써 소련을 견제하는 카드로 삼고자 했다. 이에 1954년 일본은 나카소네의 주도로 원자력기본법을 통과시키고 원자력발전소 건설에 박차를 가했다. 표면적으로는 에너지난 해결이 목적이었지만 잠재적으로 핵무장의 길을 열어놓은 것이다.

이때 나카소네의 핵 개발 의지를 보여주는 일화가 있다. 당시 나카소네가 발의한 원자력기본법안의 예산은 정확히 2억 3500만 엔이었다. 나카소네는 자신의 저서에서 이 예산의 의미를 밝히고 있는데, 바로 핵 개발의 재료가 되는 우라늄235를 염두에 둔 것이었다. 나카소네는 이 법안이 쇄빙선과 우주 로켓의 개발까지 가능하도록 했다. 얼음을 깰 정도로 강한 추진력이 필요한 쇄빙선은 바로 핵 잠수함으로 전용될 수 있고, 우주 로켓은 바로 핵무기의 발사체로 전용될 수 있다. 평화와 전쟁의 경계선을 절묘하게 탄 것이다. 그리고 이러한 원전과 원자로 건설에 앞장선 것은 2차 대전 때 원폭을 개발하던 이화학연구소 팀과 A급 전범인 기시 노부스케(岸信介) 총리였다. A급 전범이었던 기시 총리는 1957년 총리가 되고 첫 업무를 도카이무라(東海村) 원전 건설 현장 방문으로 잡을 정도로 원전 건설에 지대한 관심을 보였다. 총리가 되면 일반적으로는 이세 신궁이나 야스쿠니 신사를 방문하는 것이 일반적인데, 기시 총리는 왜 원전을 첫 방문지로 잡은 것일까? 원자력발전소를 건설하면 에너지 문제가 해결되는 것과 동시에 핵무장을 할 수 있는 능력이 생기게 된다. 원전을 가동할 경우 발생하는 폐기물을 재처리하면 핵무기의 재료인 플루토늄이 다량 생산된다.

　일본은 국제적인 비난을 피하기 위해 원전에서 나오는 핵폐기물을 영국이나 프랑스의 재처리 시설에 위탁해 플루토늄을 확보해왔다. 일본 자체에서 재처리하는 것보다 당장 비난은 적게 받았지만 이 방법 역시 한계가 있었다. 계속되는 핵폐기물 반입으로 일본 국내에는 지금까지 5톤 이상의 플루토늄이 쌓였는데, 이것은 나가사키에 투하된 원폭의 5000배 이상 되는 양이다. 이렇게 플루토늄이 일본 내에 쌓이자 일본은 지난 1999년부터 20조 원이라는 막대한 예산을 투입해 로카쇼무라 원전에 재처리 시설을 건설하고 있다. 2007년부터 로카쇼무라 재처리 시설이 본격 가동되면 일본은 국내에서만 연간 8톤 이상의 플루토늄을 확보하게 되는데, 이는 핵무기 1000여 개를 만들 수 있는 양이다. 이로써 일본은 명실 공히 잠재적 핵 강국으로 올라서게 되었는데, 이는 일본이 구사한 핵 이중 정책 덕분이기도 하다.

　일본의 핵 이중 정책은 1960년대 사토 에이사쿠(佐藤榮作) 총리 때 절정을 이룬다. 기시 총리의 동생인 사토 총리(기시 노부스케와 사토 에이사쿠가 친형제이면서도 성이 다른 이유는 형 노부스케가 기시岸 집안에 양자로 들어갔기 때문이다. 기시는 또 차기 총리 1순위로 꼽히는 아베 신조安倍晉三 관방장관의 외할아버지이기도 하다. 기시 집안을 보면 일본 우익의 흐름이 보인다)는 핵무기의 제조, 보유, 반입을 금지하는 이른바 '비핵 3원칙'을 발표해 이 공로로 1974년 노벨 평화상을 수상한다. 사토의 '비핵 3원칙'은 이후 일본 핵 정책의 기본 원칙으로 자리를 잡았는데, 이는 히로시마, 나가사키 원폭 피해에 대한 일본의 원폭 공포와 오키나와 섬의 반환이 배경이 됐다. 그런데 평화의 수호자로 알려진 사토 총리가 사실은 이 시기에 비밀 핵 개발 보고서를 만들고 있었다는 것이 나중에 알려져 국제사회를 놀라게 했다.

사토 총리 때의 비밀 보고서는 "도카이무라 원전 1년 가동 시, 원자폭탄급의 플루토늄 생산 가능" 등의 표현을 쓰면서 원자력발전소가 핵무기 제조를 염두에 두고 건설되었음을 밝히고 있다. 당시의 연구는 내각조사실·외무성·방위청, 3개 기관으로 나눠서 각각 비밀리에 진행되었는데, 이미 핵무기 제조와 함께 핵무기를 탑재할 로켓 문제까지 면밀히 검토하고 있었다. 3개 기관의 공통적인 결론은 기술적으로는 핵무기 제조가 가능하나 국제정치적인 면에서 당장 핵무기를 개발하는 것이 실익이 없다는 것이었다. 전범 국가 일본에게는 아직 시간이 더 필요했다.

사토 총리는 왜 국제적인 비난이 일 것을 예상하면서도 핵 개발 보고서를 비밀리에 만들었을까? 그것은 바로 1967년 6월 17일에 실시한 중국의 수소폭탄 실험 성공에 자극받았기 때문이다. 이어서 중국은 1971년에 핵잠수함을 자체 개발해 진수했다.

이후 일본의 핵 이중성은 1990년대에도 그대로 이어졌는데, 1995년 사회당 무라야마 총리 때도 핵무장을 검토하는 비밀 보고서를 만들었다. 당시 평화와 인권을 호소해 온 무라야마 내각마저 비밀리에 핵 개발을 검토하고 있었다는 사실은 국제사회에 충격을 주었다.

사실 일본은 정권과 관계없이 농축과 재처리 시설 확보에 모든 외교적 노력을 기울였다. 역대 일본 총리들이 미국 대통령과 정상 회담을 할 때, 목표 1호는 농축·재처리 시설을 일본도 갖게 해달라는 것이었다. 결국 일본은 30년 동안 일본이 자율적으로 농축과 재처리를 할 수 있는 유명한 '30년 포괄 동의안'을 얻어냈다. 일본 외교전의 개가였다.

이러한 핵무장 노력의 정점은 후쿠이 현 몬주(文珠) 고속증식로 (1995년 12월 나트륨 냉각재가 유출되자 주민들의 소송으로 가동 중단됐다가 2005년 5월 31일 일본 최고재판소의 판결로 재가동할 수 있게 됐다) 가동 결정이었다. 투입한 플루토늄보다 더 많은 플루토늄이 생산돼 '꿈의 원자로'로 불리는 고속증식로는 무기급 플루토늄의 생산이 가능해 핵무장의 바로미터로 알려져 왔다. 이제 일본은 마음만 먹으면 언제든지 핵무기를 생산할 수 있는 나라가 된 것이다. 일본 고속증식로를 직접 설계한 오마에 겐이치(大前研一) 일본 매킨지 회장은 "일본은 90일 안에 핵무기를 만들 수 있는 준(準)핵보유국"이라는 놀라운 발언을 한다. UN의 준핵보유국에 대한 정의는 90일 안에 핵을 개발할 수 있는 나라를 말한다.

핵무장에서 또 하나 주목할 것은 바로 발사체다. 이미 나카소네 전 총리가 1954년에 염두에 둔 것처럼 일본은 우주 탐사를 목적으로 한 로켓 개발에 박차를 가했다. 몇 차례의 실패 끝에 H2A로켓을 발사하는 데 성공했는데, H2A로켓은 핵무기 운반체로도 손색이 없다. H2A 외에도 일본은 M-5라고 하는 위성 발사 로켓을 일본 본토에 실전 배치하고 있다. M-5에 위성 발사체를 제거하고 핵탄두를 집어넣으면 그야말로 가공할 ICBM급 전략미사일이 되는 것이다.(최근 자민당이 신설한 '우주개발특별위원회'는 그동안 제한해 온 군사 목적의 우주 기술 개발을 적극 추진키로 하는 '우주활동추진법'을 법제화하려 하고 있다.)

북핵 위협을 강조하는 일본의 본심

핵 문제에 관한 한 일본에겐 기술적인 문제가 아니라 정치적 결단만이 남아 있는 것처럼 보인다. 그런데 그동안 금기시돼 왔던 핵무장 논의가 최근 들어서 급부상하고 있다. 요미우리신문의 설문 조사를 보면 중의원 480명 중 87명이 핵무장을 찬성하는 의견을 내놓았다. 아예 노골적으로 핵무장을 주장하는 정치인도 있는데, 이들의 공통점은 북한 핵 위협을 강조한다는 점이다. 몇 년 동안 북핵 문제는 일본의 가장 큰 화두였고 일본은 세계 어느 나라보다 북핵에 더욱 민감하게 대응해 왔다. 대표적인 정치가가 아베 신조, 도쿄 도지사 이시하라 신타로(石原愼太郞), 전 방위청 차관이자 국회의원인 니시무라 신고(西村愼吾) 등이다. 전후 일본 사회에 유일한 공포가 북핵이었던 것이다. 일본 사회는 대포동 미사일이 일본 본토까지 날아올 수 있다는 사실에 경악했는데, 여기에 핵무기가 탑재된다면 일본 본토는 순식간에 쑥대밭이 될 수 있기 때문이다. 히로시마, 나가사키의 악몽이 그대로 남아 있는 일본 사회로서는 생각하기도 싫은 시나리오가 아닐 수 없다.

그러나 북핵 위협을 강조하는 본심은 다른 데 있다는 주장도 만만치 않다. 북핵 문제를 지렛대로 유엔 안전보장이사회 상임이사국 진출 등과 같은 국가 어젠다를 형성해 나가려는 의도로 해석할 수 있다는 것이다. 일본 우익의 최종 목표는 안보 면에서 미국의 우산 아래 있지 않고 독자적인 안보 체제와 능력을 갖추는 것이다. 그러기 위해서는 정치적으로는 유엔 안전보장이사회 상임이사국이 되고, 군사적으로는 핵무장 능력을 갖춰야 한다. 그런데 북핵 위협을 강조하면 할수록 이 두 가지 과제는 일본 앞에 자동적으로 다가오게 된다. 묘수 중의 묘수가 아닐 수 없다.

또 일본 정치인들이 이렇게 자신 있게 핵무장을 외칠 수 있게 된 배경에는 달라진 국민 여론이 있다. 사실 일본의 가장 큰 핵 억제력은 핵무장을 반대하는 국민 여론이었다. 핵이라는 글자만 나와도 알레르기 반응을 보이던 일본 국민들도 지금은 핵무장 이야기가 거론돼도 묵묵히 인정하는 단계가 됐다. 그 결과, 초창기에는 정치인들이 핵무장 발언을 하고 바로 사임하곤 했지만, 아베 신조나 이시하라 신타로의 예에서 보듯, 핵무장 찬성 발언을 하고서도 아무 일도 없었다는 듯이 그 자리를 지키고 있는 상태로 변했다. 그러한 배경에는 계속되는 핵무장 찬성 누적 발언에 일본 국민이 둔감해진 탓도 있지만 북핵 위협론이 크게 자리 잡고 있다.

잊혀진 과거는 반복된다

사회당과 공산당의 견제로 '30퍼센트 민주주의 사회'라고 일컬어졌던 일본 사회는 사회당이 몰락하고 자민당 일당 독주 체제가 되면서 견제와 균형이 무너지고 있다. 견제와 균형의 실종은 우경화와 군국주의의 심화로 나타나고 있다. 일본 국민들도 아시아 각국에서 일어나는 민족주의 격화로 인해 군사 대국화에 대한 거부감이 없어져 가고 있고, 이 틈을 타 핵무장론이 자리를 잡아가고 있다.

사실 일본 핵무장은 북한 핵 문제보다 우리에게 끼치는 영향력이 더 크다. 어떤 학자는 일본 핵무장의 영향이 북핵의 제곱은 된다고 주장한다. 일본이 핵무장을 시도할 경우, 중국·대만을 비롯한 동아시아 전체가 군비경쟁의 회오리 속에 빠져들게 돼 한반도의 운명도 풍전등화와 같아질 수 있기 때문이다.

평화와 핵무장이라는 일본의 두 얼굴. 지금 일본은 히로시마의 상처를 핵무장으로 치유하려는 우를 범하고 있다. 잊혀진 과거는 반복된다.

〈이제는 말할 수 있다〉 7년의 발자취

1999년 | 기획 김윤영

09.12 제주 4·3 | 연출 이채훈
09.19 끝나지 않은 동백림 사건 | 연출 김학영
10.03 조봉암과 진보당 사건 | 연출 박노업
10.10 6·29의 진실 | 연출 윤혁
10.17 여수 14연대 반란 | 연출 이채훈 | 통일언론상 특별상 수상
10.24 잊혀진 죽음들, 인혁당 사건 | 연출 한철수
10.31 박동선과 코리아게이트 | 연출 박노업
11.07 박정희와 핵 개발 | 연출 최우철
11.14 노근리 사건의 진실 | 연출 홍상운
11.28 20년의 침묵, 김형욱 실종 사건 | 연출 이규정
12.12 언론통폐합과 언론인 강제 해직 | 연출 정길화
12.19 실미도 특수부대 | 연출 김동철
12.26 간첩? 이수근 | 연출 허태정
▶ 삼성언론상 기획 부문
▶ CP 김윤영, 사내 프로그램 평가상 기획상
▶ MBC 노조 선정 좋은프로그램상

2000년 | 기획 정길화

06.25 ○○사단의 사라진 작전명령서 | 연출 박노업
07.02 1급 비밀, 미국의 세균전 | 연출 김환균
07.09 94년 한반도 전쟁위기 | 연출 정길화
07.16 KT공작의 실체, 김대중 납치 사건 | 연출 홍상운 | MBC 방송대상 작가상(이진순) 수상
07.23 녹화사업의 희생자들, 군대 가서 죽은 아들아 | 연출 이규정 | 방송위원회 이달의 좋은프로그램상 수상
07.30 베트남전의 포로, 실종자들 | 연출 한홍석
08.06 일본 커넥션, 쿠데타 정권과 '친한파' | 연출 김상균

08.20 금기의 시대, 건전가요와 금지곡 | 연출 김환균
08.27 남북 교류의 선행자들 | 연출 박노업
09.03 죽음을 선택한 사람들, 전태일과 그 후 | 연출 홍상운
09.17 분단의 너울, 연좌제 | 연출 정길화
09.24 어둠 속의 외침, 부산 미문화원 방화 사건 | 연출 한홍석 | PD연합회
　　　 이달의 PD상 수상
10.08 땅에 묻은 스캔들, 정인숙 피살 사건 | 연출 김동철
10.15 민족일보와 조용수 | 연출 김환균 | 앰네스티 언론상 수상
10.22 고문, 끝나지 않은 전쟁 | 연출 홍상운
▶ 민주언론상 대상
▶ 경실련 좋은 프로그램상 본상
▶ 시청자연대회의 이달의 좋은프로그램상
▶ CP 정길화, 한국청년대상 기획상
▶ 사내 프로그램 제작상 공익성 부문 우수상
▶ 방송대상 작품상 다큐멘터리 부문(2001)

2001년 | 기획 이채훈

04.27 보도연맹 I, 잊혀진 대학살 | 연출 이채훈 | 여성단체연합 평등·인권방송
　　　 디딤돌상 본상, YWCA 올해의 좋은프로그램 평화 부문 으뜸상 수상
05.05 보도연맹 II, 산 자와 죽은 자 | 연출 이채훈
05.11 장도영과 5·16 | 연출 한홍석 | 여성단체연합 평등·인권방송 디딤돌상
　　　 본상 수상
05.25 반민특위, 승자와 패자 | 연출 정길화 | 여성단체연합 평등·인권방송
　　　 디딤돌상 본상, 제1회 임종국상 언론 부문(2005) 수상
06.01 3억 불의 비밀, 한일 협정 | 연출 홍상운
06.08 조국은 나를 스파이라고 불렀다, 구미 유학생 간첩단 사건 | 연출 이규정
06.22 6·25 일본 참전의 비밀 | 연출 박건식
06.29 푸에블로 나포 사건 | 연출 강지웅 | PD연합회 이달의 PD상 수상
07.06 또 하나의 분단, 재일동포 | 연출 김동철
07.13 자유언론실천선언 | 연출 정길화

07.20 200억 톤 물폭탄의 진실, 금강산댐 사건 | 연출 이정식 | 민언련 7월의 좋은프로그램상 수상
07.27 이승만을 제거하라, 에버레디 플랜 | 연출 한홍석
08.03 마녀사냥, 도시산업선교회 | 연출 홍상운 | PD연합회 이달의 PD상 수상
08.10 전향공작과 양심의 자유 | 연출 강지웅 | 통일언론상 특별상 수상
08.17 박정희와 레드 콤플렉스, 황태성 간첩사건 | 연출 박건식
▶ 방송대상 작품상 다큐멘터리 부문(2001)
▶ CP 이채훈, 사내 프로그램 평가상 우수상

2002년 | 기획 정길화

01.06 국가보안법Ⅰ, 반공의 총과 칼 | 연출 이채훈
01.13 국가보안법Ⅱ, 자유민주주의를 위하여 | 연출 이채훈
01.20 비밀결사, 백의사 | 연출 한홍석
01.27 버림받은 희생, 삼청교육대 | 연출 채환규 | MBC 이달의 프로그램상, 신문방송인클럽 한국언론대상 수상
02.03 김일성 항일투쟁의 진실 | 연출 곽동국 | 민언련 2월의 좋은프로그램상 수상
02.17 강요된 해방구, 건국대 사건 | 연출 조준묵 | 민언련 2월의 좋은프로그램상 수상
02.24 북파공작원Ⅰ, 조국은 우리를 버렸다 | 연출 이규정 | PD연합회 이달의 PD상, 민언련 2월의 좋은프로그램상 수상
03.03 천황을 살려라, 도쿄전범재판의 흑막 | 연출 홍상운
03.10 53년 만의 증언, 친일 경찰 노덕술 | 연출 정길화 | 제1회 임종국상 언론 부문(2005) 수상
03.24 재개발의 그늘, 폭력 철거 | 연출 이규정
03.31 8·18 판문점 도끼 사건 | 연출 한홍석
04.07 정화작전, 삼청계획 5호의 진실 | 연출 채환규
04.14 73인의 외침, 미문화원 점거 사건 | 연출 곽동국
04.21 망각의 전쟁, 황해도 신천 사건 | 연출 조준묵
04.28 91년 5월, 죽음의 배후 | 연출 홍상운 | 경실련 선정 2002년 좋은프로그램상, 언론인권상 특별상 수상
▶ MBC 특별격려상

2003년 | 기획 최승호, 이채훈

01.26 한반도 전쟁 위기 1994·2003 | 연출 최승호
02.02 미국의 검은 방패, 미사일 디펜스 | 연출 한홍석
02.09 섹스 동맹, 기지촌 | 연출 이모현 | MBC 이달의 프로그램상 수상
02.16 45계획, 10·27법난의 진실 | 연출 채환규
02.23 반한 베트콩, 한민통의 진실 | 연출 오상광
03.02 강요된 화해, 샌프란시스코 강화조약 | 연출 김환균
03.09 서해교전과 NLL | 연출 이채훈
03.23 북파공작원Ⅱ, 우리는 인간이 아니었다 | 연출 이규정
03.30 한국, IMF로 가다 | 연출 조준묵
04.06 노동자 의문사, 박창수는 추락하지 않았다 | 연출 이규정
04.20 USFK, 주한미군 | 연출 한홍석
04.27 동맹의 거울, SOFA | 연출 이모현 | 민언련 이달의 좋은프로그램상 수상
05.04 인권의 무덤, 청송감호소 | 연출 채환규
05.11 맥아더와 한국전쟁Ⅰ, 태평양의 시저 | 연출 김환균
05.18 맥아더와 한국전쟁Ⅱ, 또 하나의 전쟁 | 연출 김환균

2004년 | 기획 정길화

02.27 독립투쟁의 대부, 홍암 나철 | 연출 박정근 | PD연합회 이달의 PD상 수상
03.07 만주의 친일파 | 연출 정길화 | 제1회 임종국상 언론 부문(2005) 수상
03.21 분단의 기원 | 연출 김환균
03.28 월남에서 돌아온 새까만 김병장 | 연출 김영호
04.04 79년 10월, 김재규는 왜 쏘았는가 | 연출 장형원
04.11 투기의 뿌리, 강남공화국 | 연출 유현
06.20 중국의 6·25 참전 | 연출 정길화
06.27 '신의 아들'과의 전쟁 | 연출 한학수 | YWCA 좋은 프로그램상 평화 부문 으뜸상, 부패방지위원회 유공상 수상
07.04 1972년 7월 4일, 박정희와 김일성 | 연출 이채훈

07.11 94년 그해 여름, 조문파동과 공안정국 | 연출 유현 | MBC 노동조합
이달의 좋은프로그램상, 민언련 7월의 추천프로그램, 통일언론상
특별상 수상
07.18 한국전쟁과 포로Ⅰ, 철조망 속의 지배자들 | 연출 김환균 | MBC 이달의
프로그램상, 방송위원회 이달의 좋은프로그램상 수상
07 25 한국전쟁과 포로Ⅱ, 철조망 속의 전쟁 | 연출 김환균
08.01 한국전쟁과 포로Ⅲ, 철조망의 안과 밖 | 연출 김환균
▶ 제16회 안종필자유언론상 특별상

2005년 | 기획 김환균

03.20 육영수와 문세광Ⅰ, 중앙정보부는 문세광을 알았다 | 연출 조준묵
03.27 육영수와 문세광Ⅱ, 문세광을 이용하라 | 연출 조준묵
04.03 8인의 사형수와 푸른 눈의 투사들 | 연출 김환균 | 민언련 4월의 추천 방송
04.10 허문도와 국풍 81 | 연출 강지웅
04.24 한국의 진보Ⅰ, 공장으로 간 지식인들 | 연출 한학수 | PD연합회 이달의
PD상, 방송문화진흥회 구성작가상 TV 부문 은상(송미현) 수상
05.01 한국의 진보Ⅱ, 인민노련 혁명을 꿈꾸다 | 연출 한학수
05.08 한국의 진보Ⅲ, 혁명의 퇴장, 떠난 자와 남은 자 | 연출 한학수
05.15 무등산 타잔 박흥숙 | 연출 김동철
05.22 스포츠로 지배하라! 5공 3S 정책 | 연출 강지웅 | MBC노동조합
좋은프로그램상 수상
05.29 10·26 궁정동 사람들 | 연출 장형원 | MBC 이달의 프로그램상 수상
06.05 나는 프락치였다 | 연출 유현
06.12 끝나지 않은 비밀 프로젝트, 일본의 원폭 개발 | 연출 박건식 | 방송위
원회 이달의 좋은프로그램상, 방송문화진흥회 구성작가상 TV 부문
금상(윤희영) 수상
06.19 2005 한반도 위기, 북한은 핵을 갖고 있다 | 연출 조준묵
06.26 100회 특집 이제는 말할 수 있다, 7년의 기록 | 연출 이정식

우리들의 현대침묵사

초판 1쇄 2006년 9월 25일
초판 4쇄 2013년 1월 30일

지은이 | 정길화 · 김환균 외
펴낸이 | 송영석

펴낸곳 | (株)해냄출판사
등록번호 | 제10-229호
등록일자 | 1988년 5월 11일

서울시 마포구 서교동 368-4 해냄빌딩 5 · 6층
대표전화 | 326-1600 **팩스** | 326-1624
홈페이지 | www.hainaim.com

ISBN 978-89-7337-771-8

파본은 본사나 구입하신 서점에서 교환하여 드립니다.